ARQUITETURA

Um percurso visual pelos quatro cantos do mundo, da Antiguidade aos tempos modernos

JONATHAN GLANCEY

PUBLIFOLHA

Título original: *Architecture – A Visual History*

Conteúdo previamente publicado em 2006 na obra *Eyewitness Companions Architecture*. A presente edição foi publicada originalmente no Reino Unido em 2017 pela Dorling Kindersley Limited, uma empresa do grupo Penguin Random House, 80 Strand, WC2R 0RL, Londres, Inglaterra.

Coordenação do projeto: Publifolha
Editora-assistente: Fabiana Grazioli Medina
Coordenadora de produção gráfica: Mariana Metidieri

Produção editorial: Página Viva
Edição: Carlos Tranjan
Tradução: Luis Reyes Gil
Consultoria: Clarice Mester [Graduada em Arquitetura e Urbanismo pela Faculdade de Arquitetura e Urbanismo da Universidade de São Paulo]
Revisão: Laura Victal

Edição original: DK
DK Reino Unido
Editora sênior: Anna Streiffert Limerick
Editora sênior de arte: Helen Spencer
Gerente editorial: Gareth Jones
Gerente de arte: Lee Griffiths
Editora de capa: Claire Gell
Designer de capa: Sean Ross
Gerente de criação de capa: Sophia M.T.T.
Pré-produção: Robert Dunn
Produtora: Rita Sinha
Diretora editorial associada: Liz Wheeler
Diretora de arte: Karen Self
Diretor editorial: Jonathan Metcalf

DK Nova Déli
Editoras-assistentes: Priyanjali Narain, Riji Raju
Editora-assistente de arte: Simar Dhamija
Editora: Tina Jindal
Editores de arte: Sanjay Chauhan, Meenal Goel
Editora sênior: Vineetha Mokkil
Editora sênior de arte: Mahua Sharma
Designer de capa: Suhita Dharamjit
Produtor gráfico: Bimlesh Tiwary
Produtor gráfico sênior: Harish Aggarwal
Gerente editorial: Rohan Sinha
Gerente de arte: Anjana Nair
Editoras de capa: Sreshtha Bhattacharya, Saloni Singh
Pré-produção: Balwant Singh
Gerente de produção: Pankaj Sharma

Dados Internacionais de Catalogação na Publicação (CIP)
(Câmara Brasileira do Livro, SP, Brasil)

Glancey, Jonathan
Arquitetura : um percurso visual pelos quatro cantos do mundo, da Antiguidade aos tempos modernos / Jonathan Glancey ; [tradução Luis Reyes Gil]. -- São Paulo : Publifolha, 2018.

Título original: Architecture : a visual history.
ISBN 978-85-94111-17-3

1. Arquitetura 2. Arquitetura - Design 3. Arquitetura - Design - História 4. Arquitetura - Fotografias 5. Arquitetura - História I. Título.

18-16874 CDD-720

Índice para catálogo sistemático:
1. Arquitetura 720
Cibele Maria Dias - Bibliotecária - CRB-8/9427

Este livro segue as regras do Acordo Ortográfico da Língua Portuguesa (1990), em vigor desde 1º de janeiro de 2009.

Impresso na China.

PUBLIFOLHA
Divisão de Publicações do Grupo Folha
Al. Barão de Limeira, 401, 6º andar
CEP 01202-900, São Paulo, SP
www.publifolha.com.br

UM MUNDO DE IDEIAS
www.dk.com

SUMÁRIO

Apresentação 4

Da aldeia à cidade 6
Antigo Oriente Próximo 12
Egito antigo 20

América 30
América Central e América do Norte 34
América do Sul 40

Mundo clássico 44
Grécia antiga 50
Arquitetura romana 62
Arquitetura cristã antiga e bizantina 78

Índia e Sudeste Asiático 88
Arquitetura indiana 94
Sudeste Asiático 102

Leste Asiático 108
China 112
Japão e Coreia 124

Mundo islâmico 132
As primeiras mesquitas 138
Pérsia e Índia mogol 152

Europa medieval 162
Românico 168
Gótico 180

Renascimento 200
Renascimento italiano 206
Renascimento fora da Itália 218

Barroco e Rococó 230
Barroco 236
Rococó 254

Revival Clássico 264
Neoclassicismo 268
Neoclassicismo nos EUA 284

Mundo industrial 290
A Era da Máquina 296
Revival Gótico 310
Nostalgia e extravagância 320

Mundo moderno 334
Modernismo 340
Tradicionalismo 356
Arquitetura contemporânea 372

Glossário 402

Índice 405

Agradecimentos 415

30 St. Mary Axe, Londres

SÍMBOLOS USADOS NESTE LIVRO
- Data aproximada de conclusão da obra
- Localização da construção
- Arquiteto ou cliente
- Função do edifício

Arte esplêndida As colunas do Templo de Juno Celestial, romano, em Dougga, Tunísia, têm impressionantes capitéis coríntios.

Arquitetura na Mesopotâmia antiga Das solitárias ruínas desertas que vemos hoje, tentamos extrapolar e interpretar a cor, a vibração e a vida cotidiana das sociedades antigas.

A arquitetura começou, disse o arquiteto alemão Ludwig Mies van der Rohe (1886-1969) *(p. 349)*, "quando dois tijolos foram bem assentados juntos". Pode parecer simplório, mas ele estava certo. O que quis dizer é que a arquitetura é o ato consciente de construir – de construir não só com bom senso, mas também com arte. Mies van der Rohe também descreveu a arquitetura como "o desejo da época traduzido em espaço" – espaço construído, isto é, do primeiro zigurate da Mesopotâmia *(p. 14)* às altíssimas torres das cidades do século XXI.

Qualquer um que olhe um templo grego, uma catedral gótica, um estádio fascista ou o vistoso Museu Guggenheim de Frank Gehry em Bilbao *(p. 393)* vai concordar com Mies. Foi como afirmar que temos a arquitetura que merecemos – os edifícios que coletivamente desejamos que existissem. Entender a arquitetura de diferentes eras, culturas e geografias ao redor do mundo permite ler as histórias dos diversos povos e, em maior ou menor medida, entendê-las, mesmo que nem sempre possamos apreciá-las ou justificá-las.

Não há muito como fugir da arquitetura. Ela atua como uma estrutura e um cenário para a maior parte de nossa vida – lá está ela, como um gigantesco livro de história ou enciclopédia, diante de nossos olhos, esperando ser lida e explorada. Uma compreensão da arquitetura mundial enriquece muito nossa consciência, e você – concordando ou não com certos estilos ou métodos de construção desafiadores, questionando ou não o motivo de um determinado edifício ter sido projetado deste ou daquele modo – nunca deixará de aprender com as diversas maneiras que as pessoas encontraram para ordenar seu mundo e representar sua cultura.

Dos dois tijolos bem assentados juntos aos monumentos que rastreiam as estrelas e alinham a humanidade com os céus, desde muito cedo a arquitetura teve ambições grandiosas e até sobre-

naturais. Um de seus propósitos é elevar o espírito, em silêncio ou em êxtase, para celebrar nossa humanidade e nosso desejo de pairar acima das preocupações do aqui e agora. Edificações costumam sobreviver por muito tempo, e com elas expressamos nossa ânsia pelo infinito.

Mas, ao contrário de livros ou obras de arte, arquitetura tem a ver com abrigo. Edifícios, em sua maioria, não importa quanto sejam exaltados, são máquinas de morar. Têm a ver com esgoto, calhas, aquecimento, iluminação, ventilação, janelas e ar-condicionado, tanto quanto com ideias elevadas. Poucas obras de arte, exceto a *Fonte* (1917) de Duchamp, precisam de banheiro.

Outro grande arquiteto moderno, Le Corbusier (1887-1965) *(p. 374)* define arquitetura como "o magistral, correto e magnífico jogo de volumes dispostos na luz". Todos os grandes arquitetos têm sido mestres e, recentemente, mestras da luz. Pare diante de um templo grego e veja como ela muda segundo a trajetória do Sol, e da Lua também, ao longo do dia. Sente-se quieto na magistral capela de peregrinação de Le Corbusier em Ronchamp e sinta a luz tão propositadamente direcionada por fendas, rampas e janelas coloridas.

A arquitetura, porém, não é apenas dos que projetam edifícios, mas daqueles que os encomendam, e também de quem os utiliza. É uma história de sacerdotes, monarcas e príncipes, capitães da indústria, rainhas do comércio, donas de casa, patronos, incorporadores e políticos, alguns deles demoníacos. Por ser um repositório de nossas ricas e complexas histórias, há quem queira destruí-la – e, com isso, destruir a própria humanidade. Acima de tudo, no entanto, a arquitetura é a história de todos nós. Nós a devemos a nós mesmos, tanto quanto a Mies van der Rohe, Le Corbusier e aos muitos outros cujo trabalho está representado neste livro. E, ao reconhecê-lo, podemos entendê-la e valorizá-la.

Mestres da Era Moderna
Le Corbusier enriqueceu a paisagem construída do século XX com suas inventivas e poéticas interpretações da Era da Máquina.

Olhar para o céu
Projetado por Foster + Partners, o magnífico teto de aço e vidro do Grande Pátio da Rainha Elizabeth II (2000), no British Museum, em Londres, homenageia os edifícios neoclássicos.

Da aldeia à cidade

A cidade praticamente define a civilização. É o lugar onde as pessoas vivem e trabalham em cooperação, produzindo comida para o sustento de si mesmas e de "especialistas" – artesãos, artistas, arquitetos, escribas, administradores e sacerdotes – que produzem uma cultura única. Portanto, a história da arquitetura começa com as primeiras cidades.

Há muitas teorias sobre como e quando a civilização – e com ela a arquitetura – começou. Tudo deve ser antecedido pela palavra "talvez", pois nunca estaremos certos sobre as razões que levaram as pessoas a se instalarem e passarem a construir numa escala heroica, com arte, além de técnica. Mas a maioria dos arqueólogos concorda que a vida urbana evoluiu no Oriente Médio muito antes das primeiras cidades da América Central e da China e que o local desse salto gigante foi a Mesopotâmia – área que corresponde mais ou menos ao atual Iraque. A Mesopotâmia – a terra limitada pelos rios Tigre e Eufrates (o nome significa "entre os rios" em grego) – era essencialmente uma região seca; sua posição entre dois grandes rios facilitou irrigar o deserto, onde grãos nativos – cevada e trigo – permitiram formar colheitas. A área também era rica em peixes e aves, e com isso os que nela se instalaram puderam acumular excedente de alimentos, o que permitiu o início de uma civilização urbana.

Escrita cuneiforme Os sumérios desenvolveram a primeira escrita no quarto milênio a.C. As marcas em tabuletas de argila eram feitas com pontas de bambus em forma de cunha (cuneiformes).

Construção de comunidades

O assentamento urbano foi possível graças ao sucesso da agricultura e ao desenvolvimento tecnológico. Desde cerca de 3500 a.C., a tecnologia da Era do Bronze se difundiu pelo Oriente Médio, com ferramentas de pedra sendo substituídas por outras de metal. O arado puxado por bois surgiu na Mesopotâmia por volta de 3000 a.C. e foi a primeira força motriz além do músculo humano.

A Mesopotâmia antiga abrigou várias grandes civilizações: depois dos sumérios (3300-1900 a.C.) vieram acadianos, babilônios, assírios e persas. As primeiras cidades sumérias diferiam das vilas anteriores porque as terras em volta delas eram vistas como de "propriedade" de um deus local (e não de famílias ou clãs). Os sacerdotes organizavam o trabalho na terra, que em troca oferecia comida para a comunidade inteira. O templo dedicado ao deus local era geralmente o centro do assentamento, circundado por edifícios públicos e mercados e construído sobre uma pirâmide de degraus, ou zigurate – uma espécie de montanha

DATAS PRINCIPAIS

c. 5300 a.C. Possível construção do primeiro templo em Eridu; início das cidades e da arquitetura na Mesopotâmia.

5000 a.C.

c. 3500 a.C. Os sumérios inventam a roda, revolucionando os transportes e acelerando a troca de bens e de ideias.

c. 3300 a.C. Invenção da escrita cuneiforme, em tabuletas de argila, desenvolvida em Uruk.

3000 a.C.

c. 3150 a.C. Ascensão da civilização egípcia ao longo das margens do rio Nilo.

c. 2700 a.C. Os egípcios escrevem em rolos de papiro, que podem ser armazenados em bibliotecas.

c. 2650 a.C. Imhotep, alto sacerdote de Ptah, em Mênfis, ergue uma pirâmide feita de pedra em Saqqara.

c. 1755 a.C. Primeiro sistema legal, codificado pelo rei babilônio Hamurábi.

2000 a.C.

1492 a.C. Tutmés é o primeiro faraó enterrado em um túmulo escavado na rocha no Vale dos Reis do Egito.

» A CIDADE COMO TEMPLO

Para os povos mesopotâmicos – dos babilônios aos persas –, as cidades eram locais sagrados. A Babilônia, maior cidade da Mesopotâmia, era conhecida como Babi-ilani, ou "o Portal dos Deuses" – o local onde se achava que os deuses haviam descido à Terra. Em seu tempo, foi também um importante centro de comércio, ligando o golfo Pérsico ao mar Mediterrâneo.

Cidade antiga Por volta de 570 a.C., a Babilônia era a maior cidade do mundo conhecido, cobrindo mais de 1.000 hectares.

Olhando os céus A luz brilhante e as posições sempre mutantes do Sol, da Lua, das estrelas e dos planetas estimularam os fundadores das primeiras cidades a projetarem seus edifícios em sintonia com a geometria celeste.

c. 1450 a.C. Os egípcios registram o tempo em relógios de sol.

c. 1200 a.C. Os primeiros capítulos da Bíblia são escritos em hebraico; nascimento do monoteísmo.

1020 a.C. Davi, rei hebreu, derrota os filisteus e unifica Israel.

1000 a.C.

c. 600 a.C. Zaratustra funda uma nova religião, o zoroastrismo, na Pérsia.

332 a.C. Alexandre, o Grande, conquista o Egito e inicia a helenização do país.

c. 30 a.C. Augusto derrota Marco Antônio, e Cleópatra comete suicídio, levando à Pax Romana.

1 d.C.

c. 50 a.C. O cristianismo surge na Palestina e é difundido em Roma por Paulo, após a morte de Cristo.

c. 150 d.C. O astrônomo Ptolomeu de Alexandria prova que o mundo é redondo.

cósmica. Os sacerdotes estavam no centro da sociedade, porque, em nome dos deuses, controlavam boa parte das terras e dos sistemas de irrigação, além de distribuírem o crucial excedente agrícola. Os sumérios criaram a noção de Estado, de lei e de reino e inventaram o calendário, a roda, a matemática abstrata, o registro do tempo (com a hora de 60 minutos), a literatura (exemplificada por *A Epopeia de Gilgamesh*, *p. ao lado*) e o zodíaco.

Ideias em movimento

Será que as cidades-estado, com seus templos-montanha sagrados, foram o modelo das cidades posteriores surgidas fora do Oriente Próximo – do Egito à China, Índia e Américas? Com certeza, a forma da pirâmide de degraus aparece no Egito logo depois de seu desenvolvimento na Suméria, e é provável que os pedreiros e artesãos sumérios tenham de fato viajado ao Egito. Mas embora este

Deuses do Egito antigo Os egípcios tinham nada menos do que 2 mil deuses, representados muitas vezes como parte humanos, parte animais. Esse mural, com os deuses Anúbis e Hórus, foi descoberto nas paredes dos túmulos do Vale dos Reis.

tenha produzido as próprias grandes cidades, elas nunca tiveram a identidade independente e o dinamismo daquelas da Mesopotâmia – em parte porque a atividade nas cidades egípcias era focada mais em servir a corte real do que em construir uma identidade cívica. Em sintonia com isso, a mais famosa arquitetura monumental do Egito é dedicada a faraós mortos, não à vida comunitária.

A Era do Bronze (que durou até por volta de 1200 a.C. no Oriente Médio) foi um tempo em que, de modo livre, as pessoas viajavam distâncias surpreendentemente grandes, difundindo o comércio, os mitos e as ideias. Alguns comentaristas sugerem que foi nessa época que se estabeleceram vínculos entre o Velho e o Novo Mundo, o que explicaria o surgimento da pirâmide de degraus na América Central. São noções controversas, mas o que é certo é que algo de profundo ocorreu por volta de 3000 a.C., transformando os povos que subsistiam da caça e da coleta e que viviam em arremedos de casas em construtores de grandes cidades cercadas de muros e adornadas com templos e palácios. Para alguns, essa mudança reforça o mito da destruição e renovação pelo Grande Dilúvio, presente em tantas culturas; para outros, marca apenas uma alteração – não menos notável – na consciência humana.

LITERATURA SUMÉRIA

A primeira obra de literatura conhecida no mundo – *A Epopeia de Gilgamesh* – surgiu no sul da Suméria entre 2700 e 2500 a.C. Gilgamesh foi um governante sumério real, que reinou por volta de 2700 a.C., e o épico reuniu poemas e lendas em torno de seu governo, numa história completa, mitologizada, registrada em escrita cuneiforme, em doze tabuletas de argila. Inclui o relato de uma enchente cataclísmica, similar nos detalhes à descrita na Bíblia, o que desperta grande interesse nos estudiosos.

A Epopeia de Gilgamesh Elementos do épico estão entretecidos na literatura bíblica e clássica posterior; a ilustração abaixo é do livro *Gilgamesh*, de 1924, de Zabelle C. Boyajian.

Enchentes férteis Como a Mesopotâmia, a civilização egípcia dependia da água. As enchentes regulares do Nilo tornaram as faixas de terra de ambas as margens do rio extremamente férteis.

Antigo Oriente Próximo

c. 5300-350 a.C.

Deuses e reis. A arquitetura do antigo Oriente Próximo exibe duas forças: a divina e a aspirante a divina. Os edifícios onde o povo vivia e trabalhava há muito desapareceram. Restaram ruínas de ambiciosos palácios e templos – a arquitetura da religião e do poder.

Os monumentos sobreviventes do antigo Iraque, de c. 3000 a.C., são todos de tijolos. A pedra era escassa, e também a madeira no comprimento necessário para vencer grandes vãos. A mais impressionante das obras de arquitetura mais antigas é o Zigurate de Ur *(p. 14)*; mas a que todos gostaríamos de ver, caso fosse possível, é a "Torre de Babel" – o grande zigurate da Babilônia. A base desse templo, medindo 90 m^2, sugere uma ambiciosa estrutura. Revestida com peças esmaltadas azuis, teria sido erguida em sete andares junto ao rio Eufrates, defronte ao lendário palácio do rei Nabucodonosor, famoso pelos Jardins Suspensos, que desciam com seus grandes terraços perfumados do alto da construção. O que jaz hoje como ruínas em um deserto assolado pela guerra já abrigou poderosas civilizações.

Um novo processo arquitetônico

A certa altura, a região foi tomada pelo primeiro grande império do mundo, fundado por Ciro, o Grande, da Pérsia (c. 600-530 a.C.). A partir de então, os estilos de construção não só passaram a ser transferidos de uma cidade ou reino a outro, mas começaram também a se misturar e produzir fusões de estilos que levaram a arquitetura a explorar novos caminhos e a correr riscos criativos. Artesãos de todo o império persa juntaram forças para moldar uma nova arquitetura muito mais fluente e sensual que a dos sumérios, acadianos, babilônios e assírios que os precederam. Com rica decoração e cores vivas, o Palácio de Persépolis *(p. 19)*, de 518 a.C., mostra quanto o estilo se afastara dos elementares zigurates que haviam introduzido a humanidade à arquitetura 2.500 anos antes.

« Escadaria do Palácio de Dario I, Persépolis
O relevo na escadaria mostra um leão e um touro em combate e criados subindo os degraus para servir a mesa do rei.

Elementos

Os materiais de construção básicos da arquitetura do Oriente Próximo antigo eram tijolo e pedra. Cada vez mais as superfícies eram ornamentadas e depois cobertas com azulejos e esculturas em relevo. Boa parte dessa escultura simbólica tinha vivo colorido, acompanhado de inscrições. O Palácio de Persépolis, iniciado por Dario I em 518 a.C., é o exemplo mais impressionante dessa era.

Inscrições cobrem parte dos relevos.

Escrita monumental Edifícios babilônios podem ser lidos como livros. O palácio em Nimrod, por exemplo, tem relevos de reis e cortesãos, com sobreposição de inscrições detalhadas e extensas, listando suas realizações.

A escultura no auge do Império Persa era altamente refinada.

Estatuária animal Poderosas esculturas de cabeças, asas, bicos e garras de animais verdadeiros e míticos simbolizavam o poder dos reis por toda a região.

Relevos de parede Escadarias e terraços em Persépolis são ladeados por relevos, separados uns dos outros por faixas de rosetas. As figuras retratam majestosas procissões de persas e nobres estrangeiros, autoridades, cortesãos, guardas e cobradores de impostos de todo o império antigo.

Touros alados no lugar de colunas.

Desenho pensado para instilar medo.

Guardiões do portal Enormes touros alados com cabeças humanas barbadas flanqueavam a entrada de cidades e palácios assírios e persas.

Cenas de caçadas Cenas realistas de caçadas a leões e de leões atacando animais mais fracos são comuns em palácios assírios, babilônios e persas. Em Persépolis, os visitantes não tinham dúvidas sobre a personalidade dos reis que iriam encontrar no alto das escadarias.

Acabamento castelado em degraus.

Painéis de pedra esculpida nas laterais das escadarias.

Zigurate de Urnammu, Ur

c. 2125 a.C. **MUQAIYIR, IRAQUE** **URNAMMU** **LOCAL DE CULTO/EDIFÍCIO CERIMONIAL**

No deserto plano e ressecado pelo sol do sul do Iraque, palco da antiga Suméria, fica a bíblica cidade de Ur, lar de Abraão e onde se localiza um dos mais importantes monumentos da arquitetura antiga – o Zigurate de Urnammu. Essa imponente estrutura dominava o que na época era uma grande cidade murada.

O zigurate se ergue isolado e separado das vastas ruínas das ruas e túmulos escavados da cidade de Ur. Originalmente era todo murado, no centro de um complexo religioso, e alcançado por um grande pátio. Essa montanha sagrada artificial tinha no alto um templo dedicado ao deus da Lua, Nanna, com acesso por íngremes lances de escadas que ainda sobrevivem.

Quando o zigurate foi remodelado e expandido pelo rei Urnammu e seus sucessores, no século XXI a.C., já era um edifício muito antigo. Foi erigido com tijolos de barro, o material de construção padrão da Mesopotâmia antiga; cada camada é assentada com betume, e algumas, com esteiras de fibras naturais, para melhorar a estabilidade. A camada externa é de tijolos cozidos, que permitiam obter um perfil mais preciso e aumentar a durabilidade.

O monumento de Urnammu sobreviveu séculos, entre outros motivos, pela engenhosidade de sua construção: "orifícios de escoamento" na grande massa de tijolos permitem a evaporação da água do cerne do barro, e canais de drenagem embutidos na estrutura drenam a água da chuva. Continua sendo um atraente elemento de uma paisagem que é cenário de combates desde que foi habitada.

Escadaria cerimonial

Sólida construção
Hoje só resta a base, mas esse imponente edifício tinha antes três andares, e alguns sugerem que cada nível abrigava árvores ali plantadas.

Materiais valiosos
O palácio era decorado com relevos, como esse, mostrando o transporte de preciosa madeira para Khorsabad.

Palácio de Sargão

706 a.C. KHORSABAD, NORTE DO IRAQUE
SARGÃO II PALÁCIO

Os palácios do Império Assírio estão entre as maiores e mais imponentes edificações da Mesopotâmia, demonstrando a riqueza, as aspirações e a determinação do violento regime militar que as idealizou. Apesar de marcante, o império durou pouco, e seus reis claramente tiveram pressa em construir em escala heroica; o Palácio de Sargão, na cidade de Khorsabad, foi erguido em partes, de modo rústico, usando tijolos fracos dispostos uns sobre os outros sem argamassa. No entanto, o efeito geral da arquitetura deve ter sido impressionante. Erigido sobre uma plataforma de pedra e nivelado com o topo dos muros da cidade, o edifício cobria quase 9 hectares. No seu centro havia uma sala do trono medindo 49 x 10,7 metros, coroada por um teto plano, decorado com madeira – um luxo numa terra onde esse material era escasso.

Porta de Ishtar

575 a.C. BABILÔNIA, IRAQUE CENTRAL
NABUCODONOSOR II PORTAL DE ENTRADA

Uma das oito entradas principais da cidade da Babilônia *(p. 16)*, a Porta de Ishtar hoje está no Museu de Pérgamo, em Berlim. A estrutura foi trazida do Iraque logo após ser descoberta no início do século XX, e uma réplica em escala de dois terços foi construída na sua localização original, sob encomenda de Saddam Hussein como parte de uma controversa reconstrução da Babilônia. A porta original, com ameias, guardava a entrada para a principal avenida cerimonial da cidade, impressionando os visitantes da corte de Nabucodonosor. Tem padrões magníficos de dragões e leões, trabalhados em baixo-relevo sobre tijolos cerâmicos recobertos de asfalto líquido. Os dragões simbolizam Marduk, deus da cidade e doador da vida eterna, enquanto os leões são a marca da deusa Ishtar.

Nova porta A réplica atual sugere o apuro artesanal da porta original.

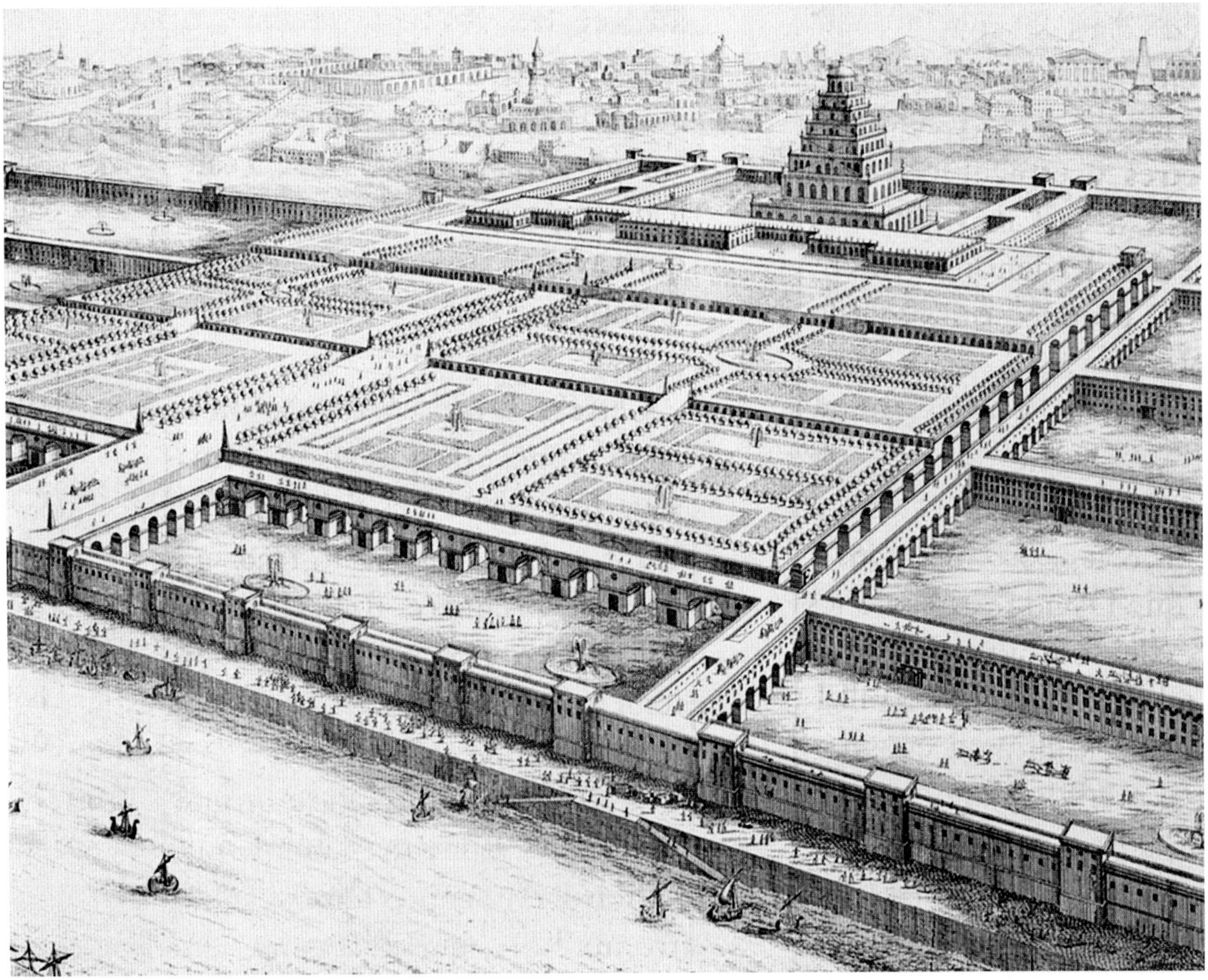

Babilônia
Os Jardins Suspensos e a Torre de Babel são representados nessa gravura do arquiteto austríaco Johann Bernhard Fischer von Erlach (1656-1723).

Babilônia

562 a.C. IRAQUE CENTRAL NABUCODONOSOR II CIDADE

No seu auge, a Babilônia ocupava uma área de pelo menos 10 km^2, sendo de longe a maior cidade de seu tempo. Seus muros, ao longo do rio Eufrates, encerravam uma mistura compacta de templos, santuários, mercados e casas, divididos por grandes avenidas dispostas perpendicularmente. A lendária Torre de Babel era um zigurate de sete níveis que se erguia de uma base de 90 m^2. Os Jardins Suspensos – uma das sete maravilhas do mundo antigo – foram construídos para a esposa de Nabucodonosor, Amitis.

Nimrod

859 a.C. PERTO DE MOSSUL, NORTE DO IRAQUE ASSURBANÍPAL II CIDADE

Nimrod é o local da cidade bíblica de Cale. Era um enorme assentamento com população de 100 mil pessoas. Seus muros estendiam-se por 7,5 quilômetros. A cidade foi fundada pelo rei assírio Salmanaser I no século XIII a.C. e ampliada por volta de 800 a.C. no reinado de Assurbanípal II. Continuou sendo um grande centro até cair nas mãos dos invasores babilônios e medos, entre 614 e 612 a.C.

Situado no meio de amplos pátios, com um zigurate e relevos em pedra retratando as sangrentas batalhas e caçadas aos leões, em 2015 o antes opulento palácio de Assurbanípal II foi destruído por terroristas islâmicos. Havia abrigado o fascinante Templo de Ezida, construído no século IX a.C.; era ali o santuário de Nabu, deus da escrita. Um poço diante desse local de culto provia a água que, misturada com fina argila, produzia as tabuletas para escrita, parte tão importante da vida das culturas mesopotâmicas.

Nínive

c. 700 a.C. MOSSUL, NORTE DO IRAQUE
SENAQUERIBE CIDADE

A cidade de Nínive, na margem leste do rio Tigre, foi a última e maior capital do Império Assírio. Fundada por Nimrod, foi construída por Senaqueribe, filho de Sargão II. Como muitas cidades antigas, viveu breve auge – foi arrasada e humilhada pelos medos e babilônios em 612 a.C. Contendo vários palácios e cercada por 12 quilômetros de muros, era uma visão imponente. Em 2015, terroristas islâmicos destruíram partes do muro com portais, alguns dos quais haviam sido reconstruídos por Saddam Hussein. Há também ruínas do "palácio inigualável" do poderoso rei Senaqueribe – ainda decorado com agressivos relevos esculpidos em pedra. Muitos dos melhores relevos – entre os quais os do palácio do rei Assurbanípal – estão agora no British Museum, em Londres. Eles retratam vívidas cenas da caçada real ao leão e horrendas execuções de inimigos nas cruentas campanhas travadas pelos assírios contra os elamitas – Nínive, como todas as cidades assírias, era efetivamente uma máquina de guerrear.

Templo de Salomão

c. 1000 a.C. JERUSALÉM, ISRAEL
SALOMÃO LOCAL DE CULTO

Segundo o Antigo Testamento, o Templo de Salomão foi construído pelo filho de Davi, Salomão, para abrigar a Arca da Aliança, que continha os Dez Mandamentos. Nada sobreviveu do templo original, que provavelmente foi destruído pelos babilônios no século VI a.C. Descrições na Bíblia e escavações arqueológicas sugerem um edifício com um santuário interno e um saguão frontal; ambas as estruturas seriam circundadas por pátios abertos, como pode ser apreciado na maquete abaixo.

Templo de Salomão Essa maquete, baseada nas descrições detalhadas da Bíblia, mostra a disposição geral do grande templo.

Em louvor ao rei As inscrições cuneiformes trilíngues nos painéis da parede de pedra do Túmulo de Dario glorificam o rei e seu governo e relacionam as 28 nações que sustentavam o trono.

Túmulo de Dario I

485 a.C. NAQSH-I RUSTAM, SUL DO IRÃ
DARIO I TÚMULO

Esculpido na parede de uma rocha, o Túmulo de Dario I exibe inscrições dos feitos, reflexões e crenças do grande líder persa. A fachada da tumba, de refinada execução, tem 18,3 metros de largura; a entrada, bem acima do chão e defronte ao sol nascente, é ladeada por quatro colunas que sustentam uma cornija em estilo egípcio. Os capitéis são do tipo duplo touro – cabeças de touro esculpidas voltadas uma para cada lado –, características dos edifícios persas desse período. O desenho da fachada parece ter sido adaptado da frente sul do Palácio de Dario em Persépolis, perto dali.

Cidadela de Van

c. 800 a.C. VAN, LESTE DA TURQUIA
SARDURI I FORTALEZA

Os restos da Cidadela de Van erguem-se de uma formação rochosa a mais de 80 metros de altura, oferecendo vistas panorâmicas da área. Há cerca de 3 mil anos, Van era a capital do reino de Urartu, civilização da qual sabemos pouco, exceto que era inimiga dos assírios (assim como todas as demais civilizações dentro do alcance de suas carruagens). A base da cidadela foi construída com grandes blocos de pedra, muitos dos quais estão ainda firmemente assentados; a superestrutura deve ter sido de tijolos de barro, e os telhados, tanto de palha quanto de madeira. O único aspecto arquitetônico que sobreviveu é um poderoso barbacã, ou portão fortificado, em pedra, que antes protegia a entrada do baluarte e seu suprimento de água. A disposição interna da cidadela provavelmente seguia a linha de um castelo densamente habitado. Não há vestígios de um templo, embora túmulos de pedra, com nichos para lâmpadas, tenham sido encontrados nas paredes do lado sul da fortaleza.

Palácio de Ctesífonte

c. 350 d.C. CTESÍFONTE, IRÃ CENTRAL
COSROES I PALÁCIO

O majestoso Palácio de Ctesífonte é uma das maravilhas de surgimento tardio da cultura mesopotâmica. Embora construído por reis persas da dinastia sassânida, é em muitos aspectos um resumo do vigor e das grandes ambições arquitetônicas das civilizações da região. Seu aspecto mais óbvio – a grande abóbada em cilindro de tijolos, de vão único – é parte do que deve ter sido um magnífico salão de banquetes com a frente aberta. Esse arco (tecnicamente um ovoide pontiagudo, geometria típica da Mesopotâmia) tem nada menos que 36,7 metros de altura e 25,3 metros de extensão, rivalizando com qualquer estrutura construída pelos romanos. A influência de Roma é clara no desenho do palácio: as sólidas paredes que ladeiam a sala de banquetes central eram animadas por arcadas no estilo romano, dispostas entre pares de colunas anexas. Mas o tipo de edifício é francamente não romano: a esplêndida sala de banquetes tinha o final aberto, formando uma tenda estilizada. A parede leste do palácio sobrevive; as paredes oeste e posterior desabaram, e, fato trágico, os engenheiros temem agora pela integridade do próprio arco.

Construção do arco Maior vão do mundo antigo, o impressionante arco do Palácio de Ctesífonte é feito de tijolos de barro não queimados.

Complexo do Palácio de Persépolis

480 a.C. | PERSÉPOLIS, SUL DO IRÃ | DARIO I | PALÁCIO

Com escadarias cerimoniais escavadas de maneira inventiva e a fabulosa Sala das Cem Colunas, esse complexo deve ter sido uma das obras de maior impacto da época. Erguido pelo rei Dario I, sua arquitetura e decoração refletem o estilo e a perícia que as várias civilizações e culturas trouxeram – em geral, à força – para a órbita do Império Persa, e mesmo suas ruínas preservam apelo visual.

O rei dos reis
Ao morrer, em 486 a.C., Dario I havia estendido o Império Persa até a Índia e a Trácia.

A maioria dos edifícios antigos representa a cultura de uma civilização específica; em Persépolis, começamos a ver como os estilos arquitetônicos se fundiam entre as civilizações, produzindo desenhos híbridos. O complexo do palácio assenta-se sobre uma plataforma de pedra de 460 x 275 metros, a 15 metros do chão. Seus pátios e salas, construídos ao longo de décadas, eram alcançados por uma magnífica escadaria, que pode ser vista ainda hoje; os reis subiam as escadas a cavalo. O ponto alto do complexo era a Sala das Cem Colunas – imponente sala do trono com paredes de tijolo de 3,4 metros de espessura e cem colunas de touros duplos sustentando um vasto telhado de cedro. As paredes dos principais edifícios eram de pedra, e as das estruturas secundárias, de tijolos de barro queimados e esmaltados. O complexo do palácio era todo decorado com relevos em pedra e pinturas de parede, mostrando nobres, cortesãos, cobradores de impostos, dignitários estrangeiros, soldados e outros, num quadro nítido e duradouro da vida da corte de uma das dinastias mais poderosas do mundo antigo. Ao visitar hoje as ruínas embranquecidas de Persépolis, é fácil esquecer que as decorações originais tinham cores incrivelmente vivas – talvez chocantes para observadores atuais – e que o complexo do palácio deve ter ofuscado os olhos de antigos visitantes deslumbrados.

Queda de Persépolis
O esplendor de Persépolis durou até 330 a.C., quando a cidade foi saqueada por Alexandre, o Grande. O local foi redescoberto no século XVII.

Egito antigo

c. 3000 a.C.-300 d.C.

A civilização do Egito antigo nunca deixa de fascinar. Seus mitos complexos, muitos deles envolvidos em rituais funerários, e a grande tenacidade de uma cultura que permaneceu quase imutável por milhares de anos são muito cativantes. Assim como a assombrosa e poderosa arquitetura: o esplendor geométrico das pirâmides e o mistério dos templos e túmulos.

Misteriosa, consistente e, depois de estabelecida, uma lei em si mesma, a arquitetura do Egito antigo desenvolveu-se aos poucos por cerca de 3 mil anos, numa época em que o local estava praticamente livre de invasores, rico e bem organizado. A riqueza e a cultura egípcias tinham por base o ciclo sazonal e as cheias do rio Nilo. Todo ano, quando as águas do rio subiam e o vale florescia, a agricultura virava o principal foco de atividade, produzindo os alimentos que teriam de durar por toda a estação seca seguinte. Havia pequenos fazendeiros, e seus trabalhadores conseguiam se manter quando o rio baixava, e com isso o Egito antigo era abençoado cinco meses do ano com um excedente de mão de obra, especializada ou não, que podia trabalhar em projetos de arquitetura monumental. Assim surgiram as pirâmides, projetadas para abrigar os corpos mumificados de faraós e seus tesouros. A primeira, a Pirâmide de Degraus de Djoser, em Saqqara *(p. 24)*, foi projetada por Imhotep – também o primeiro arquiteto do qual sabemos o nome.

Legado duradouro

A cultura dos faraós continuou a atrair visitantes e exploradores ao longo dos séculos. Os antigos romanos ficaram fascinados por ela, assim como Napoleão I. E, em 1922, quando o arqueólogo inglês Howard Carter descobriu o túmulo subterrâneo do jovem rei Tutancâmon (1334-1323 a.C.), ele desencadeou uma febre por tudo o que era egípcio, que persiste até hoje. A arte egípcia influenciou o movimento Art Déco, no fim da década de 1920 e início dos anos 1930, inspirou inúmeros livros e filmes e atraiu milhões de turistas ao rio Nilo, percorrido do Cairo até Luxor.

A Grande Pirâmide de Quéops, Gizé
A mais velha das antigas maravilhas do mundo, a Grande Pirâmide de Quéops é a única maravilha que sobrevive hoje.

Elementos

A arquitetura egípcia é marcada por sólidos elementos de pedra – enormes paredes inclinadas, pirâmides imensas, estatuária colossal e colunatas imponentes. Em meio a essa mistura, há representações em pedra de deuses, com traços humanos ou de animais, e formas de plantas, usadas nos capitéis.

Capitéis de papiro O desenho dos capitéis das colunas egípcias baseava-se em formas de plantas estilizadas, como o papiro, comum às margens do rio Nilo.

Capitéis de lótus Capitéis abstratos, baseados em flores de lótus fechadas, ocupam o alto de colunas alongadas formando um salão com hipostilo no coração do Templo de Luxor.

Esculturas em relevo Edifícios egípcios antigos foram projetados para serem lidos, além de vistos: relevos nas paredes de templos e palácios narravam histórias com pictogramas e imagens.

Esfinges Avenidas processionais que levam à entrada dos templos eram muitas vezes ladeadas por fileiras de estátuas de esfinges – criaturas míticas, com corpo de leão e cabeça de carneiro ou humana.

Estatuária monumental na entrada Imensas estátuas de faraós eram erguidas na frente dos templos para expressar o divino poder dos reis aos meros mortais. Nessa imagem, diante do Grande Templo, em Abu Simbel, veem-se quatro imensas estátuas idênticas de Ramsés II.

Pilones de entrada A entrada de muitos templos é posicionada entre sólidos pilones, como esses, do Templo de Khonsu, em Karnak. Os pilones escondem pátios iluminados ou salões com hipostilo.

Grande Pirâmide de Quéops

c. 2566 a.C. GIZÉ, EGITO DESCONHECIDO SÍTIO FUNERÁRIO

O faraó egípcio Quéops reinou de 2589 a 2566 a.C., e o que é tido como seu túmulo é a maior das três pirâmides de Gizé. Imensa montanha erguida pelo homem, que levou vinte anos para ser concluída usando mão de obra local fora da estação da colheita, trata-se da maior pirâmide já construída, originalmente com 147 metros de altura. Exigiu 2,3 milhões de blocos de pedra encaixados com precisão, cada qual pesando em média 2,5 toneladas. Cada lado mede 241 metros. A pirâmide era coberta com pedra calcária polida, há muito erodida ou removida. Tem três câmaras internas, mas duvida-se que algum faraó, e menos ainda Quéops, tenha sido enterrado ali. Alinhadas com as estrelas do Cinturão de Órion no céu noturno, as pirâmides de Gizé são símbolos cósmicos e terrestres de vida, fertilidade, renascimento e vida após a morte.

As pirâmides de Gizé

Estatueta de marfim
Essa pequena figura, de 9 centímetros de altura, data de c. 1590 a.C. É a única representação já encontrada de Quéops.

Grande Galeria
Esse corredor com teto alto leva à entrada da Câmara do Rei. As paredes e prateleiras são pontuadas por vãos precisamente dispostos, cuja função se desconhece e é muito debatida. A galeria pode ter servido para armazenar os imensos blocos de granito que no final fecharam a câmara funerária.

Grandes blocos de pedra
A natureza rústica dos blocos que formam a pirâmide era mascarada por uma cobertura de calcário branco. A construção é hoje claramente visível.

Pirâmide de Degraus de Djoser

c. 2650 a.C SAQQARA, EGITO IMHOTEP MONUMENTO FUNERÁRIO

O túmulo do faraó Djoser é o primeiro monumento de pedra em larga escala do mundo e a primeira pirâmide egípcia. O desenho revolucionário foi obra do primeiro arquiteto do qual sabemos o nome, Imhotep. Inicialmente apenas mais uma "mastaba", ou monumento funerário de um só nível, a forma escalonada da pirâmide de calcário, com 60 metros de altura, foi desenvolvida ao longo de vários anos.

A criação dessa magnífica pirâmide de degraus exigiu na realidade empilhar uns sobre os outros seis monumentos tradicionais de um só nível, cada qual menor que o de baixo. A base da pirâmide resultante mede 125 x 109 metros.

A pirâmide era apenas uma das partes de um vasto complexo religioso dentro de um recinto com muros de calcário medindo 547 x 278 metros. Uma única verdadeira entrada entre várias entradas falsas levava a um imenso pátio repleto de imitações de edifícios, reproduções daqueles existentes no palácio de Djoser; quando o faraó fosse para a vida após a morte, pretendia levar com ele a arquitetura que havia encomendado. Depois da entrada há avenidas, salões com colunas, santuários, capelas e depósitos.

Nesse grande monumento, a pedra foi usada pela primeira vez para cobrir espaços, provando que era um material bem mais maleável do que os construtores anteriores imaginavam. Cinco camadas retangulares de calcário branco brilhante foram dispostas uma em cima da outra em dimensões decrescentes até a altura de 62 metros. A câmara funerária fica 27 metros abaixo da superfície e é revestida de granito. O uso de pedra em vez de tijolos de barro talvez represente o desejo de vida eterna do faraó.

IMHOTEP

O rei egípcio Djoser, que governou na Terceira Dinastia (2687-2668 a.C.), encomendou a seu vizir-chefe, Imhotep, a construção de um local de descanso eterno. A obra levou vários anos. Imhotep *(à dir.)*, que havia sido nomeado arquiteto, engenheiro, sábio, médico, astrônomo e sumo sacerdote, foi mais tarde cultuado como deus da sabedoria.

Estátua de bronze de Imhotep

A primeira pirâmide Mastabas subterrâneas às vezes ganhavam prolongamentos acima da superfície, como uma lápide nos modernos cemitérios; já as mastabas em camadas criavam um monumento piramidal de forte impacto.

Túmulos dos Reis, Tebas

1500 a.C. **VALE DOS REIS, LUXOR, EGITO**
DESCONHECIDO **TÚMULO**

Após a heroica era da construção das pirâmides, os faraós do Novo Reino preferiram ser enterrados de modo diferente, em sarcófagos bem abaixo da superfície, em parte para proteger as relíquias e tesouros de ladrões de túmulos. As mais antigas dessas tumbas estão nas áridas montanhas a oeste do Nilo, perto de Tebas (hoje Luxor). Ali, as múmias de faraós das 18ª, 19ª e 20ª dinastias foram ocultadas em câmaras de pedra ricamente decoradas, algumas sustentadas por fileiras de colunas. Essas câmaras podem chegar a 96 metros abaixo da superfície e adentrar até 210 metros o interior da rocha, com acesso por meio de corredores longos e inclinados, escadas e antecâmaras labirínticas.

As escavações dos 62 túmulos prosseguem, e outros ainda poderão ser revelados. A última grande descoberta foi a do túmulo do jovem faraó Tutancâmon, pelo arqueólogo britânico Howard Carter, em 1922. Em 2015, arqueólogos pensaram ter descoberto a tumba da bela rainha Nefertiti – madrasta e sogra de Tutancâmon –, escondida numa câmara logo após a do rei adolescente. Atualmente, o túmulo mais distante e profundo escavado é o da rainha Hatshepsut, poderosa governante e prolífica construtora, que empregou os melhores arquitetos de seu tempo. Inscrições nessas tumbas supostamente secretas datam da era greco-romana, quando turistas de 2 mil anos atrás viajavam de lugares tão distantes quanto Atenas e Roma para apreciar o que viam como monumentos antigos. Hoje, os antes isolados túmulos estão ficando cada vez mais próximos dos subúrbios de Luxor.

Tesouros terrenos Escondidos sob a terra, os tetos e paredes dos vários Túmulos dos Reis são decorados com pinturas vivazes e inscrições elaboradas.

Grande Templo de Amon, Karnak

1530 a.C. KARNAK, EGITO TUTMÉS I
LOCAL DE CULTO

Grandiosidade inspiradora Na grande sala hipostila do Templo de Amon, relevos gloriosamente coloridos e inscrições homenageiam os reis e deuses a quem foram dedicados.

Enorme, imponente e – pirâmides à parte – uma das imagens mais presentes do Egito antigo, o Templo de Amon é uma construção realmente fascinante: a sala hipostila no seu centro ostenta nada menos do que 134 imensas colunas autônomas dispostas em dezesseis fileiras, todas com decoração exuberante; as do centro têm 21 metros de altura e 3,6 metros de diâmetro. Hoje, o templo é tanto um lugar de brincar de esconde-esconde com guias turísticos locais como uma fonte de deleite arquitetônico. Parte do impressionante complexo antigo de Karnak, esse local de culto, o maior dos templos egípcios, é obra coletiva de reis e de seus arquitetos e artesãos ao longo de 1.200 anos. Dentro das sólidas paredes, santuários menores e mais antigos estão incrustados em exemplos posteriores – e o templo, portanto, é como uma boneca russa. Localizado junto a um lago sagrado, mede nada menos do que 366 x 110 metros e ainda está mais ou menos conectado ao Templo de Luxor por uma avenida de esfinges. Antes, nada menos que seis pilones levavam aos diversos e amplos pátios, ladeando templos, pátios hipostilos e santuários.

Templo de Khonsu, Karnak

1198 a.C. KARNAK, EGITO DESCONHECIDO
LOCAL DE CULTO

Enquanto as pirâmides e capelas mortuárias destinavam-se a cultuar reis, os templos serviam para o culto aos deuses. Eram muitos os deuses do panteão egípcio, portanto havia também vários templos. O arquétipo é o Templo de Khonsu, no complexo religioso de Karnak, perto da atual Luxor. Uma avenida de esfinges levava a um obelisco e a um imenso pilone de acesso ao próprio templo. Dentro havia um pátio similar a um claustro, ladeado por uma sólida colunata dupla. Pessoas comuns só podiam chegar até aí. Adiante, uma sala hipostila, com muitas colunas, iluminada por um clerestório, anunciava o santuário, com as respectivas capelas e outra sala hipostila no fundo do edifício. Esse era o reino do deus do templo e de seus sacerdotes. Ao contrário dos zigurates e pirâmides, tais edifícios não eram montanhas sagradas, mas permitiam acesso e tinham usos que, apesar da natureza exótica e às vezes obscura dos deuses egípcios, nos parecem hoje familiares.

Entrada imponente A estreita passagem no centro do alto portal inspira reverência no visitante não iniciado.

Templo da Rainha Hatshepsut

SÉCULO XV a.C. DEIR EL-BAHARI, EGITO
SENMUT LOCAL DE CULTO

A câmara funerária da rainha Hatshepsut fica nas montanhas, longe dessa sua magnífica capela mortuária. Estendida ao longo e escavada na face de uma imponente rocha, a capela parece bem moderna aos olhos contemporâneos, lembrando um museu ou galeria neoclássicos do século XIX. O templo foi projetado pelo arquiteto da rainha, Senmut, que dispôs o acesso à capela na forma de três terraços horizontais, cada qual tendo à frente colunatas duplas sombreadas, às quais se chega por rampas gigantes. O terraço do alto contém um pátio murado com colunas, que abriga a capela mortuária da rainha e um altar gigante ao deus sol, Rá. Cavado na rocha, um santuário para os sacerdotes e seus inefáveis rituais fica atrás desse pátio. Hatshepsut desfrutou poder sem precedentes como rainha, e o templo é uma obra de sincera adoração: estátuas e esfinges da rainha se alinham nos terraços superiores, e relevos na estrutura da sala hipostila retratam expressivas histórias de sua vida.

Legado duradouro As paredes muito decoradas do templo têm uma descrição da alegada linhagem divina de Hatshepsut, detalhando a afirmação de que o deus Ámon-Rá é seu pai.

Santuário interior

Grande Templo, Abu Simbel

c. 1257 a.C. ABU SIMBEL, EGITO RAMSÉS II LOCAL DE CULTO

Absolutamente magnífico, esse grande templo escavado na rocha, um dos dois que Ramsés II encomendou para homenagear a própria memória, teve sorte em sobreviver. A localização original dos templos, às margens do Nilo, está hoje sob as águas da Represa de Assuã, ela mesma uma edificação memorável construída com projeto russo na década de 1960, cerca de 3.200 anos depois.

Os dois templos foram transferidos, peça por peça, por artesãos que separaram as pedras antigas e as remontaram em local similar, não muito distante. Originalmente alcançada por um pátio, a imponente fachada do Grande Templo, cortada na rocha na forma de um pilone gigante, é famosa pelas quatro imensas estátuas de Ramsés II sentado: esse, claramente, foi um rei que não fazia as coisas pela metade, muito menos por quartas partes. Aos pés dele há pequenas estátuas da mulher, Nefertari, da mãe, Mut-tuy, e de seus filhos; acima, uma fileira esculpida de babuínos sorridentes saúda o nascer do sol.

A imponente fachada do templo tem 36 metros de largura e 32 metros de altura, e as estátuas, mais de 20 metros de altura. Atrás delas há uma sala de 9 metros de altura sustentada por oito colunas ricamente decoradas. Ao fundo, há outra sala menor, com colunas, flanqueada por urnas em disposição assimétrica que levam a um complexo de santuário, com seu altar mais sagrado presidido por estátuas de deuses, sentados com o faraó divinizado *(acima, à esq.)*. Ramsés II está enterrado nas montanhas, longe desse local, mas era aí e no Ramesseum, em Tebas, que ele era cultuado.

Falha na fachada
O dano por terremoto à segunda das quatro estátuas foi mantido na reconstrução realizada pela Unesco.

Templo de Ísis, Philae

247 a.C. AGILIKA, EGITO DESCONHECIDO
LOCAL DE CULTO

Originalmente construído na ilha de Philae, hoje totalmente submersa após a construção da Represa de Assuã, o Templo de Ísis foi levado ao seu local atual, na ilha vizinha de Agilika, no fim do século XX.

Embora a era egípcia estivesse terminando quando o templo foi erigido em Philae, os construtores mantiveram a mesma veia heroica de seus inspirados predecessores. Mas, diante dos altos padrões definidos um milênio antes, o templo era um pouco rústico, tanto nos detalhes quanto na execução. Para um olhar não treinado, um templo de 1300 a.C. dificilmente pode ser diferenciado de outro, como esse, do século III a.C.; mas apesar dos pilones, dos pátios com hipostilos, das salas com clerestórios e dos santuários internos, há diferenças. Os capitéis das colunas, por exemplo, são mais ornamentados do que nos projetos anteriores, embora esculpidos de forma mais rude. É intrigante a presença, no complexo do templo, de um quiosque cercado por uma proteção, conhecido como Cama do Faraó, que foi construído pelos romanos no ano 96. Os romanos adotaram o desenho egípcio com entusiasmo desde a época do romance entre Cleópatra e Júlio César, e a influência da arquitetura que ornava a ilha de Philae pode ser vista longe daí, na ambiciosa Villa Adriana, em Tivoli *(p. 73)*.

Paisagem perfeita
O Templo de Ísis deve muito de sua graça não só à arquitetura, mas também ao seu pitoresco entorno, numa bela ilha do Nilo.

Fortaleza de Buhen

2130 a.C. BUHEN, EGITO SESÓSTRIS III
FORTALEZA

A Fortaleza de Buhen, capital da Núbia egípcia, devia ser uma visão intimidante para os vizinhos do sul do Egito. Suas robustas paredes de tijolo e pedra, com quase 5 metros de espessura, cobriam uma área de 1,3 hectare. O baluarte era rodeado por um fosso seco, reforçado por bastiões, defendido por catapultas montadas em plataformas de artilharia especialmente construídas e isolado por pontes levadiças. Buhen era apenas um dos fortes de uma cadeia destinada não só à guerra, mas à proteção das rotas comerciais que vinham do sul rumo ao Egito. Mesmo assim, a memória da Fortaleza de Buhen é um lembrete de que os antigos egípcios, apesar de sua refinada cultura e arquitetura religiosa, eram guerreiros com um impressionante histórico de milhares de anos esmagando os adversários. A construção da Represa de Assuã, em 1964, fez submergir nas tranquilas águas do lago Nasser a Fortaleza de Buhen e outros monumentos de guerra ao longo desse trecho do Nilo.

Templo de Hórus

57 a.C. EDFU, EGITO PTOLOMEU III
LOCAL DE CULTO

Esse templo egípcio tardio, dedicado ao deus falcão Hórus, é famoso por seu ótimo estado de conservação: ele na realidade ficou preservado por séculos sob as areias do deserto, tendo apenas as pontas de seus pilones visíveis. Ao ser escavado, revelou-se em toda a glória de seus 2 mil anos. Embora não tenha toda a imponência e as destacadas qualidades artísticas dos templos de Karnak, por exemplo, isso não o diminui: seria como comparar uma bela igreja medieval a uma catedral.

Em boa forma
Todo de arenito, o Templo de Hórus contém uma estátua gigante do deus e um santuário de granito.

América

As antigas civilizações americanas parecem tão estranhas aos olhos modernos que seus monumentos têm sido tomados como relíquias da cidade perdida de Atlântida. A conquista espanhola do México e do Peru no século XVI provocou tamanha destruição dos artefatos nativos que dificulta nossa compreensão desses povos e culturas fascinantes.

Milhares de anos antes de os europeus tomarem o "Novo Mundo", as terras das Américas Central e do Sul abrigavam civilizações de grande porte, riqueza e sofisticação. As maiores e mais conhecidas são as dos maias, astecas e incas, mas outras, como as dos olmecas, zapotecas, teotihuacanos, toltecas, moches e nazcas, estabeleceram suas culturas altamente diferenciadas e desenvolveram novas tecnologias e estilos de construção. Os olmecas, por exemplo, que se destacaram no litoral sul do México de 1500 a.C. a 800 a.C., introduziram o primeiro calendário e a primeira escrita hieroglífica no hemisfério ocidental; e a civilização de Teotihuacán, que floresceu de c. 300 a.C. a 500 d.C., abrangendo a maior parte da Mesoamérica, criou a fabulosa cidade de Teotihuacán *(p. 36)*, perto da Cidade do México. A história maia começa por volta de 1500 a.C. e chega ao auge

Montanhas andinas Mesmo hoje, falantes do quíchua (inca) no Peru realizam oferendas rituais às montanhas sagradas, inspiração de boa parte de sua arquitetura.

DATAS PRINCIPAIS

c. 100 a.C. Teotihuacán, uma cidade monumental, surge e cresce no vale do México.

c. 1 a.C. El Mirador, na Guatemala, maior cidade maia antiga, alcança seu auge.

c. 50 A cultura nazca floresce no litoral do Peru e cria as Linhas de Nazca – misteriosos padrões no solo que só podem ser interpretados quando vistos a grande altura.

c. 150 A cultura mogollon, do sudoeste dos EUA, produz interessante cerâmica pintada.

c. 250 Inicia-se o período clássico da civilização maia na Guatemala, Honduras e sul do México.

c. 378 A rivalidade entre as cidades maias de Tikal e Uaxactún termina com a vitória da primeira.

c. 500 A cultura hopewell, do norte dos EUA, produz outeiros funerários, cerâmica e armas de ferro.

c. 750 Fim da civilização de Teotihuacán, no México.

1 d.C. | 250 | 500 | 750

de 300 a 900 d.C., evidenciado pelas imensas pirâmides e templos de pedra das áreas centrais e pelas realizações em matemática e astronomia, registradas em hieróglifos.

Os historiadores têm mais informações sobre as civilizações asteca, do México, e inca, centrada no Peru. Mas ambas, com suas magníficas cidades irrigadas, foram sabotadas e destruídas pelos espanhóis. Hernán Cortés (1485-1547), o conquistador espanhol do Império Asteca, trouxe com ele não só armas de fogo, canhões e armaduras, mas também a Inquisição, uma insaciável ambição por ouro e prata e doenças até então desconhecidas na Mesoamérica. Setenta anos após ele ter tomado Tenochtitlán, a capital asteca, em 1521, a população asteca havia sido reduzida de 15 milhões para 3 milhões; os incas tiveram um destino similar.

Oferendas aos deuses A arte asteca muitas vezes era a expressão da religião – esse detalhe de um manuscrito asteca, ou códice, retrata um sacrifício humano nos degraus do templo.

REALIZAÇÕES ASTECAS

Em seu auge, entre cerca de 1430 e a conquista pelos espanhóis em 1521, o Império Asteca cobria boa parte do atual México. A sociedade tinha uma estrutura rígida, guiada por uma religião onipresente que influenciou os estilos de construção; a cidade de Tenochtitlán (local da atual Cidade do México) contava com um complexo de templos, um palácio real e inúmeros canais.

Calendário solar asteca Originalmente no templo em Tenochtitlán, o calendário solar confirma o conhecimento de astronomia e matemática dos astecas.

c. 900 Fim da civilização maia no sul do México; muitas cidades são abandonadas.

c. 1000 Leif Ericson, explorador viking, chega à América do Norte; interesse europeu pela América.

1000

c. 1100 Ascensão inca no Peru, com agricultores liderados por chefes guerreiros.

c. 1250 Renascimento maia; após colapso de Chichén Itzá, uma nova capital é construída em Mayapán.

1250

c. 1325 Os astecas fundam Tenochtitlán, atual Cidade do México, em duas ilhotas do lago Texcoco.

c. 1440 Mostrando poder e habilidade, os incas erguem uma grande fortaleza em Cuzco.

c. 1468 Morre Moctezuma I, imperador asteca que conquistou áreas do leste do México.

c. séc. XV Os incas começam a expandir seu império pelos Andes centrais.

1500

1521 Hernán Cortés, soldado-explorador espanhol, aniquila o Império Asteca no México.

1531 O soldado espanhol Francisco Pizarro invade e destrói o Império Inca no Peru.

América Central e América do Norte

c. 300 a.C.-1550 d.C.

A mera escala da arquitetura das civilizações do que é hoje o México e a América Central já impressiona. Os conquistadores espanhóis ficaram deslumbrados com as cidades que encontraram. De fato, de todas as cidades do mundo na época, apenas Istambul tinha uma população maior que a de Tenochtitlán, a capital asteca.

Os maiores construtores entre as antigas civilizações da América foram os de Teotihuacán. Sua capital, 60 quilômetros a nordeste da atual Cidade do México, foi fundada por volta de 300 a.C. e atingiu seu auge entre 200 e 400 d.C., quando talvez reunisse até 200 mil pessoas. Teotihuacán era imensa para a sua época: a via principal, a Avenida dos Mortos, atravessava por 2 quilômetros o centro da cidade. Tinha 45-90 metros de largura e era ladeada por casas erguidas sobre terraços de pedra, além de abrigar duas imensas pirâmides dedicadas ao Sol e à Lua *(p. 36)*. Os visitantes astecas chamavam Teotihuacán de "A Cidade dos Deuses". Foi abandonada durante a invasão tolteca em c. 900 d.C.

Monumentos montanhosos

Os duradouros monumentos das civilizações da América Central são as pirâmides escalonadas que se erguem em clareiras da floresta como picos montanhosos. As melhores, como o Templo dos Guerreiros em Chichén Itzá ou o Palácio dos Governadores em Uxmal *(p. 38)*, têm desenho e estrutura vastos e impressionantes. No entanto, sabemos muito pouco a respeito delas.
Ao norte do que é hoje a fronteira mexicana, havia muito pouco em termos de arquitetura permanente. Com a exceção de um pequeno número de *pueblos* escavados na rocha, o desenvolvimento da arquitetura no atual território dos Estados Unidos teve que esperar a chegada dos Pais Peregrinos e de outros colonos da Europa.

« **Pirâmides escalonadas** Esse alto templo na cidade maia de Tikal, na Guatemala, com 44 metros de altura, é um exemplo típico das estruturas de pirâmide escalonada erguidas pelas civilizações da América Central.

Elementos

As pirâmides escalonadas, principal forma de arquitetura monumental na América pré-colombiana, tinham poucas salas, pois o interior importava menos que a presença ritual dessas estruturas e as cerimônias que sediavam; o essencial eram plataformas, altares, escadarias cerimoniais, estatuária e esculturas.

Salas com colunas Sobreviveram poucas salas com colunas, ou hipostilos: uma delas é esse espetacular exemplo no Templo dos Guerreiros, em Chichén Itzá – um desenho maia à altura de qualquer coisa produzida no Egito antigo.

Colunas-serpente Cabeças de serpente e de monstros, com frequência com olhos expressivos e dentes ameaçadores, projetam-se das paredes e colunas de vários templos. Esse guardião é do Templo dos Guerreiros em Chichén Itzá.

Decoração geométrica em espiral Mosaicos ricamente esculpidos são vistos nas seções superiores das paredes das principais fachadas do Palácio dos Governadores, em Uxmal. São relevos na forma de espirais geométricas.

Máscaras de pedra Expressivas máscaras de pedra, feitas para inspirar medo, olham das paredes de templos e palácios. Essa é do deus da chuva, em Codz-Poop, Kabah, que parece precisar ser apaziguado.

Janelas retilíneas As salas no alto das antigas pirâmides escalonadas americanas muitas vezes eram iluminadas por grandes entradas que serviam de janelas. Muitas parecem ter sido apenas espaços simples; poucas têm abóbadas.

A forma das pirâmides Com vários níveis e altos degraus, a pirâmide escalonada do templo de Tikal é uma das mais bem preservadas e restauradas – um ótimo exemplo dessa típica forma maia de arquitetura religiosa.

Relevo em pedra, em Teotihuacán

Pirâmide do Sol

c. 50 d.C. TEOTIHUACÁN, MÉXICO DESCONHECIDO LOCAL DE CULTO

A Pirâmide do Sol domina a paisagem de Teotihuacán, a mais antiga cidade da Mesoamérica. Fica à esquerda da "Avenida dos Mortos" – via de 2 quilômetros, assim batizada pelos astecas do século XII quando herdaram a cidade. Eles achavam que as pirâmides fossem locais de enterrar mortos; na realidade, eram templos.

A grande pirâmide em Teotihuacán, como outras edificações da região, foi construída com adobe (barro) local, misturado com cascalho, e depois revestida de pedra. Era decorada com gesso, relevos e tintas. Não há câmaras no interior da edificação, mas no seu topo vê-se um templo ao qual se chegava por rampas e degraus. Construída em cima de uma estrutura anterior, mede 217 x 217 metros em sua base e ergue-se a 57 metros.

Esse tipo de templo era parte de uma série de pirâmides sagradas construída ao longo de uma imensa área. Em Teotihuacán, a pirâmide integra um complexo que inclui a Pirâmide da Lua, o Templo de Quetzalcóatl, o Templo da Agricultura e um palácio. Os templos provavelmente tinham acabamento em pedra branca polida ou gesso vermelho-sangue. Nas culturas pré-astecas, eram centros de rituais religiosos e exigiam sacrifícios humanos diários; por seus degraus ensolarados deve ter escorrido muito sangue.

QUETZALCÓATL

Esse nome asteca, que significa "serpente emplumada", está associado a um deus de culturas muito mais antigas. É também o nome de um grande rei guerreiro que conquistou muitos povos vizinhos em c. 950-1000. Os dois nomes se confundem no mito. Acreditava-se que, após sua morte, o deus Quetzalcóatl havia se transformado na Estrela da Manhã; e havia a profecia de que ele retornaria à Terra para recuperar seu reino.

Sequência de templos-montanha
A Pirâmide do Sol e a da Lua, junto com os templos menores (em primeiro plano), são um eco das formas das montanhas do litoral.

Templo do Grande Jaguar

730 · TIKAL, NORTE DA GUATEMALA
DESCONHECIDO · LOCAL DE CULTO

O Templo del Gran Jaguar, localizado nas profundezas da floresta de Petén, é talvez o melhor templo maia sobrevivente. A pirâmide marca o túmulo do rei Jasaw Chan K'awiil e ergue-se em nove níveis íngremes de pedra finamente esculpida, representando os nove senhores do submundo maia. No alto, fica a câmara de um templo abobadado, coroado por um adorno. Esse remate decorativo, típico dos edifícios religiosos maias, lembra dentes de um pente invertido ou uma crista de galo.

O templo é alto e estreito, ao contrário das pirâmides mesopotâmicas e egípcias. Mede 34 x 29,8 metros na base e ergue-se a 30,5 metros. Cada nível é caracterizado por paredes quase verticais, que enfatizam ainda mais o caráter elevado do edifício. A câmara do templo consiste em um santuário principal, que abriga três câmaras com teto e abóbada, uma das quais retrata o deus da serpente emplumada, Kukulcán. O templo é alcançado subindo-se um único e monolítico lance de íngremes degraus cerimoniais, embora haja escadarias secundárias até o sexto nível da pirâmide.

Imponência maia
O Templo do Grande Jaguar, visto no alto à esquerda, fica na magnífica Gran Plaza.

Templo das Inscrições

c. 700-800 · PALENQUE, SUL DO MÉXICO
HUNAB PACAL · LOCAL DE CULTO

Escondido em uma área de floresta densa no México, o Templo de las Inscripciones foi descoberto em 1773. O local foi então de novo perdido até ser redescoberto em 1841 pelos exploradores americanos Stephens e Catherwood. Apesar de ter sido restaurado, trata-se de uma das melhores ruínas descobertas em Palenque, um grande assentamento maia. Tem 35 metros de altura, com uma base que mede 56 x 40 metros. Na década de 1950, enquanto escavava a câmara abobadada que coroa o templo, o arqueólogo mexicano Alberto Ruz Lhuillier descobriu um túnel secreto que leva a uma porta triangular lisa. Atrás dessa porta, Ruz descobriu uma cripta abrigando o sarcófago de K'inich Janaab Pacal, o governante que encomendou a construção. Inscrições e frisos relacionados ao deus da chuva Chac também enfeitam uma das salas. O trabalho em pedra é muito refinado e talvez tenha sido antes recoberto com uma cor ocre-vermelho, o que deve ter dado ao edifício uma aparência original ainda mais expressiva.

Restauração ampla
Construído como um sólido retângulo de pedra, teve depois o acréscimo de terraços e escadarias, para evocar as linhas familiares de pirâmide dos antigos templos maias.

Palácio do Governador

900 UXMAL, MÉXICO DESCONHECIDO
PALÁCIO

Esse belo palácio assenta-se sobre uma sólida base de terra, cascalho e pedra de 180 x 150 metros que antes sustentava também vários edifícios menores. O topo da estrutura acomoda um trio de edifícios amplos e baixos, ligados por arcos de pedra triangulares. Eles contêm um grande número de salas, mas são mais notáveis pelos intrincados entalhes na pedra que cobrem seu exterior de um extremo a outro. Os entalhes têm os padrões maias característicos de quadrados espiralados – talvez simbolizando a eternidade – e outros motivos mais delicados, dispostos sob cornijas salientes.

Com seu arranjo rítmico de corredores, cornijas e muita decoração, é uma construção clássica em termos maias, de espírito bem diferente daquele dos templos piramidais escalonados da mesma cultura. Como em todos os edifícios antigos da América, suas salas são escuras e aparentemente de acesso restrito; essa cultura dava máxima ênfase ao exterior dos edifícios, onde brilhavam o Sol e a Lua. Mesmo assim, em termos de sua volumetria e da decoração, o Palácio do Governador teve importante influência na obra do arquiteto americano Frank Lloyd Wright nas primeiras décadas do século XX.

Desenvolvimento do lugar Acredita-se que o palácio foi uma das últimas edificações erguidas em Uxmal, cidade maia cujo nome significa "construída três vezes", atestando suas muitas transformações.

Templo dos Guerreiros, Chichén Itzá

c. 1100 YUCATÁN, MÉXICO
DESCONHECIDO LOCAL DE CULTO

As ruínas desse templo, com dois de seus lados providos de colunas, são muito impressionantes. O mesmo não cabe dizer do desenho precário de pedra sobre madeira das duas grandes salas com colunas, que desabaram há séculos. Mesmo assim, deve ter sido um local notável: é raro ver o esqueleto dessas imponentes salas com colunas na América antiga. O templo, no alto da base de alvenaria em degraus, tinha duas salas abobadadas de pedra, mas é mais famoso pelas colunas-serpente de seu corredor da face oeste. Apesar de seu charme arquitetônico, foi um centro de sacrifícios sangrentos durante a era maia, quando os corações ainda pulsantes arrancados do corpo de jovens vítimas eram oferecidos todo dia aos deuses em troca do nascer do sol.

Esplendor solitário Apesar da aparência monolítica, o templo era parte de um agitado assentamento maia.

Pirâmide Escalonada, Cahokia

c. 1100 ILLINOIS, EUA DESCONHECIDO
LOCAL DE CULTO

A arquitetura era um bem raro na América do Norte antes da chegada dos colonizadores europeus, pois as tribos nativas tinham existência seminômade nas planícies e raramente erguiam construções fixas. Isso torna o complexo de templos-pirâmides de Cahokia ainda mais fascinante. Construídos com terra, os montes assumem formas variadas, com exemplos de topo cônico ou plano. O maior – Monte dos Monges – tem 30 metros de altura e provavelmente era rematado por algum tipo de estrutura, talvez um teto de madeira e palha. Cahokia não foi exatamente uma cidade, mas com certeza era um importante centro religioso, até ser abandonado por volta do século XV.

Foco no culto
As pirâmides em Cahokia ficam em torno de áreas planas, que provavelmente eram praças e pontos de reunião.

Pueblo de Mesa Verde

c. 1000 COLORADO, EUA DESCONHECIDO
CIDADE

Algumas das mais impressionantes ruínas da América do Norte são as escavadas nas paredes de cânions rochosos, em vários locais espalhados pelo Sudoeste. Ali, foram construídos núcleos de edificações nos flancos protegidos do cânion, que constituíam um abrigo contra o tempo, animais selvagens e outras tribos. Desconhece-se o modo exato de utilização desses edifícios, embora, como em todas as culturas antigas, muitos deles fossem dedicados à prática de cultos e à celebração de rituais. Não há aí grandes templos, mas mesmo assim os edifícios dos *pueblos* são impressionantes: alguns têm vários andares, e outros ostentam paredes arredondadas. O fato de constituírem parte de uma paisagem natural lhes confere uma qualidade especial – como antítese da arquitetura que com tanta frequência buscou transcender e desafiar a natureza.

Paraíso de pedra
Embora os *pueblos* da antiga América tenham sido abandonados há muito tempo, ainda há moradias na pedra em uso em outras partes do mundo, como na Espanha e na Tunísia.

América do Sul

c. 600 a.C.-1550 d.C.

O Império Inca estendia-se por 4 mil quilômetros, do Peru ao Chile e pelas florestas da Amazônia. Apesar da terrível destruição operada pelos conquistadores espanhóis, os incas nos legaram algumas das mais impressionantes obras de engenharia civil da Idade Média, representadas por estradas, terraços e sistemas hidráulicos.

Os incas não eram o povo simples, sedento de sangue e selvagem retratado por aqueles que os conquistaram e rebaixaram. Ao contrário de seus contemporâneos europeus, eram limpos e mantinham suas cidades livres de lixo e de dejetos de esgoto. Mas sabemos pouco a respeito desses povos, cuja civilização teve seu auge há apenas quinhentos anos. A razão é a escrita – ou melhor, a falta dela. Os incas não escreviam, embora tivessem o *quipu*, uma forma de registro por sequências de nós feitos em cordões de tecido que ainda precisa ser decodificada. Como não há um corpo de literatura inca, ou mesmo relatos triviais de sua história e modo de vida, os incas nos parecem tão distantes quanto os míticos "druidas" da Era do Bronze que ergueram Stonehenge, ou os teotihuacanos há tanto tempo esquecidos *(pp. 34 e 36)*. Na falta de um legado escrito, nossos vislumbres da cultura inca têm que ser extraídos de artefatos e dos pungentes vestígios de suas magníficas cidades, construções em pedra, estradas e arte paisagística.

Arquitetura inca

As cidades incas não eram os locais áridos de hoje; ganhavam vida com os sons da água jorrando de canos de pedra e borbulhando nas laterais das escadarias. Infelizmente, quando começavam a consolidar sua arquitetura, foram destruídos por doenças e outras forças fora de seu controle. Mesmo assim, legaram-nos joias inacabadas, como o templo em pórfiro de Ollantaytambo, perto de Machu Picchu *(p. 43)*, com suas sólidas paredes montadas como quebra-cabeças verticais sem argamassa. Também nos legaram os alicerces da moderna Cuzco e os terraços nas encostas, dos quais ainda hoje os agricultores peruanos dependem para viver.

Machu Picchu Essa fortaleza inca nas montanhas, 2.400 metros acima do nível do mar, nunca foi descoberta pelos espanhóis, apesar de ter sido abandonada por volta da época da conquista.

Elementos

A força da arquitetura inca está em sua heroica construção em blocos de pedra, que sustentou terraços, jardins e fontes. Uma das tragédias dessa arquitetura é que muito dela foi destruído ou soterrado por construções dos espanhóis. Eles não chegaram a descobrir Machu Picchu, mas ela também virou ruína depois de ser abandonada.

Máscaras de parede A Porta do Sol, em Tiahuanaco, é adornada com esculturas cheias de vida. Muitos desses portais de pedra ficavam antes entre paredes de adobe, que desapareceram há muito tempo.

Relevos murais As longas paredes de adobe de Chan Chan, capital do reino de Chimor, têm ranhuras paralelas e frisos de desenhos repetidos, estilizados e abstratos, talhados com precisão para serem praticamente idênticos.

Vãos trapezoidais Há muitos exemplos dessas passagens e janelas geométricas nos edifícios incas, talvez pela necessidade de reduzir o tamanho do lintel (ou verga) que vence o vão. Robustos, muitos resistiram bem ao teste do tempo.

Terraços Paredes escalonadas nos assentamentos em encostas montanhosas criam patamares para terraços. Bem irrigados, são usados na agricultura, unificando cidade e campo.

Obras em pedra sem argamassa As obras em pedra dos incas, como em Machu Picchu, exigiam extrema habilidade. As paredes não levavam argamassa. Pedras cortadas com precisão eram encaixadas para compor sólidas paredes, resistentes a terremotos.

Pedras em ângulo permitiam um travamento mais eficiente e resistente.

Pedras menores no alto da parede reduzem a sobrecarga.

Monumento erodido Descobriu-se que esse grande monte de terra com terraços no litoral do Peru é um antigo templo piramidal, de desenho similar ao dos zigurates da Mesopotâmia.

Huaca del Sol

c. 200-600 · MOCHE, PERU · DESCONHECIDO · LOCAL DE CULTO

A arquitetura da civilização pré-incaica na América do Sul é difícil de localizar, pois, sendo feita de adobe, cascalho e materiais não usinados, erodiu-se e desapareceu. Muitos monumentos antigos hoje parecem apenas afloramentos naturais de terra – difíceis de perceber como arquitetura – e ainda aguardam ser descobertos.

O que resta do Templo do Sol em Moche, no litoral pacífico do Peru, é uma grande pirâmide escalonada intensamente erodida, medindo 228 x 136 metros em sua base e alcançando uma altura de 41 metros. A antiga superestrutura compreendia cinco terraços e era sobreposta por uma pirâmide separada, de sete patamares. Qualquer que tenha sido sua aparência original, e também seu acabamento e sua decoração, tratava-se claramente de um dos principais monumentos religiosos da época.

Chan Chan

c. 1200-1470 · CHAN CHAN, PERU · DESCONHECIDO · CIDADE

Chan Chan é a capital do reino pré-incaico de Chimor. Cobria uma área de 21 km^2, e só seu centro cerimonial ocupava 6 km^2. Ao que parece, a cidade era composta por nove grandes quadiláteros ou cidadelas, cada qual cercada por 9 metros de muros de adobe para proteção contra os ventos costeiros.

Cada um dos nove quadriláteros era ocupado por centenas de edifícios mais ou menos idênticos, feitos de tijolos de barro, revestidos de adobe e com inscrições de padrões decorativos. A cidade parece ter sido bem suprida de água: existe evidência de um sistema de irrigação e de que a área central ostentava também reservatórios dotados até de cisternas nas quais era possível entrar, provavelmente para guardar água purificada.

Os palácios e templos no centro cerimonial, simétrico, eram decorados com mosaicos de tijolos e relevos. A planta formal, angular, às vezes descrita como um padrão de triângulos quebrados, é muito característica dos construtores dos impérios sul-americanos, até a queda dos incas no século XVI.

Precisão pré-incaica Simetria e decoração detalhada eram muito importantes para essa civilização, exemplificada por Chan Chan.

Machu Picchu

c. 1500 PERU DESCONHECIDO; PROVAVELMENTE SOB AS ORDENS DE PACHACUTI CIDADE

Bem alto nos Andes peruanos, as ruínas da cidade inca de Machu Picchu estão entre os mais atraentes destinos turísticos do mundo. Até recentemente, o acesso ao topo dessa montanha era por uma longa e fatigante trilha com apoio de guias locais. Hoje chega-se com facilidade, de ônibus com ar-condicionado.

Os colonizadores espanhóis, o colapso da refinada cultura inca, as intempéries e as calamidades naturais contribuíram muito para varrer do mapa a arquitetura histórica do Peru. Os remotos e assombrosos vestígios de Machu Picchu, porém, nos permitem ver o grande poder e rigor da arquitetura inca em sua melhor expressão. O local dessa poderosa cidade murada, situada entre dois picos de montanha cerca de 900 metros acima do rio Urubamba, era reverenciado bem antes de os incas começarem a construir em grande escala ali, por volta de 1400. Dentro dos bem cortados muros de granito cinza estão as ruínas de uma vasta gama de edifícios públicos, como palácios, termas, templos, armazéns e cemitérios. Há cerca de 150 casas, agrupadas em torno de pátios comunitários e alinhadas em terraços. As diversas partes da cidade, em sua complexa série de terraços, eram conectadas por majestosas escadarias de pedra. Um dos vestígios importantes encontrados em Machu Picchu é a pedra Intihuatana, usada em rituais astronômicos para "amarrar" o Sol à Terra ao meio-dia do equinócio, na perpetuamente vã esperança de desacelerar seu movimento pelo céu.

Templo do Sol, Machu Picchu

Cidade mágica
À medida que a noite cai, os veículos de turistas vão deixando Machu Picchu para os ventos, andarilhos, condores e os espíritos dos incas.

Mundo clássico

É a Era Clássica o ponto a partir do qual aqueles que vivem no Ocidente passam a se sentir confortáveis com a história antiga e familiarizados com a história da arquitetura. Com a ascensão da Grécia, e depois de Roma, instaura-se um mundo de deuses, heróis, lendas, edifícios, cidades – e uma linguagem e história que conseguimos compreender.

A Batalha de Isso Uma cultura clássica homenageia outra nesse detalhe de um mosaico romano que mostra a vitória de Alexandre, o Grande, quando os gregos derrotaram os persas.

DATAS PRINCIPAIS

776 a.C. Primeiros Jogos Olímpicos na Grécia – uma semana de competições e cerimônias religiosas.

753 a.C. Roma é fundada, segundo a mitologia, por Rômulo e Remo, nas Sete Colinas.

750 a.C.

600 a.C. Construção do primeiro Fórum romano; surgem as primeiras inscrições em latim.

509 a.C. O último rei de Roma é expulso, e a cidade-estado torna-se uma república.

500 a.C.

447 a.C. Início da construção da Acrópole em Atenas.

347 a.C. Morte de Platão, influente filósofo grego e autor de *A República*.

c. 332 a.C. Alexandre, o Grande, rei da Macedônia, conquista a Pérsia.

250 a.C.

213 a.C. Máquinas de guerra projetadas pelo matemático grego Arquimedes tentam proteger Siracusa do ataque dos romanos.

146 a.C. Roma conquista a Grécia na Batalha de Corinto e destrói a cidade.

A Roma antiga – cidade enorme, que no ano 200 tinha talvez uma população de 1,25 milhão de pessoas, de todas as partes do império – exerce grande atração, apesar de todas as suas imperfeições. Isso se deve em parte a sabermos muito a respeito dela dos próprios romanos; não só a partir de inscrições de monumentos, ou de leis, literatura e poesia, mas da intimidade de cartas privadas, piadas e grafites. Sabemos, por exemplo, que Júlio César era acordado pelo barulho de trânsito dos produtos trazidos para o centro da cidade logo cedo. Sabemos que as mães romanas enviavam meias de presente aos filhos alocados no Muro de Adriano. E sabemos, com detalhes, como os romanos se vestiam, o que comiam, quais eram seus rituais diários. Temos até um pouco de ciúme de seus grandes edifícios públicos, como as termas, que devem ter sido maravilhas de sua época, e de qualquer outra.

E como a cultura clássica tem sido valorizada ao longo das eras, por godos, ostrogodos e visigodos, por imperadores do Sacro Império Romano e por reis anglo-saxões, os romanos, especialmente, e

ATENAS ANTIGA

Nossa ideia do que deve ser uma cidade ideal deriva muito da Atenas de 450 a.C., quando ela vivia o auge de seu poder, influência e esplendor artístico. Havia muito aceita no mundo todo como apoteose da cidade-estado democrática bem-sucedida, Atenas era compacta e dinâmica, com magníficos edifícios públicos, mercados movimentados, consagradas sedes de aprendizagem e um adensamento habitacional bem resolvido – tudo isso baseado no poder militar sob a liderança de Péricles (495-429 a.C.).

A Acrópole de Atenas Em ato controverso, Péricles gastou parte dos fundos destinados às guerras contra a Pérsia na construção da inigualável arquitetura da colina fortificada de Atenas, a Acrópole.

c. 50 a.C. Os gauleses são derrotados por legiões romanas sob o comando de Júlio César.

44 a.C. O assassinato de Júlio César leva ao fim da República de Roma.

1 d.C.

79 Erupção do Vesúvio; Pompeia é soterrada em cinzas vulcânicas.

216 Construção das Termas de Caracalla, em Roma.

395 Divisão do Império Romano em Ocidental e Oriental.

393 Teodósio proíbe os Jogos Olímpicos pagãos e fecha o Templo de Zeus em Olímpia.

500

476 Queda de Roma e de seu último imperador, Rômulo Augusto.

812 O imperador romano do Oriente reconhece Carlos Magno como imperador de Roma.

1000

1071 Os normandos, sob Robert Guiscard, conquistam o sul da Itália do Império Romano do Oriente.

1453 Os turcos otomanos, sob a liderança de Mehmet II, capturam Constantinopla, o que marca o fim do Império Bizantino.

1500

A Escola de Atenas, de Rafael O influente filósofo grego Platão fundou sua famosa escola no arrabalde ateniense de Academia em 387 a.C.; a escola foi fechada por Justiniano em 529 d.C.

por meio deles os gregos têm feito parte da civilização ocidental desde a fundação de Atenas até a queda de Roma e até nossos dias. Basta olhar em volta e ver quantos edifícios modernos devem muito à arquitetura da Grécia e de Roma. Ou atentar para a tipologia da maioria dos livros, essencialmente romana no estilo.

Uma linha ininterrupta

O Renascimento ainda é citado em muitos livros de história como uma ruptura entre o mundo medieval e o mundo moderno, mas isso não é verdade. Através das brumas envolventes daquilo que conhecemos como Idade das Trevas, a luz de Roma brilhou. A arquitetura romana, a filosofia grega e o saber clássico prosperaram e sofreram metamorfoses em Constantinopla e Bizâncio, muito depois da queda de Roma. Teodorico, rei ostrogodo de Ravena (493-526), cuja cidade foi nutrida pela arquitetura de Bizâncio, enviou pedreiros a Roma para restaurar os antigos monumentos. Arquitetos anglo-saxões estudaram em Roma e depois voltaram à Inglaterra para construir no estilo "romano" nos séculos X e XI, antes que isso se tornasse obrigatório sob o governo de Guilherme, o Conquistador (g. 1066-87) – cujo estilo, dos uniformes do exército aos arcos de suas catedrais, era claramente baseado em Roma. Quanto à igre-

ja cristã primitiva, ela não só assumiu os templos romanos como seguiu o modelo da basílica romana em seus cada vez mais luxuosos locais de culto. Até a década de 1930, ainda se viam nos subúrbios londrinos igrejas católicas erguidas nos moldes das basílicas de tijolos de Deocleciano.

Classicismo grego

A arquitetura da Grécia, no entanto, parece mais ascética, casta e perfeita que a de Roma. Na realidade, ela foi idealizada por muito tempo. O Partenon foi, talvez desde o dia de sua conclusão, o Santo Graal da arquitetura ocidental – um design tão equilibrado que nada podia ser acrescentado ou removido sem destruí-lo. Talvez tenha sido uma infelicidade a submissão da Grécia ao domínio otomano por tantos séculos, o que fez sua arquitetura virar ruínas e ficar ainda mais distante dos progressos da Europa ocidental. Parece difícil de acreditar, mas o Partenon chegou a ter uma cúpula de mesquita em formato de bulbo brotando de seu teto e depois foi usado como paiol de pólvora pelos turcos. Ele explodiu, é claro, e por isso era uma ruína quando foi redescoberto por viajantes da Europa ocidental.

De novo, porém, esses aventureiros do século XVIII estavam longe de explorar profundezas históricas ignoradas. O conhecimento sobre a Grécia antiga havia sido transmitido por Roma e pela Igreja. Platão e Aristóteles nunca caíram no esquecimento, nem os grandes dramaturgos gregos. Eles ainda têm uma voz poderosa hoje – assim como o Partenon, mesmo que já nos pareça tão familiar.

» MOEDAS ROMANAS

A proliferação da cunhagem romana acompanhou o meteórico crescimento de Roma, de cidade-estado a república que dominou toda a Itália, depois a um dos mais extensos, poderosos e duradouros impérios do mundo. Na época do primeiro imperador romano, Augusto (27 a.C.-14 d.C.), as moedas já haviam se desenvolvido ao ponto de serem similares às que usamos hoje. Os romanos nos legaram também o termo "moeda", vindo de um templo dedicado à deusa Juno Moneta, que ficou associado à cunhagem de moedas em Roma.

Moedas romanas As moedas romanas antigas mostravam o perfil de deuses, mas a partir do fim do século I a.C. passaram a ostentar imagens dos imperadores.

Grécia antiga

c. 1500 a.C.-350 a.C.

A Atenas de Péricles, ou da Era Dourada, durou mais ou menos de 460 a 370 a.C. Foi nessa época que a democracia e o estado de direito foram estabelecidos e foram construídos os monumentos fascinantes da Acrópole, entre eles o Partenon *(pp. 54-5)*.

Conhecemos Péricles (c. 495-429 a.C.) mais pelos escritos de Plutarco, que viveu quinhentos anos depois. Com isso, essa figura-chave de Atenas oscila entre a lenda e o fato. Mesmo assim, parece ter sido mesmo um líder popular eleito que, em quarenta anos, reconstruiu o centro de Atenas com estilo e precisão inigualáveis. Também desenvolveu a marinha grega, da qual a cidade-estado imperial dependia.

Arquitetura vigorosa

A arquitetura grega dessa época, embora de proporções perfeitas, tem sido muitas vezes retratada como fria, e isso não procede. Foram os eruditos prussianos do século XVIII que estimularam a noção da Atenas clássica como uma espécie de estado militar alemão ideal, com raios de sol e oliveiras. Seus escritos influenciaram estudiosos europeus e americanos e gerações de professores, que insistiam que a Atenas de Péricles era um local rígido, acadêmico. Por certo, produziu grandes mentes e era uma formidável máquina de guerra, mas jamais foi um lugar tedioso. Os edifícios atenienses podem ter incentivado essa visão de pureza ideal; em geral, seguiam os princípios simples da construção com vigas horizontais, com postes e lintel, resultando numa arquitetura de aparente horizontalidade regimental. Era também uma arquitetura enraizada na construção em madeira (já foi chamada de "carpintaria em mármore"). Mas esqueça os fragmentos dos templos e estatuária gregos que vê em museus e imagine esses edifícios num mundo de ricas cores, música, sexo desimpedido e conversas animadas; de guerra brutal, mercados agitados e cultos religiosos secretos. Imagine-os numa bela paisagem montanhosa. Então irá vê-los pelo que são: molduras altamente refinadas de uma cultura distinta e vivaz.

Templo de Atena Esse templo grego em Priene, na atual Turquia, foi erguido no século 4 a.C. por Pítio, arquiteto do Mausoléu de Halicarnasso. Apenas cinco de suas 66 colunas jônicas com caneluras ainda estão em pé.

Elementos

A Grécia antiga é de fato o berço da arquitetura ocidental. Os elementos da arquitetura grega apresentados nesta página são referência para gerações de projetos no mundo ocidental. Embora muito familiar, a arquitetura grega preserva seu poder, presença e beleza nobre, assim como sua inerente simplicidade, mais de 2.500 anos depois de seu auge.

O capitel (topo da coluna) dórico é formado por dois elementos simples.

Ordem dórica A ordem dórica, vista aqui no Partenon de Atenas, era a mais antiga das três ordens gregas que regiam o desenho de colunas e seu entablamento, a área acima dos capitéis. As mais antigas eram mais finas, mas o desenho evoluiu para um elemento forte, simples, decididamente masculino.

Volutas de ambos os lados do capitel.

Fuste das colunas dotado de caneluras.

Ordem jônica A ordem jônica, aqui vista no Erecteion de Atenas, caracteriza-se por um capitel decorado com pares de volutas ou espirais, de ambos os lados da coluna. As colunas eram geralmente escavadas com 24 caneluras – concavidades que correm ao longo do fuste da coluna.

Folhas de acanto curvadas para cima e para fora do pronunciado capitel.

Ordem coríntia As colunas coríntias (aqui no Templo de Zeus) surgiram como versão decorativa da ordem jônica no século 5 a.C. De início, eram usadas apenas em colunatas internas. O capitel teria sido baseado num cesto de folhas de acanto.

Êntase das colunas A êntase é o recurso de abaular as colunas de modo que, em perspectiva, pareçam ser perfeitamente retas.

Cariátides Essas virgens sagradas ocupam o lugar de colunas. São mais conhecidas por seu papel de sustentação do Erecteion de Atenas, ou talvez de protagonistas do monumento.

Painéis esculpidos mostravam cenas de batalha.

Frisos Compreendem métopas, isto é, painéis esculpidos, e tríglifos, painéis verticais divididos em três partes por dois canais em "V".

Palácio do Rei Minos

DESTRUÍDO EM 1375 a.C. CNOSSOS, CRETA, GRÉCIA DÉDALO (NO MITO) PALÁCIO

O Palácio do Rei Minos foi imortalizado na mitologia grega como o Labirinto, a casa do Minotauro – terrível ser, comedor de gente, metade homem, metade touro. O herói grego Teseu finalmente matou o Minotauro com a ajuda da filha do rei Minos, Ariadne, e do inventor e artesão Dédalo, que havia sido obrigado a projetar o Labirinto para o poderoso rei.

Com dois andares e disposto em volta de um grande pátio aberto, o palácio compreende uma enorme quantidade de quartos, alguns com colunas e destinados a cerimônias, outros com função de depósitos e oficinas de vários tipos. O que tem sido chamado de Sala do Trono é uma câmara sem janelas.

O *piano nobile* – andar acima do nível térreo contendo os principais aposentos de convivência – tem muitas câmaras com boa iluminação e ventilação.

Longe de ser o sombrio local da mitologia grega, o Palácio de Minos tinha boas instalações sanitárias e de drenagem, abrigava bem do sol e tinha jardins e grandes salas com lindas vistas. Algumas foram reconstruídas pelo arqueólogo britânico sir Arthur Evans, na década de 1920. A planta irregular e francamente não clássica do palácio tem sido atribuída mais ao crescimento orgânico do edifício ao longo de gerações do que à mente astuta do rei Minos.

A LENDA DO LABIRINTO

A planta complexa do imenso Palácio em Cnossos dá ensejo à explicação das raízes desse mito duradouro. A própria edificação pode muito bem ter sido o labirinto em torno do qual os antigos gregos inventaram suas histórias; o rei Minos, que decorou sua base de poder com estátuas de touros, talvez fosse o Minotauro. Dédalo, o lendário arquiteto do palácio cretense, por fim criou asas e fugiu de Creta para a Sicília com seu filho, Ícaro.

Sobrevivente de terremoto Os restos do antigo Palácio de Cnossos são tudo o que sobreviveu dos vários palácios importantes de Creta destruídos por grandes terremotos em c. 1625 a.C. e c.1375 a.C.

A cidade grega

Os antigos gregos eram mais leais a suas cidades (que também podiam ser estados) do que ao seu país, ao contrário dos povos atuais. No período clássico da Grécia antiga, quando Hipódamo produzia suas obras e Atenas estava sendo adornada com seus mais famosos templos, a cidade grega atingiu o auge – como lar da democracia, do humanismo, das artes e dos primórdios do planejamento urbano.

Morticínio na arte A guerra era um tema recorrente tanto na arte quanto no planejamento urbano.

A expressão "Grécia antiga" é usada para se referir a todo o mundo de fala grega dos tempos antigos: não apenas à península grega, mas também aos assentamentos em Chipre, no litoral do mar Egeu da Turquia, na Sicília, no sul da Itália e em outros trechos do Leste Europeu e do Norte da África. Atenas era a cidade principal, fortificada pela Acrópole, sede do Partenon *(pp. 54-5)*. Tratava-se também do lar de muitos dos grandes professores e filósofos da época, como Sócrates, Platão, Ésquilo, Sófocles e Eurípides.

Hipódamo de Mileto (498-408 a.C.) foi a primeira figura histórica associada ao planejamento urbano. Ele deu às cidades de Mileto, Priene e Olinto plantas racionais, em grade: ruas retas, paralelas, com intersecções em ângulo reto. Esse tipo de planta otimizava o fluxo dos ventos para manter os espaços quentes no inverno e frescos no verão.

A preocupação de Hipódamo era construir cidades voltadas para o comércio e a paz. No entanto, Aristóteles (384-322 a.C.), nascido em Estagira, Grécia, mostrava preocupação com a disposição ortogonal, ou em ângulo reto, das cidades planejadas por Hipódamo. Achava que isso facilitava o ataque por exércitos invasores. O filósofo recomendava plantas de cidades que seguissem um padrão de crescimento mais natural, já que isso poderia desorientar os soldados inimigos.

A Acrópole da antiga Atenas A Acrópole original era uma fortificação, talvez com um palácio. Assumiu a forma que hoje conhecemos por volta do século V a.C., com a construção de vários templos e do grande Partenon.

Vista exterior do Partenon

Partenon

438 a.C. ATENAS, GRÉCIA ICTINOS E CALÍCRATES LOCAL DE CULTO

Encomendado por Péricles, no auge do poderio grego, aos arquitetos Ictinos e Calícrates e ao escultor Fídias, o Partenon é há muito tempo considerado o templo grego perfeito. Com proporções refinadas, ergue-se no coração da Acrópole. A única fonte de luz eram as suas grandes portas de bronze. As colunas dóricas com caneluras que circundam duas câmaras internas têm 10,4 metros de altura. São abauladas para, à distância, dar a ilusão de linhas retas perfeitas. Conhecida como "êntase", essa sutil distorção é um aspecto que percorre o edifício todo, para garantir linhas visualmente perfeitas. Acima das colunas, o templo era antes rodeado por frisos de mármore com belas esculturas em relevo. No final do século VI, o Partenon foi convertido em igreja cristã e, em 1458, tornou-se uma mesquita. Em 1687, sob ataque de Veneza, a pólvora armazenada em seu interior explodiu e arruinou o reverenciado templo.

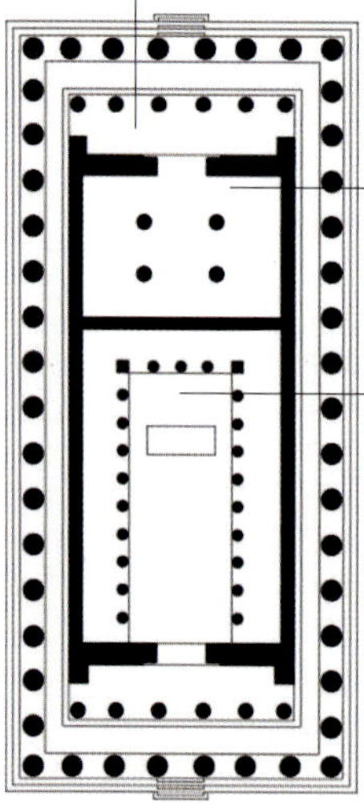

Planta do piso
Externamente o Partenon é simétrico. A pequena cela (câmara) no lado oeste era acessada apenas pelo pórtico oeste, isolado da cela leste, que era maior.

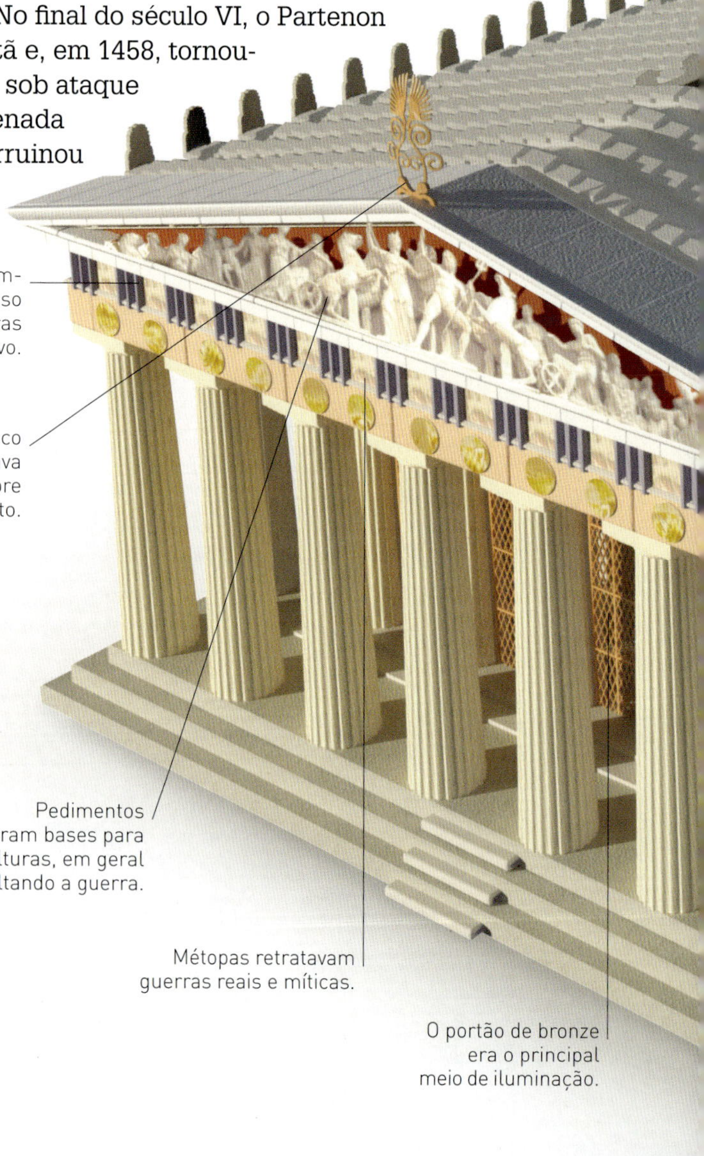

Atena armada
Uma grande estátua, em ouro e marfim, da vitoriosa deusa Atena (obra de Fídias) dominava a câmara leste do templo.

Mármores de Elgin
Esculturas removidas do local no século XIX por lorde Elgin estão hoje no British Museum.

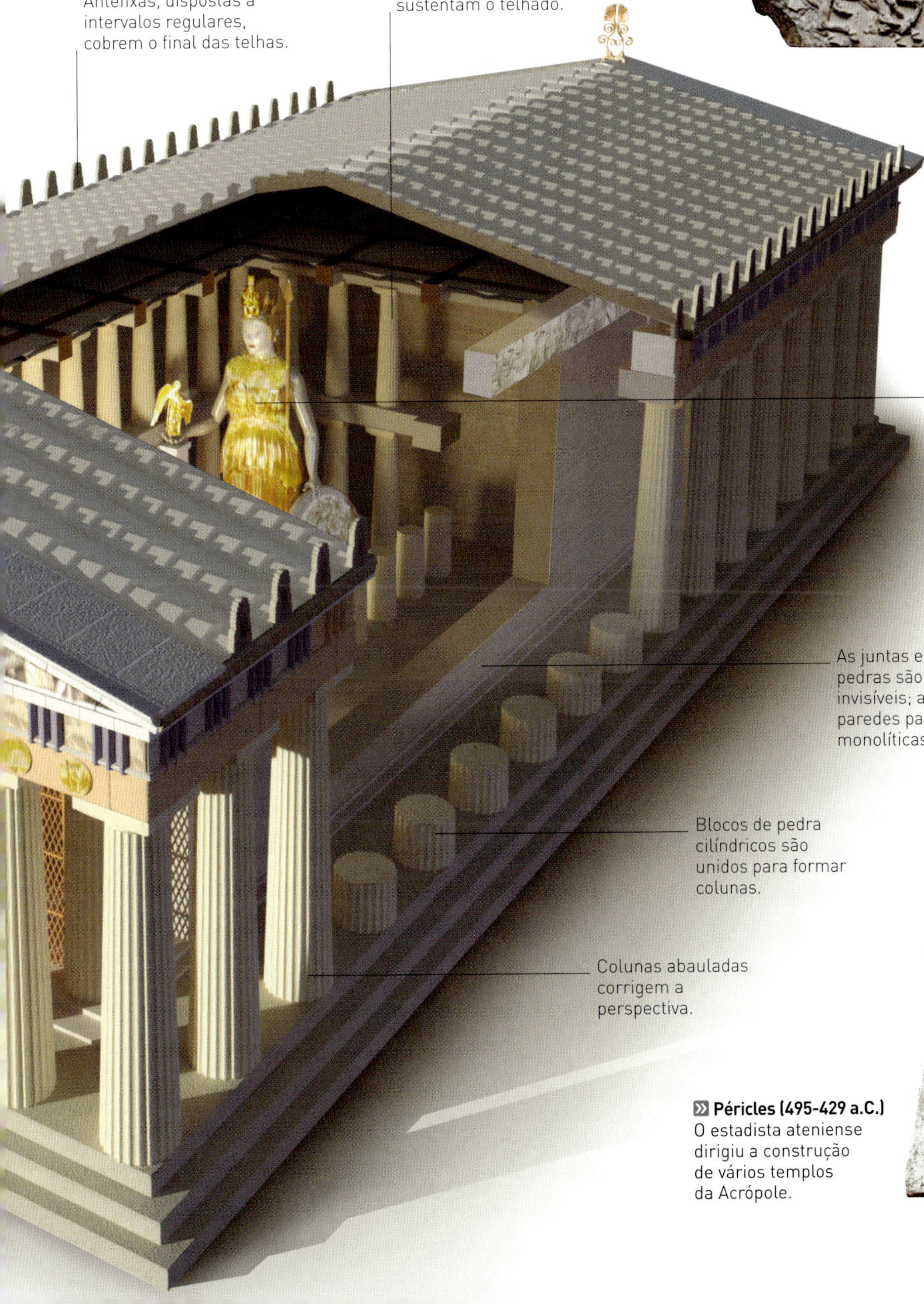

Péricles (495-429 a.C.)
O estadista ateniense dirigiu a construção de vários templos da Acrópole.

Obra monumental Todas as colunas, exceto três das externas, foram escavadas de uma única pedra.

Templo de Afaia

c. 490 a.C. EGINA, GRÉCIA DESCONHECIDO LOCAL DE CULTO

Na ilha de Egina, perto de Atenas, ergue-se o Templo de Afaia. Dedicado de início à deusa da caça, foi depois consagrado ao culto de Atena, deusa da sabedoria. Era um ótimo exemplo de templo dórico no início da era dourada da antiga arquitetura grega. Com largura correspondente à metade de seu comprimento, a edificação tem seis colunas dóricas com caneluras nos pedimentos das extremidades e doze colunas nas laterais. No interior havia colunatas dóricas sobrepostas em todo o comprimento de seu saguão central, ou cela, onde ficava a estátua monumental da divindade de um templo. Simples e geometricamente satisfatório, o templo foi erguido com arenito, mármore e terracota locais. Seu traço mais importante, segundo um curador de museu do século XIX, é o pedimento oeste, animado por cenas de guerreiros em luta mortal durante as batalhas de Troia, enquanto uma plácida Atena fica postada entre eles como uma divina árbitra. Esse pedimento está agora nas salas neoclássicas da Glyptothek de Munique.

Templo de Netuno, Paestum

c. 460 a.C. CAMPÂNIA, SUL DA ITÁLIA DESCONHECIDO LOCAL DE CULTO

Popularmente conhecido como Templo de Netuno, esse belo edifício dórico era na realidade dedicado à deusa Hera. Embora seja um dos mais bem preservados templos gregos, na realidade fica ao sul de Nápoles, no continente italiano; Paestum era uma colônia grega. A paisagem é linda, e o templo hoje vive repleto de turistas imitando o poeta Byron, que ali deixou uma inscrição. Em suas extremidades há pedimentos sustentados por seis colunas dóricas; sua êntase é pronunciada, o que lhe dá uma forma levemente elefantina, mas o templo não perde impacto por isso. Os lados ostentam catorze colunas, e o interior é marcado por longas fileiras de colunas sobrepostas. Muitos livros de história sugerem que os romanos adotaram a própria versão da arquitetura grega após conquistarem a Grécia, mas os templos em Paestum mostram que os romanos tinham familiaridade com as glórias dos templos dóricos centenas de anos antes do nascimento do Império Romano. A ordem dórica, que confere poderosa expressividade a Paestum, foi a primeira das três ordens gregas e data do século VII a.C.,quando templos de madeira deram lugar a sucessores de pedra como esse.

Pilares de sustentação Seis amplas colunas dóricas com caneluras sustentam robustos pedimentos nas extremidades do templo.

Teseion (Templo de Hefesto)

c. 449 a.C. ATENAS, GRÉCIA
DESCONHECIDO LOCAL DE CULTO

Situado ao pé do monte da Acrópole, esse bem preservado templo dórico foi concluído pouco antes do início da construção do Partenon *(pp. 54-5)*. A conversão em igreja ortodoxa grega no século XIII explica por que sobreviveu tão bem no seu exterior. Dentro, no entanto, foi reconstruído com uma abside, a fim de se adaptar ao ritual ortodoxo. Originalmente, o templo era dedicado a Hefesto, o deus grego do fogo e da forja: antes era rodeado por fundições e oficinas. A edificação é conhecida como Teseion, ou Hephaisteion, porque as métopas sobreviventes retratam cenas da vida de Teseu, que matou o Minotauro no labirinto de Cnossos. Seus pedimentos e cornijas são sustentados por colunas dóricas, mais esguias que as de Paestum e que demonstram como a ordem dórica continuou a ser desenvolvida na fase áurea do século V a.C. da arquitetura grega. Os templos dóricos mais antigos, localizados em Delfos e Corfu, datam de c. 600 a.C.; seu desenvolvimento, em muitos aspectos, foi aperfeiçoado tomando-se como modelo o elegante desenho do Teseion.

Perspectiva alterada
Essas elegantes colunas são bem distantes de suas antecessoras dos templos de madeira, embora sejam essencialmente troncos de árvore estilizados.

Erecteion

c. 406 a.C. ATENAS, GRÉCIA PROVAVELMENTE MNESICLES LOCAL DE CULTO

Mais conhecido por seu pórtico com cariátides – virgens esculpidas em pedra que formam as colunas do pórtico norte –, o Erecteion é um dos mais incomuns e elegantes edifícios da Acrópole. Sua planta irregular – muito rara na arquitetura grega, quase sempre simétrica e de matemática rigorosa – foi concebida para que o edifício pudesse desempenhar três papéis, num exemplo de construção intencionalmente multiuso: ele ocupava o local onde se dizia que Possêidon teria deixado suas marcas de tridente nas rochas da Acrópole; abrigava o santuário do lendário rei grego Erecteus, que dava nome ao templo; e guardava uma antiga e muito reverenciada estátua de madeira de Atena, protetora da cidade, que antes, na época da invasão persa, tinha sido enviada para longe de Atenas.

Reconstruído pelo menos duas vezes desde o início do século XIX, o Erecteion está hoje distante de sua identidade original. Todas as seis cariátides que sustentam o pórtico são réplicas. Das originais, lorde Elgin levou uma para Londres a fim de "mantê-la segura" no início do século XIX, enquanto as outras cinco estão no Museu da Acrópole, em Atenas. Outro conjunto de réplicas enfeita a Euston Road, em Londres, sustentando o pórtico nordeste da Igreja de São Pancrácio, construção neoclássica do início do século XIX.

Papel de apoio
As cariátides tinham tanto função prática de sustentação (colunas de apoio) como um papel simbólico. Suas versões masculinas são os atlantes (plural de Atlas).

Templo reluzente As muitas colunas do Templo de Ártemis eram provavelmente revestidas de ouro.

Templo de Ártemis

c. 356 a.C. **ÉFESO, OESTE DA TURQUIA** **DEMÉTRIO E PEÔNIO DE ÉFESO**
LOCAL DE CULTO

O Templo de Ártemis em Éfeso era uma das Sete Maravilhas do mundo antigo, embora talvez devesse esse reconhecimento mais às suas proporções do que a méritos artísticos. No entanto, escultores famosos, como Escopas, foram contratados para sua suntuosa decoração, que, segundo a lenda, alcançava grande brilho no interior luxuoso, repleto de estátuas de prata e de magníficas pinturas.

Adornado por esculturas, ostentando talvez 117 colunas jônicas e sendo alcançado por degraus ladeados por estátuas de bronze de guerreiras amazonas, o vistoso Templo de Ártemis era muito diferente em espírito e execução do Partenon *(pp. 54-5)*, que havia sido concluído mais de oitenta anos antes. Embora o Partenon e outros templos gregos do século V a.C. fossem mais vistosos do que muitos estudiosos europeus sóbrios do século XIX queriam fazer crer, eram ainda assim bem mais contidos do que esse templo suntuoso e até espalhafatoso. Talvez seja um pouco injusto, mas poderíamos dizer que o Templo de Ártemis simboliza a decadência do poderio artístico e imaginativo que espelhava o declínio geral da força grega – e do poder ateniense em particular.

Reconstruções desse "maravilhoso" edifício – o quinto a ser erigido no local – têm se baseado muito pouco em evidências reais e contado com a generosa ajuda da imaginação e da invenção. Mas o que parece certo é que o templo tinha em sua fachada um imponente pórtico de oito colunas jônicas, com espaçamento maior em direção ao centro. O vão central do edifício provavelmente somava mais de 80 metros de extensão, o que supera em muito um templo grego padrão. Sabemos também que as bases de muitas colunas eram ricamente esculpidas e que o prédio inteiro assentava-se sobre um plano em destaque. Na realidade, o Templo de Ártemis foi o protótipo – mais no espírito do que concretamente – dos grandiosos templos romanos que surgiriam duzentos ou trezentos anos mais tarde.

Teatro de Epidauro

350 a.C. **ARGÓLIDA, GRÉCIA** **POLICLETO, O JOVEM** **TEATRO**

Na época muito exaltado por sua beleza, simetria, acústica e localização, o magnífico teatro no Santuário de Asclépio, em Epidauro, era palco de espetáculos teatrais de dramaturgos famosos, ainda hoje muito encenados, como Ésquilo, Sófocles e Aristófanes. De grande porte, mede 118 metros de diâmetro e pode acomodar até 13 mil espectadores.

Embora exposto à intempérie, que no entanto é bastante benigna nessa parte do mundo, o teatro tem linhas que dificilmente poderiam ser melhores. De fato, ele tem sido modelo para muitos excelentes teatros modernos. Foi um dos primeiros teatros gregos todo em pedra. Seu desenho conta três partes: auditório, ou arquibancada onde as pessoas se sentam; orquestra (que significa aqui "pista de dança", ou palco); e *skene* (construção que abriga cenários e bastidores, de onde vem a palavra "cena"). O auditório semicircular envolve três quartos do círculo da orquestra, de 20,4 metros. Os assentos são bancos de arenito, em dois níveis de 21 e 34 fileiras, separadas por uma passarela e divididas por onze lances de escadas. Muitos bancos têm inscrições com os nomes de seus doadores.

O projeto não envelheceu de modo algum: o local permanece quase perfeito para assistir a peças de teatro ou ouvir música, e só falta o edifício do palco para ficar completo. Originalmente, duas rampas levavam até esse edifício, que tinha na frente uma colunata jônica de 14 meias-colunas contra pilares quadrados, com alas projetadas de ambos os lados da expressiva fachada. A *skene* abrigava uma sala principal, apoiada em quatro colunas ao longo de seu eixo central, com uma sala quadrada de cada lado. O teatro ficou soterrado vários séculos. Escavações sistemáticas começaram em 1881, dirigidas por P. Kavvadias, e hoje, além de atrair arquitetos de todos os estilos e tendências, o teatro continua sendo um dos espaços para espetáculos mais magníficos e de localização mais soberba do mundo.

Ênfase na insignificância humana
Níveis elevados e o fundo de montanhas deviam apequenar os atores no palco.

Torre dos Ventos

48 a.C. ATENAS, GRÉCIA ANDRÔNICO DE CIRRUS OBSERVATÓRIO

Essa torre octogonal de mármore, encontrada no Fórum Romano de Atenas, era um observatório projetado pelo astrônomo sírio Andrônico de Cirrus para medir o tempo. Também servia como relógio de sol, cata-vento, relógio d'água e bússola. Na Antiguidade, a alta estrutura, de 12 metros, sustentava em seu teto um cata-vento em forma de tritão de bronze. Relógios de sol tinham fachada esculpida ou gravada. Os relevos em cada uma das fachadas mostravam oito imagens dos deuses gregos dos ventos e indicavam os pontos cardeais. Alcançava-se o observatório por meio de pórticos coríntios de medida desigual.

Ainda em pé
A Torre dos Ventos era usada para indicar o horário e medir a direção dos ventos.

Estoa de Átalo

150 a.C. ATENAS, GRÉCIA DESCONHECIDO EDIFÍCIO PÚBLICO

A Estoa de Átalo é um longo edifício de dois andares com colunatas que, como muitas estoas, servia para compor um dos lados de uma praça em torno de uma ágora central, ou praça do mercado, o centro da vida pública nas antigas cidades gregas. Mede 116 x 20 metros e tem colunatas duplas nos dois andares. As colunas externas no térreo são dóricas, pareadas com colunas jônicas; as do andar superior são jônicas. As colunatas estão diante de 21 salas em cada andar, que provavelmente eram ocupadas por comércios, escritórios e serviços públicos.

Santuário para todos
As colunatas ofereciam abrigo a milhares de pessoas, protegendo contra o sol e a chuva, e ao mesmo tempo permitiam muita luz e ar fresco.

Mausoléu de Halicarnasso

350 a.C. BODRUM, TURQUIA PÍTIS
TÚMULO

O termo "mausoléu" deriva desse famoso e influente túmulo erigido à memória do rei Mausolo, governante da Cária, por sua viúva Artemísia. Era uma das Sete Maravilhas do mundo antigo. O arquiteto romano Vitrúvio, do século I, registra que o arquiteto responsável pelo mausoléu foi Pítis, que projetou também o Templo de Atena em Priene. O túmulo erguia-se majestoso numa encosta bem visível desde Halicarnasso, a cidade que Mausolo tornou sua capital e reconstruiu em estilo grego. Compreende um alto pódio e uma parte superior em forma de templo, rodeada por colunas jônicas. Acima dessa parte superior ergue-se uma imponente pirâmide escalonada que constitui um terço da alta edificação, de 40 metros de altura. Uma carruagem puxada por quatro cavalos ficava no topo, com imagens de Mausolo e Artemísia, cavalgando bem acima de sua cidade favorita. O mausoléu era decorado com relevos e esculturas de escultores como Briáxis, Leocares, Escopas e Timóteo. O mausoléu foi preservado e muito admirado até por volta do século XV, quando terremotos o deixaram em ruínas. No início do sécuo XIX, exploradores e arqueólogos europeus localizaram e escavaram o sítio dessa maravilha antiga.

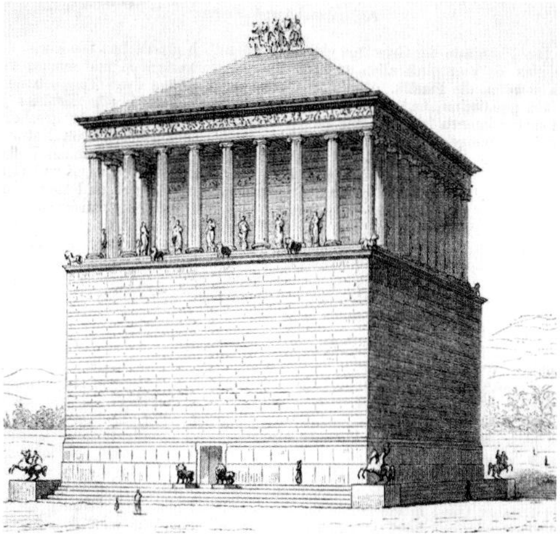

Estátua original Embora o túmulo esteja em ruínas, a soberba estátua de mármore de Mausolo, de 3 metros, encontrada no local, pode hoje ser vista no British Museum de Londres.

Priene

350 a.C. ANATÓLIA CENTRAL, TURQUIA
DESCONHECIDO CIDADE

Priene, hoje na Turquia, pode ter sido fundada por Mausolo ou Alexandre, o Grande, no século IV a.C. Seja qual for sua origem, é uma das cidades gregas antigas mais escavadas: sua planta, arquitetura e modo de vida estão bem documentados. Construída com alguns terraços, do modo mais plano possível em uma plataforma costeira inclinada com paisagem montanhosa ao fundo, a cidade compõe um sítio delimitado e compacto. Sua planta, como seria de esperar, é basicamente regular, com um padrão em grade de ruas amplas dividindo-a em cerca de 80 quadras, ou *insulae*. No centro há uma ágora, ou mercado, que em meados do século II a.C. devia ser circundada por colunatas apartadas e paralelas conhecidas como estoas *(ver à esq.)*, que, quando dispostas em duas fileiras paralelas e em uma fileira perpendicular a elas, formavam um edifício contínuo. A ágora, porém, era cortada pelas principais ruas da cidade, portanto deve ter sido um local movimentado, bem diferente das monótonas áreas para pedestres de hoje, que tiram vida e energia das cidades. Templos, um teatro e outros edifícios públicos podiam romper com a grade. Em muitos aspectos, as cidades gregas eram padronizadas: a arquitetura era similar, e elas se pareciam muito nos ritmos e rituais. O que as tornava especiais, como Priene, era o modo pelo qual um padrão e ordem reconhecidos era adaptado às distintas paisagens, em geral belas e muito diferentes entre si.

Templo de Atena Polias Esse templo em Priene foi construído por Pítis, arquiteto do Mausoléu de Halicarnasso; seu comprimento é quase o dobro de sua largura, e cada lado tem onze colunas.

Arquitetura romana

753 a.C.-476 d.C.

A arquitetura romana é caracterizada por sua atividade intensa. Desde a mítica fundação de Roma em 753 a.C., por Rômulo e Remo, até 300 d.C., Roma viu seu poder crescer. A arquitetura e a engenharia foram difundidas com o avanço das legiões e da "Pax Romana", à medida que o Império Romano incorporava a região do Mediterrâneo e terras bem mais distantes.

Quando Roma anexou a Grécia em 146 a.C., abraçou a cultura do território conquistado. Mesmo quando se debatia com a transição da república para o império, sob Augusto (r. 27 a.C.-14 d.C.), produziu muito de sua melhor cultura de inspiração grega, como os escritos de Horácio, a poesia de Virgílio e Ovídio, as histórias de Tito Lívio e os primeiros indícios da grande arquitetura. Foi durante o reinado de Augusto (mais tarde conhecido como Fase Áurea) que a própria Roma se transformou, como o imperador gostava de dizer, de uma cidade de tijolo numa cidade de mármore. Isso não era bem verdade, mas a arquitetura romana de fato se tornou mais grandiosa nesse período. A cidade, no entanto, continuou uma estranha mistura de organização e caos, com muita arquitetura de grande sofisticação, como o Panteão *(p. 66)*, ao lado de edifícios ordinários que com frequência ruíam, e com avenidas pomposas levando a labirintos de ruelas. Nada era tão ordenado quanto deveria ser.

Ascensão e queda

A ilimitada expansão de Roma era uma bênção e uma maldição. Conforme crescia, o império exigia mais recursos e soldados. Os milhares de imigrantes em Roma eram submetidos a uma política de benefícios gratuitos e diversão ("pão e circo"). Os arquitetos eram exigidos até o limite, projetando e construindo em ritmo fatigante, ditado pelo rolo compressor imperial sempre impondo o jugo romano a novas terras e povos. Com imaginação, arcos e concreto, os arquitetos romanos criaram templos, arenas, teatros, termas e aquedutos, até a queda de Roma, em 476 d.C.

« **O Coliseu** O grande anfiteatro romano, em sua maior parte de concreto, tinha acomodações para 50 mil espectadores em torno de uma arena central elíptica.

Elementos

A arquitetura romana era a faceta externa de uma república que se tornou um dos mais poderosos impérios do mundo e estampou sua imagem nos territórios conquistados na Europa oriental e ocidental, no Norte da África e no Oriente Médio. Sua característica arquitetura, muito adaptável, chegva aonde quer que as legiões fossem. Um elemento-chave era o arco, usado com grande efeito prático e estético por todo o império, em pontes, aquedutos e pórticos triunfais. Os arcos também tornaram possíveis as gigantescas arenas, como o Coliseu de Roma.

Ordem compósita Às três ordens gregas – dórica, jônica e coríntia – os romanos acrescentaram a compósita, uma fusão que sobrepunha as volutas do capitel jônico às folhas de acanto coríntias, como nesse exemplo, na Biblioteca de Celso, em Éfeso.

Medalhões Medalhões esculpidos com interpretações mitológicas de eventos históricos da época eram uma forma popular de propaganda imperial.

Hipocausto O aquecimento central, com ar quente de fornalhas circulando por um sistema subterrâneo de dutos (hipocausto), era usado tanto em casas como em edifícios públicos.

Pisos em mosaico Pisos feitos com pequenas peças de pedra, ladrilho ou vidro decoravam muitos edifícios romanos. Esse cavaleiro marinho é das Termas de Caracalla, em Roma, do século III.

Aquedutos e pontes Os arcos permitiam a arquitetos e engenheiros erguer sólidas estruturas para que as pessoas pudessem tanto transpor as águas como garantir seu abastecimento. O espetacular aqueduto de tripla arcada em Nîmes, na França, revela a grande escala e a ambição do projeto romano.

Arcos triunfais Os imperadores romanos tinham orgulho de suas conquistas, celebrando-as em casa e nos territórios conquistados. Arcos triunfais, como o de Constantino em Roma, recontavam suas histórias em mármore aplicado a robustas estruturas, feitas para impressionar e permanecer.

Plantas circulares Os imperadores romanos gostavam de plantas circulares e ovais, em lugar das linhas retas clássicas. Aqui, o Mausoléu de Adriano (também conhecido como Castelo de Sant'Angelo), do século II, em Roma.

Templo de Júpiter

509 a.C. ROMA, ITÁLIA DESCONHECIDO LOCAL DE CULTO

O primeiro Templo de Júpiter ficava no monte Capitolino, a mais baixa e rochosa das Sete Colinas de Roma. Encomendado pelo rei Lúcio Tarquínio Soberbo, foi inaugurado no início da era republicana, no século VI a.C. Era o maior templo etrusco, num estilo que precedeu a arquitetura romana. Embora de estilo mais rústico que o dos templos gregos da mesma época e construído basicamente em madeira, foi projetado segundo princípios clássicos e, como tal, analisado por Vitrúvio na primeira obra conhecida no Ocidente com comentários sobre arquitetura, teórica e prática. O pódio de pedra do templo, parte do qual ainda existe, media 62 metros de comprimento, 53 metros de largura e 4 metros de altura. Arrasado por um incêndio em 83 a.C., o templo foi reconstruído com colunas de mármore de segunda mão, trazidas da Grécia. Era revestido em ouro e mosaicos, provavelmente saqueados de templos existentes a leste daquilo que, após a morte de Júlio César, se tornaria um império.

Templo de Hércules Victor

c. 100 a.C. ROMA, ITÁLIA MARCUS OCTAVIUS HERRENUS LOCAL DE CULTO

Templo circular De mármore pentélico, típico material grego de construção, o Templo de Hércules Victor, ao que parece, foi obra de um arquiteto grego oriental.

Construído pelo próspero mercador Marcus Octavius Herrenus, é uma bela edificação circular situada na Piazza Bocca della Verità, perto do rio Tibre. Trata-se do edifício de mármore sobrevivente mais antigo de Roma; de suas vinte belas colunas coríntias sobrou apenas uma original. Erroneamente chamado de Templo de Vesta, o edifício coríntio foi provavelmente dedicado a Hércules Olivarius, patrono dos mercadores de azeite de oliva. No século XII foi transformado na igreja de Santo Stefano delle Carrozze, conhecida a partir do século XV também como Santa Maria della Sole. Há muito tempo permanece fechado ao público.

Câmara quadrada
Externamente, a cela da Maison Carrée é guarnecida por meias-colunas coríntias, que são elementos basicamente decorativos, mais do que estruturais.

Maison Carrée

c. 19 a.C. NÎMES, FRANÇA MARCO VIPSÂNIO AGRIPA LOCAL DE CULTO

A Maison Carrée ("Casa Quadrada", em francês) foi encomendada durante o reinado de Augusto por Marco Vipsânio Agripa (63-12 a.C.), que dedicou o templo aos filhos Caio e Lúcio. É de longe o mais bem preservado de todos os templos romanos. Erguida sobre um pódio de quase 3 metros de altura, sua entrada única, na face oeste, é alcançada por um lance de escadas que leva a um pórtico de colunas coríntias de 10 metros de altura. A arquitrave sobre as colunas tem um rico entablamento com belos relevos esculpidos de rosetas e folhas de acanto. Construída com arenito local por arquitetos e artesãos de Roma, a Maison Carrée é hoje um museu e fica ao lado da Mediathèque, ou Carrée d'Art, de Norman Foster, um refinado santuário de obras modernas inaugurado em 1993. O templo foi reproduzido muitas vezes durante o Revival Clássico do século XIX, na forma de sedes de prefeitura e galerias de arte públicas, por toda a Europa e também nos Estados Unidos.

Templo de Marte Ultor

2 d.C. ROMA, ITÁLIA AUGUSTO LOCAL DE CULTO

Dedicado ao deus romano da guerra, esse templo foi encomendado pelo primeiro imperador de Roma, Augusto (63 a.C.-14 d.C.), como parte da promessa de vingar a morte do tio, Júlio César. Ponto focal do novo e colunado Fórum de Augusto, seu exterior era revestido de mármore branco brilhante das pedreiras de Carrara.

Hoje, em meio às ruínas dos foros romanos, é difícil imaginar a contribuição dada por Augusto ao planejamento urbano com a concepção e a execução do Templo de Marte Ultor. Mesmo trabalhando em terreno irregular defronte ao mais velho Fórum de César, os arquitetos do imperador criaram um ambiente que deve ter parecido absolutamente simétrico. O grande templo coríntio fechava a longa vista do fórum colunado que se estendia à sua frente. Essas colunatas eram coríntias no nível térreo, mas nos primeiros andares dezenas de cariátides sustentavam os longos telhados dos edifícios dos foros. O próprio templo tinha na fachada altas colunas coríntias de 17 metros de altura. Seu amplo interior de mármore continha um único espaço, uma cela dividida em nave e corredores por duas fileiras de colunas e terminando numa parede absidal. Esse foi um dos mais antigos usos conhecidos da abside, que se tornaria um aspecto definidor de muitas das primeiras igrejas cristãs. O templo, acessado por cinco lances de degraus em sua largura total, abrigava figuras de Marte Ultor de armadura completa, Vênus com Cupido e Júlio César. Hoje restam apenas ruínas dessa edificação outrora grandiosa.

IMPERADOR AUGUSTO

Imponente e luxuoso, o Templo de Marte era uma forte evidência da famosa afirmação de Augusto – a de ter transformado Roma de uma cidade de tijolos em uma cidade de mármore. O entusiasmo do primeiro imperador por grandes projetos de construção era lendário: ele dizia ter restaurado 82 templos num só ano e além disso encomendou novos edifícios magníficos, como o Teatro de Apolo e até mesmo o próprio mausoléu.

Imperador Augusto

Local de esplendor A entrada do templo, assentado num pódio, era feita por degraus de mármore que ainda hoje estão relativamente preservados. O local do altar central a Marte pode ser divisado entre os restos de colunas destruídas.

Panteão

c. 128 ROMA, ITÁLIA ADRIANO LOCAL DE CULTO/EDIFÍCIO PÚBLICO

O Panteão é um dos maiores edifícios religiosos e públicos do mundo. Foi construído, e reconstruído, como templo romano e mais tarde consagrado como igreja católica. Seu pórtico monumental com três fileiras de oito colunas coríntias ficava originalmente diante de um pátio-templo retangular colunado. A grande sala interna em forma de tambor, revestida de porfírio púrpura semiprecioso, granito e mármore e com a magnífica cobertura de um domo em caixotões (ou cofres), descreve uma semiesfera perfeita. Depois que as portas de bronze são fechadas, a única luz brilha por uma abertura no centro da cúpula, o óculo. O Sol e a Lua espreitam por ele, e com seus raios varrem o templo como braços de algum relógio celeste. A chuva também transpõe o óculo, criando um belo espetáculo.

Vista aérea
A imensa cúpula do Panteão tem diâmetro de 43,2 metros e era a maior do mundo até a construção do domo de Brunelleschi na Catedral de Florença, treze séculos mais tarde.

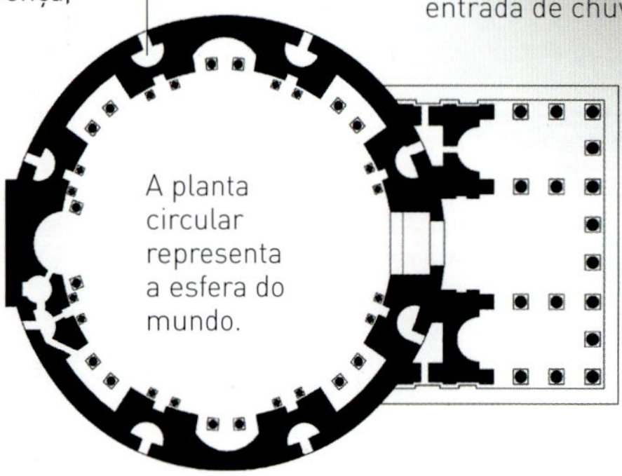

Planta do piso
A cela circular (câmara) depois do grande pórtico é uma variação pouco comum; as celas antigas costumavam ser retangulares.

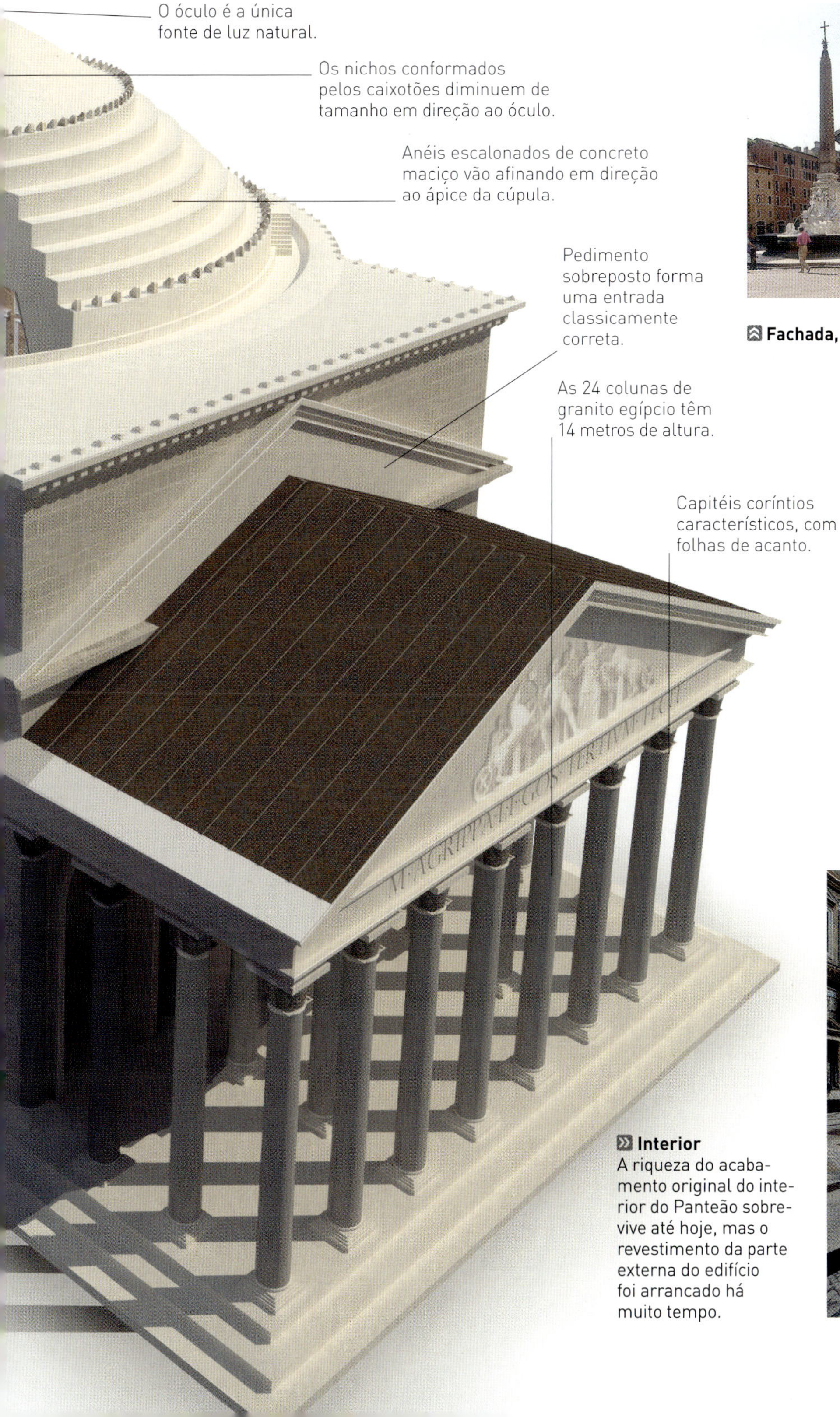

Fachada, na Piazza della Rotonda

Imperador Adriano (r. 117-138) Adriano pode ter contribuído para o desenho do Panteão, e seu reinado foi também marcado por outras grandes construções, como sua casa de campo em Tivoli *(p. 73)*.

Interior A riqueza do acabamento original do interior do Panteão sobrevive até hoje, mas o revestimento da parte externa do edifício foi arrancado há muito tempo.

A coluna de Trajano Essa imensa coluna de pedra *(p. 72)* está repleta de cenas de guerra da vida romana.

A cidade romana

Nas terras conquistadas, as legiões romanas instauravam sempre os ideais e as características físicas do Império Romano. Uma delas era a ideia de cidades lógicas e ordenadas. Na Grécia romana, ou na Bretanha romana, como em qualquer outra parte do Império, as cidades até podiam ter sido construídas com materiais locais, mas a disposição e o tipo de edifício que recebiam eram quase sempre os mesmos.

A cidade romana era projetada com uma planta em grade, com o cruzamento de duas ruas principais no centro – uma norte-sul, outra leste-oeste. Nesse centro ficavam os principais edifícios e espaços públicos – basílica, fórum, mercado, anfiteatro, termas e templo. Blocos de apartamentos e casas particulares com pátios estendiam-se por ruas retas que partiam das vias principais. As cidades podiam abrigar ainda quartéis do exército, e muitas delas eram cercadas por muros em toda a volta. Se possível, ganhavam também aquedutos e um sistema de saneamento de algum tipo.

A realidade, porém, raramente era tão racional quanto a teoria. Com uma população imensa e gente de todo o império, Roma era uma cidade muito agitada, que, apesar de bem planejada em alguns pontos, constituía-se de "transbordos urbanos" em sua maior parte. Uma cidade suja, barulhenta, cheia de entregadores em carroças puxadas por bois, gritos de vendedores e o alarido de cidadãos e soldados, ocupados ou de folga. Muitas ruínas romanas que vemos hoje são restos de cidades e vilas há muito abandonadas e despojadas da pulsação que às vezes ameaçava atravancar esses assentamentos imperiais movimentados e em constante mudança.

Ruínas de cidades Essas ruínas na Líbia dão uma clara ideia da majestosa simetria da arquitetura romana, mas não expressam mais a vitalidade dessas cidades imperiais.

Pompeia

200 A.C. SUL DA ITÁLIA DESCONHECIDO CIDADE

Em 79 d.C., o monte Vesúvio entrou em erupção e soterrou a cidade romana de Pompeia e suas 20 mil pessoas num cobertor pastoso de rocha e cinzas, e também Herculano, Estabia e Oplontis. Só em 1860, com as escavações do arqueólogo Giuseppe Fiorelli, é que a antiga Pompeia foi revelada. Cidadãos foram encontrados mumificados nos locais e nas posições em que estavam ao dar o último suspiro.

Anfiteatro em Pompeia

Pompeia não era planejada segundo a grade romana, mas serpenteava por uma área montanhosa. Era uma cidade permissiva, que exaltava o prazer e o bom humor; suas casas tinham decoração farta e atrativa. Várias das residências mais caras voltavam-se para fora, com sacadas avançadas, de onde os moradores desfrutavam vistas negadas a quem vivia, por exemplo, nas *villas* com pátios tradicionais, muito embora elas fossem elegantes e bem planejadas.

As casas com pátios de Pompeia são edificações fascinantes, com aposentos de rico acabamento, escondidas atrás de fileiras de comércios e de altos muros. A Casa de Pansa (século II a.C.) tem uma entrada estreita, flanqueada por três lojas de cada lado, que se abre ao dar acesso a uma casa que é a um só tempo escritório, oficina e residência; em seguida, um peristilo com colunas – um claustro doméstico – cheio de flores, água corrente e estatuária leva a uma residência particular adornada com mosaicos e afrescos, até sair num amplo jardim murado. Essas casas não tinham vidraças nas janelas e, portanto, deviam ser bastante frias no inverno, fato que muitos escritores romanos atestam.

A DESTRUIÇÃO DE POMPEIA

Um relato dos eventos envolvendo a erupção do Vesúvio sobreviveu entre as cartas de Plínio, o Jovem (61-112). Quando a erupção começou, seu tio, Plínio, o Velho (23-79), comandava uma frota romana estacionada na baía de Nápoles e enviou navios de guerra para ver de perto e ajudar na evacuação, mas o calor intenso impediu qualquer resgate dos cidadãos em fuga. O número de mortes foi imenso, e a cidade nunca foi reconstruída.

Guardiões destruídos
Entre os restos de Pompeia estão um grande fórum, um teatro e este templo – o Santuário dos Lares Públicos –, onde as divindades protetoras de Pompeia tinham sua morada.

Ínsulas, Óstia

79 a.C. ÓSTIA, ITÁLIA DESCONHECIDO RESIDÊNCIA

Óstia fica na foz do rio Tibre. Era o principal porto da Roma antiga e uma base comercial e militar vital. Abandonada logo após a queda de Roma, ficou bem preservada por camadas de sedimentos e areia. Entre os exemplos mais interessantes de arquitetura romana descobertos em Óstia estão os blocos de apartamentos de trabalhadores: edifícios de tijolo e concreto que podem ter chegado a oito andares de altura. Eles dão um vislumbre de uma vida romana diferente daquela que se experimentava nas mais bem conhecidas *villas* e mansões. Essas "ínsulas" (*insulae*, "ilhas"), como eram chamadas, equivaliam aos blocos de apartamentos do século XX, com escadarias comuns, janelas em série e grandes pátios internos. Poucas unidades, se é que alguma, tinham janelas envidraçadas: as aberturas eram cobertas com persianas e cortinas. Os blocos não eram muito higiênicos, especialmente quando habitados por grandes famílias ocupando um mesmo espaço. A água tinha que ser trazida de cisternas, por isso os apartamentos no térreo eram muito disputados, e os dos últimos andares registravam o aluguel mais barato – o inverso da situação de 2 mil anos mais tarde.

Leis de segurança romanas Essas moradias humildes estão mais preservadas porque, após o incêndio que destruiu boa parte de Roma, os blocos urbanos tiveram que ser construídos com um tipo de concreto à prova de fogo.

Termas de Adriano

127 LEPTIS MAGNA, PERTO DE TRÍPOLI, LÍBIA DESCONHECIDO TERMAS

Leptis Magna, na atual Líbia, já foi a maior cidade do Norte da África, um próspero posto comercial do Império Romano. Suas ruínas estão entre as mais impressionantes de todos os restos romanos antigos. As Termas de Adriano são um complexo de edifícios que, ao que parece, eram construídos quase todos com mármore: verde, cor-de-rosa, preto e branco. Certamente era um grande edifício, em tudo tão complexo e voluptuoso como suas contrapartes na própria Roma, equipado com todos os refinamentos usuais e decorado com mosaicos e estátuas. Adriano encomendou as termas logo após a água ser trazida a Leptis Magna, por meio de canais e não de aquedutos. Ampliadas entre 200 e 216 pelo imperador Lúcio Septímio Severo, que era nascido em Leptis Magna, os banhos acabaram sendo abandonados, junto com a cidade, em 523, quando tribos berberes fizeram um último assalto ao local.

Lazer público As termas não tinham apenas fins sanitários – eram parte importante da vida social e local para discussões sobre política e comércio, o que explica seu desenho requintado.

Termas de Caracalla

216 · ROMA, ITÁLIA · DESCONHECIDO · TERMAS

Essas magníficas termas, construídas no reinado de Marco Aurélio Antonino, destinavam-se ao lazer de todos os cidadãos romanos, não só os ricos. O complexo era um vasto arranjo simétrico de piscinas, salas de vapor e de exercício, num recinto murado colossal, contendo um jardim, reservatórios, refeitórios, biblioteca, salas de leitura, galerias de arte e salas de convivência. Dois níveis subterrâneos de depósitos, fornalhas e dutos de ar quente aqueciam as termas, e complexas tubulações garantiam o fluxo constante de água do aqueduto Aqua Marcia. Havia muitos assentos, fontes e estátuas de mármore, com paredes e pisos de mosaico (muitos dos quais foram levados ao *palazzo* da família Farnese, também em Roma). As Termas de Caracalla foram recriadas na forma de uma estação de trem em Nova York *(p. 358)*.

Antigo centro de lazer O ingresso era barato, para manter os "plebeus" (pessoas comuns) felizes e dóceis.

Termas de Diocleciano

306 · ROMA, ITÁLIA · DESCONHECIDO · TERMAS

Maior e mais majestosa de todas as termas romanas, comportando mais de 3 mil banhistas em uma área de 13 hectares, as Termas de Diocleciano eram similares na planta e nos serviços às de Caracalla, mais antigas: na Roma imperial, sempre se podia ir além. A luxuosa decoração e a grande escala dos banhos fazem os spas atuais parecerem insignificantes. O edifício ficou meio abandonado no início da era cristã porque banhar-se por prazer era considerado pecaminoso. Mesmo assim as termas continuaram em uso até os aquedutos que as alimentavam serem cortados pelos godos em 537. Mais tarde, sofreram saques de construtores medievais e renascentistas, até que, por fim, em 1563, alguns fragmentos do grande complexo foram convertidos por Michelangelo na igreja de Santa Maria degli Angeli e dei Martiri. As três altas abóbadas do transepto dessa igreja dão uma ideia do esplendor original do edifício romano.

Termas Romanas, Aquae Sulis

217 · BATH, INGLATERRA · DESCONHECIDO · TERMAS

A cidade de Bath – a romana Aquae Sulis – deve seu nome à deusa Sulis Minerva. As termas eram supridas por nascentes quentes naturais, que mantêm suas lendárias propriedades curativas até hoje. A maior das cinco – a Great Bath –, com dutos de chumbo e estatuária de pedra, existe até hoje. Foram muito restauradas na década de 1860 para deter o declínio do turismo, o qual Bath havia desfrutado em seu auge no século XVIII, quando foi o local da moda.

Toque divino Os romanos acreditavam que a nascente quente sagrada de Bath era obra dos deuses.

Coluna de Trajano

112 ROMA, ITÁLIA DESCONHECIDO MONUMENTO

Essa magnífica e muito influente coluna de 35 metros foi erigida em honra às vitórias do imperador Trajano nas Guerras Dácias. Cenas de combate contra as ferozes tribos dácias estão esculpidas num friso ao redor dos 3,7 metros de diâmetro dessa coluna dórica estilizada. São mais de 2 mil entalhes, dois terços dos quais em escala natural.

A coluna está também esculpida com algumas das mais refinadas letras romanas, que, a partir do Renascimento, seriam o modelo de muitas da tipografias-padrão usadas hoje em livros e em telas de computador. A famosa tipografia Johnston usada no metrô de Londres (Edward Johnston, 1916) é inspirada nas letras esculpidas na coluna de Trajano. Uma escada de pedra em espiral no interior da coluna levava até uma plataforma-mirante; pequenas janelas retangulares iluminavam a subida sombreada. A coluna originalmente era coroada por uma águia romana de bronze. Ela foi mais tarde substituída por uma estátua de bronze de Trajano, que, por sua vez, deu lugar a outra, de São Pedro, no século XVI. Desde o Renascimento, inúmeras réplicas da Coluna de Trajano espalharam-se pela Europa, como a da Karlskirche, em Viena *(p. 247)*. Além disso, a coluna sempre foi o modelo para o bastão de marechal de campo, emblema da mais alta hierarquia de um exército, mantendo assim a conexão entre a antiga Roma, a grandiosidade e o sucesso militar.

O IMPERADOR TRAJANO

Trajano (53-117), de uma nobre família romana, nasceu na Espanha e foi adotado pelo imperador Nerva. Foi o primeiro não italiano a governar o Império Romano. Graças a seu talento militar na conquista da Dácia e da Pártia, fez em seu reinado o império alcançar sua maior extensão.

Trajano

Monumento versátil A coluna mantém os entalhes celebrativos, mas o emblema que ostenta no alto muda conforme o espírito da cidade.

Villa Adriana

134 TIVOLI, ITÁLIA ADRIANO
PALÁCIO

Esse retiro imperial de campo, vasto e às vezes confuso, compreende mais de 30 edifícios numa paisagem ondulada de jardins aparentemente infindáveis em Tivoli, alcançada a partir de Roma pela antiga estrada da Via Appia. Inúmeros domos estão dispostos de modo pitoresco em volta de piscinas, lagos e de uma ilha artificial rodeada de colunas. O imperador Adriano era mais do que um apreciador da arquitetura: teve papel ativo em desenvolver uma nova linguagem arquitetônica, expressa vivamente no desenho do Panteão *(pp. 66-7)* e baseada em cúpulas e curvas. Bem diversa da formalidade dos antigos templos romanos, a Villa Adriana percorre sinuosamente seu amplo cenário e oferece inúmeras vistas inesperadas: uma espécie de passeio arquitetônico prazeroso por uma paisagem tranquila. Importante para a história da arquitetura, a *villa* tem uma série de edifícios que mostram novas plantas e disposições: absides que brotam de octógonos, abóbadas ousadas e várias salas que são quase barrocas em sua complexa teatralidade.

O Canopus Apesar de saqueadas e em boa parte demolidas, as ruínas da Villa Adriana ainda oferecem deleite visual, como nessa piscina rodeada de colunas.

Mausoléu de Adriano

139 ROMA, ITÁLIA DESCONHECIDO
TÚMULO

O Mausoléu de Adriano era a coisa mais próxima de uma versão romana de uma antiga pirâmide egípcia. Dentro desse majestoso monumento funerário circular junto ao Tibre, estão os restos desse divino imperador num magnífico sarcófago de pórfiro. Sobre a sólida base retangular, o tambor principal do monumento, com 62 metros de diâmetro e 21 metros de altura, todo de concreto, é revestido de mármore de Paros. Ornado por um anel de estátuas, recebeu por cima um segundo tambor, coroado por uma quadriga de bronze.

No século VI, o mausoléu tornou-se uma fortificação e foi rebatizado como Castel Sant'Angelo, graças ao imenso arcanjo de bronze em seu topo. Em 1277, foi incorporado ao Vaticano, ao qual está conectado por uma passagem secreta.

Protegendo a cidade Como Castel Sant'Angelo, o mausoléu tem ótima localização para guardar o acesso à cidade a partir do rio.

Biblioteca de Celso

120 ÉFESO, TURQUIA DESCONHECIDO
BIBLIOTECA

Mostras de erudição Esta pomposa fachada é bem ao gosto dos romanos, que davam grande importância à erudição e se orgulhavam dos ricos acervos de suas bibiliotecas.

Essa bela biblioteca oferecia três andares de galerias com manuscritos e uma majestosa fachada, que com seus 17 metros de largura era bem mais ambiciosa que a própria biblioteca, situada a 11 metros de profundidade atrás dela. A biblioteca é particularmente interessante porque as paredes que abrigam os manuscritos são separadas das paredes externas. Um vão entre ambas não só dá acesso aos três níveis de estantes como permite que o ar circule pelo edifício, mantendo os manuscritos mais ou menos à temperatura e à umidade necessárias à sua conservação. Na realidade, esse é um dos exemplos mais antigos que se conhece de um edifício com paredes separadas por vãos. Os manuscritos eram guardados em estantes profundas embutidas nas paredes internas. O interior era decorado com pilastras e estátuas, a intervalos regulares. Uma câmara abobadada pode ser vista sob uma abside, onde jaz um sarcófago de mármore, talvez do fundador da biblioteca; infelizmente, não sobreviveu nenhum manuscrito para nos dizer quem foi ele ou ela.

Pont du Gard

19 a.C. NÎMES, FRANÇA DESCONHECIDO
AQUEDUTO

Obra de arte Construída com arenito amarelo macio, o Pont du Gard é um aqueduto em três níveis a 50 metros de altura. Essa obra-prima de técnica é um ótimo exemplo de arquitetura romana e de engenhosidade.

Mais alto aqueduto já erguido pelos romanos, para trazer água da vizinha Uzès até Nîmes passando por cima do rio Gard em três níveis de arcos, o Pont du Gard está maravilhosamente bem preservado e causa profunda impressão e emoção. Erigido com blocos de pedra pré-cortados, sem adornos, a escala e a beleza de sua construção, junto com seu nobre propósito – fornecer água fresca e limpa de graça a todos os cidadãos –, mantiveram-se como um símbolo da Pax Romana, a civilização que os romanos trouxeram na esteira de suas conquistas.

Ponte de Trajano, Alcántara

105 ALCÁNTARA, CÁCERES, ESPANHA
CAIO JÚLIO LACER PONTE

Após o assassinato do imperador Domiciano, em 96 d.C., o governo dinástico chegou ao fim, e os imperadores romanos passaram a ser nomeados por seus predecessores, com aval do Senado. Vários imperadores não italianos, como Trajano *(p. 72)*, asseguraram às suas províncias alguns esplêndidos projetos de novas construções. Ainda em uso, essa ponte de pedra vence com confiança o profundo vale do rio Tejo, com seus seis amplos arcos. Os dois arcos centrais, erguidos sobre pilares reforçados que se assentam no leito do rio, têm vão de cerca de 28 metros e sustentam a estrada 48 metros acima do rio. O centro da ponte é marcado por uma espécie de austero arco triunfal, no qual está inscrito o nome do arquiteto; foi de fato um triunfo de engenharia e arquitetura transpor um grande rio com esse projeto duradouro, embora despretensioso. Ainda iriam transcorrer vários séculos após a queda de Roma até que pontes com essa escala épica, e com tamanha beleza intrínseca, viessem a ser tentadas de novo.

Tesouro de Petra

c. 25 PETRA, JORDÂNIA DESCONHECIDO TÚMULO

Contornando encostas rochosas rosa-avermelhadas, o Siq, desfiladeiro de 2 quilômetros no sul da Jordânia, leva os visitantes a uma das visões mais impressionantes que a arquitetura de qualquer época pode oferecer: o encantador pórtico de Petra, a mágica cidade nabateia escondida do mundo exterior por centenas de anos.

Petra nem sempre foi tão secreta. No seu auge, e durante a ocupação romana a partir de 106, era uma rica cidade comercial. Mas no longo sono desértico de seu declínio surgiram muitos mitos em torno dela. Teria sido ali que o faraó perseguidor de Moisés deixou o grande tesouro que seu exército trazia. Membros da tribo local acham que ele está depositado na urna de arenito no centro do grande pedimento dividido que marca a fachada do magnífico túmulo, conhecido desde então como o Tesouro. Ele ainda tem as marcas de balas disparadas por homens da tribo na esperança de abri-lo e pegar o antigo espólio egípcio. Na realidade, a alta fachada, de 40 metros de altura, não esconde nada, até onde se sabe.

A REDESCOBERTA DE PETRA

Embora fosse conhecida por viajantes da Idade Média e constasse em mapas do século XVIII, Petra e seu Tesouro só chegaram ao grande público ao serem "descobertos" pelo explorador suíço Johann Ludwig Burckhardt, em 1812. Burckhardt, também o primeiro cristão a visitar Medina, disfarçou-se de homem da tribo e foi guiado através do Siq (desfiladeiro).

Cidade cor-de-rosa Acredita-se que o Tesouro foi cortado da rocha por artesãos que trabalhavam para seu enérgico construtor, rei Aretas IV, cujo sucessor, Rabbel Soter, viu o reino nabateu ser anexado pelo imperador romano Trajano.

O peristilo e seu pórtico

Palácio de Diocleciano

300 SPLIT, CROÁCIA DIOCLECIANO PALÁCIO

Em estilo de fortaleza e mais imponente que majestoso, o Palácio de Diocleciano, com lindas vistas do mar Adriático, na costa da atual Croácia, foi construído como casa de retiro do imperador Diocleciano. No entanto, quase nada se sabe sobre o que o soberano de fato fazia nesse seu refúgio.

Diocleciano podia dispor dos recursos daquele que, até então, era o maior império do mundo. Nesse local, a própria arquitetura do gigantesco palácio parece não só exótica, mas apartada, artificial e bem distante dos valores estéticos da Roma republicana e do início do império. Esse imenso palácio com muros e torres é quase uma cidade, apesar de modelado segundo tradições militares, e não civis. Sua planta é basicamente a de um acampamento militar romano, com um palácio numa das extremidades. Os aposentos do imperador, na face sul, bem afastados dos muros, eram alcançados por uma grande rua interna chamada "peristilo" e por um pórtico espetacular, com seu pedimento dividido por um arco – característico de um edifício em que as arcadas têm papel principal. Dali, um vestíbulo central com domo levava, em ambos os lados, a majestosas acomodações imperiais. Andando no outro sentido pelo peristilo, os visitantes descobriam um templo, um mausoléu e outras rotundas de ambos os lados dele, e, adiante, um par de pátios imensos, flanqueados pelo que devem ter sido alojamentos militares. A totalidade desse ambicioso empreendimento podia ser acessada por três grandes pórticos ladeados por torres octogonais.

» IMPERADOR DIOCLECIANO

A paixão de Diocleciano (r. 284-305) por construir era não só extravagante como muito onerosa. "Quando [seus] edifícios forem concluídos e as províncias, arruinadas no processo, ele dirá: 'Não foram construídos direito; deverão ser feitos de outro jeito'. Então terão que ser demolidos e refeitos – talvez só para serem demolidos uma segunda vez", escreveu Lactâncio, um professor de literatura nomeado pelo soberano para ensinar na Nicomédia.

Antigo e moderno Originalmente isolado em seu próprio terreno, o palácio de pedra e concreto agora se confunde com os edifícios da moderna Split, na Croácia (a romana Spalatum).

Basílica de Constantino

307 ROMA, ITÁLIA DESCONHECIDO
LOCAL DE CULTO

Esse magnífico local público era em tudo tão grande quanto o impacto que teria na arquitetura dos 1.500 anos seguintes. Restam hoje apenas algumas heroicas ruínas, embora existisse no local uma brilhante edificação que influenciaria o estilo da Basílica de Santa Sofia *(pp. 80-1)*, em Constantinopla (atual Istambul), e o de catedrais românicas e góticas bem posteriores. Com uma ampla nave central, de 80 metros de comprimento por 25 metros de largura, coberta por abóbadas de arestas em concreto que alcançavam 35 metros e por seis alas com abóbadas de berço nervuradas, a basílica devia ser de tirar o fôlego, talvez com um interior ricamente decorado com mármores, imensas colunas coríntias, estátuas em nichos e janelas totalmente envidraçadas. O modo com que as abóbadas saltam das colunas de ambos os lados da nave lembra a estrutura das catedrais medievais. A planta e o desenho geral da basílica derivam daqueles usados nas grandes salas centrais das termas públicas imperiais. Talvez, então, soe estranho que tantos dos primeiros cristãos fossem contra essa forma de banhos: seus melhores locais de culto, em certo sentido, eram como antigas termas revisitadas.

Escala épica Três desses magníficos corredores flanqueavam a nave de ambos os lados.

Arco de Constantino

315 ROMA, ITÁLIA DESCONHECIDO
MONUMENTO

Esse foi o último dos muitos arcos triunfais erigidos ao longo dos séculos em Roma. Quase à sombra do Coliseu, o Arco de Constantino é um dos mais influentes exemplos desse tipo de estrutura, usada não só para celebrar vitórias mas para organizar as congestionadas vias da antiga Roma – que nessa época tinha cerca de 1,25 milhão de habitantes. O Arco de Constantino foi erigido para celebrar a vitória do imperador sobre Maxêncio, na Batalha da Ponte Mílvia, em 312. No ano seguinte, Constantino converteu-se ao cristianismo. Cenas do combate são retratadas numa faixa esculpida de maneira relativamente rudimentar na lateral direita do arco. Outros painéis decorativos foram simplesmente arrancados de monumentos anteriores: embora seja memorável e cause impacto, o Arco de Constantino também é emblemático do lento declínio, se não já da queda, da cultura da Roma imperial.

Forma majestosa
O Arco de Constantino tem 21 metros de altura, 25,7 de largura e 7,4 de profundidade e foi o modelo de vários arcos triunfais neoclássicos do século XIX.

Arquitetura cristã antiga e bizantina

c. 400-1500

Os primeiros cristãos não tinham muito interesse em arquitetura. Acreditavam que o reino de Deus era iminente e que fazia pouco sentido construir igrejas ou qualquer outra coisa. Mas, quando o imperador romano Constantino fundou Constantinopla, a "Nova Roma", em 330, tudo isso começou a mudar radicalmente.

As primeiras grandes igrejas cristãs em Roma e na península Itálica eram inspiradas em basílicas. O exemplo mais notável foi a Igreja de São Pedro, fundada pelo próprio Constantino em 330, mas depois substituída pela atual basílica. Felizmente, muitas igrejas desse tipo sobrevivem, como as de Santa Sabina e de Santa Maria Maggiore, ambas do século V, em Roma. Uma nova arquitetura, porém, iria se desenvolver em Constantinopla. No entanto, só no reinado do imperador Justiniano (527-65) é que algo de fato radical ocorreu: sua encomenda para a igreja de Hagia Sophia *(pp. 80-1)*.

A influência de Hagia Sophia

Hagia Sophia (a Basílica de Santa Sofia) juntou as influências do Oriente e do Ocidente, produzindo um dos mais importantes edifícios do mundo. A igreja é especial porque se desviou de uma arquitetura de colunas. O espaço interior, coberto pela maior cúpula semiesférica exequível, era vasto e ininterrupto. A cúpula desabou depois da consagração da igreja (em 537), mas foi reconstruída em 563. Os arquitetos, Isidoro de Mileto e Antêmio de Trales, haviam criado um magnífico novo tipo de edifício. A influência de Hagia Sophia difundiu-se por Itália, Grécia e Turquia, e até Rússia. Foi também a base das esplêndidas mesquitas do século XVI projetadas por Mimar Sinan, depois que os turcos tomaram Constantinopla e transformaram Hagia Sophia numa mesquita ladeada por minaretes.

« Fusão de estilos bizantino e gótico
A Basílica de São Marcos, em Veneza, Itália, baseia-se nas de Santa Sofia e dos Apóstolos, ambas em Constantinopla.

Elementos

Quando o Império Romano tornou-se oriental (e também cristão) com a nova capital em Constantinopla, sua arquitetura ficou mais sensual e ambiciosa. Esse estilo bizantino, com cúpulas cada vez mais exóticas e mosaicos cada vez mais refinados, viajou para o Ocidente, até Ravena e Veneza, e chegou ao norte, até Moscou.

Tetos de cúpulas decorados Os altos domos bizantinos, como esse de São Marcos, em Veneza, criam espaços amplos no centro das igrejas, ampliando a sensação de graça e luz.

Arcos altos, redondos O arco semicircular é fundamental no estilo bizantino. Esses arcos de topo arredondado, de um pórtico octogonal da Igreja de Santa Fosca, em Torcello, Itália, são pontes entre o estilo islâmico e o estilo cristão da época.

Decoração naturalista em capitéis de colunas Os capitéis bizantinos se afastam das convenções clássicas de Grécia e Roma. Linhas sinuosas e formas naturalistas prenunciam o estilo gótico.

Cúpulas múltiplas As cúpulas proliferaram, atingindo o auge no telhado da basílica veneziana de São Marcos, onde há uma cúpula sobre cada braço da planta em cruz grega (quatro braços iguais), assim como no cruzamento central.

Absides com mosaicos Magníficos mosaicos dourados, com sua simplicidade gráfica e imensa força, traziam luz, calor e mistério às igrejas bizantinas.

Cúpula de cebola A cúpula em forma de bulbo (aqui, na Catedral de São Basílio, em Moscou) é muito característica do estilo bizantino russo. Sua influência difundiu-se pela Europa barroca nos séculos seguintes.

Basílica de Santa Sofia

537 · ISTAMBUL, TURQUIA · ISIDORO DE MILETO E ANTÊMIO DE TRALES · LOCAL DE CULTO

O imperador Justiniano (c. 482-565), governante cristão do final do Império Romano, foi quem encomendou esse ousado edifício, o precursor de boa parte da arquitetura bizantina. Os arquitetos de Hagia Sophia (ou Divina Sabedoria), que de fato eram matemáticos, criaram um imenso espaço de culto no centro dela ao adotarem uma cúpula semiesférica que permitia a passagem da luz. Ela é sustentada por uma abóboda quadripartida com pendentes, que nascem de quatro majestosos arcos que, por sua vez, delimitam o espaço inferior. Ricamente decorada, a basílica rompe de vários modos com o Classicismo romano: as colunas, por exemplo, têm capitéis decorados com folhagem serpentina. Hagia Sophia foi erigida em cinco anos; seu primeiro domo foi substituído em 563, após terremotos. Transformada em mesquita em 1453, a basílica é hoje um museu.

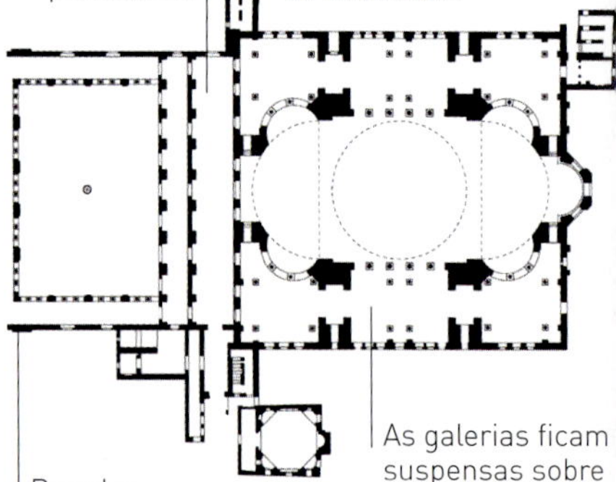

Pórtico longo com arcadas, ou nártex, originalmente destinado a penitentes.

Planta do piso
Amplo espaço interior sob os domos, com um só corredor de cada lado.

Paredes com arcos envolvem o antigo átrio.

As galerias ficam suspensas sobre a área central.

Vista externa da basílica

Mosaico bizantino
Detalhe de mosaico de Cristo, com a característica riqueza de cores empregada pelos artesãos bizantinos.

Vista interna
No interior, o domo ergue-se em vários arcos, equilibrando-se como se flutuasse magicamente sobre o espaço central.

Santo Stefano Rotondo

483 ROMA, ITÁLIA DESCONHECIDO LOCAL DE CULTO

Essa é uma igreja circular, que segue o modelo da Igreja do Santo Sepulcro, em Jerusalém, e é dedicada a Santo Estêvão, o Mártir. Construída durante o reinado do papa Simplício, é mais conhecida por seus macabros afrescos renascentistas que retratam horríveis torturas.

A igreja consiste em duas colunatas circulares – um anel externo com 34 colunas jônicas e outro interno com 22 colunas coríntias – que sustentam um teto de madeira e é iluminada por janelas altas no tambor de tijolos. Havia uma terceira colunata, que foi demolida por Nicolau V em 1450, quando a planta original da igreja – uma cruz grega dentro de um círculo – passou por remodelamento.

Igreja de São Jorge

c. 390 TESSALÔNICA, GRÉCIA DESCONHECIDO LOCAL DE CULTO

Projetada como um mausoléu, essa igreja começou a ser construída no século III, tendo como modelo o Panteão romano. Reconstruída no reinado do imperador Teodósio (347-395), teve então o acréscimo de uma abside, de um corredor e do longo pórtico arqueado; à epoca, a parte de baixo do domo de 24,5 metros de diâmetro foi decorada com mosaicos bizantinos (c. 450) que retratam a vida e a morte dos primeiros mártires cristãos.

A Igreja de São Jorge foi a catedral de Tessalônica até ser convertida em mesquita no Império Otomano, voltando a ser igreja em 1912. Danificada por um terremoto em 1978, passou por uma reforma em 2005.

Santo Apolinário em Classe

549 RAVENA, ITÁLIA DESCONHECIDO LOCAL DE CULTO

Essa bonita basílica fica a 8 quilômetros de Ravena. Muito bem proporcionada, sua estrutura simples de tijolos em estilo romano era originalmente decorada com paredes de mármore e pisos de mosaico. Estes foram arrancados e reutilizados em outras construções de ricos proprietários de terra locais, na Idade Média e no Renascimento. No entanto, ainda resta a abside, adornada com mosaicos em cores vivas, como os que mostram os apóstolos representados como doze felizes carneiros indo em direção aos pés de seu mestre, vindo das cidades de Belém e Jerusalém. A nave, de 56 metros, é duas vezes mais alta que os corredores de ambos os lados; esses espaços de luz abundante são divididos por duas magníficas colunatas de mármore grego, coroadas por delicadas folhas de acanto.

Mudança constante O belo campanário circular foi acrescentado no século X ou XI – uma das muitas grandes mudanças pelas quais passou a igreja.

Grande Lavra Katholikon

c. 963 MONTE ATOS, GRÉCIA
DESCONHECIDO MOSTEIRO

O espetacular Mosteiro da Grande Lavra, que abriga hoje cerca de 300 monges ortodoxos gregos, é a maior e mais antiga das muitas fundações religiosas do monte Atos, das quais cerca de vinte ainda estão ativas, honrando sua função original. Dentro de seus grandes muros torreados há nada menos do que 37 capelas auxiliares, em volta do belo Katholikon (igreja principal), em vermelho, no centro do complexo. Esse edifício dotado de cúpula, que ao longo dos séculos foi ganhando formas ecléticas, é o túmulo de Santo Atanásio, seu fundador, e com suas absides e capelas com domos é o protótipo das muitas *katholikon* do monte Atos.

Teótoco, Hosios Lukas

c. 960 DISTOMO, BEÓCIA, GRÉCIA CENTRAL
DESCONHECIDO MOSTEIRO

Hosios Lukas (896-953) era um vidente e operador de milagres que, após muitos anos de meditação, fundou o próprio mosteiro – hoje Patrimônio da Humanidade – na encosta oeste do monte Hélicon. A menor de suas duas igrejas adjacentes foi construída logo após a morte de seu fundador. Trata-se da Teótoco, ou igreja dedicada à Mãe de Deus, e é a primeira das muitas igrejas caracteristicamente bizantinas que foram erguidas com uma planta de cruz quadrada. A edificação se caracteriza por robustos blocos de pedra ornamentados com tijolos; seu interior é decorado com mármore, mosaicos e pinturas murais que datam dos séculos XI e XII.

Catedral de Torcello

1008 VENEZA, ITÁLIA DESCONHECIDO
LOCAL DE CULTO

Essa igreja de bela simplicidade domina a vista de Torcello, que já foi a ilha mais importante da laguna de Veneza. Foi onde os venezianos se instalaram após sofrerem um violento ataque no continente. No século VI, Torcello chegou a ter cerca de 30 mil habitantes (hoje tem apenas cerca de vinte pessoas), e é por isso que ostenta uma catedral tão magnífica, dedicada a Santa Maria Assunta. A edificação é de 639, mas o que vemos hoje é uma poderosa nave erguida por volta de 824 e um campanário isolado, de 1008. Esses fatos esparsos e os grandes muros básicos da igreja escondem um interior poderoso, com mosaicos impressionantes dos séculos XII e XIII. A abside é decorada com um dos melhores mosaicos bizantinos de ouro da Virgem Maria, uma obra de arte de beleza sublime, e a parede oeste exibe uma representação do Juízo Final e cenas inventivas do Céu e do Inferno. Muitas vezes descrita como "desolada" em guias de viagem da época de *As pedras de Veneza* (1851), de John Ruskin, Torcello na realidade é um lugar comovente, que adquire sua máxima beleza nessa impressionante, mas despretensiosa, igreja.

Vista privilegiada
Embora os degraus exijam esforço, vale a pena subir ao campanário de Torcello para apreciar as magníficas vistas da laguna.

Basílica de São Marcos

c. 1096 | VENEZA, ITÁLIA | DOMENICO CONTARINI | LOCAL DE CULTO

Pináculo glorioso Acima da peça mais alta da fachada, uma estátua de São Marcos rodeado por anjos apoia-se em elaborada base sustentada por dois leões.

Glorioso exemplo de arquitetura de contos de fadas que subiu magicamente da laguna veneziana e veio depositar-se na praça de São Marcos para deslumbrar gerações de fiéis e visitantes da "Sereníssima", a Basílica de São Marcos, em Veneza, com suas múltiplas cúpulas e sua maravilhosa fusão de estilos bizantino e gótico primitivo, é com justa razão um dos edifícios mais populares do mundo.

Essa espetacular catedral foi reconstruída e ampliada ao longo de vários séculos, conforme cresciam a riqueza, a ambição e o poder de Veneza. Sua função original era abrigar os restos de São Marcos, um dos quatro evangelistas. Diz a tradição que o corpo do santo foi trazido a Veneza de seu primeiro lugar de descanso em Alexandria, Egito, por cristãos venezianos, em 828.

A catedral tem uma planta em cruz grega e assenta-se em alguns milhares de estacas de madeira enterradas no lodo da laguna. Ao longo de centenas de anos, elas subiram e desceram, e os lustrosos mármores do piso que sustentam hoje ondulam como se fossem parte tanto da terra quanto do mar. O centro da cruz e cada um de seus quatro braços são coroados por domos. Os domos originais, em forma de semiesferas, vistos de dentro da basílica são cobertos por altas superestruturas de madeira e chumbo, encimadas por cúpulas de bulbo acrescentadas em meados do século XIII.

As paredes externas são ricamente decoradas com mármore, com colunas ladeando portas esculpidas em várias cores desse mesmo material, parte dele saqueado de igrejas e templos clássicos mais antigos, do Império Bizantino.

No interior, mosaicos decorativos incrustados em fundos dourados foram acrescentados no decorrer das gerações. Iluminados por velas e lâmpadas a óleo e inundados pela luz do sol filtrada pelas altas janelas, os mosaicos conspiram para criar uma atmosfera de impacto sublime.

Interior do domo, revestido de mosaicos

» DOGE DOMENICO CONTARINI

Os restos de São Marcos foram alojados em Veneza no século IX, primeiro numa basílica românica, que foi destruída por um incêndio em 976. Domenico Contarini tornou-se doge (ou magistrado-chefe) de Veneza em 1043 e intuiu que a cidade necessitava de uma basílica mais impactante que a anterior. Ele encomendou o novo edifício em 1063, no vigésimo aniversário de seu reinado, mas morreu em 1071, 25 anos antes da conclusão de sua espetacular catedral.

Catedral de Santa Sofia

c. 1052 **NOVGOROD, NOROESTE DA RÚSSIA**
VLADIMIR II **LOCAL DE CULTO**

Com paredes todas brancas e cúpulas de bulbo agrupadas, a Catedral de Santa Sofia, ou Hagia Sophia (Divina Sabedoria), é a quintessência da igreja ortodoxa russa. De certa maneira um pouco fortaleza e um pouco filigrana, ela foi erguida pelo príncipe Vladimir II (1020-1052) como igreja-irmã da Santa Sofia de Kiev, um pouco maior. A igreja de Kiev havia sido construída por seu pai, Yaroslav, filho de Vladimir, o Grande – que havia erigido os santuários a Thor e Odin, convertidos ao cristianismo. Ao contrário da mais velha igreja de Kiev, a de Novgorod nunca sofreu ampliações ou decorações barrocas nos séculos seguintes, mantendo-se como sempre foi.

Santa Sofia tem planta quadrada de cruz grega, com três absides e coroada por cinco domos, e é feita em pedra com detalhes de tijolos. A arquitetura russa foi muito influenciada por eventos políticos externos, por guerras e movimentos religiosos, e essa igreja incorpora muitos elementos estrangeiros: inscrições nos afrescos do interior da basílica, por exemplo, estão em grego, e não em russo; detalhes esculpidos que remetem a dentes caninos em volta das cornijas dos tambores que sustentam os domos são de estilo românico; e alguns dizem que as grandes portas de bronze do século XII foram tiradas de Sigtuna, a cidade mais antiga da Suécia.

Relíquia russa
A Catedral de Santa Sofia, uma das igrejas de pedra mais antigas da Rússia, é coroada por cinco domos, o mais alto deles decorado com folhas de ouro.

Igreja da Transfiguração

1714 **KIZHI, NORTE DA RÚSSIA**
DESCONHECIDO **LOCAL DE CULTO**

Essa igreja de encher os olhos, na ilha de Kizhi, no lago Onega, uma sobreposição de tradições mais antigas de estilo bizantino, é um *tour de force* de artesanato russo do século XVIII. Toda em madeira, foi construída apenas com as ferramentas mais básicas, a exemplo de machados e cinzéis. Diz a lenda que, quando a construção da igreja foi concluída, o mestre carpinteiro, Nestor, arremessou seu machado no lago Onega, declarando que ninguém, nem mesmo ele, seria capaz de realizar novamente um edifício como aquele.

O domínio careliano do norte da Rússia produziu uma rica história de construção em madeira, especialmente nas muitas ilhas – ao todo 1.650 – do lago Onega. Kizhi (que significa "parque infantil"), a mais famosa delas, era tradicionalmente um local de festas pagãs; foi apenas no século XVIII, depois que Pedro, o Grande, derrotou os suecos, que foi transformada em local de culto cristão. Embora haja igrejas mais antigas na ilha, a da Transfiguração é sem dúvida a mais espetacular: ela é coroada por nada menos do que 22 cúpulas. Desde 1960, a igreja tem sido a estrela de um museu a céu aberto em Kishim, patrocinado pelo Estado, que exibe arquitetura russa em madeira. A igreja é Patrimônio da Humanidade desde 1990.

Maravilha em madeira
A notável estrutura da igreja é feita de tábuas e cavilhas de madeira muito bem encaixadas e não leva um único prego de metal.

Um ícone russo Essa igreja leva o nome de Basílio (1468-1552), um santo russo ortodoxo conhecido por seu fanatismo cristão.

Catedral de São Basílio

1561 MOSCOU, RÚSSIA IVAN BARMA E POSTNIK YAKOVLEV LOCAL DE CULTO

Uma representação policromática, com domos que remetem ao formato de vegetais, da Cidade de Deus, conforme revelada a São João no Livro do Apocalipse: essa foi a ordem dada por Ivan, o Terrível, para a construção de São Basílio, após derrotar os mongóis na Batalha de Kazan, em 1552. A igreja assume a forma das oito capelas que circundam uma nona capela central, num padrão estrelado. A improvável construção ergue-se de um pedestal escalonado na Praça Vermelha, no centro de Moscou.

Muito amada, tanto por suas excentricidades como por seu lugar-chave na história russa, a Catedral de São Basílio foi ameaçada de demolição por Napoleão em 1812, e de novo na década de 1930, quando Josef Stálin – noviço ortodoxo que se tornou ditador comunista ateu – pediu a seus arquitetos que desenhassem esboços da Praça Vermelha excluindo a igreja. Cada capela é coroada por uma caprichosa torre, encimada por cúpulas de bulbo. Cada domo tem sua personalidade, alguns com padrões em zigue-zague, outros com tijolos multifacetados. As capelas, quase claustrofóbicas, são interligadas por corredores escuros e labirínticos que prometem levar até a magnífica nave central, mas nunca o fazem. Na realidade, é tão exíguo o espaço interno da igreja que nos dias de grandes festas as missas eram rezadas na Praça Vermelha.

» IVAN, O TERRÍVEL

Nascido em 1530, Ivan IV – "O Terrível" – tinha apenas 3 anos quando foi coroado rei e 16 ao ser ungido primeiro czar (imperador) da Rússia. Embora se declarasse cristão devoto, gostava de torturar pessoalmente seus muitos prisioneiros. Mas a macabra lenda de que cegou os arquitetos de São Basílio para que nunca construíssem nada tão magnífico é infundada: Posnik Yakovlev mais tarde erigiu a Catedral de Vladimir.

Interior da Catedral de São Basílio

Biet Giorgis

c. 1300 LALIBELA, ETIÓPIA DESCONHECIDO LOCAL DE CULTO

Há uma dúzia de igrejas de pedra em Lalibela, uma remota vila que leva o nome do rei zagwe que as construiu. O rei Lalibela (1181-1221) foi santificado por seus esforços. Segundo os entusiastas membros da igreja copta local, as igrejas foram construídas sob orientação de São Jorge, com ajuda do Arcanjo Gabriel e de uma hoste de anjos menores, embora igualmente talentosos. As igrejas, algumas esculpidas na faces da rocha, são uma das glórias da arquitetura etíope e, apesar de pouco visitadas, estão sendo restauradas.

Todas as doze igrejas são extraordinárias, mas Biet Giorgis, ou Igreja Copta Etíope de São Jorge, é a mais extraordinária delas. Escavada em profundidade no piso de um sólido bloco de rocha vulcânica vermelha, a igreja fica numa trincheira rochosa cercada por cavernas e nichos para monges e eremitas. O edifício mede 12 x 12 x 13 metros, e sua entrada é feita por um estreito túnel escavado na pedra. Doze janelas, talvez representando os apóstolos de Cristo, estão cortadas num andar alto; as nove no térreo são cegas e ricamente esculpidas com motivos florais. O interior, como não poderia deixar de ser, é um espaço misterioso, marcado por quatro pilares de três lados e com um santuário dotado de cúpula.

Igreja afundada
O "telhado" de Biet Giorgis é não só estrutural: esculpido com uma tripla cruz grega, é o que o visitante vê logo ao entrar na igreja.

Índia e Sudeste Asiático

A civilização mais antiga no Subcontintente Indiano era a do vale do Indo, a extensão oriental do local de nascimento da civilização ocidental, o Crescente Fértil. Talvez não seja de admirar, portanto, que a cultura surgida no subcontinente – nas antigas cidades de Mohenjo Daro e Harapa – tivesse vínculos e fosse em muitos aspectos similar à da Suméria.

Por razões que não são claras, a civilização do Indo extinguiu-se em cerca de 1500 a.C. Existem exemplos de sua escrita, mas ninguém sabe o que significam. Tampouco compreendemos qual era a sua religião, nem como era praticada – e isso numa terra que viria a ser famosa por seus deslumbrantes templos. O povo do Indo certamente já havia desaparecido quando os arianos da Ásia Central invadiram a Índia.

Uma cultura emergente

Esses nômades demoraram a se estabelecer. Passaram-se 1.500 anos – até cerca de 200 a.C. – até que cultura indiana como a conhecemos de fato começasse a existir. A partir de então, várias influências entraram em ação no desenvolvimento da arquitetura indiana. Havia um eco distante dos gregos e de Alexandre – que avançou até essas paragens desde a Macedônia – no budista Império Mauria, do século IV, no norte. O Império Cuchana, fundado por nômades da Ásia Central que fixaram sua capital em Peshawar, juntou elementos das culturas grega e chinesa. E depois, é claro, vieram os impérios dos mogóis e dos britânicos, que viram as próprias culturas transformadas em magníficos exemplos de arquitetura, como os edifícios do Taj Mahal *(p. 160)* e da Casa do Vice-Rei, em Nova Déli *(p. 360)*.

» O BUDA

Sidarta Gautama era um príncipe nepalês do século VI a.C. que renunciou a uma vida de privilégios. Depois de vários anos de meditação e desapego, alcançou um estado de iluminação, ou Nirvana. Ele foi chamado de Buda – "O Desperto" – por seus discípulos e continuou a ensinar até sua morte. Nem deus, nem profeta, nem santo, sua sutil influência iria se difundir pelo Subcontinente Indiano e pelo Sudeste Asiático, moldando uma arquitetura característica nesse caminho.

Recebendo a iluminação O Buda é visto como apenas um dos elos da longa linhagem de Budas anterior e posterior a ele.

DATAS PRINCIPAIS

c. 700 a.C. Surge o sistema de castas na Índia, com os sacerdotes brâmanes no topo da hierarquia.

500 a.C.

c. 400 a.C. Os aforismos de Panini, ou sutras, formalizam a língua sânscrita, uma evolução do védico.

326 a.C. Alexandre, o Grande, rei da Macedônia, faz breve invasão do vale do Indo.

1 d.C.

c. 50 Tomé, apóstolo de Jesus, visita a Índia e funda um assentamento cristão.

499 O matemático hindu Ariabata escreve o *Arabatia*, primeiro livro sobre álgebra.

500

c. 602 As tribos guerreiras nômades do Tibete são unificadas por Namri Songtsen.

657 Jayavarman I funda a dinastia khmer no Camboja.

O sagrado Ganges
O rio sagrado serpenteia pelo norte da Índia e pela cultura hindu; os mitos em torno dele são retratados em muitas esculturas de templos.

711 Os árabes conquistam Sind e Multan, no atual Paquistão.

c. 800 Surgem reinos na Índia central e no ajastão, criados por chefes guerreiros rajaputes.

1000

c. 1150 Suryavarman II, do Império Khmer, ergue o Templo de Angkor Wat, no Camboja.

1192 Chefes de tribos islâmicas do Afeganistão, sob Muhammad Ghauri, fundam um sultanato muçulmano em Déli.

c. 1300 Os tamil fundam um reino no Ceilão, derrubado pelos portugueses em 1619.

1363 O sultão Muhammad Shah funda o sultanato do Brunei, em Bornéu.

1431 Sião invade Angkor e destrói o Império Khmer.

1500

1526 Babur captura Déli de Ibrahim, o sultão de Déli, e funda o Império Mogol na Índia.

1565 A Espanha ocupa as Filipinas num complexo jogo de poder imperial na região.

1600 A criação da Companhia Britânica das Índias Orientais lança as sementes do Império Britânico.

Buda tailandês
Santuários como esse carregam uma mensagem poderosa: deuses não são uma raça à parte, e todo indivíduo tem o potencial para a suprema iluminação.

Krishna vence um demônio
No mito, os deuses hindus lidam de bom grado com todos os níveis da sociedade e com o mundo natural. Aqui Krishna ajuda seus amigos de infância – jovens pastores engolidos por um demônio-serpente.

No sul da Índia, porém, ficavam as dinastias hindus - os palava, chola, antigos pandia, vijayanagara e pandia tardios –, todas aparentemente alheias a influências externas. Essas foram as culturas que criaram os intrigantes templos que associamos tão particularmente com a Índia, caracterizados por suas massivas e complexas torres, ou *sikharas*, e por sua impenetrabilidade física. As cerimônias religiosas eram realizadas em volta deles, e não dentro.

Era assim também com os templos budistas. Sua influência se estenderia da Índia ao Sudeste Asiático, onde as *sikharas* também fazem suas expressivas aparições. As ideias arquitetônicas eram capazes de cruzar montanhas, por meio do boca a boca, do comércio, à força e, acima de tudo, pela religião. O imperador mauria Asoka enviou monges budistas em missões na China, Birmânia, Tailândia e Camboja, levando com eles ideias sobre a administração e, presumivelmente, sobre o estilo dos templos.

Mistura de influências

Numa área com tantas línguas e povos, não surpreende que tenham surgido tantas ideias arquitetônicas; mesmo assim, é fascinante ver como se fundiram, e embora se possa falar em diferentes formas de arquitetura budista, hindu ou mogol, elas perdem definição em seus pontos de contato. Muitos dos maiores edifícios mogóis são cheios de elementos hindus. Quando os britânicos chegaram à Índia, levaram a própria arquitetura. No início do século XX, quando Edwin Lutyens e sua equipe trabalhavam nos desenhos para Nova Déli, viram finalmente que fazia sentido - como os mogóis haviam feito antes deles - incorporar elementos hindus e budistas em seu trabalho. No entanto, alguns aspectos da cultura indiana e do Sudeste Asiático nunca foram assimilados pela arquitetura dos invasores: o amor à natureza nas descrições de plantas e animais, e até mesmo de amantes humanos, e os edifícios moldados como *lingams* (falos), frutas e outras formas sensíveis e sensuais ricamente esculpidas.

ARTE HINDU NOS TEMPLOS

Parte da arte hindu antiga mais movimentada e tocante está nas paredes de templos em cavernas. Eles contêm estátuas e esculturas escavadas na pedra, de deuses hindus como Shiva a representações de cenas domésticas singelas, reforçando a noção de que toda a vida é sagrada. Talvez os melhores exemplos sejam os dos templos palava do litoral, em Mahabalipuram, na baía de Bengala. Ali, os monumentos vão de santuários escavados na rocha a templos completos.

Escultura de Shiva na caverna Shiva é uma divindade hindu complexa, cuja "dança da felicidade", frequentemente representada, simboliza o ciclo de nascimento, vida e morte.

Arquitetura indiana

c. 1700 a.C.-1800 d.C.

A arquitetura indiana antiga é a história de religiões poderosas e populares celebrando suas crenças por meio de estilo monumental. Budismo, jainismo e hinduísmo tiveram papéis-chave no desenvolvimento de edifícios que exaltam o reino animal, os prazeres terrenos e as ambições dos seres humanos no pós-mundo e também o reino dos deuses.

Demonstrando amor tanto pelo mundo físico quanto pelo espiritual, a arquitetura indiana, em especial os templos hindus, costuma ser calorosa e sensual, além de ser composta por edificações complexas e intrigantes. Entre as mais belas e comoventes de todas estão os templos de Mahabalipuram, dos séculos VII e VIII, nas praias da baía de Bengala. Mas esse amor pela natureza e sua expressão nas esculturas hindus é um aspecto dos templos de todo o centro e sul da Índia. Os mais antigos costumam ser ternas homenagens ao mundo dos primeiros povos que ali se assentaram, com suas adoráveis representações de animais domésticos. Ao longo dos séculos, os templos hindus se tornaram celebrações da escultura que saíram do agrícola para a intensa e erótica celebração do amor humano – que, em certo nível, pode ser visto como de inspiração divina. A sensualidade dessa arquitetura continua sendo um desafio – e um deleite para os estrangeiros que visitam a Índia.

Compreender os templos hindus

Para visitantes ocidentais, os complexos de templos hindus podem confundir. O que olhar primeiro? Por que o exterior é tão ornamentado? A resposta está na compreensão da cultura religiosa. O hinduísmo deriva do bramanismo. Tem muitos deuses, e tudo – cada organismo vivo, cada objeto inanimado – está ligado a eles. Tudo é divino. Por isso, as torres altas escalonadas, ou *sikharas*, dos templos celebram todas as coisas sagradas, de vacas a deuses, de amantes a reis. Tais edifícios são tanto escultura quanto arquitetura, cada um deles com inúmeros elementos inter-relacionados.

Hawa Mahal (Palácio dos Ventos), Jaipur, Rajastão
Construído em 1799, esse palácio tem balcões protegidos com muxarabiês na fachada, para que as mulheres do ambiente da realeza não fossem vistas, mas pudessem observar a vida na rua.

Elementos

A arquitetura indiana antiga foi influenciada por movimentos religiosos poderosos e profundos – budismo, bramanismo e hinduísmo. Juntos, eles oferecem um mundo de arquitetura rica e sensual, equilibrando o terreno e o divino. O amor à natureza, assim como à construção de edifícios, é evidente em toda parte, dos animais esculpidos à estatuária erótica.

Sikharas Elas compõem os topos das "vimanas", ou torres, erguendo-se do corpo dos templos hindus. Sua forma varia por todo o país. Torres como essa, do Templo de Brihadeshvara, em Tanjore, têm sempre decoração extravagante.

Camadas simbólicas As torres dos templos hindus contam histórias ao se elevarem para o céu. Cada uma tem a própria "caligrafia" e retrata as questões dos cultos locais, além de temas universais.

Quiosques abertos Servem para deixar mais expressivos as fortalezas e palácios hindus. Alguns são pequenos, outros têm tamanho suficiente para formar balcões abrigados das chuvas de monções e do sol do verão.

Estatuária animal Para os hindus, toda vida é sagrada e merece ser representada. Os templos litorâneos de Mahabalipuram têm algumas das mais refinadas esculturas de animais.

Estupas São santuários que representam o sagrado monte Meru e proveem um abrigo para relíquias do Buda. A Grande Estupa de Sanchi é a mais famosa.

Mohenjo Daro

c. 1700 a.C. SIND, PAQUISTÃO
DESCONHECIDO CIDADE

A riqueza de Mohenjo Daro, uma das cidades mais antigas da Índia, situada no fértil vale do Indo, baseava-se no comércio de grãos; o granário da cidade foi um dos maiores edifícios descobertos na grande cidadela de tijolos que forma o núcleo do assentamento. A própria cidadela tinha amplas termas e outros edifícios públicos não identificados e erguia-se a 15 metros de altura. Era separada do resto da cidade pelo que parece ter sido um lago artificial. Depois do lago, havia uma retícula de edificações residenciais, com ruas de 14 metros de largura. Casas de dois andares com teto plano eram dispostas em volta de cisternas, em pátios com paredes sem decoração. Nessa cidade, que parece ter sido confortável e civilizada, muitas casas tinham banheiro, com encanamentos ligados a uma rede de esgoto.

Vida urbana Essa antiga cidade, com sua disposição regular, contava com planejamento bem definido.

Harapa

c. 2550 a.C. PAQUISTÃO DESCONHECIDO
CIDADE

Harapa, considerada junto com Mohenjo Daro uma das primeiras cidades da civilização do vale do Indo, foi "descoberta" na década de 1920. Na época, engenheiros de ferrovias vitorianas saquearam seus antigos tijolos queimados para reutilizá-los. No entanto, é evidente que inundações catastróficas ao longo dos séculos já haviam causado imensos danos a essa cidade fantasma. Como Mohenjo Daro, Harapa era dividida em cidadela e bairro residencial. A área entre os dois parece ter sido ocupada por alojamentos provavelmente usados por trabalhadores do comércio de grãos. Sabe-se pouco da cultura local, assim como da decoração e função dos edifícios. A arte que vem sendo descoberta nos vales hindus continua restrita a uma pequena seleção de estátuas, geralmente de pedra e terracota, e a raros exemplos de esculturas em bronze. Houve muita especulação quanto ao declínio de Harapa; ninguém sabe se foi devastada por invasores arianos ou se foi vitimada por um desastre natural. Não sabemos sequer se as pessoas que moraram ali eram nativas ou oriundas de povos de outra cultura que se instalaram no local.

Construção em planície de inundação Pouco sabemos sobre a vida do povo dessa cidade, mas seus robustos tijolos sobreviveram por milênios.

Grande Estupa de Sanchi

100 MADHYA PRADESH, ÍNDIA
DESCONHECIDO LOCAL DE CULTO

Esse grande hemisfério de tijolo sólido, construído sobre uma plataforma de 40 metros de diâmetro como monumento ao Buda, foi reconstruído no século I com base numa edificação anterior erigida pelo imperador mauria Asoka. Acredita-se que era originalmente revestido por uma grossa camada de gesso, pontuada por nichos para tochas que eram acesas em festas religiosas. O monumento é rodeado por guarda-corpos de pedra e por vários portais majestosos, ricamente esculpidos, dando acesso a escadarias que levam até a plataforma cerimonial que circunda o perímetro da estupa.

Espaço protegido Dentro da estrutura quadrada no topo há um exemplar de para-sol em três níveis, sob o qual Buda se sentava.

Ruwanveliseya Dageba

137 a.C. ANURADHAPURA, SRI LANKA
REI DUTUGEMUNU LOCAL DE CULTO

Anuradhapura foi a primeira capital do Sri Lanka. Essa majestosa *dageba*, ou estupa budista, com 90 metros de diâmetro e 100 metros de altura, foi construída pelo rei Dutugemunu (167-137 a.C.), o primeiro grande herói do Sri Lanka. Ele queria que tivesse duas vezes o atual tamanho, mas foi persuadido pelos cortesãos de que não viveria para vê-la concluída. Rochas trazidas por soldados formaram seus alicerces, que foram pisoteados por elefantes para testar sua firmeza. A estupa foi feita com tijolos cobertos por cimento bruto, por sua vez revestido de sulfeto de mercúrio e depois envolvido por uma camada de cascalho grosso, sobre a qual se colocaram folhas de cobre, resina dissolvida em água de coco, arsênico dissolvido em óleo de gergelim e folhas de prata. Na câmara das relíquias, o rei pôs uma figueira de cinco ramos feita de joias, com as raízes feitas de coral trabalhado e safira. O tronco, de prata pura, era adornado com folhas e frutos de ouro. Poucos monumentos foram mais preciosos do que esse.

Domo magnífico A estrutura em forma de bolha foi restaurada no início dos anos 1930, quando uma nova pedra preciosa, através da qual brilha o sol, foi colocada no pináculo.

Esculturas religiosas A face da rocha é ricamente trabalhada com símbolos budistas indianos, e grandes colunas e estátuas diminuem a importância humana.

Sala Chaitya, Karli

70 MAHARASHTRA, OESTE DA ÍNDIA DESCONHECIDO LOCAL DE CULTO

Uma *sala chaitya* é um templo budista escavado na rocha que abriga uma estupa. Essa, tida como a maior da Índia, é um ótimo exemplo. Por uma entrada esculpida em ferradura e adornada com colunas de 15 metros de altura coroadas por leões e ladeadas por esculturas de elefantes, chega-se, depois de uma antessala na penumbra, a uma misteriosa sala ou nave. Seus corredores são ladeados por colunas protuberantes com capitéis em forma de sino, que sustentam pedestais de ferozes animais de pedra. Acima deles ergue-se uma abóbada cilíndrica de madeira na escuridão da caverna. Na abside no extremo da sala destaca-se a refinada estupa. Esses templos em caverna são parte de uma cultura não exclusivamente budista, característica do período mauria (322-188 a.C.), que continuou depois. Templos e túmulos cortados na rocha seguiam uma tradição que se estendia desde a Pérsia, presente também em Petra *(p. 75)*. Aqui, porém, o edifício tem um toque quase animal ou vegetal, um desenho orgânico rico, bem diverso das linhas retas e ângulos de 90 graus encontrados a oeste do vale do Indo. Acredita-se que a Sala Chaitya em Karla era usada para propósitos tanto sagrados quanto profanos.

Templo Parasurameshvara

c. 600 BHUBANESHAWAR, ORISSA, NORTE DA ÍNDIA DESCONHECIDO LOCAL DE CULTO

Esse é o mais bem preservado e mais antigo de um grupo espetacular de templos hindus encontrado em Orissa, no litoral leste do norte da Índia. Seu design marca o início de uma longa tradição de templos construídos como torres em forma de vegetais, incrustadas com camadas sobrepostas e exóticos entalhes na pedra. A intrincada construção, por meio da qual a estrutura e a decoração são unificadas, é codificada com significados religiosos simbólicos. Há entalhes de elefantes e de procissões de cavalos, entre outros desenhos mais abstratos. Uma sala retangular – sem dúvida um acréscimo posterior à torre – é embelezada com janelas escavadas na pedra.

Santuário de Shiva O templo é dedicado a Shiva, um dos três grandes deuses hindus.

Templo Brihadeshvara (Grande Templo)

1010 · TANJORE, SUL DA ÍNDIA · RAJA RAJA CHOLA · LOCAL DE CULTO

Esse fenomenal templo de granito é uma obra-prima arquitetônica, construída no Império Chola de Tamil Nadu, no sul da Índia. Diz a lenda que foi concebido por gigantes e concluído por joalheiros, e é coroado por uma torre de treze andares, com 66 metros de altura. As laterais registram contribuições feitas por Raja Raja Chola e sua irmã, Kundavai, numa imensa inscrição com 107 parágrafos.

O imponente templo dravídico (construído por povos nativos do sul e do centro da Índia) assenta-se sobre um amplo recinto retangular dentro de um forte reconstruído pela última vez no século XVI. Foi descrito pelo historiador de arte indiana B. Venkataraman como "sonho de escultor, mina de historiador, visão de dançarino, deleite de pintor e achado de sociólogo – tudo numa coisa só".

Uma escultura gigante de Nandi, o touro sagrado cavalgado por Shiva, pesando 25 toneladas, guarda os portais do templo, onde há muitas outras representações de Nandi, tanto esculpidas como em afrescos. O pátio interno, pavimentado de tijolo e pedra e medindo cerca de 150 x 75 metros, é decorado com excelentes esculturas de Shiva e de *lingams* – imagens fálicas do deus Shiva. Essas esculturas deviam ser vivamente coloridas na época da conclusão do templo.

A torre do templo, coroada por uma pedra de 80 toneladas, é o seu aspecto mais destacado, mas as linhas do conjunto são unificadas por entalhes, estatuária e inscrições. Estas, muito detalhadas, mostram o templo não só como local de culto, mas como núcleo da cidade real sobre a qual se erguia.

Centro cívico
Esse templo imenso era o núcleo de um império – seu tesouro, seu cartório e sua área de eventos, além de local de culto.

Templo Chennakeshava

1117 BELUR, KARNATAKA, SUL DA ÍNDIA
JAKKAMA ACHARI LOCAL DE CULTO

Ponto arquitetônico mais alto do Império Hoysala, o Templo Chennakeshava, em Belur, é famoso pelos inúmeros entalhes impressionantes que enfeitam suas superfícies. O extraordinário grau de detalhe dessas esculturas é levado a extremos, como nas gotas d'água que caem do cabelo recém-lavado de uma donzela. Dedicado a Vishnu, o templo principal fica num pátio espaçoso, com um tanque cercado por um muro e outros quatro templos menores com entalhes igualmente refinados. Um guerreiro em pedra-sabão enfrentando um tigre representa o rei hoysala Vishnuvardhana, que começou a construir o templo hindu após uma grande vitória sobre o Império Chola em Talakad. O grande templo de pedra cinza-esverdeado só foi concluído, talvez compreensivelmente, 103 anos mais tarde.

Abundância de imagens As esculturas do templo mostram cerca de 650 magníficos animais – elefantes, cavalos, leões, tigres, pássaros –, além de guerreiros e sensuais "dançarinas celestiais".

Templos jainistas, Ranakpur

1439 RANAKPUR, ÍNDIA RANA KUMBHA E DHARNA SAH LOCAL DE CULTO

Esse remoto templo de mármore branco de três andares, o mais ambicioso dos jainistas, é famoso não só pelo porte, mas pelo elaborado desenho. Além dos pequenos templos auxiliares e esculturas intrigantes, o interior da edificação tem um tesouro de 1.444 colunas esculpidas, que sustentam mais domos que qualquer cidade barroca ousaria ter, mas dispostos de modo a permitir ver de todas as direções as estátuas do primeiro jainista, Tirthankara Adinath, o revelador da verdade. O alto complexo espiralado do templo é cercado por um muro de 61 metros de altura.

Maravilha em pedra O templo contém inúmeras intrincadas esculturas em pedra, delicadamente esculpidas.

Templos jainistas, Monte Abu

SÉCULOS XI-XIII RAJASTÃO, ÍNDIA
DESCONHECIDO LOCAL DE CULTO

Entre mangueiras e colinas de bosques da única estação de montanha do Rajastão ficam esses cinco belos templos jainistas, erguidos em mármore e famosos por suas formas claras e esculturas elegantes. Dois deles se destacam: o Templo de Vimala Vasahi (1031) e o de Luna Vashi (1230). O primeiro fica num pátio aberto, rodeado por um corredor pontuado por muitos templos em miniatura contendo ídolos. A bela sala principal com domo é sustentada por doze colunas, cada qual decorada com a escultura de uma figura feminina tocando um instrumento musical. O Templo de Luna Vasahi, embora duzentos anos mais novo, é muito similar no estilo e fica em volta de uma sala com domo, sustentada por colunas ornamentais e rodeada por 360 monges jainistas em miniatura. A muito amada Hathishala, ou Cela dos Elefantes, abriga dez elefantes de pedra belamente esculpidos e muito realistas. Os dois templos são bem iluminados e, por sua construção em mármore brilhante, criam uma sensação quase etérea.

Banhos Públicos, Benares

SÉCULO XIV VARANASI, UTTAR PRADESH, ÍNDIA DESCONHECIDO TERMAS

Por seus milhões de banhistas, peregrinos e turistas, o rio Ganges é um dos centros espirituais da Índia, um microcosmo de vida, espírito, ritual e história. O trajeto das águas sagradas do rio em Benares (moderna Varanasi) passa pelos *ghats*, os largos degraus públicos de banhos que se estendem por 5 quilômetros ao longo das margens do rio sagrado. Esses degraus há vários séculos testemunham cremações rituais feitas pelos hindus, que acreditam que, ao terminar a vida ali, ou mesmo apenas banhando-se em suas águas, escaparão do ciclo de reencarnação e descansarão eternamente no Céu. Sem dúvida, o desejo de viver ou morrer às margens do Ganges criou um local muito particular e especial em termos arquitetônicos e deu força e individualidade às movimentadas margens do rio, sempre lotadas. Em certos pontos, velhos palácios estendem-se até os grandes degraus, dando a partes dessa fascinante cidade um aspecto de conto de fadas.

Budas gigantes, Bamiyan

c. 700 BAMIYAN, NORTE DO AFEGANISTÃO DESCONHECIDO MONUMENTO

Antes entre as maiores e mais belas imagens de Buda do mundo, os Budas Gigantes de Bamiyan estão agora confinados à história. Destruídos pelo Talibã em 2001, resta deles apenas entulho das duas colossais esculturas escavadas na rocha. Influenciadas pela tradição indiana, as esculturas, com 35 e 57 metros de altura, foram cinzeladas nos rochedos que se erguem no vale de Bamiyan, noroeste de Cabul, núcleo do reino cultural, religioso e artístico dos kushana. Eram antes pintadas de dourado luminoso, cobertas de ornamentos e frequentadas por monges de dez mosteiros, com suas roupas cor de açafrão.

Coisa do passado As estátuas de Buda de Bamiyan eram destacadas representantes da escola Gandhara de arte budista da Ásia Central.

Palácio Potala, Lhasa

1695 TIBETE DESCONHECIDO MOSTEIRO

Essa grande edificação, contra o fundo montanhoso, evoca a imagem de uma ultraexótica cidade medieval de montanha. Raro exemplo de arquitetura tradicional tibetana contrabalançada por estética indiana e chinesa, o belo Palácio Potala parece ter crescido naturalmente de uma colina acima das planícies de Lhasa para alcançar 190 metros de altura.

O mosteiro de treze andares, de pedra e madeira, tem duas seções, o Palácio Branco e o Palácio Vermelho. Eles abrigam os tradicionais aposentos do Dalai Lama (exilado desde 1959) e o restante do mosteiro, com seus locais de culto, celas, cozinhas e depósitos. Imponente externamente, com majestosos muros inclinados, telhados dourados, campanários e torres de vigia, o palácio contém santuários ricamente decorados e salas suntuosas, uma delas sustentada por cinquenta colunas.

Visão formidável Com seus mil quartos, o Palácio Potala cobre nada menos do que 360 mil metros quadrados e ergue-se a quase 200 metros pela encosta da montanha.

Sudeste Asiático

c. 500-1500

Por meio do budismo e do hinduísmo, as tradições indianas de construção se difundiram pelo Sudeste Asiático. No século XIII, a arquitetura da estupa, a *sikhara* com degraus e a torre da flor de lótus chegaram a Mianmar, Camboja, Tailândia e Indonésia. Muitas viraram ruínas, mas algumas foram revitalizadas nos séculos XIX e XX.

As maiores realizações da arquitetura do Sudeste Asiático foram sem dúvida Angkor Wat, no Camboja *(p. 105)*, e a Estupa de Borobudur, em Java, Indonésia *(p. 104)* – dois templos bem diferentes, que representam Meru, a montanha sagrada budista. Enquanto Angkor Wat contém muitas salas e câmaras, Borobudur é todo exterior – assim como as pirâmides escalonadas da América Central, magnífica e sóbria presença de uma montanha artificial. E se Angkor Wat é uma celebração da arte de construir em rocha sólida, Borobudur é quase sobrenatural, com sua estupa de camadas repletas de significado – como a associação da construção com os cinco elementos budistas: a base quadrada é a terra; o domo redondo, a água; o cone no topo é o fogo; a canopla acima dele, o ar; e o volume total da estupa é o espaço. Como resultado, tem-se uma obra que nos guia pelos principais elementos da vida. A construção é uma gloriosa contradição, que tenta nos elevar ao plano espiritual, embora seja um objeto ricamente trabalhado, tátil e sensual, erguendo-se de uma clareira na floresta.

Um dilúvio de construção de templos

A construção de templos dominou os esforços arquitetônicos da Birmânia, e acredita-se que só na capital, Pagan, havia nada menos do que de 5 mil estupas e templos, todos eles, grandes ou pequenos, ricamente decorados com os mais refinados trabalhos dos artesãos locais. Essa febre de templos difundiu-se pela Tailândia e pela Indonésia. Tais obras, assim como seu protagonismo e sua decadência, também contam a história de como a difusão do budismo aos poucos deu lugar à ascensão e ao triunfo do hinduísmo.

Angkor Wat Esse templo funerário do rei khmer Suryavarman II (r. 1113-50) ficou em ruínas após o declínio do Império Khmer. Esteve encoberto por florestas durante centenas de anos, até ser descoberto por acaso em 1856.

Elementos

A chegada do budismo ao Sudeste Asiático veio acompanhada da influência da arquitetura chinesa. O resultado, após longo namoro, foi a união de tradições de design diversas que originaram estilos tão variados quanto as estupas de Mianmar, as cidades-templo do Camboja e os palácios de Bancoc.

Pequenos pináculos Mesmo os palácios tinham alguma dívida para com o desenho das estupas. Aqui, o complexo que atravessa a Sala do Trono do Palácio Real, em Bancoc, mostra ecos do antigo budismo, assim como de precedentes hindus e chineses.

Pagodes em miniatura Pagodes dourados e ricamente decorados em miniatura, aqui em volta do Pagode Shwedagon, em Mianmar, agigantavam a enorme escala do volume principal do santuário; nesse, a torre tem 113 metros de altura.

Folheado a ouro As folhas de ouro eram muito usadas, não só dentro, mas também no exterior dos templos, brilhando com o sol e reluzindo com a água da chuva.

Relevos elaborados Há esculturas em relevo nos templos e palácios de todo o Sudeste Asiático. Em geral, são altamente naturalistas, embora sua intenção fosse levar o observador a contemplar coisas de um outro mundo, mais elevado.

Estupas-campanários As grandes estupas-campanários que surgiram pela região devem muito ao estilo desses túmulos reais com teto cônico e aos santuários de Ayudhya, na Tailândia.

Borobudur

c. 842 JOGYAKARTA, JAVA, INDONÉSIA DESCONHECIDO LOCAL DE CULTO

Essa impressionante estupa de rocha de lava é uma representação em espiral da cosmologia budista, instalada em torno do eixo do mítico e sagrado monte Meru, e eleva os fiéis das preocupações cotidianas da vida terrena até o Nirvana, um estado de vacuidade transcendental ou pureza absoluta.

O alto santuário, de 31,5 metros de altura, é disposto em três partes sobre nove níveis. Eles estruturam galerias a céu aberto decoradas com 1.460 baixos-relevos narrativos e 432 nichos que antes continham estátuas do Buda.

Os níveis quadrados que formam a base são decorados com cenas da vida cotidiana de Java, incorporados a histórias da vida do Buda. Acima, três níveis circulares são providos de 72 estupas em miniatura, em forma de campanários, cada qual contendo uma estátua do Buda. A imensa estupa no topo provavelmente sempre esteve vazia.

Esses três níveis correspondem à divisão budista do universo. No mais inferior, a Esfera do Desejo, o espírito humano está preso à ambição. Na intermediária Esfera da Forma, ele ainda não é capaz de transcender o mundo material. No topo, na Esfera da Ausência de Forma, o espírito deixou as considerações terrenas para trás.

Vista aérea

Uso repetido da forma da estupa Borobudur contém muitas estupas, e ele mesmo é uma imensa estupa, representando um universo que contém muitos outros.

Angkor Wat

c. 1150 · SIEM REAP, CAMBOJA · DIVAKARAPANDITA · LOCAL DE CULTO

Abandonadas e quase esquecidas por meio milênio, as impressionantes ruínas de Angkor Wat são uma das maravilhas do mundo da arquitetura: um complexo de templos ambicioso, construído na escala das pirâmides egípcias, com a sutileza escultural do Partenon e o detalhamento de uma catedral medieval.

De sua cidadela, Angkor, os reis do Império Khmer governavam por decreto divino um vasto domínio que ia do sul do Vietnã até Yunan, na China, e a oeste até a baía de Bengala. Os palácios de madeira, edifícios públicos e casas desapareceram há muito tempo, e restaram as ruínas dos grandes templos de pedra. Templo funerário do rei khmer Suryavarman II (r. 1113-50), abandonado após a conquista e saque pelos tailandeses em 1431, Angkor Wat revive hoje com o turismo. Esse imponente templo hindu, coroado por cinco torres em forma de flor de lótus, ergue-se numa sucessão de plataformas com colunas, atrás de fileiras de arcadas e de um fosso de 4 quilômetros de extensão. Entra-se no complexo por uma ponte sobre a água ladeada por balaustradas gigantes em forma de serpentes, associadas ao mito hindu da criação. Os muros dos terraços inferiores têm ricas esculturas em relevo, que em seus 800 metros contam histórias do *Mahabarata* e do *Ramaiana*, lendários épicos indianos. Acima erguem-se cinco torres, entre elas o sepulcro do rei. Angkor Wat era uma espécie de modelo do universo, e seu apelo é hoje certamente universal.

Cabeças de pedra alinham-se na ponte

Adequado a um rei
Ocupando uma área de 1.550 x 1.400 metros, Angkor Wat levou trinta anos para ser construído.

Simetria divina As cinco torres, das quais essa é a central, têm suas entradas pelo lado leste, e nos demais lados há falsas portas esculpidas em arenito.

Templo Pre Rup

961 SIEM REAP, CAMBOJA
DESCONHECIDO LOCAL DE CULTO

O "templo-montanha" vermelho-escuro de Pre Rup simboliza o monte Meru, sagrado também para os hindus e lar de seus deuses. Foi erguido principalmente com tijolo e pedra, no fim do século X, como templo do rei khmer Rajendravarman II. A edificação é uma pirâmide escalonada com três níveis, coroada por cinco torres. O nível inferior tem uma dúzia de pequenas torres-santuário voltadas para o leste, cada qual contendo *lingams*. O culto ao Lingam (o falo divino ou coluna cósmica de fogo) era a religião de Estado, associada também ao poder do rei, que se identificava com Shiva. O terceiro nível, construído em arenito, é muito esculpido, assim como as duas escadarias que sobem pela pirâmide, flanqueadas por leões de pedra. O templo há muito tempo é visto pelos cambojanos como local de funerais: o nome "Pre Rup" significa "vire o corpo", referência à cremação ritual que se acredita ter ocorrido na base do templo. Pre Rup fica dentro dos 400 km^2 do Patrimônio da Humanidade de Angkor.

Templo Banteay Srei

967 SIEM REAP, CAMBOJA
DESCONHECIDO LOCAL DE CULTO

Localizado numa região montanhosa a cerca de 20 quilômetros de Angkor, o templo miniatura de Banteay Srei, que significa "cidadela das mulheres", é um dos mais amados tesouros arquitetônicos da região. É apreciado não só por seu incomum tamanho reduzido – a torre central tem apenas 9 metros de altura, e a câmara do santuário mede só 1,7 por 1,9 metro –, mas também pelo inusual arenito cor-de-rosa (arenito de quartzo) das paredes; estas são esculpidas com espetaculares padrões florais, histórias de mitos religiosos e imagens muito bem modeladas de divindades hindus. O templo compreende três recintos definidos por paredes simples e é alcançado por um percurso cerimonial ladeado por estátuas decorativas. Seu estado geral de conservação é notável, assim como a refinada qualidade da decoração. Teria sido construído por Yajnyavaraha, um brâmane de real descendência que era mestre espiritual do rei khmer Jayavarman V. Trata-se de um dos cerca de cem templos khmer da área de Angkor e, assim como Pre Rup, é um pouco anterior a Angkor Wat. Pedimentos esculpidos do templo podem ser encontrados no Museu Nacional do Camboja, em Phnom Penh, e no Museu Nacional de Arte Asiática, em Paris.

Arte khmer As esculturas do período costumam ser em alto-relevo. Retratam figuras míticas e combinam características humanas e sagradas.

Pagode Shwedagon

c. 1700 **YANGON, MIANMAR**
DESCONHECIDO **LOCAL DE CULTO**

Citados com frequência como uma das maravilhas esquecidas do mundo, o pagode dourado e estupa de Shwedagon, com 113 metros de altura, no monte Singuttara, domina a paisagem de Yangon. Construído e reconstruído ao longo de séculos e influenciado por tradições arquitetônicas e religiosas tanto chinesas quanto indianas, o pagode é uma sólida estupa, ou santuário de relíquias dedicado a Buda. Não tem interior. Mesmo assim possui quatro portas, que dizem ser protegidas, de algum modo, em misteriosas passagens internas, por sinistras espadas e cimitarras na escuridão. Portanto, é melhor ficar fora e desfrutar a linda visão. Essa estupa folheada a ouro e incrustada de joias eleva-se de um agregado de 64 pagodes menores, dos quais quatro maiores marcam os pontos cardeais. Esses santuários são decorados com estátuas de leões, elefantes, iogues, serpentes, ogros e anjos. A construção toda é luxuosa, deslumbrante e magnífica.

Estrutura sólida A estupa sobreviveu a oito grandes terremotos e a um incêndio de potencial devastador em 1938.

Templo Ananda

c. 1105 **BAGAN, MIANMAR**
DESCONHECIDO **LOCAL DE CULTO**

Com suas paredes de tijolos caiados, telhados em delicados níveis e pináculos dourados, o belíssimo Templo Ananda marca o auge da arquitetura birmanesa clássica. Tem planta de cruz grega, e cada lado da cruz eleva-se formando uma grande entrada protegida por telhados. Acima do centro da cruz, seis terraços erguem-se da estupa até o pináculo dourado de 52 metros de altura, ou *sikhara*, em forma de lágrima. Dentro há dois escuros deambulatórios, num dos quais os visitantes são recebidos por quatro Budas de 9 metros, alojados em recessos escavados em paredes grossas. O templo é rodeado por muros e fica num pátio sombreado por árvores.

Templo de Shiva, Pram'banam

855 **PRAM'BANAM, JAVA, INDONÉSIA**
DESCONHECIDO **LOCAL DE CULTO**

O Templo de Shiva faz parte de um complexo de mais de 150 santuários, descoberto em Pram'banam, que representam o declínio do budismo e o renascimento do hinduísmo no século IX em Java. De planta cruciforme, sobre uma base quadrada, com quatro amplas escadarias formais e uma câmara central de 34 m² em sua base, o templo tem 47 metros de altura. Possui refinadas esculturas e destaca-se particularmente por uma galeria contendo 42 baixos-relevos, que ilustram o *Ramaiana*, épico hindu moralizante, retratando Vishnu em sua encarnação humana, Rama.

Leste Asiático

A Grande Muralha da China, de 2 mil anos de idade, serpenteando por 6.700 quilômetros nas montanhas ao norte de Pequim, simboliza a noção ocidental sobre a cultura oriental. Projetada como defesa, essa imensa barreira também acabou isolando a China, do mesmo modo que o Japão se manteve distante do resto do mundo por séculos.

Com o domínio imperial chegando ao fim apenas em 1911, a história da China nos últimos 2 mil anos é a de suas dinastias. Pela maior parte desse tempo, a China foi, aos olhos do Ocidente, um mundo misterioso, governado com rigor pela lei imperial e com uma grande massa trabalhadora, capaz de obras de construção tão impressionantes quanto a Grande Muralha *(p. 114)* e a Cidade Proibida *(pp.118-9)*.

A cultura chinesa, enclausurada em parte por seu isolamento autoimposto, em parte por seu belo, mas específico, sistema de escrita, originou uma tradição arquitetônica que muitas vezes se revelou autorreferente e hermética. Mas a China não foi totalmente impermeável a influências ex-

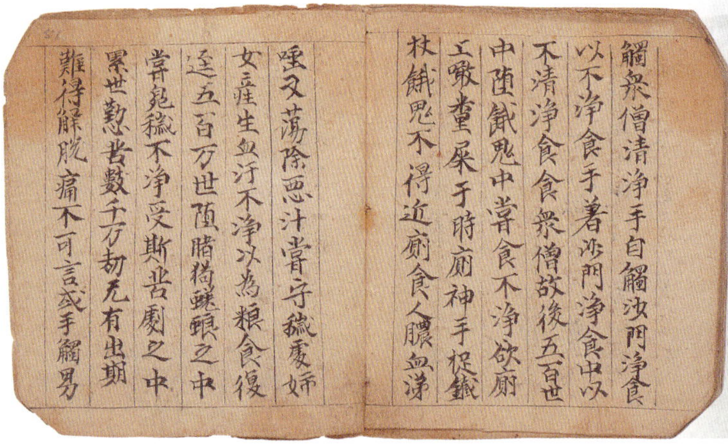

Caligrafia chinesa
Em uso por quatro milênios, a língua chinesa escrita pouco mudou nos últimos 2 mil anos, unificando a sociedade daquela nação.

DATAS PRINCIPAIS

- **50** Introdução do budismo na China e construção das primeiras estupas.
- **1 d.C.**
- **105** Tsai Lun inventa o papel e revoluciona o modo de apresentar, armazenar e fazer circular informações.
- **220** Fim da dinastia Han e início de período de conflito e fragmentação da China; as culturas artísticas divergem, mas florescem.
- **500** O Japão adota o alfabeto chinês.
- **500**
- **538** O reino coreano de Paekche envia uma delegação para apresentar o budismo ao imperador japonês.
- **581-618** A dinastia Sui unifica o norte e o sul da China.
- **607** Construção do complexo de templos budistas de Horyu-ji, um dos primeiros após a difusão do budismo da China para o Japão.
- **725** Xian torna-se a cidade mais populosa do mundo, apequenando as europeias contemporâneas.
- **1000**
- **1045** Bi Sheng inventa a imprensa, 400 anos antes de seu surgimento na Europa.

ternas. O budismo entrou cedo no país e trouxe estilos indianos de arquitetura; e a famosa Rota da Seda da China, pela Ásia Central até Istambul, introduziu traços dos estilos persa e até grego. Por sua vez, as ideias chinesas infiltraram-se no Ocidente, assim como haviam deixado sua marca no Oriente ao viajar para o Japão via Coreia. Nas ilhas nipônicas, encontraram uma sociedade feudal que manteve seu isolamento do resto do mundo até a era moderna. Enquanto o Ocidente começava a apreciar a arte e a erudição da sociedade chinesa, o Japão permanecia um enigma – um domínio no qual, no imaginário popular, a luta entre chefes guerreiros era abrandada apenas pelos rituais da religião. No entanto, seria a quase sobrenatural serenidade da arquitetura japonesa que acabaria causando o maior impacto no mundo ocidental.

Guerreiros de terracota
Esse famoso exército de 10 mil figuras em tamanho natural guarda o túmulo do primeiro imperador chinês, Qin Shihuang (259-210 a.C.), que concluiu a Grande Muralha.

PERÍODO EDO DO JAPÃO

O auge do isolacionismo japonês no período Edo (1603-1868) foi estabelecido à força por Tokugawa Ieyasu, que instalou seu governo em Edo, atual Tóquio. Em 1633, seu sucessor, o xogum Iemitsu, proibiu as viagens ao exterior e os livros estrangeiros e reduziu muito os contatos comerciais. A sociedade tinha uma rígida divisão em cinco classes, com a casta dos samurais, ou guerreiros, no topo e os intocáveis na base. Apesar dessas restrições, a arte e a cultura floresceram e se tornaram mais populares do que nunca.

Guerreiro samurai
Um membro da casta guerreira é desafiado por um cavaleiro comum (um herói popular) nessa gravura da década de 1850.

1103 O arquiteto Li Jie publica *Yingzao fashi* e define os métodos e padrões de construção chineses.

1200

1227 Introdução do zen-budismo no Japão pelo monge Dogen.

1264 Os mongóis conquistam a China; Kublai Khan funda a dinastia Yuan, com capital em Pequim.

1274 Os mongóis de Kublai Khan tentam invadir o Japão; são repelidos por *kamikazes* (ventos divinos).

1368 Fundação da dinastia chinesa Ming pelo ex-monge budista Chu Yuanchang. Ela durará 300 anos.

1394 A dinastia Choson de Yi Song-gye vê surgir a capital coreana em Seul.

1400

1467 A guerra civil japonesa leva à divisão do xogunato em muitos feudos rivais.

1549 O missionário católico Francisco Xavier chega ao Japão.

1600

1603 O imperador do Japão transfere o governo para Edo (Tóquio) e funda a dinastia Tokugawa de xoguns.

China

c. 215 a.C.-1700

Embora a arquitetura chinesa exiba diferenças regionais, ditadas por religião e aspectos locais, tem também estilos definidos, muito antigos, difundidos pelo país com um viés ritualístico. Em 1103, uma publicação do governo chamada *Yingzao fashi* [Método de construir] disseminou-se pela China e alcançou a consistência de um estilo.

A arquitetura chinesa não pode ser entendida sem um exemplar do *Yingzao fashi*. Essa codificação ilustrada dos métodos e padrões de construção chineses, compilada ao longo de três anos pelo arquiteto Li Jie, fazia várias recomendações-chave sobre estilo, estrutura e decoração em edifícios de madeira, que vigoraram por centenas de anos. Uma delas insistia em que não deveria haver ornamentações extrínsecas ou aplicadas. Outro preceito dizia que os edifícios deveriam ser à prova de terremotos, portanto construídos com juntas de encaixe tipo macho e fêmea, que se moveriam conforme o prédio oscilasse. Além disso, não deveria haver fundações, de modo que, de novo, as construções pudessem se deslocar com os movimentos, em vez de tombar. Elas deviam ter componentes modulares – isto é, comprimentos e proporções de madeira que pudessem ser repetidos em qualquer lugar. E havia também um código de cores: paredes, pilares, portas e molduras de janelas de palácios e templos deviam ser pintados de vermelho; telhados, de amarelo; azul e verde eram para a parte de baixo de beirais e tetos. Quando agrupados, os edifícios deviam ser dispostos axial e simetricamente.

Diversidade em meio a conformidade

Quem visita templos, mosteiros e palácios chineses verá as normas do *Yingzao fashi* ainda bastante evidentes. Seja na Cidade Proibida de Pequim *(p. 118)*, seja no Mosteiro Hanging de Hunyuan *(p. 116)*, podem ser vistos os mesmos elementos, com a mesma sensação de serenidade quase atemporal. É no desenho de edifícios tão singulares como os pagodes da China que o visitante poderá discernir melhor as diferenças de estilo arquitetônico.

« **Templo do Céu, Pequim** Construído durante a dinastia Ming (1368-1644), esse templo é circular porque, acreditava-se, o céu também o era; ele se assenta sobre uma base quadrada, que simboliza a terra.

Elementos

A arquitetura chinesa tradicional exibe o que parece ser uma notável consistência, não apenas de desenho, planejamento e estrutura, mas também do uso da cor na decoração. Isso reflete uma antiga deliberação – perigosa de ser desobedecida – da corte imperial de Pequim, de que deveria haver padrões naquilo que era visto como uma cultura unificada.

Estatuária no telhado A decoração dos edifícios chineses tendia a seguir a forma de sua estrutura; mas esses idiossincráticos dragões de cerâmica no beiral parecem alegremente gratuitos, como se seguissem uma lei própria.

Remates decorativos Entalhes que dão aos beirais do telhado uma conclusão lógica e esteticamente resolutiva costumam ser bastante elaborados, com serpentes, dragões e outras criaturas furiosas, que protegem os edifícios que enfeitam.

Emblemas de dragões Há dragões em muitos templos e palácios. Eram o símbolo da China imperial e podiam ser feitos de madeira pintada, jade, pedra ou terracota.

Estátuas de leões Leões guardam a entrada de palácios e templos e são um aspecto notável da Cidade Proibida, em Pequim. Em geral, têm juba cacheada e expressão furiosa.

Telhas coloridas Telhas cerâmicas são típicas do intenso uso de cores vivas em toda a arquitetura chinesa. Os edifícios seguiam códigos de cores padronizados, dependendo de sua natureza e função.

Portal elaborado Havia um alto grau de padronização na arquitetura chinesa. Esse portal cerimonial na Cidade Proibida tem uma decoração encantadora, apesar de seguir as rígidas leis de proporção e o código de cores ritual que indica seu propósito e as leis que o regem.

Símbolo de poder Construída para resistir à incursão das tribos do norte, a Grande Muralha da China é agora Patrimônio da Humanidade.

Grande Muralha da China

DEPOIS DE 214 a.C. **CHINA** **DESCONHECIDO** **FORTALEZA**

Serpenteando pelo norte da China, a maior edificação militar do mundo vai de Shanhaiguan, no leste, até Jiayuguan, no oeste. A Grande Muralha é um amálgama de antigos muros pertencentes a mais de vinte Estados e dinastias. Tornou-se um sistema defensivo unificado em 214 a.C., durante o império de Qin Shihuang.

Torre de vigia

Os vestígios mais antigos da muralha foram encontrados na margem sul do rio Amarelo, e acredita-se que são de 680 a.C. Essas edificações de barro foram substituídas por lajes de pedra durante a dinastia Qin, no século III a.C. A reconstrução prosseguiu, usando diferentes materiais locais, durante quase 1.500 anos, até 1210 – quando os mongóis, liderados por Gêngis Khan, passaram pela barreira supostamente intransponível e conquistaram a China. Com a chegada da dinastia Ming em 1368, novas obras foram feitas na muralha, concluída em c. 1500.

A altura da muralha varia entre 6 e 10 metros, com uma largura média de 6,5 metros na base, afunilando-se para 5,8 metros no topo. Ao todo, há 20 mil torres de vigia, posicionadas a cada 100 metros. Os robustos parapeitos têm capacidade para resistir a pólvora, tiros de mosquetão e até a tiros de canhão. Dos originais 6 mil quilômetros de extensão, restam hoje apenas 2.600.

CONSTRUÇÃO E DESTRUIÇÃO

Milhares de prisioneiros, escravos, soldados e habitantes locais deram a vida na construção e reconstrução da muralha; muitos foram enterrados dentro da edificação, que por bom tempo foi vista pelo povo chinês como símbolo da opressão tirânica. Muitos danos ao longo dos séculos foram obra de agricultores pobres, que usaram o muro como pedreira. Recentemente, ele tem sido degradado pelos pés de milhões de turistas.

Grutas de Yungang

c. 500 DATONG, SHANXI, CHINA DESCONHECIDO GRUTAS

Quando o budismo se difundiu da Índia para o leste pelas antigas rotas de caravanas, imprimiu uma marca duradoura na cultura chinesa. As grutas de Yungang, esculpidas nas rochas de arenito da serra de Wuzhou, no norte da província de Shanxi, são uma obra-prima coletiva da arte budista chinesa primitiva.

Buda entalhado e pintado

As 53 grutas datam da dinastia Wei (do norte, século V) e variam bastante em estilo, abrigando cerca de 51 estátuas e uma profusão de esculturas de deuses, demônios e animais. A escavação das cavernas de Yungang começou em 453, sob os auspícios do monge Tan Yao. Por um período de cerca de cinquenta anos, vinte grandes cavernas e numerosas grutas menores foram escavadas nas rochas de arenito. Originalmente, as entradas para as cavernas grandes eram encobertas por templos de madeira, com vários andares de altura e uma sala no centro. Apenas dois sobrevivem. Monges budistas em peregrinação usavam as grutas como alojamento, centros de culto e arquivos de documentos, obras sacras e obras de arte. Foram feitos reparos importantes nas cavernas nos séculos XI e XVII. No início do século XX, viajantes relataram que a área estava muito negligenciada. O interior das grutas havia sofrido muitas avarias por causa da poluição industrial – Datong é um dos distritos de mineração de carvão mais intensiva da China.

INFLUÊNCIAS DISTANTES

Mesmo em tempos bem antigos, a China era uma grande nação comercial, e sua arte sofreu diversas influências. Algumas cavernas, com colunas sóbrias em estilo grego e pórticos de pedra, lembram *chattris* indianas, e até basílicas romanas. Mas a decoração pesada – dragões e fênix, telhados curvos com suportes elaborados e esculturas sinuosas – mostra influências iranianas e bizantinas.

Nichos para esculturas O tamanho das grutas varia: de 21 metros de profundidade a pouco mais do que nichos para abrigar esculturas.

Mosteiro de Hanging, Xuankong Si

586 HUNYUAN, SHANXI, CHINA DESCONHECIDO MOSTEIRO

Como o ninho de algum pássaro fantástico, Xuankong Si, o "Mosteiro Suspenso", está precariamente incrustado 50 metros acima do solo, ao pé da montanha Hengshan e acima da rápida corrente do rio Dragão Dourado. Admirado por sua soberba execução, arriscada construção, inventiva engenharia, ousadas projeções em balanço e extraordinária beleza, o mosteiro é alcançado por uma ponte e por uma escadaria escavada na rocha. Embora a construção original seja da dinastia Wei, do norte, grande parte é uma reconstrução das dinastias Ming (1368-1644) e Qing (1644-1911). Erguido numa das mais sagradas montanhas taoistas da China, o mosteiro é famoso por sua Sala da Três Religiões, onde convivem lado a lado estátuas de Buda, Confúcio e Lao-tsé (o fundador do taoismo). Dentro de muitas das cavernas há imagens de Buda em cobre, ferro, terracota e pedra, a maioria, assim como a edificação, em cores vivas. No auge do inverno, sem turistas, mas protegido dos ventos, o mosteiro é puro silêncio.

Equilíbrio precário O mosteiro reúne mais de 40 pavilhões de madeira e cavernas, incluindo seis salas principais com telhas em cores vivas, ligadas por sinuosos corredores e pontes sustentadas por vigas cravadas na encosta rochosa.

Templo de Honan

479 LOYANG, CHINA DESCONHECIDO LOCAL DE CULTO

Esse é o templo Shaolin visto em muitos filmes chineses de kung fu e usado na longa série americana *Kung Fu*, dos anos 1970, estrelada por David Carradine. E, o mais importante, foi aqui que as escrituras budistas ganharam a primeira tradução para o chinês. Localizado em Loyang, pequena cidade de montanha a sudoeste de Pequim, o templo, muito danificado durante a Rebelião Boxer de 1900-01, foi restaurado pelo governo chinês em meados da década de 1970. Hoje é a meca dos amantes das artes marciais, e muitos dos "monges" residentes são na verdade atores. Em seu longo período de relevância, o templo abrigou monges veteranos da ordem Shaolin. Foi encomendado na dinastia Wei, do norte, pelo imperador Hsiao Wen. Rodeado por um muro, o complexo do templo compreende portal, alpendre, diversas salas em sucessão e um santuário contendo uma estátua de Buda, com assentos em volta para os monges. Mais adiante, há escritórios, cozinhas, várias bibliotecas e salas cheias de arte e escultura, tudo disposto segundo as antigas leis do *feng shui* e sob tetos elegantes e dramáticos. Originalmente, o templo tinha doze pátios superiores e inferiores e era quase todo circundado por montanhas, ornado por bambus, canela e cedros e entremeado a cachoeiras.

Templo do Buda Dormindo

629 PEQUIM, CHINA DESCONHECIDO
LOCAL DE CULTO

Localizado na porção oriental das Montanhas Fragrantes, esse belo templo foi construído no século VII, no auge da dinastia Tang (618-907), e mais tarde reconstruído várias vezes. Fica dentro da área dos Jardins Botânicos de Pequim, com uma bela montanha ao fundo, e compreende quatro salas e pátios. Três arcos em mármore esculpido marcam a entrada do complexo. Os arcos são separados por muros de estuque em vermelho-forte, com painéis esmaltados em amarelo, verde e azul.

Em seguida, há três belas edificações chinesas clássicas: a Sala do Portal da Montanha, a Sala dos Reis Celestiais e a Sala dos Budas dos Três Mundos, todas elas reunidas sob telhados com beirais acentuadamente recurvados e cobertos com telhas coloridas. O quarto edifício – a Sala do Buda Dormindo – é o maior do complexo do templo e acomoda uma estátua de bronze muito especial de 5,3 metros de comprimento, pesando 54 toneladas, de um Buda reclinado, que foi fundida em 1321.

Sakyamuni
Representação do Buda em seu leito de morte, instruindo doze discípulos de gesso.

Torre Zhenhai

1380 CANTÃO, CHINA ZHU LIANGZU
FORTALEZA

Essa torre vermelho-vivo, que os locais chamam de Pagode de Cinco Andares, foi construída no alto do monte Yuexiu por Zhu Liangzu, marquês Yongjia da dinastia Ming. Ampla e alta, com telhas verdes esmaltadas e leões de pedra na entrada, foi depois incorporada ao muro da cidade de Cantão (Guangzhou) como sua torre de vigia mais setentrional.

A torre se ergue de uma base de pedra com parapeitos. Quando os níveis de poluição são baixos, oferece magníficas vistas de uma cidade que mudou a ponto de ficar irreconhecível. O muro da cidade não existe mais, e a torre agora se ergue sozinha no belo Parque Yuexiu – um oásis de lagos, pontes, pagodes, pássaros, peixes e árvores, criado ao norte do centro de Cantão em 1952.

Ao longo dos últimos seiscentos anos, a torre foi destruída e reconstruída cinco vezes, mais recentemente em 1928. Hoje, é a sede do Museu de Cantão, que guarda relíquias e documentos relativos aos 2 mil anos de tumultuada história dessa antiga cidade.

Jardim do Administrador Humilde (Zhuo Zheng Yuan)

1513 SUZHOU, CHINA DESCONHECIDO
JARDIM

Esse é um dos jardins particulares mais famosos da China. Construído no reinado do imperador Zhengde (1506-21) para um censor da corte aposentado, cobre uma área de 4 hectares.

Caminhos em zigue-zague por magníficos lagos aos pés de pavilhões e terraços criam a impressão de que o jardim flutua. Técnicas arquitetônicas permitem emoldurar vistas desde as janelas dos pavilhões, ou criar vislumbres de pagodes distantes alinhados em avenidas geometricamente precisas.

Microcosmo do mundo natural
Esse jardim é um ótimo exemplo da relação harmoniosa que é possível obter entre as casas tradicionais chinesas e a natureza.

Cidade Proibida

1420 PEQUIM, CHINA DESCONHECIDO PALÁCIO

A Cidade Proibida, ao norte da praça Tiananmen, foi o Palácio Imperial chinês por mais de meio milênio. Rodeada por um fosso de 6 metros de profundidade e por um muro de 10 metros de altura, o palácio é disposto no sentido norte-sul e estende-se por 8 quilômetros. Cobre 73 hectares e foi projetado para abrigar 9.999 aposentos. A construção começou em 1407; o muro externo é de tijolo, mas a maioria dos edifícios, de madeira. A Cidade Proibida está dividida em duas partes: a seção sul, ou Pátio Externo, era a sede do governo. A seção norte, ou Pátio Interno, o lar da família imperial. O edifício central, a Sala da Suprema Harmonia *(ver abaixo)*, no Pátio Externo, abriga o trono cerimonial dos imperadores; o amarelo, que simboliza a família real, é a cor predominante. De 1420 até o século XX, 24 imperadores viveram nesse local. Em 1924, quando a China se tornou uma república, o último deles foi expulso.

Sala da Suprema Harmonia

Uma sala menor do trono O trono nos aposentos privados do Palácio da Pureza Celestial era usado para assuntos de rotina e audiências imperiais.

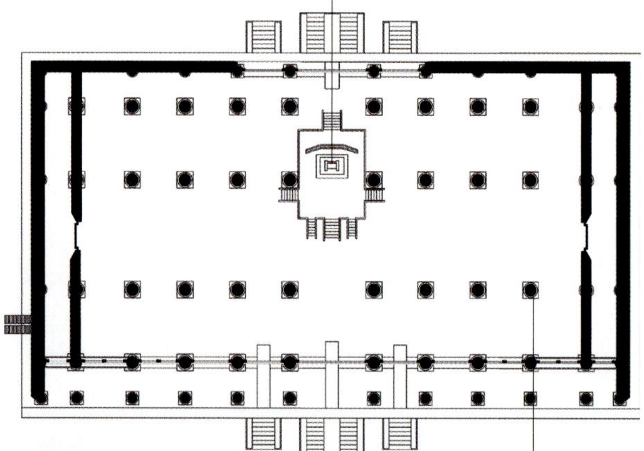

Planta do piso
A Sala da Suprema Harmonia era o principal edifício do governo. A Sala do Trono Imperial era usada para grandes cerimônias e para assuntos de Estado importantes.

Leão guardião imperial Um leão esculpido, com juba cacheada e agarrando uma bola, é o tradicional guardião das portas do palácio.

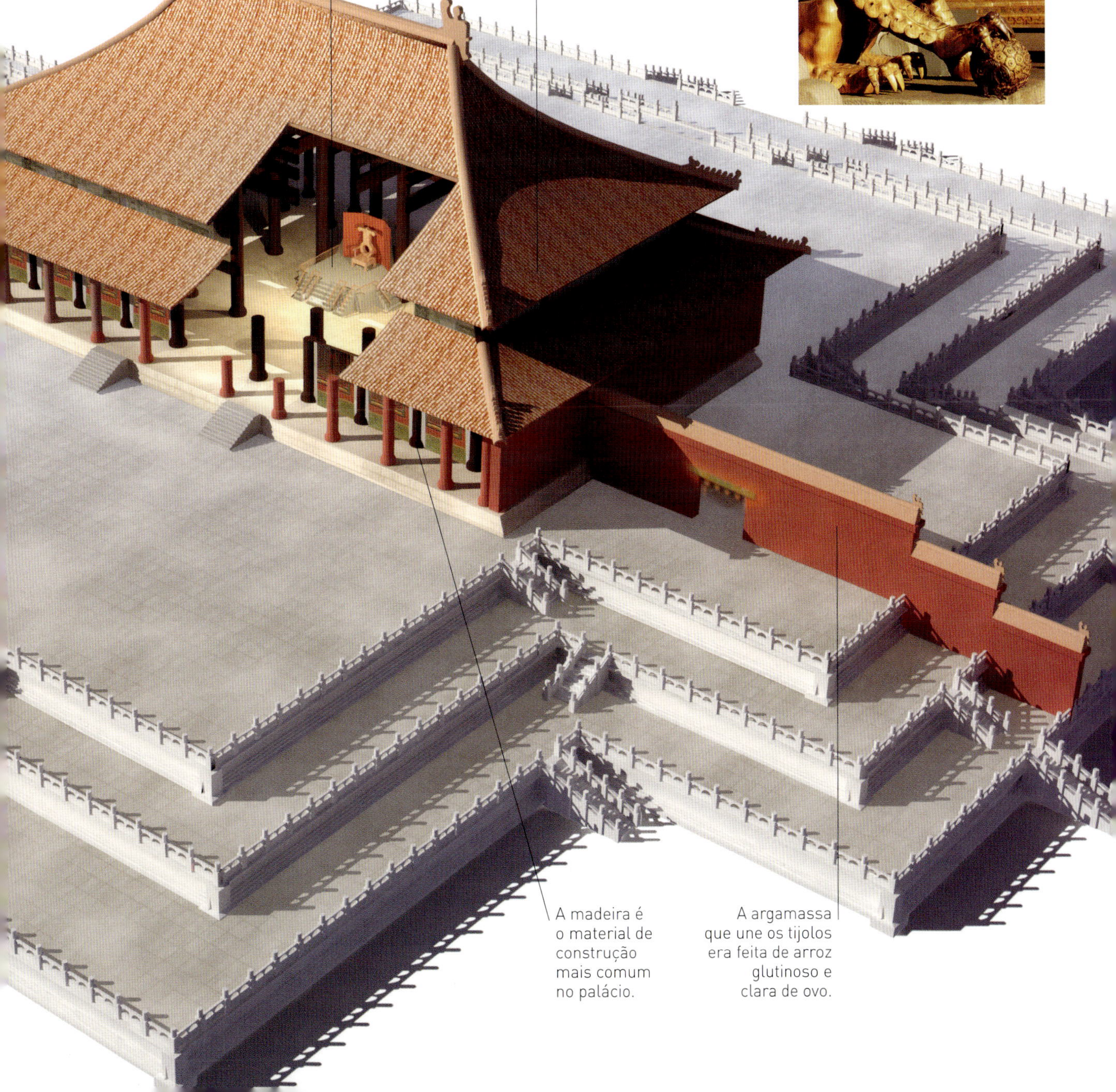

Palácio de Verão (Yiheyuan)

c. 1200 | PEQUIM, CHINA | DESCONHECIDO | PALÁCIO

Dotada de inúmeras pontes, pagodes, jardins, lagos e cursos d´água cobrindo 294 hectares, essa antiga residência imperial foi iniciada na dinastia Jin (1115-1234) e era chamada de Jardim das Ondas Claras. Trata-se do maior jardim imperial da China. Secreto por muito tempo, foi aberto ao público em 1924.

O palácio começou a assumir a presente forma no fim do século XVIII, mas foi destruído por forças britânicas e francesas na Segunda Guerra do Ópio, em 1860. Reconstruído pela viúva imperatriz Cixi com fundos desviados da marinha chinesa e rebatizado como Palácio de Verão, foi saqueado de novo por soldados estrangeiros em 1900, durante a Rebelião Boxer. Hoje, todo restaurado, é um retiro maravilhoso para fugir do centro de Pequim, com lojas, cafés, barcos, vistas mágicas e um idílico cenário de montanhas. Centrado na Torre do Incenso Budista (Foxiang Ge), o palácio tem mais de 3 mil edificações, entre pavilhões, torres, pontes e passagens, além das salas das Nuvens Dispersantes, do Mar de Sabedoria e da Glória Moral. O arranjo de seus edifícios foi inspirado por lendas taoistas de ilhas imortais no meio de lagos enevoados. Três quartos dos jardins são de águas, o que faz as formas dos edifícios e das pontes nela se refletirem várias vezes. A maioria dos pavilhões é interligada por uma passagem coberta de 700 metros, decorada com pinturas.

Ponte sobre o lago Kunming

Local idílico Situado no distrito de Haidian, 11 quilômetros a noroeste do centro de Pequim, esse fantástico palácio é Patrimônio da Humanidade desde 1998.

Templo Lingyin

326 HANGZHOU, CHINA HUILI
LOCAL DE CULTO

O Templo Lingyin é um dos maiores e mais ricos da China. No seu auge, no século X, compreendia 18 pavilhões e 77 palácios e salas, com mais de 1.300 aposentos, que abrigavam cerca de 3 mil monges. Construído no início do século IV, foi reconstruído pelo menos dezesseis vezes. Apesar de alguns danos causados pela Guarda Vermelha em 1968, durante a Revolução Cultural, o templo e a área foram relativamente poupados da grande destruição infligida a monumentos religiosos em outras partes da China, devido à intervenção direta do primeiro-ministro chinês, Chu En-lai. Concebido como uma cidade, suas salas são amplas: a Sala Mahavira, ou Sala Daxiongbaodian, ostenta um telhado com beirais em três lances e ergue-se a cerca de 35 metros de altura. A Sala dos Quinhentos Arhats (discípulos budistas) abriga, como seu nome sugere, 500 estátuas de bronze em tamanho natural. O nome chinês Lingyin costuma ser traduzido como "Templo do Retiro da Alma".

Torre do Tambor, Xian

1380 XIAN, CHINA DESCONHECIDO
EDIFÍCIO PÚBLICO

Erigida em 1380, a grande Torre do Tambor, retangular, com três beirais e 34 metros de altura, é a contraparte da Torre do Sino no bairro muçulmano de Xian, cidade murada no coração da China. Equipada com um enorme tambor, servia não só para assinalar o tempo, mas como um alarme em situações de perigo. Hoje, o segundo de seus andares é uma loja de antiguidades, mas o primeiro tem tambores coloridos e um fascinante museu do tambor. Edificação enorme de tijolo e madeira, a Torre do Tambor é vazada por uma passagem em arco que lhe permite ser atravessada por uma rua.

Esse monumento robusto está hoje muito isolado, ladeado por edifícios modernos sem atrativos, como a loja de departamentos Century Ginwa.

Edifício impressionante Assentada sobre um alto pedestal de tijolos, a Torre do Tambor tem um telhado curvo com três lances de beirais.

Templo dos Ancestrais

1085 FOSHAN, CHINA DESCONHECIDO
LOCAL DE CULTO

Com acréscimos ao longo dos séculos, esse complexo na cidade de Foshan, no sudeste da China, é hoje um encantador amálgama de reconstruções do local original de adoração, ricamente colorido. Um templo confuciano foi acrescentado em 1911, e lojas e restaurantes fundem-se a fragmentos de arte antiga. Destacam-se o Pavilhão da Celebração da Verdade; o tambor e as torres de sinos; e um pátio sul com um grande palco, antes usado para a ópera de Cantão, forma de arte local originária de Foshan. Esculturas em pedra mostram caricaturas de europeus feitas durante a dinastia Qing.

Templo Ancestral Taimiao

1420 PEQUIM, CHINA DESCONHECIDO
LOCAL DE CULTO

Taimiao, o templo ancestral imperial das dinastias Ming e Qing, corre paralelo ao eixo norte-sul da Cidade Proibida. Uma magnífica obra da arquitetura imperial tradicional da China, seus edifícios principais consistem em três salas maiores, dois portais e dois santuários subsidiários. A construção principal é a Sala para Adoração dos Ancestrais, em dois níveis, construída em 1420, mas frequentemente reparada desde então. O complexo do templo é rodeado por altos muros e árvores imensas. As duas salas laterais, mais estreitas, parecem quase austeras à distância, mas de perto mostram uma rica decoração, feita com muita imaginação.

Sala da Oração para a Boa Colheita
Os postes até o teto representam as estações, meses, e as doze "shichens" ("duas horas") de cada dia; azulejos simbolizam céu, terra e tudo mais na terra.

Templo do Céu, Pequim

1530 · PEQUIM, CHINA · DESCONHECIDO
LOCAL DE CULTO

O Templo do Céu foi construído na dinastia Ming. Cobrindo nada menos do que 2,6 km², fica agora no Parque Tiantan, em Pequim.

O complexo é cercado por um muro. Toda a sua arquitetura e disposição baseiam-se em simbolismo e numerologia elaborados. Seguindo os princípios que datam dos tempos pré-confucianos, os edifícios no Templo do Céu são redondos, como o céu; os alicerces e eixos do complexo são retilíneos, como a terra. A parte norte do muro é semicircular (céu); a parte sul, quadrada (terra). Os edifícios mais refinados do complexo são o Monte Altar Circular, com três terraços de mármore, onde os imperadores ofereciam sacrifícios ao céu no solstício de inverno; a Abóbada Imperial do Céu, que parece uma espécie de grande para-sol azul e dourado; e a Sala da Oração para a Boa Colheita. Esta última tem telhado redondo, com três beirais; no interior, o teto é decorado com símbolos.

Os edifícios são interligados por uma ampla ponte chamada Ponte dos Degraus Vermelhos, ou Caminho Sagrado; o imperador tinha seu próprio caminho solitário pela ponte e também para outros edifícios do complexo.

Sala da Oração para a Boa Colheita, no Templo do Céu

Templo Wu Xian Guan

1378 · CANTÃO, CHINA · DESCONHECIDO
LOCAL DE CULTO

Wu Xian Guan, o templo taoista dos Cinco Imortais, é supostamente o local da visita dos cinco seres celestiais celebrados no mito fundacional da cidade de Cantão (Guangzhou). Segundo o mito, há muito tempo esses imortais vieram à região montados em cinco bodes ou carneiros. Trouxeram com eles cinco plantas de arroz e transmitiram ao povo o segredo do cultivo do arroz; Cantão é ainda conhecida como a "Cidade Bode" *(yangcheng)* ou a "Cidade Arroz" *(suicheng)*. Quando os imortais voltaram para o céu, seus bodes viraram pedra e podem ser vistos nesse agradável templo vermelho.

A edificação tem um imenso campanário, que data da dinastia Ming, e uma sala principal em frente à torre, construída no estilo dessa mesma dinastia. Um lago a leste da sala principal apresenta uma grande depressão em formato de pé, que dizem ser a pegada de um dos imortais.

Sala Jufu
Parte do Templo da Agricultura, esse espaço tem cinco salas e telhas esmaltadas verdes. O edifício é decorado com pinturas de dragões e tem uma plataforma de tijolos do lado de fora.

Templo da Agricultura, Pequim

1420 · PEQUIM, CHINA · DESCONHECIDO
LOCAL DE CULTO

Esse templo é um complexo de altares cobrindo 3 km². Ficou num estado precário ao ser usado como fábrica no século XX, mas foi restaurado. No início da estação agrícola, os imperadores das dinastias Ming e Qing realizavam rituais em homenagem a Xiannong, deus da agricultura, para assegurar uma colheita abundante. No bonito Templo da Agricultura, em vermelho e azul, os soberanos de fato vestiam roupas novas: na Sala de Vestir, trocavam de roupa e vestiam trajes de agricultor, para realizar um ritual de aragem da terra e com isso demonstrar seu respeito pelo deus.

Japão e Coreia

c. 500-1900

A Coreia é o vínculo entre as arquiteturas chinesa e japonesa. As construções em madeira do período Koryo (918-1392) trazem basicamente desenhos chineses que encontraram eco na Coreia. Reemergindo no Japão, porém, foram sutilmente alterados e aos poucos ganharam força, com telhados exagerados e espírito de aventura criativa.

A arquitetura japonesa tradicional é admirada por sua delicadeza, serenidade, proporções refinadas e pelo modo como os edifícios se dispõem em jardins perfeitamente equilibrados. Há várias razões para isso. Como a China, o Japão é afligido por terremotos, portanto não convém erguer estruturas pesadas que desabem assim que a terra trema. Devido à escassez de terra, a maioria da população vivia nas franjas do campo. Portanto, a terra era usada de maneira comedida, e bem usada – mesmo o menor templo, casa ou jardim podia tornar-se um local de contemplação. Fato notável é que muitos dos edifícios "antigos" não são muito velhos. Podem ser em desenho e disposição, mas suas madeiras terão sido substituídas várias vezes. Os templos xintoístas passam por uma reconstrução geral e ritual a cada vinte anos. Em parte, isso reflete a natureza dos deuses xintoístas, que visitam a terra apenas por breves intervalos, por isso não precisam de casas permanentes.

Tradições duradouras

As tradições de construção evoluíram com a chegada do budismo, quando os complexos de templos tornaram-se elaborados e grandiosos, mas acabaram se harmonizando no período Edo (1603-1868), quando medidas rigorosas passaram a determinar as proporções dos templos e mosteiros, das casas e seus interiores. O resultado foi um estilo muito distinto de arquitetura, que teve pouca necessidade de mudar até meados do século XIX, quando o Japão começou a se abrir para o mundo ocidental. Na Coreia, porém, a arquitetura manteve suas características chinesas até a era moderna.

Templo Kiyomizu-dera (Água Clara)
A arquitetura e as cores vivas exibidas por esse pagode em Kyoto refletem os estilos arquitetônicos chineses que foram trazidos ao Japão junto com o budismo.

Elementos

A arquitetura japonesa tradicional representa um triunfo da construção em madeira. Seus templos, palácios e outros edifícios, projetados para suportar terremotos, e às vezes até incêndios, alcançaram um claro sentido de serenidade, tanto na estrutura quanto no desenho. Apesar de manterem suas raízes no estilo chinês, logo ganharam características próprias.

Jardins bem cuidados A arquitetura japonesa costuma ser inseparável de uma paisagem ou jardim muito bem projetados e bem cuidados, da qual se ergue. Natureza e artifício buscam um refinado equilíbrio.

Telas funcionam como portas e janelas.

Pavilhões da cerimônia do chá A cerimônia do chá é um antigo ritual zen que estimula um senso de quietude e contemplação nos objetos e rituais cotidianos mais simples. Sempre exigiu um edifício próprio.

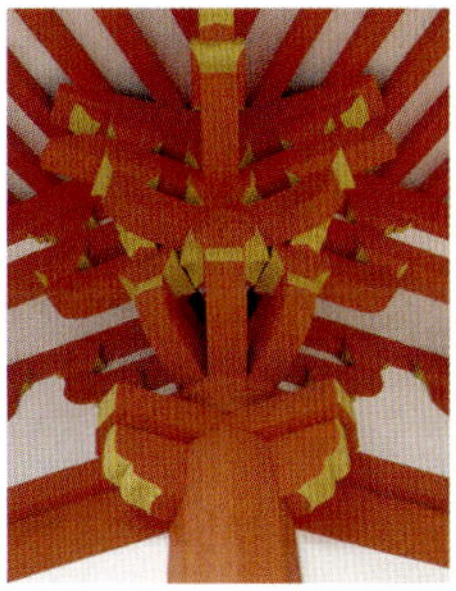

Junções elaboradas Os templos e edifícios mais importantes eram caracterizados não por mais adereços de ouro ou pedras preciosas, mas por demonstrações de carpintaria elaboradas e muito sofisticadas.

Portal Shinmei O antigo "shinmei torii" é um portal de templo simples, com dois pilares lisos, fincados na terra, e duas vigas horizontais, uma fazendo parte da composição e a outra funcionando como verga.

Peças de cumeeira se projetam além do encontro de planos do telhado.

Remates esculpidos refinados.

Remates bifurcados Evocam intencionalmente a construção dos templos japoneses antigos – estruturas simples, de troncos ou galhos. São na verdade elaboradas peças de cumeeira em madeira que se projetam além das telhas de bambu.

Os lintéis curvos são característicos de portais posteriores.

Portais Myōjin Um refinamento estilizado dos "shinmei torii" *(ver acima à esq.)*, os "myōjin torii", como os do Santuário de Itsukushima, têm lintéis duplos cujas curvas remetem aos beirais desses mesmos templos.

Complexo de Templos Horyu-ji

607 | NARA, JAPÃO | DESCONHECIDO | LOCAL DE CULTO

O Complexo de Templos Horyu-ji é um dos mais importantes desdobramentos arquitetônicos da difusão do budismo a partir da China, através de Baekje – um reino coreano com estreitos vínculos culturais com o Japão. O filho do imperador Yomei começou a construção na esperança de que sua devoção ajudasse seu pai a se recuperar de uma enfermidade. Ele morreu antes da conclusão do complexo.

Pagode de cinco andares

Destruído por um incêndio em 670, o Complexo de Templos Horyu-ji foi logo reconstruído. Quatro antigos edifícios de madeira anteriores à história escrita do Japão sobrevivem: um pagode de cinco andares no centro, a Sala Dourada *(ver abaixo)*, um portal de madeira e um corredor de madeira que envolve o recinto central do complexo.

O desenho e a delicada estrutura e detalhamento desses edifícios foram provavelmente obra de arquitetos e artesãos de Baekje; eles demonstram os primórdios da arquitetura clássica japonesa, com seu sentido de ordem agradável.

O complexo abriga construções posteriores, como a Sala dos Sonhos do príncipe Shotoku, uma estrutura octogonal do século VIII. Um campanário e a Grande Sala de Palestras são do século X; outros edifícios datam dos séculos XIII ao XIX. Entre 1933 e 1953, todos foram desmontados, restaurados e reconstruídos para assegurar longevidade.

ARQUITETURA DE TEMPLOS JAPONESA

No Japão do século VII, o pagode era o principal edifício de templo. Os pagodes japoneses derivam das tradições coreana e chinesa, que, por sua vez, evoluíram a partir das estupas budistas indianas – montes de terra em forma de domo feitos para abrigar relíquias sagradas. Enquanto muitos pagodes chineses são de tijolo e pintados em cores vivas, os japoneses são de madeira e têm cores uniformes, em geral suaves tons de cinza.

Força e beleza
A Sala Dourada, ou "Kondo", é talvez um dos mais antigos edifícios de madeira sobreviventes do mundo.

Santuário de Ise

690 ISE, JAPÃO DESCONHECIDO LOCAL DE CULTO

Simplicidade xintoísta O Santuário Interno de Ise é surpreendentemente pequeno, com apenas 10,9 metros de largura por 5,5 metros de comprimento. É coberto por bambu de caule grosso.

Mais ou menos a cada vinte anos desde o século VII, dois pitorescos santuários xintoístas – um dedicado a Toyouke, deusa dos grãos ou das colheitas, o outro à deusa do sol Amaterasu, de quem a familia real japonesa afirma descender – têm sido reconstruídos num ritual de renovação conhecido como "Shikene Sengu".

Esse ato de renovação arquitetônica traduz a essência da arquitetura xintoísta e também uma crença japonesa arraigada na regeneração. Embora a influência chinesa também seja vista aqui em ornamentos de metal reluzentes, nas esferas de vidro em cores vivas e nas portas douradas que enfeitam o santuário principal, os templos são estruturas básicas, clássicas na forma, sem pretensões, encaradas como uma extensão da natureza, não como algo separado dela como ocorre na maior parte da arquitetura. Nesse sentido, podem ser vistos como contrapartes orientais dos templos gregos primitivos do Ocidente. O Santuário Interno é uma construção modesta, feita com ciprestes japoneses. Os adereços da cumeeira, o aspecto mais expressivo do edifício, sobressaem do final do telhado como um par de espadas cruzadas e podem ser lidos também como um forcado ou algum outro utensílio usado para a colheita. Locais sagrados, mais do que atrações turísticas movidas pelo marketing, os santuários de Ise ficam bem isolados da febril vida diária do Japão moderno. A 62ª reconstrução foi feita em 2013.

ARQUITETURA XINTOÍSTA

O xintoísmo enfatiza o poder do *kami* (o poder sagrado). O *kami* é encontrado no culto dos ancestrais e também na natureza, mas não exige a adoração de imagens nem templos de construção elaborada. Não obstante, o estilo dos antigos templos nipônicos é repleto de simbolismo. As grandes toras estilizadas que se apoiam tão pesadamente nos telhados lembram a peça-chave da estrutura das casas japonesas primordiais, em especial dos tradicionais depósitos de grãos.

Portão *(torii)* do santuário principal

Templo Byodoin

1053 UJI, KYOTO, JAPÃO DESCONHECIDO
LOCAL DE CULTO

Esse elegante templo budista, refletido no lago ornamental adjacente, na margem esquerda do rio Uji, era a mansão de um poderoso nobre local e foi convertido em local de culto por seu filho. Sobrevive apenas a sala central – os demais edifícios foram incendiados na Guerra Civil de 1336. Muitos templos dessa época ainda tinham um aspecto caracteristicamente chinês, visto aqui nos detalhes elaborados e nas cores. Mas o mosteiro, com suas origens domésticas e vernaculares, é do primeiro estágio de desenvolvimento de uma arquitetura verdadeiramente japonesa. Concluído em 1053, o espaço central, a Sala Fênix, assim chamada devido às duas aves míticas que enfeitam seu telhado, guarda uma impressionante estátua de madeira folheada a ouro do Buda Amida, obra do destacado escultor Jocho.

Moeda corrente
O templo é bem conhecido no Japão: sua imagem está gravada no verso da moeda de 10 ienes.

Kiyomizudera Kondo

1633 KYOTO, JAPÃO DESCONHECIDO
LOCAL DE CULTO

Perfil ondulado
A sala central fica sob três telhados interligados, com beirais curvos, feitos de cipreste.

A sala principal do Templo Kiyomizudera – "Água Pura" – fica numa encosta de montanha ao leste de Kyoto, sobre uma estrutura aparente de treliça de madeira. Portanto, o próprio templo, peça que coroa um complexo religioso e urbano datado do século VIII, está posicionado bem acima do solo nessa localização íngreme e rochosa. Isso faz sentido, tanto simbólico quanto prático, já que o edifício é dedicado a Bodisatva Kannon, a deusa budista da compaixão, tradicionalmente associada no Japão a paisagens rochosas e representada com onze rostos e mil braços acolhedores.

O santuário exterior é simples, decorado com pinturas doadas por mercadores durante a reconstrução do templo após o incêndio de 1633. A maioria dos visitantes só chega até esse ponto. Escondido, aberto apenas em ocasiões especiais, fica o santuário interno, que guarda a parte mais reservada e sagrada. Ali, no resplendor de imagens folheadas a ouro dispostas numa plataforma elevada de laca preta, fica a imagem sagrada de Kannon, esculpida pelo monge Enchin. Atrás da sala principal, há o Santuário Jishu, que dizem trazer boa sorte àqueles que procuram um amor.

Pavilhão Dourado Kinkaku-ji

1397 **KYOTO, JAPÃO** **DESCONHECIDO** **RESIDÊNCIA**

Revestido por finas folhas de ouro, envernizadas com laca japonesa, com sua bela forma refletida num lago, o Pavilhão Dourado é uma das visões mais mágicas de Kyoto. Construído como parte da mansão de um xogum aposentado, aquilo que após a morte dele em 1408 se tornou um templo zen-budista foi incendiado por um monge ensandecido em 1950. A presente versão dessa joia data de 1955.

Ashikaga Yoshimitsu, terceiro xogum da era Muromachi (1338-1573), abdicou em favor do filho para assumir a vida religiosa, abraçada em sua bela nova mansão dourada. Originalmente, o Kinkaku-ji, ou Pavilhão Dourado, era parte de um complexo maior de edifícios, entre eles dois pagodes, mas estes foram queimados durante uma guerra civil na era Onin (1467-77). Reconstruídos, foram de novo destruídos noventa anos mais tarde. Apenas o Pavilhão Dourado e um pequeno anexo sobreviveram. O pavilhão constitui uma adorável expressão da história e da cultura arquitetônica nipônica, uma edificação quadrada de três andares coberta por finíssimas camadas de 48 quilos de folhas de ouro. Há divindades budistas nos três andares. O teto é coroado por uma fênix dourada e coberto por telhas japonesas. O templo foi totalmente restaurado em 1987, com uma camada de laca mais grossa que a anterior. O jardim, com a clássica casa de chá, ou Sekka-tei, continua em grande parte como deve ter sido no século XIV. A uma curta caminhada do pavilhão fica o Ryoanji, o mais famoso jardim de pedras zen do Japão, montado para contemplação no século XV.

ESTILOS ARQUITETÔNICOS JAPONESES

O Pavilhão Dourado ostenta de modo fascinante três estilos arquitetônicos distintos, um em cada andar. O térreo, uma grande sala rodeada por uma varanda (chamada de Câmara das Águas do Darma), tem linhas *shinden-zukuri*– o estilo dos palácios do século XI. O segundo andar, a Torre das Ondas Sonoras, exibe o estilo *buke-zukuri*, ou de casa de samurai, enquanto o terceiro é em *kara-yō*, no estilo de um templo zen.

Buda de bronze em posição de lótus

Ouro e verde
O efeito do brilho das folhas de ouro cobrindo as paredes e as varandas do Pavilhão Dourado é contrastado pelo fundo de densa vegetação.

Castelo Himeji

1614 HIMEJI, JAPÃO DESCONHECIDO FORTALEZA

O Castelo Himeji – ou Shirasagijo, "a Garça Branca" – é a fortaleza de samurais mais bem preservada, um edifício muito belo, designado como tesouro nacional desde 1931. Embora suas paredes brancas e telhados curvos evoquem uma garça prestes a voar, o Himeji foi projetado e construído principalmente como uma máquina bélica de uma casta de guerreiros feroz e ritualista.

Telhas decorativas nos beirais do telhado

Cobrindo 23 hectares, esse castelo de montanha foi expandido – por soldados, agricultores e trabalho escravo – na época da unificação nacional liderada por Ikeda Terumasa (1564-1613), com o auxílio dos primeiros mosquetes e de outras armas até então desconhecidas no Japão. Daí a sua construção robusta: um *donjon*, ou forte principal, amparado por três torres subsidiárias, rodeado por um fosso e com uma planta complexa, cheia de passagens secretas entre as torres para assegurar que, mesmo com a violação da segurança, o castelo poderia ser defendido internamente. As passagens tinham orientação propositadamente confusa, além de prover espaços para que os soldados que se defendiam pudessem se esconder. Em tempos de paz, porém, o castelo era também um belo palácio residencial. Protegido por fossos externos e internos e com muros inclinados de 15 metros de altura, o Castelo Himeji foi construído com pedra, madeira, telhas e reforços de ferro.

As paredes da expressiva superestrutura são rebocadas com gesso. O interior labiríntico ostenta finas galerias e quartos de madeira, com *fusama* (divisórias corrediças) e *tatami* (colchões de palha) geometricamente arranjados. A torre principal de sete andares tem 47 metros de altura e se ergue de um pátio interno; no canto sudeste, há uma área chamada *hara-kiri-maku,* onde samurais podiam cometer o suicídio ritual. Talvez o aspecto mais estranho desse magnífico castelo seja que, apesar de toda a engenhosidade usada na laboriosa construção, ele nunca foi atacado.

O SAMURAI

Em boa parte dos séculos XII a XIX, o Japão foi dominado por *daimyos* (barões militares) que, com seus samurais (guerreiros), formaram uma ditadura militar sob um xogum (grande general). Os samurais eram uma elite privilegiada e leal, que seguia um rígido código de honra, o *bushido*. No século XVII, seus deveres militares tornaram-se em grande medida cerimoniais. Em 1867, o último xogum renunciou, e os samurais foram abolidos.

Foto perfeita
O Castelo Himeji aparece em calendários japoneses tanto quanto o Neuschwanstein *(p. 323)* ilustra os alemães, e o Castelo de Windsor, os ingleses.

Esplendor meditativo Essa magnífica estátua está posicionada de modo que dirija o olhar para o mar. A mão esquerda de Buda faz o *dhyana mudra*, o gesto da concentração, e a direita está em *bhumisparsa mudra*, o gesto de contato com a terra.

Gruta Sokkuram

751 · BULGUKSA, COREIA DO SUL · KIM DAESONG · SANTUÁRIO

O santuário de Sokkuram, numa caverna de granito, famoso por seu sereno Buda rodeado de baixos e altos-relevos de deuses e discípulos, foi construído no governo do rei silla Seongdeok e projetado por ou para seu primeiro-ministro, Kim Daeseong. Um saguão na entrada leva a um curto vestíbulo e a dois grossos pilares com flores de lótus na base. Depois, alcança-se uma rotunda com domo, escavada no granito. Quando o budismo perdeu força, o santuário foi abandonado e, em 1913-15, tomado pelas autoridades japonesas que governavam a Coreia. Durante esse processo, um engenhoso sistema de ar-condicionado embutido nas rochas foi mal compreendido e bloqueado, o que fez as pedras transpirarem e ameaçou as esculturas. O problema foi resolvido recentemente: sob o patrocínio da Unesco, um moderno sistema de ar-condicionado foi instalado.

Mansão Imperial Shugakuin

1659 · KYOTO, JAPÃO · DESCONHECIDO · RESIDÊNCIA

Na base do monte Hiei, a maior das mansões imperiais de Kyoto conta com vista panorâmica da cidade, em especial desde a Nuvem que Toca a Árvore (um pavilhão da cerimônia do chá), do Jardim Superior. Projetada para o imperador aposentado Gomizuno (1596-1680) – homem de cultura e conhecimento, mas confinado pelos poderosos xoguns –, a mansão fica em magníficos jardins e é composta por três refinadas residências, de beleza discreta e serena, desenhadas segundo regras estritas de proporção e pertinência. Embora tenham mais de trezentos anos, parecem notavelmente modernas e tiveram profunda influência nos primórdios do estilo modernista na Europa.

Mundo islâmico

Talvez mais do que qualquer outra fé religiosa, o Islã difundiu-se pelo mundo, absorvendo influências de diversas culturas. Suas diversas escolas de pensamento, das místicas às ascéticas, têm inspirado a arte e a arquitetura – tanto a religiosa quanto a secular –, abrangem do puritano ao sensual e desafiam uma classificação fácil.

A tradição islâmica tem suas raízes na península Arábica, onde nasceu o profeta Maomé, um rico mercador de Meca. A partir do século VII, forças árabes, inspiradas pelos ensinamentos do profeta, estenderam a influência do Islã ao Oriente Próximo, depois ao Norte da África, Índia, Ásia Central, Espanha e além. As tradições arquitetônicas da península Arábica foram adaptadas aos climas e materiais de cada uma dessas terras.

"Khusrau e Shirin entretidos" Essa miniatura mogol, em iluminura do século XVI do poema persa "Khamsa", de Nizami (1141-1209), é um modelo ricamente colorido para decorações da arquitetura secular.

Uma tradição cumulativa

A arquitetura islâmica primitiva era muito influenciada pelos estilos de Bizâncio, em especial os corporificados na Basílica de Santa Sofia *(pp. 80-1)* e na arte sassânida da Pérsia pré-islâmica. Mais tarde, influências do Afeganistão, do Norte da África, da China e, cada vez mais, de áreas setentrionais da Europa ficaram evidentes; conforme esses vários estilos foram absorvidos e adaptados, algumas tendências tornaram-se universais ao longo do mundo islâmico. Por exemplo, a graça da escrita árabe e a riqueza de sua literatura – especialmente de textos-chave do Corão – expressam-se na opulenta ornamentação dos edifícios islâmicos, e certas formas religiosas e seculares se difundiram. A edificação islâmica mais reconhecível – a mesquita – tem uma planta básica que deriva da casa do próprio Maomé, onde os primeiros seguidores do profeta se reuniam para orar. Esse projeto compreende um pátio circundado por arcadas, com uma construção ou área sombreada num dos extremos, para rezar. Outra forma-chave religiosa é o madraçal, ou escola corânica, que deriva da arquitetura sassânida; nesse edifício, um *iwan* – sala de dois andares – é acrescentado de cada lado das arcadas que circundam o pátio da mesquita. Talvez o aspecto mais característico da arquitetura islâmica seja o domo, cujo exemplo sobrevivente mais antigo é o Domo da Rocha *(p. 140)*, desenvolvido a partir da

Ornamentação caligráfica Inscrições do Corão decoram o Domo da Rocha *(p. 140)*. Azulejos cerâmicos são rodeados por mosaicos de peças polidas de mármore e vidro.

DATAS PRINCIPAIS

570 Nasce Maomé, profeta e fundador do Islã, em Meca, Arábia Saudita.

600

630 Maomé e seus exércitos conquistam Meca, que se torna o centro espiritual do Islã.

632 Morte de Maomé; os muçulmanos tomam Jerusalém seis anos depois.

c. 655 O Corão, livro sagrado do Islã revelado a Maomé, é concluído por seus discípulos.

c. 696 O árabe torna-se a língua oficial do mundo islâmico.

711 Tariq ibn Ziyad conquista o sul da Espanha dos visigodos do rei Roderico; Córdoba é sua capital.

800

825 O matemático persa Khwarizmi descobre a álgebra e aprimora os numerais arábicos.

848 Conclusão da Grande Mesquita de Samarra, a maior do mundo islâmico naquela época.

1000

Nicho de oração
Decorado com deslumbrantes motivos florais dourados, esse nicho de oração, ou mirabe, na parede de uma mesquita indica a direção do fiel voltado para Meca.

1100 Fundação de Timbuktu, oásis no deserto do Saara, no Norte da África, por comerciantes muçulmanos.

1187 Saladino, sultão islâmico do Egito, reconquista Jerusalém dos cristãos.

1200

1258 Os mongóis destroem o Califado Abássida de Bagdá, matando 800 mil pessoas.

1400

1453 Turcos otomanos sob Mehmet II tomam Constantinopla – ou Bizâncio –, rebatizada como Istinpolin.

1475 Abre em Istambul a primeira cafeteria do mundo, "Kiva Han".

1492 Os reinos cristãos, sob Fernando e Isabel, reconquistam toda a Espanha.

1529 Os otomanos sitiam Viena, criando pânico em toda a Europa.

1571 A derrota da marinha otomana pelos cristãos na Batalha de Lepanto detém a expansão islâmica.

1600

Século XVI Uma cidade de "arranha-céus" de tijolo de barro é construída em Shibam, no Iêmen.

tradição cristã antiga. Inspirados pelo conceito de cúpula única, arquitetos do grande Império Otomano desenvolveram mais tarde um estilo no qual um domo central era rodeado por arcos, sobre os quais se apoiavam domos menores e semidomos, como na Mesquita de Suleimã, em Istambul *(p. 148)*. Os elegantes minaretes pontiagudos, com frequência aos pares ou em grupos, um aspecto comum das mesquitas orientais, desenvolveram-se no século XVI na Pérsia e foram totalmente absorvidos pela tradição islâmica.

Em seu auge, a arquitetura islâmica é a mais bela e sensual que se pode imaginar. A cor, em particular, é parte importante da decoração arquitetônica, com frequência na forma de mosaicos reluzentes de vidro e ouro: azulejos cerâmicos em ricos tons de azul, verde, vermelho e amarelo são empregados em ambientes internos e externos. Nos edifícios religiosos, a representação tridimensional de seres vivos é tida como idólatra, portanto predominam belos desenhos geométricos, oriundos da longa história árabe de desenvolvimento matemático. As curvas e evoluções do estilo caligráfico derivam da escrita e das iluminuras dos textos corânicos e são usadas na pintura e nos trabalhos em pedra para decorar mesquitas, minaretes e edifícios seculares.

» MAOMÉ (570-632)

Maomé era um guerreiro religioso. Em seu tempo de vida, conquistou a Arábia e fundiu tribos árabes dispersas numa só nação e religião. Após sua morte, o Islã logo se tornou uma potência mundial. A fragilidade do Império Bizantino – por mais gloriosa que tenha sido sua arquitetura –, a rivalidade entre as igrejas grega e latina cristãs e a diminuição do poder da Pérsia favoreceram os muçulmanos em seu constante avanço.

Ascensão de Maomé Ricas cores caracterizam essa representação otomana do século XVI, mostrando o cavalo alado que carregou Maomé para os céus.

Estilo terreno

Na arquitetura profana, a tradição islâmica centrou-se durante séculos em prazeres reais, riquezas mercantis e no exuberante uso do espaço. No espetacular Palácio de Alhambra, em Granada *(pp. 146-7)*, por exemplo, as construções pretendem ser uma representação do paraíso terrestre para os privilegiados e poderosos. Por vários séculos, os arquitetos islâmicos criaram magníficos jardins aquáticos, entre os quais dispunham seus edifícios. No caso da Alhambra, a água fluía de jardins e pátios diretamente para os quartos, e deles saía – uma clara referência aos oásis e à crucial importância da água em terras áridas.

Os palácios muçulmanos às vezes parecem pequenas cidades, e não edifícios individuais, um conceito similar ao de castelos medievais posteriores da Europa ocidental. Mas quase sempre têm linhas mais exuberantes, mais luminosidade, aromas de rosa, amêndoa, limão e flor de laranjeira, e ressoam a fluência da água. Sua complexidade tem a ver com rituais e crenças muçulmanos. A separação de homens e mulheres em certos aspectos do cotidiano exigiu aposentos especiais para cada um dos grupos, levados a extremos nos haréns. Os palácios podiam ser também locais de aprendizagem, assim como arsenais e quartéis. Graças ao importante papel da religião na evolução da arquitetura islâmica, muitos palácios, alojamentos de caça e outras grandes residências adotaram elementos da mesquita, como domos e minaretes. Mas, ao contrário das mesquitas, seu interior era muitas vezes coberto por mosaicos ricos e até sensuais. Muitos belos palácios islâmicos primitivos foram demolidos por não terem sido feitos para sobreviver aos seus construtores; o Palácio de Alhambra, preservado pelos reis cristãos, é rara exceção.

Influências islâmicas

Os arquitetos da Europa medieval aprenderam com seus colegas muçulmanos. Assim como os invasores muçulmanos assimilaram o legado arquitetônico de Grécia e de Roma em Constantinopla, os arquitetos europeus ocidentais – depois das Cruzadas à Terra Santa – descobriram os segredos do arco ogival e do estilo gótico. As realizações dos arquitetos muçulmanos foram reconhecidas com o tempo por homens instruídos. Em sua história da Abadia de Westminster (1713), o célebre arquiteto inglês Christopher Wren *(p. 250)* observa: "Isto que agora chamamos de gótico na arquitetura..., embora os godos fossem mais destruidores que construtores, deveria com maior razão ser chamado de estilo sarraceno; pois aqueles povos não queriam artes nem erudição".

Alhambra, um paraíso mourisco Água em tanques, canais com água corrente e fontes borbulhantes são parte da arquitetura viva desse palácio nas ensolaradas colinas do sul da Espanha *(pp. 146-7)*.

As primeiras mesquitas

c. 650-1600

Existem muitas mesquitas magníficas, como as projetadas por arquitetos de grande talento, a exemplo de Koca Mimar Sinan *(p. 149)*; embora sejam inspiradoras, há algo de muito comovente também em mesquitas primitivas, que se erguem de desertos escaldantes ou oásis e se projetam com seus minaretes em direção ao céu abrasador.

O visitante que antes da guerra subisse ao alto do minarete em Samarra, no Iraque central, teria vistas das ruínas da imensa mesquita abaixo, da cidade aberta em leque e do deserto perdendo-se no horizonte. Esse minarete espiralado é uma construção que assombra a imaginação arquitetônica, o que vale também para muitos dos grandes edifícios do Islã que se difundiram de seu local de origem para Norte da África, Espanha, Pérsia, Índia e Ásia Central.

Partindo do deserto

A arquitetura islâmica primitiva tinha a energia contagiante de uma nova religião. Bebia nas tradições das duas grandes fés monoteístas – judaísmo e cristianismo –, mas, ao emergir da Arábia, ganhou caráter bem diferente: guerreira, masculina, exigindo submissão. Como resultado, muitas das primeiras grandes mesquitas refletem um zelo missionário e militarista. Algumas parecem se basear nas plantas de um quartel romano ou em pátios de desfiles. Outras, como as belas mesquitas brancas de Jerba, um oásis insular na Tunísia, são tão discretas e tranquilas que evocam a descrição de Gustave Flaubert da brisa de verão que sopra quase em silêncio pela ilha – "tão suave que estorva a morte". Há cerca de 300 dessas mesquitas, às vezes estranhamente simples, nessa ilha onde vivem cerca de 100 mil habitantes. Reza a lenda que a Mesquita da Noite (Jamaa Ellile), junto à vila de Guellala, surgiu da noite para o dia, por milagre, enquanto os pedreiros que iam iniciar sua construção no dia seguinte ainda dormiam. Uma história não só encantadora, mas que remete à impressionante difusão do Islã pelo Norte da África e à rápida construção das primeiras mesquitas.

« Mesquita de Suleimã, Istambul, Turquia
A luz filtrada pelas janelas ilumina os mosaicos no interior da Mesquita Süleymaniye – uma das maiores obras do arquiteto Sinan.

Elementos

Proibidos pela lei religiosa de retratar a figura humana, muito menos a face de Deus, artistas e arquitetos islâmicos desenvolveram formas altamente distintas e belas de ornamentação; o resultado é uma profunda unidade entre decoração e arquitetura.

Esses minaretes têm balcões triplos, que miram o céu.

Minaretes em forma de foguete Sinan, o grande arquiteto do século XVI, rodeava suas mesquitas com minaretes altíssimos, de grande efeito; essa é a Mesquita de Suleimã, num dos pontos mais altos da cidade de Istambul.

Azulejos coloridos Na Pérsia e na Espanha, arquitetos e artesãos desenhavam azulejos refinados, que às vezes cobriam todo o edifício. Azul, verde e turquesa são as cores mais características.

Caligrafia Raras vezes as letras tiveram impacto tão profundo na arquitetura. Os calígrafos islâmicos pegavam textos escolhidos, de livros de mestres e filósofos, e os escreviam em seus edifícios.

O caminho para o céu nunca é fácil: a cada volta, a escada fica mais estreita.

Minaretes em espiral Os minaretes em espiral, surgidos em Samarra, foram uma das grandes invenções dos arquitetos islâmicos; esse é o minarete da Mesquita de Ibn Tulun, no Cairo.

Arcos em ferradura Parecendo tanto cocares quanto ferraduras, esses arcos eram característicos e de uso amplamente disseminado.

Tramas em janelas faziam um jogo complexo de superfícies, gravadas com motivos florais e desenhos geométricos.

Arcos elaborados Rendilhados com vários centros compunham um elaborado ritual nas janelas das mesquitas e foram importantes no estilo gótico europeu.

Arcos ogivais O arco ogival seria uma das grandes contribuições da arquitetura islâmica ao estilo europeu, como base da arquitetura gótica.

Qubbet es-Sakra (Domo da Rocha)

691 | JERUSALÉM | CALIFADO OMÍADA E CALIFA ABD AL-MALIK | LOCAL DE CULTO

Embora comumente chamada de mesquita, Qubbet es-Sakra, o mais antigo monumento da arquitetura islâmica, é uma *mashhad* – um santuário sem orientação para Meca. Construído sobre a rocha de onde se diz que Maomé teria subido ao céu e falado com Alá, fica onde foi o Templo de Salomão.

A estrutura exibe estilo bizantino sírio, e sua planta é octogonal. Acredita-se que a planta interior do edifício, as colunas romanas e os ricos mosaicos procurem simular os do Santo Sepulcro, próximo. A grande cúpula dourada tem diâmetro de 23,7 metros e ergue-se até o ápice mais de 35 metros acima da rocha do Profeta. Sua estrutura de pele dupla compreende armações de madeira internas e externas cruzadas, cobertas por placas de cobre douradas. O domo ergue-se de um tambor sustentado por uma arcada de colunas recolhidas de antigos sítios romanos. Dois deambulatórios concêntricos (corredores) para procissões rituais, um circular, o outro octogonal, são formados por colunatas. O verso corânico "Ya Sin" está inscrito em volta da crista exterior do octógono, abaixo do tambor, em azulejos de azul-profundo, encomendado no século XVI pelo sultão otomano Suleimã, o Magnífico. Embaixo, o santuário é revestido de mármore até as janelas em semicírculos, com treliças de mármore e luminárias de cerâmica. Acima, há um refinado revestimento arquitetônico de azulejos turcos em azul e dourado. A cúpula foi reconstruída de modo a ficar o mais próxima possível do desenho original.

Sítio sagrado
Esse importante destino de peregrinos muçulmanos é também sagrado para judeus e cristãos.

Grande Mesquita, Damasco

715 · DAMASCO, SÍRIA · CALIFA AL WALID · LOCAL DE CULTO

Damasco teve sua "fase áurea" nas primeiras décadas do Islã, no século VII. Impregnada pelo cruzamento de novas culturas, políticas e religiões emergentes, a cidade se tornou capital do Império Omíada, e data dessa época a construção da magnífica Grande Mesquita. Devido a incêndios, a edificação foi reformada várias vezes, mas a planta básica manteve-se inalterada.

A Grande Mesquita tem uma história complexa. Ela abrange a antiga igreja bizantina de São João Batista, que foi construída sobre um templo romano dedicado a Júpiter, por sua vez erguido no local de um templo aramaico consagrado ao deus Hadad. Pedaços da parede sul do templo romano sobreviveram e formam hoje uma parte da estrutura da mesquita, que é circundada por um pátio flanqueado por arcadas.

A mesquita tem três corredores amplos, que formam um espaço grande, similar ao de uma basílica, interrompido apenas por um transepto que cruza seu centro. As arcadas inferiores ostentam belas colunas coríntias. Acima de um segundo nível de arcadas, fica um telhado inclinado de madeira, exposto. O cruzamento do transepto é coroado pelo domo Nisr, de 36 metros, ou Domo da Águia, originalmente de madeira, mas depois feito em pedra e reconstruído em sua forma presente em 1893. A sala principal de orações tem um santuário que, dependendo da tradição, guarda a cabeça de Zacarias – pai de São João Batista – ou então a de Hussein, filho do imã Ali, genro do profeta Maomé.

Santuário na sala de orações

Paraíso seguro O edifício do tesouro e sua cúpula apoiam-se em colunas coríntias no pátio da mesquita.

Grande Mesquita, Samarra

◒ DEPOIS DE 848 ⚑ SAMARRA, IRAQUE ✍ CALIFA AL-MUTAVAQUIL 🏛 LOCAL DE CULTO

A Grande Mesquita em Samarra já foi a maior mesquita islâmica do mundo. Apoiada em torres semicirculares, tem muros de tijolo queimado que protegem um pátio com arcadas medindo nada menos que 155 x 240 metros. Foi projetada para abrigar 80 mil fiéis, que tinham acesso ao pátio por 23 portas. A estrutura interna, cheia de corredores, pilastras de tijolos de barro e tetos de madeira, já desapareceu há tempos, mas o aspecto mais evocativo da mesquita sobrevive – o monumental minarete em espiral, al-Malwiya. Com 55 metros de altura, sobre uma base quadrada de 3 metros de altura no muro norte do pátio, e projetado na forma de uma rampa que completa cinco voltas no sentido anti-horário, até chegar a uma torre cada vez menor, o minarete é uma edificação excepcional. Embora derive em parte dos zigurates escalonados da Mesopotâmia, como os da Babilônia *(pp. 15-6)*, o uso arquitetônico de uma torre circular é considerado uma característica basicamente islâmica. Subir a pé a rampa espiral do minarete no calor do meio-dia iraquiano sempre foi uma experiência e tanto, mas muito perigosa – não há corrimãos na parte de fora da rampa para auxílio em caso de queda, e o corrimão preso à parede interna, quando aquecido pelo sol, pode queimar as mãos.

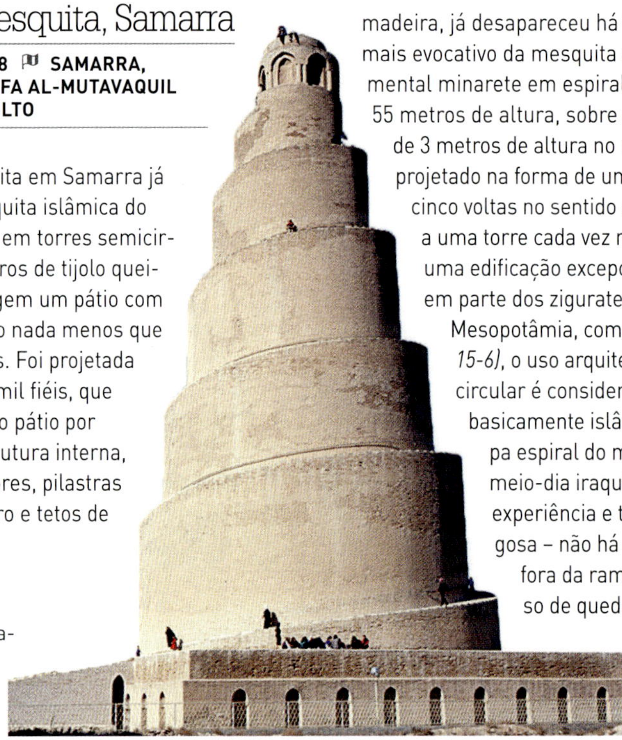

Ponto alto
Este distinto minarete é a mais bela das muitas joias antigas do Iraque.

Grande Mesquita, Al-Qayrawan

◒ 836 ⚑ AL-QAYRAWAN, TUNÍSIA ✍ CALIFA AL-MUTAWAKKIL 🏛 LOCAL DE CULTO

Uma das principais consequências arquitetônicas da invasão árabe do Norte da África e, com ela, da difusão do Islã foi a construção de grandes mesquitas, com frequência magníficas, erguidas perto de pátios em estilo militar ao longo do litoral sul do Mediterrâneo.

Entre as mais antigas está a Mesquita de Al-Qayrawan, do século IX, que compreende uma grande sala de orações, uma cúpula, um pátio com arcadas e uma torre de três andares, que se acredita ser o minarete mais antigo do mundo. Flanqueando o pátio, ficam os arcos em forma de ferradura, que são característicos da arquitetura islâmica, sustentados por colunas coríntias cuja origem estilística remonta aos antigos templos gregos. Na realidade, muitas das colunas e pedras que compõem a estrutura do edifício foram saqueadas de antigas edificações romanas, localizadas em Al-Qayrawan e arredores.

O interior da sala de orações, porém, é adornado com pinturas detalhadas e ornamentação esculpida de origem distintamente islâmica, incluindo motivos estilizados, baseados em desenhos inspirados em representações do mundo natural, como folhas de acanto, videiras e palmas.

Mudando de lado
O grande minarete quadrado afunila-se em etapas até o topo e, de modo inusual, é orientado para o sul.

Mesquita de Ibn Tulun

879 CAIRO, EGITO DESCONHECIDO LOCAL DE CULTO

Com seu minarete em espiral, grande escala e referências arquitetônicas refinadas, essa mesquita erguida para Ahmed Ibn Tulun, filho de um escravo turco do califa abássida Almamune (mais tarde governador do Cairo e depois de todo o Egito), baseia-se na Grande Mesquita de Samarra *(à esq.)*, no atual norte do Iraque.

Na realidade, a Mesquita de Ibn Tulun pode muito bem ter sido obra de arquitetos e artesãos de Samarra, local onde Ibn Tulun nasceu. A mesquita, de 26.318 m^2, construída com tijolos vermelhos bem queimados revestidos de estuque, está mais ou menos como deveria ser no fim do século IX. O minarete de pedra, em falsa espiral, foi reconstruído pelo sultão Ladjin em 1296, após muitos anos de negligência, e uma restauração maior e controversa, concluída em 1999, resultou na pavimentação do pátio, no revestimento em mármore negro da velha fonte e em novos trabalhos em gesso. A mesquita fica num recinto de 118 x 138 metros.

Seus muros são coroados por ameias em estilo militar, mas puramente decorativas. Embora a edificação pareça à primeira vista exibir um desenho ascético, na realidade é ricamente ornamentada, mas com sutileza. Abaixo das ameias, por exemplo, as arcadas internas são decoradas com um friso floral, enquanto na parte de cima os arcos têm finas inscrições cúficas do Corão, que dizem chegar a 2 quilômetros de extensão. As 128 janelas dos muros externos da mesquita ostentam intrincados padrões de estuque, um diferente do outro.

Restauração recente
A *meda*, ou fonte para lavagem ritual dos pés antes das orações, fica localizada no centro do pátio.

Madraçal de Qaitbay

1474 CAIRO, EGITO SULTÃO QAITBAY LOCAL DE CULTO

Num labirinto de ruelas medievais no velho bairro islâmico do Cairo, o Madraçal de Qaitbay é um exemplo fascinante do que hoje denominamos edifício "multiuso" – é mesquita, mausoléu, minarete, escola corânica e poço público. Apesar de restaurado ao longo dos séculos, permanece inalterado e intacto e é um notável exemplo do estilo mameluco.

É fácil localizar essa construção elegante, até delicada, no labirinto da velha Cairo, por seu esguio minarete que se ergue exoticamente entre os telhados circundantes. Os ricos desenhos esculpidos do madraçal são contrabalançados por seu domo alto e pontiagudo. Quase toda janela arredondada, lintel e coluna do edifício ostenta uma série de belos arabescos, em mármore azul e branco, e molduras entalhadas. Em contraste com isso, as paredes internas do mausoléu quase não têm adornos, e o edifício oferece um espaço fresco e acolhedor.

A calma e a beleza contradizem a crueldade característica dos mamelucos, dinastia de antigos soldados escravos turcos e curdos – empalar era sua forma padrão de execução, uma das diversões favoritas do povo. Em seu livro de 1968, *Great Cairo: Mother of the World* [Grande Cairo: mãe do mundo], o jornalista e historiador britânico Desmond Stewart descreve "a coexistência de crueldade e piedade, de expressões bárbaras e gosto refinado". Hoje, nas pedras do intrigante edifício religioso, restaram só o gosto refinado e a piedade.

Detalhes refinados
O domo do madraçal é finamente esculpido com padrões orgânicos de arabescos.

Grande Mesquita, Córdoba

987 | CÓRDOBA, ESPANHA | ABD AR-RAHMAN | LOCAL DE CULTO

No século VIII, sob o domínio do príncipe sírio Abd ar-Rahman (r. 756-88), Córdoba passou de povoado relativamente desimportante a próspera cidade. Em seu centro, ele ergueu a Grande Mesquita. Nos duzentos anos que se seguiram a sua construção, ela passou por muitas mudanças – que refletem a ascensão e queda da dinastia Omíada na Espanha –, mas o interior ainda é um local mágico.

A Grande Mesquita de Córdoba fica escondida atrás de sólidas paredes de pedra, que não dão pistas da glória escondida em seu interior. A cavernosa sala de orações tem 850 colunas de granito, jaspe e mármore, sustentando arcos listrados de vermelho e branco, de tijolo e pedra, que parecem interligados infinitamente em todas as direções. A luz do sol infiltra-se pelas janelas, criando padrões mutantes, que parecem joias pelo piso imenso e que eram originalmente acrescidos apenas pela luz trêmula de mil lâmpadas a óleo. É como estar dentro de um surreal quebra-cabeças arquitetônico – uma experiência inesquecível e uma mostra de como o interior de um edifício pode prescindir de decoração, e também de mobília, nas mãos de arquitetos e artesãos magistrais. O ritmo dos arcos só é quebrado quando o olhar se desvia para o mirabe (nicho de oração) de mármore e ouro – o arco que indica aos fiéis a direção da reza –, decorado com mosaicos bizantinos.

Quando os Reis Católicos conquistaram Córdoba em 1236, a mesquita foi reconsagrada à Virgem Maria, e nos séculos seguintes foram feitos vários acréscimos de forma incongruente, a exemplo de uma elefantina catedral gótica, construída no centro da edificação no século XVI.

Sala de oração

Propósito dual
A Grande Mesquita, com seu tradicional exterior islâmico, contém a assombrosa adição de uma catedral cristã.

O Pátio dos Leões, nos dias atuais

Pátio dos Leões, Alhambra

c. 1390 GRANADA, ESPANHA DESCONHECIDO PALÁCIO

A Alhambra é uma das mais refinadas realizações arquitetônicas do mundo – um imenso palácio fortificado da última dinastia muçulmana da Espanha, um complexo de edifícios que não pode ser separado de seus jardins, nem da água que os atravessa. Do Pátio dos Leões, a água de uma fonte rodeada por leões de pedra flui por canais para norte, sul, leste e oeste, por todo o pátio, e para o interior de aposentos cujos domos são trespassados pela luz do sol, que se reflete em águas ondulantes. As paredes desse e de outros pátios têm ornamentações. Muitos dos arcos são "falsos" – isto é, puramente decorativos –, feitos para dar simetria às arcadas. O Islã proíbe a representação de figuras, mas as formas geométricas, flores e decorações caligráficas em todo o palácio são muito imaginativas.

Profusão de cores
Azulejos em padrões geométricos e cores vivas, junto com decorações em estuque, cobrem as superfícies ao redor do pátio.

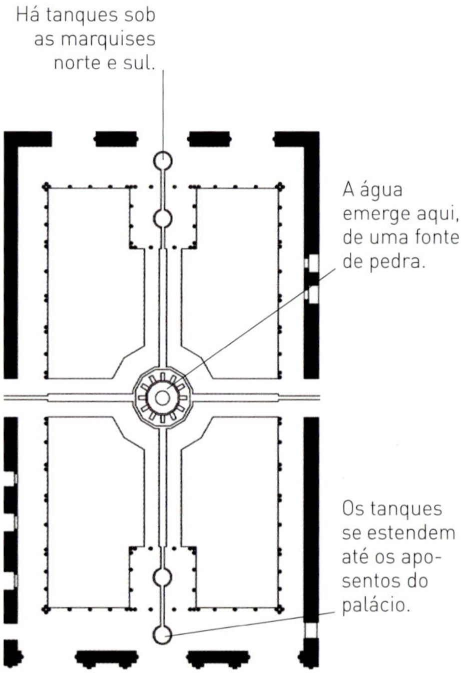

Planta do piso
O pátio segue uma planta retangular e é rodeado por arcos em forma de ferradura. Os canais de pedra levam água para os quatro pontos cardeais.

Superfícies decoradas
A luz é filtrada por arcos ricamente decorados, integrando os aposentos do palácio aos seus jardins paradisíacos.

Detalhes em relevo
Boa parte das esculturas nas paredes e arcos é curva e intrincada, obra de refinado artesanato.

Palácio de Alhambra Belo complexo de terraços, torres e torreões, Alhambra fica numa colina, na parte alta de Granada, tendo ao fundo as montanhas da Sierra Nevada.

A fonte central
Leões de pedra guardam a fonte e a água, que flui pelos jardins e aposentos do palácio, unindo-os como num tranquilo oásis.

Colunatas elegantes Esse edifício essencialmente modesto e de pouca altura tem trabalhos em azulejos de fama mundial.

Quiosque Esmaltado, Palácio Topkapi

1473 **ISTAMBUL, TURQUIA**
DESCONHECIDO **PALÁCIO**

Esse delicado pavilhão persa nos domínios do Palácio Topkapi – encomendado pelo sultão Mehmet, que conquistou Istambul (na época, Constantinopla) em 1453 – teria grande influência na arquitetura otomana posterior. Sua planta é de cruz quadrada, com um domo central abatido e os espaços entre os braços da cruz preenchidos por séries de apartamentos autossuficientes, todos eles voltados para varandas com colunas. Isso dá leveza ao edifício, ainda mais acentuada uma vez que as cores usadas em sua elaborada decoração – em geral, verde e turquesa – são as do vizinho mar de Mármara.

Topkapi, residência da maioria dos sultões otomanos até o reinado de Abdulmecid I (1839-61), não é um edifício único, massivo ou mesmo particularmente imponente, mas um organismo arquitetônico que viveu altos e baixos ao longo dos anos. Após o estabelecimento da República da Turquia em 1923, foi restaurado e aberto ao público como museu. O Quiosque Esmaltado, ou Quiosque Chinli, edifício mais antigo do complexo, virou um museu de cerâmica, que exibe os melhores exemplos de cerâmica turca a partir do século XII até os dias de hoje.

Mesquita de Suleimã

1557 **ISTAMBUL, TURQUIA** **SINAN**
LOCAL DE CULTO

Essa mesquita de meados do século XVI, com seu grande domo e seus minaretes afilados, domina a paisagem da margem oeste do Chifre de Ouro, o estuário em forma de crescente que divide Istambul. Sua planta se baseia na da Hagia Sophia de Justiniano *(pp. 80-1)*. O interior do edifício é simples: o visitante entra num cubo gigantesco, coroado por um domo hemisférico e iluminado por feixes de luz solar filtrada por vitrais. O arquiteto Sinan combinou uma estrutura arquitetônica de intenso rigor geométrico com um uso igualmente intenso de decoração interna e externa, também de rigorosa geometria. Há abundância de azulejos cerâmicos de Iznik (Niceia), em especial no pátio octogonal dos mausoléus de Suleimã, o Magnífico, e de sua mulher, Roxelana, e do próprio Sinan, seu brilhante arquiteto, que aqui alcançou um sentido de serena monumentalidade.

Cidade agitada Süleymaniye domina uma paisagem tumultuada, por sobre mesquitas e bazares da cidade.

Esplêndido isolamento A mesquita, construída numa colina artificial bem acima de Edirne, era visível de todos os pontos da cidade.

Mesquita de Selim (Selimiye Camii)

1574 EDIRNE, TURQUIA SINAN LOCAL DE CULTO

O trabalho nessa mesquita, que Sinan considerou sua obra-prima, começou em 1569, quando o arquiteto tinha 80 anos. Sua monumental sala de orações com domo, de mais de 30 metros de diâmetro, e os minaretes que parecem foguetes, de 83 metros de altura, coroam a cidade de Edirne – antiga Adrianópolis e mais tarde, até a conquista de Constantinopla em 1453, a capital do Império Otomano.

Vista de baixo, a cúpula, sustentada por oito altos pilares embutidos nas paredes, ligados internamente por quatro semidomos e elevando-se a uma altura de 42 metros, parece flutuar dentro do edifício. A estrutura permite o máximo de espaço ininterrupto no piso: a sensação é de uma leveza e vastidão extraordinárias.

Entra-se no edifício por uma porta modesta, que leva a um pátio rodeado por galerias à sombra, com seus vãos cobertos por uma pequena cúpula apoiada em saliências curvas. Dali, a cúpula da mesquita parece notavelmente modesta; só quando se adentra o edifício é que seu grande porte se revela. A superfície toda da parte interna do domo é decorada com pinturas abstratas que ajudam a expressar a monumentalidade da estrutura que decoram.

SINAN

Koca Mimar Sinan (1489-1588) nasceu cristão grego na Anatólia. Alistado como soldado, foi oficial de cavalaria e depois arquiteto militar. A partir de então, realizou trabalho prodigioso para o sultão Suleimã, o Magnífico: projetou cerca de 360 edifícios, entre eles 84 mesquitas, 35 palácios, 48 caravançarás, haréns, hospitais, fontes, aquedutos e pontes. Com a Mesquita de Selim, Sinan sentiu ter superado em brilho a própria Hagia Sophia *(pp. 80-1)*.

Inscrições em azulejos de janela em treliça

Mesquita Azul

◒ 1616 ⚑ ISTAMBUL, TURQUIA ✍ SEDEFKAR MEHMET AGA 🏛 LOCAL DE CULTO

A Mesquita do Sultão Ahmed passou a ser chamada de "Mesquita Azul" por causa dos 21.043 azulejos azuis que projetam um halo quase místico em seu interior. Situada em um ponto proeminente de Istambul, junto ao antigo hipódromo romano, ao lado da Basílica de Santa Sofia *(pp. 80-1)*, a edificação marcou o fim do período clássico da arquitetura otomana.

Distinguindo-se por seus seis minaretes, a mesquita é rodeada em três de seus lados por um comovente pátio de mármore. Ali, o sultão ordenou que seu arquiteto (e poeta) Sedefkar incluísse um alojamento imperial e lojas em dois níveis, assim como um colégio teológico. O domo central da mesquita, com quatro semidomos menores, ergue-se de enormes pilares; tem 23,5 metros de diâmetro e 43 metros de altura. Nada menos do que 260 janelas, originalmente com vitrais, iluminam o interior do edifício, com o auxílio de centenas de lâmpadas a óleo acesas manualmente, que pendem pouco acima da altura da cabeça por toda a imensidão do espaço interno.

Vista de certos ângulos, a Mesquita Azul e seus edifícios anexos parecem formar um grande mar de cúpulas pontuado por altos minaretes; a maior parte dos domos menores cobre os vãos do pátio. Tendo atrás de si as águas azuis do mar de Mármara, a mesquita é um lugar de magnífica beleza.

Mar de cúpulas
Em seu fervor religioso, Ahmed I não poupou gastos na construção de sua mesquita, com elaborados vitrais, piso de mármore e belos azulejos.

Vila de Colmeias

◒ SÉCULO XVI ⚑ ALEPPO, NORTE DA SÍRIA ✍ DESCONHECIDO 🏛 VILA

Essas extraordinárias e belas casas cônicas, que datam na forma e no propósito dos mais antigos assentamentos humanos da Idade da Pedra, são exemplos de uma arquitetura vernacular das mais perenes e encantadoras. Há cerca de 10 mil anos, os colonizadores das planícies da Anatólia escavaram vãos nessas rochas vulcânicas em forma de pilares e fizeram de seu interior casas muito confortáveis, que tinham até mobília embutida e depósitos. A tradição se manteve e segue adiante com essas casas-colmeias de tijolo de barro, erguidas nas vilas ao redor de Aleppo. Embora construídas com barro, e não com pedra, são uma solução sensata para as condições climáticas locais, similares às do deserto, com calor incessante e invernos severos, e onde é crucial recorrer a formas de construção simples, usando materiais locais. A grossa camada de massa de calcário dessas construções forma tanto as paredes quanto os telhados, absorvendo o calor do sol durante o dia e liberando aos poucos esse calor e energia nas noites frias.

Adequadas ao clima
A chuva escorre rápido pelo formato de colmeia, o que evita danos às paredes de barro.

Mesquita de Barro, Djenné

1240 · MÁLI · DESCONHECIDO; RECONSTRUÍDA POR ISMAILA TRAORE · LOCAL DE CULTO

A sensacional Mesquita de Djenné, um centro islâmico de aprendizagem e peregrinação, domina a agitada praça do mercado. Embora incorpore elementos arquitetônicos encontrados ao longo de todo o mundo islâmico, distingue-se pela ousadia de sua construção em barro. A mesquita foi erigida em 1240 e passou por reconstrução total, com financiamento francês, em 1907. Ela passa por contínua manutenção, e a renovação do reboco das paredes é um grande evento anual, muito celebrado. As paredes altas e grossas mantêm fresca a sala de orações. Feixes de ramos de palmeira embutidos nas paredes reduzem as rachaduras causadas pelas drásticas e frequentes mudanças de umidade e temperatura. As extremidades projetadas desses ramos conferem à mesquita seu curioso aspecto.

A imensa massa externa do edifício produz um interior pouco comum: linhas de imensos pilares de tijolo estucados, unidos por arcos, ocupam quase tanto espaço quanto o que eles criam.

Exterior eriçado Ramos de palmeira servem de andaime na hora de realizar reparos.

Shibam

SÉCULO XVI · SHIBAM, IÊMEN · DESCONHECIDO · CIDADE

Shibam, a "Manhattan do deserto", é uma cidade do *Livro das mil e uma noites* – um conjunto onírico de altas torres de tijolos de barro que à primeira vista parece mais uma miragem. Rodeada por um muro fortificado de 7 metros de altura com apenas um portão, essa cidade de 2 mil anos de idade, construída em grande parte no século XVI, é um notável exemplo de antigo planejamento urbano vertical. Evoluiu a partir das limitações de um local exíguo, mas fértil, num oásis cercado por um deserto e por montanhas áridas. A altura dos 500 blocos de barro varia entre seis e dez andares; a maioria das casas foi projetada para famílias patriarcais estendidas, e grande parte delas é ainda hoje habitada.

As torres de tijolos de barro usam técnicas de construção iemenitas tradicionais: os tijolos são pintados com uma camada de calcário protetor ou com gesso compactado, para repelir a água. Apesar disso, as casas, que estão sobre as mesmas fundações de pedra há cinco séculos, têm que ser continuamente reconstruídas devido à instabilidade inerente de suas paredes de barro. Hoje, muitas das torres correm risco de desabamento, pois seus moradores usam utensílios modernos, como máquinas de lavar roupa e lava-louças, que deixam vazar água, causando infiltrações nas paredes. Shibam foi declarada Patrimônio da Humanidade em 1982.

Moradias do deserto As torres de Shibam podem parecer blocos de apartamentos, mas cada prédio ainda é ocupado por membros de uma única família.

Pérsia e Índia mogol

c. 650-1600

A Pérsia foi conquistada por guerreiros muçulmanos em 637 e depois invadida por turcos seljúcidas e por mongóis. O país finalmente reafirmou sua hegemonia cultural durante o reinado do xá Abbas I, que subiu ao trono em 1587. Abbas fez do oásis urbano de Isfahan a sua capital e, com isso, moldou uma das cidades mais belas do mundo.

Isfahan, com seus belos edifícios de azulejos em azul e turquesa, exerceu sutil influência em alguns dos melhores edifícios e cidades da Europa e da Ásia Central. Ela também propôs um estilo que emergiu mais ou menos na mesma época em que o império islâmico Mogol ("mongol", em persa) chegou ao seu auge criativo no norte da Índia. Os estilos de Isfahan são vistos nas obras do xá Jahan (r. 1628-58), como seus grandes monumentos – o Forte Vermelho e o Taj Mahal *(pp. 160-1)* – e os seus jardins.

Índia mogol

O Império Mogol começou quando Babur, o Tigre (r. 1526-30), entrou na Índia vindo do Turquestão. Equipado com armas de fogo, seu pequeno exército de 12 mil soldados dominou o Industão. Os portugueses, porém, já haviam chegado a Goa, no sul da Índia: enquanto os mogóis estabeleciam seu domínio, os usurpadores europeus se aproximavam. Embora o estilo mogol deva muito à Pérsia – e, com isso, via Rota da Seda e conquistas mogóis, também à China –, ele de fato desfrutou um breve período em que seus patronos pareciam prestes a criar uma nova ordem mundial. Durante seu longo reinado, o imperador Akbar não só ergueu uma nova cidade, Fatehpur Sikri *(p. 158)*, como inventou uma religião própria, Din-i-ilahi, um amálgama de Islã, hinduísmo, jainismo e zoroastrismo. Fatehpur Sikri foi abandonada devido à escassez de água, mas mantém-se entre os maiores exemplos de uma arquitetura que, em seu auge, tinha uma qualidade quase transcendental.

« **Palácio de Ali Qapu, Isfahan** Os nichos escavados, o teto de estuque laqueado e as abóbadas do Palácio de Ali Qapu são típicos da sutileza e transcendência das melhores obras da Índia mogol e da Pérsia muçulmana.

Elementos

Numa jornada histórica complexa, a arquitetura persa cruzou a Ásia Central e, muito influenciada pelos princípios do Islã, chegou por fim ao Subcontinente Indiano na época das invasões mogóis. Então, a arquitetura mogol, por sua vez, começou a adotar temas estabelecidos muito antes por edificações hinduístas e budistas.

Chattris Aspecto de boa parte da arquitetura mogol, baseado em precedentes hindus, o pavilhão aberto, ou *chattri*, faz parte também da arquitetura indiana sob o domínio britânico. Esse é da cidade de Fatehpur Sikri.

Fachadas de mármore com recuos profundos protegem o interior dos edifícios.

Janelas muito recuadas No Túmulo de Humayun, em Déli, os recuos nas fachadas são tão profundos quanto nos monumentos de Isfahan, criando vãos de sombra fresca – aspecto mais que bem-vindo no verão.

Interior da cúpula Interior de domos com belo revestimento de azulejos e com vitrais (esse, na Mesquita de Lotfollah, em Isfahan) mostram a influência de Hagia Sophia *(p. 80)* no rico artesanato persa.

Mármores finos Trabalhar com mármores preciosos era tradição entre os arquitetos mogóis, que trouxeram seu talento para a Índia. Seu apogeu foi com o Taj Mahal de Shah Jahan.

Treliças Essas treliças de mármore delicadamente esculpidas, que difundem a luz do sol no Túmulo de Humayun, mostram a influência do estilo árabe e persa numa nova arquitetura indiana.

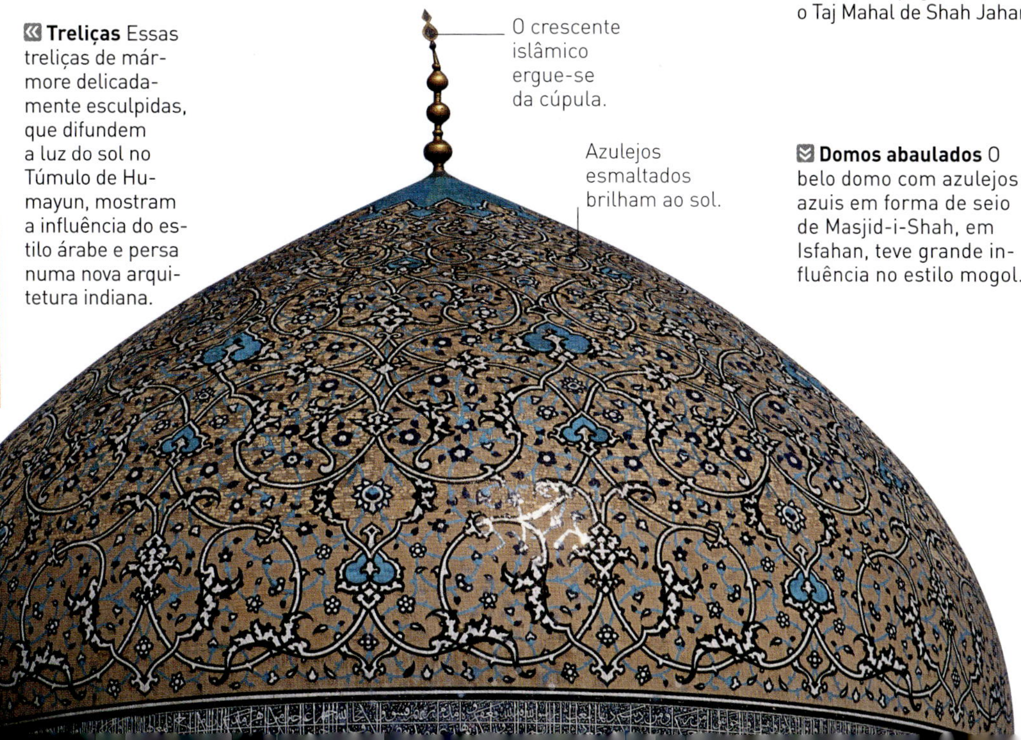

O crescente islâmico ergue-se da cúpula.

Azulejos esmaltados brilham ao sol.

Domos abaulados O belo domo com azulejos azuis em forma de seio de Masjid-i-Shah, em Isfahan, teve grande influência no estilo mogol.

Túmulo de Gunbad-i-Qabus

1007 GURGAN, IRÃ DESCONHECIDO
TÚMULO

O Túmulo de Gunbad-i-Qabus, no norte do Irã, junto ao már Cáspio, é considerado o mais influente túmulo-torre e um dos primeiros edifícios do Irã associados aos turcos da Ásia Central.

Trata-se de uma torre de tijolos cilíndrica que alcança 51 metros de altura, reforçada por nervuras e coroada por um telhado perfeitamente cônico. Na planta, é uma estrela de dez pontas. O exterior do túmulo é notavelmente simples. Duas faixas de inscrições e dois pendículos - superfícies triangulares, encurvadas, pendentes - que sustentam o semidomo em forma de lágrima acima da entrada são o único ornamento de uma superfície de tijolos sem outros adornos.

Mesquita Quwwat-ul-Islam

1225 DÉLI, ÍNDIA QUTB-UD-DIN AIBAK
LOCAL DE CULTO

Essa foi a primeira grande mesquita erigida no norte da Índia. Os métodos de construção locais ficam nítidos nos arcos e abóbadas sobre consolos - apoiados em ornamentos sobrepostos de pedra, em geral muito esculpidos - sob as cúpulas. Na planta, porém, a edificação faz referência a desenhos persas, e o caráter islâmico é expresso nos elegantes arcos ogivais, coroados por caligrafia arábica com textos extraídos do Corão. A fachada em treliças de calcário e os balcões ornamentais têm acabamento com faixas de baixos-relevos. A sala de oração, modesta, exibe domos incomumente baixos. O portão sudeste é decorado com arenito vermelho e mármore branco.

Segunda tentativa O minarete teve que ser reerguido depois que a primeira construção desabou antes de sua conclusão.

Minarete Kalyan

1127 BUKHARA, UZBEQUISTÃO
ARSLAN KHAN LOCAL DE CULTO

Bukhara tem uma bela história de arquitetura religiosa: o centro da cidade abriga quase mil mesquitas, embora muitas estejam agora em variados estágios de degradação, já que a população, de 250 mil habitantes, não pode mantê-las.

O Minarete Kalyan, com 47 metros de altura, é o mais impressionante dos monumentos da cidade e foi a única estrutura substancial a resistir intacta à invasão mongol de 1220. A edificação fica no terreno da Mesquita Kalyan ("Grande"), do século XVI, que comporta 12 mil fiéis e domina a paisagem de Bukhara. É feita de tijolos queimados, com estreitas faixas ornamentais também de tijolos, em padrões variados não repetidos, que decoram o imponente eixo cilíndrico. Um friso esmaltado azul com inscrições do Corão circunda o minarete.

A construção é coroada por uma rotunda com dezesseis arcos, de onde os muezins chamam para a oração. Em épocas de cerco ou de guerras, conta-se que os combatentes usaram a rotunda como torre de vigia. Os alicerces da mesquita, com mais de 10 metros de profundidade, assentam-se sobre pilhas de bambu, que constituem uma forma de proteção contra os terremotos, comuns na região.

Masjid-i-Shah (Mesquita Real)

1638 ISFAHAN, IRÃ CENTRAL DESCONHECIDO LOCAL DE CULTO

Em 1598, o xá Abbas I, da dinastia Safávida, transferiu a capital da Pérsia de Qazvin para Isfahan. Ele reorganizou a cidade numa série de praças interligadas, a maior delas a Maidan, com 500 x 160 metros. Em um de seus lados fica a exuberante Mesquita Masjid-i-Shah, à qual se tem acesso por um grande portal com minaretes de 34 metros de altura.

Com seu alto tambor e sua cúpula em forma de bulbo, minaretes de azulejos azuis e entradas elaboradas, a Mesquita Masjid-i-Shah é uma maravilha da arte safávida. Para que se alinhasse com Meca e mantivesse também a integridade da praça, foi disposta num surpreendente ângulo de cerca de 45 graus em relação à entrada principal. O edifício segue em geral a planta de quatro *iwans* (pórticos cobertos de grande altura, em forma de ogiva, fechados em três lados) estabelecida na Grande Mesquita de Herat, no Afeganistão, com cada *iwan* levando a uma sala com cúpula e sendo flanqueado por arcadas de dois níveis, com nichos ogivais. Para além dos *iwans*, a leste e a oeste do pátio, ficam os madraçais. Há pares de minaretes na entrada da mesquita e da praça. O domo, de 54 metros de altura, é coberto por telhas de cerâmica azuis e turquesa, evocando as cores da cauda do pavão. Em outras partes há telas amarelas, cor-de-rosa e verdes e muita decoração floral, combinada com um hábil trabalho de alvenaria.

Detalhe dos mosaicos nas arcadas em dois níveis

Projeto ambicioso
A construção da Mesquita Masjid-i-Shah começou em 1612; diz-se que o edifício é composto por mais de 18 milhões de tijolos.

Majestosa entrada A galeria aberta do Pavilhão de Ali Qapu é sustentada por colunas de madeira, perfiladas sobre a impressionante entrada no térreo.

Pavilhão de Ali Qapu

1597 ISFAHAN, IRÃ DESCONHECIDO PALÁCIO

Defronte ao Maidan – o campo real de polo – e sobreposta a uma edificação anterior, a impressionante entrada do Palácio de Ali Qapu é conhecida como Pavilhão de Ali Qapu, ou Portal Sublime. Seu elevado terraço, sobreposto ao complexo edifício de oito andares com um grande salão central de recepção, servia como entrada simbólica para o palácio e como local de onde os membros da corte podiam ver o movimento dos arredores. A edificação ostenta belos tetos de estuque laqueado e refinadas salas com abóbadas. A mais bonita de todas é a sala de música, localizada no sexto andar.

Pavilhão de Chehel-Sotun

1645 ISFAHAN, IRÃ DESCONHECIDO PALÁCIO

Essa estrutura de seis andares, construída pelo xá Abbas II, é um dos pavilhões de jardim que formavam o complexo do antigo palácio real de Isfahan. Localizada depois de um longo espelho-d'água, a varanda alta e larga do pavilhão é sustentada por vinte colunas finas. O efeito de seu reflexo na água do espelho dá nome ao templo, Chehel-Sotun, ou Palácio das Quarenta Colunas. Como ocorre com o Pavilhão de Ali Qapu, paredes e colunas eram originalmente cobertas por afrescos, pinturas e mosaicos simétricos. O principal saguão de recepção é uma sala com domo, revestida por murais. Mas o pavilhão padeceu com os muitos anos de declínio de Isfahan, desde que a capital foi transferida para Teerã, em 1788, e hoje só há mosaicos na alcova atrás do pórtico. O pavilhão era usado para recepções e diversão: o xá recebia dignitários e embaixadores, tanto no terraço como numa das majestosas salas decoradas com mármores preciosos, dourações, afrescos e estátuas.

Fortaleza de terra A cidadela de "barro" foi erguida principalmente com tijolos queimados, lã e palha.

Cidadela de Bam

c. 1700 BAM, IRÃ BAHMAN ESFANDIYAR FORTALEZA

Considerada inexpugnável quando construída há cerca de 2 mil anos, a Cidadela de Bam – hoje perto da fronteira do Irã com o Paquistão – era uma guarnição militar que controlava importantes rotas comerciais, especialmente a Rota da Seda. A cidade atual, atingida por um devastador terremoto em 2003, fica a sudoeste. A cidadela, construída principalmente com barro, foi também em boa parte destruída em poucos segundos pelo tremor. Havia sido dividida em seções, muradas e vigiadas por guardas instalados em 38 torres. No lado sul, existiam quatro baluartes, e a nordeste outro deles, colossal. A cidadela foi em grande parte reconstruída pela dinastia Safávida entre 1502 e 1722, portanto, dentro de seus anéis protetores de terra havia uma cidade notavelmente civilizada e bem servida – não tanto quanto Isfahan, talvez, mas com casas de dois andares, muitas delas com banheiro privativo, além de um palácio, lojas, bazares, caravançarás, mesquitas, quartéis, banhos públicos e um ginásio.

Túmulo de Humayun

1565 DÉLI, ÍNDIA MIRAK MIRAZA GHIYAS TÚMULO

O primeiro exemplo de arquitetura mogol na Índia é o Túmulo de Humayun, filho do primeiro imperador mogol, Babur Shah, descendente de Tamerlão, que forçou passagem pelo Punjab até Déli em 1526. A tumba, sobre uma alta plataforma quadrada, é o destaque de um belo jardim inspirado em linhas persas.

A construção do túmulo foi iniciada pela viúva de Humayun e prosseguiu no reinado de seu filho, Akbar. O arquiteto era persa, e seu país de origem fica nítido, não só pelos arcos ogivais do túmulo e do domo como também pela disposição do jardim. Essencialmente uma grade de grande proporção, com perfeita divisão primeiro em quatro, depois em nove, pretende ser uma representação terrena dos jardins do Paraíso. As superfícies planas são separadas por correntes d'água ornamentais, passagens pavimentadas e avenidas de árvores. A arquitetura é inspirada numa combinação da ideia hindu de santuário fechado com o uso iraniano de sequências de salas e galerias interligadas. As elevações muito bem proporcionadas que partem de uma sólida base de arcadas vermelhas são compostas por *iwans*, arcos, arcadas, pináculos e pavilhões. Seguindo a tradição islâmica, o mausoléu compreende domos, abóbadas, arcos ogivais e arabescos. Com sua planta quadrada, a câmara octogonal central contendo o cenotáfio, ou pedra tumular, é envolvida por câmaras octogonais nas diagonais e por saguões com arcos nas laterais, com suas aberturas protegidas por treliças vazadas.

Arcos ogivais persas

Simetria magnífica
O Túmulo de Humayun é coroado por um domo de mármore branco de 42,5 metros de altura.

Coluna de madeira que sustentava o trono

Fatehpur Sikri

c. 1580 UTTAR PRADESH, ÍNDIA DESCONHECIDO CIDADE

Significando "Cidade da Vitória", Fatehpur Sikri é o monumento mais ambicioso da arquitetura mogol. Erguida no auge da atividade de construção do imperador Akbar em homenagem ao nascimento de seu filho, Jahangir, a cidade foi abandonada apenas quinze anos depois. Deve ter sido magnífica, mas não havia água para encher suas cisternas. Hoje exibe um estado quase perfeito de conservação.

Com um infindável suprimento de arenito e mármore e um exército de artesãos, não foi muito difícil construir a cidade real de Fatehpur Sikri. Sua localização, porém, 40 quilômetros a oeste de Agra, numa serra rochosa, era improvável. Talvez devido à escassez no fornecimento de água, apenas quinze anos após sua ocupação inicial Fatehpur Sikri tornou-se a mais magnífica de todas as cidades fantasma.

Em cada esquina, há monumentos de desenho imaginativo e realização soberba. Conta, é claro, com uma Grande Mesquita, cujo pátio mede 110 x 130 metros e é circundado por claustros com arcadas e por um friso de *chattris* hindu ao longo do topo. Sua parte mais refinada, porém, é o sensacional Buland Darwaza, ou Portão Sul, reconstruído por Akbar como uma entrada monumental. Uma íngreme pirâmide escalonada leva até o portão, passando por um *iwan* impressionante, por um saguão semioctogonal e, por fim, pelo pátio que leva à mesquita. Das escadarias, os visitantes têm uma linda vista da cidade, principalmente do Panch Mahal, ou Palácio de Cinco Andares, pavilhões maravilhosamente complexos de arenito vermelho ligados por pontes e ostentando tesouros, haréns, termas, salas de recepção, estábulos – todas as necessidades básicas usuais da vida de um imperador mogol.

Erro monumental A falta de um suprimento adequado de água foi fatal para Fatehpur Sikri, onde se destacavam elegantes espelhos-d'água.

Rukn-i-Alam

1324 MULTAN, PAQUISTÃO TUGHLUQ I TÚMULO

Construído por Tughluq I, governador turco-mongol medieval de Depalpur, no Baixo Punjab, esse mausoléu é um ótimo exemplo de arquitetura pré-mogol. Ainda domina Multan, cidade fundada na Idade do Bronze, conquistada por Alexandre, o Grande, e depois por invasores muçulmanos, em cerca de 712, e hoje localizada no centro do Paquistão. O túmulo octogonal, de tijolo vermelho polido de Rukn-i-Alam, coroado por um alto domo hemisférico com 17 metros de diâmetro e 45 metros de altura, é sustentado por sólidos contrafortes que se estreitam conforme se erguem no céu quente e poeirento de Multan. O domo assenta-se num segundo octógono, em torno do qual há um passadiço de onde o muezim chamava os fiéis à oração. Os materiais usados são tijolos intertravados com madeira *shisam* esculpida – uma forma nativa de construção que remonta à antiga civilização do vale do Indo – revestidos de terracota e azulejos esmaltados azuis e brancos. O túmulo é decorado com padrões florais e caligráficos.

Marco local Sobressaindo em um monte artificial, o mausoléu com domo pode ser visto a 40 quilômetros de distância. Passou por uma bela restauração em 1977.

Túmulo de Jahangir

1630 LAHORE, PAQUISTÃO DESCONHECIDO TÚMULO

Essa edificação com arcadas, longa, baixa, de um só andar, num jardim ornamental de Lahore, cruzando o rio Ravi, guarda o túmulo do quarto grande imperador mogol, Jahangir, que governou de 1605 a 1627. O edifício de arenito vermelho e mármore branco é a primeira de uma série de grandes realizações arquitetônicas durante o "Reinado do Mármore" do imperador seguinte, Shah Jahan (r. 1628-58). Quatro minaretes octogonais, novos na Índia, apesar de incorporarem elementos indianos tradicionais, erguem-se nos cantos desse túmulo de elegância contida, em meio a jardins formais – representando o Paraíso – e encerrados num complexo com altos muros. O edifício é bastante simples, mas o modo pelo qual foi esculpido e incrustado com pedras semipreciosas já dá um vislumbre do artesanato que teria seu auge no Taj Mahal *(pp. 160-1)* anos mais tarde. Aqui é possível detectar lápis-lazúli, ônix, jaspe, topázio, cornalina e mármores de diversas cores. O túmulo é alcançado a partir do jardim por meio de quatro corredores, três dos quais são revestidos de sofisticados mármores. A entrada externa da tumba abre-se para um pátio que servia como caravançará durante a era mogol.

Monumento valioso Uma imagem do Túmulo de Jahangir ilustra a cédula de maior valor do Paquistão, de 1.000 rúpias.

O cenotáfio de Mumtaz-i-Mahal, sua câmara tumular

Taj Mahal

1653 AGRA, ÍNDIA SHAH JAHAN TÚMULO

Revestido de cintilante mármore branco e ao pé de um longo espelho d'água, o Taj Mahal (Palácio da Coroa) é o ponto culminante da arquitetura mogol. Encomendado pelo imperador Shah Jahan, em memória de sua esposa favorita, Mumtaz-i--Mahal, esse magnífico túmulo exigiu 20 mil trabalhadores dedicados durante 22 anos à construção. Sua beleza está na calma solenidade e nas nuances de cor do mármore conforme reflete o céu, sempre em mutação.

Construído num terraço ao lado do rio Jamuna, o complexo do Taj Mahal é rodeado por um alto muro com amplos pavilhões octogonais em cada canto, que são vistos desde o palácio do imperador no Forte de Agra. O túmulo ergue-se sobre uma alta plataforma de arenito vermelho, de 57 m^2, com quatro esguios e altos minaretes de 47 metros de altura nos cantos. Eles realçam as proporções da cúpula central, de dupla superfície, em forma de lágrima, com um domo interno de 24 metros de altura e 18 metros de diâmetro. A cúpula, cujo formato é derivado tanto do desenho dos templos hindus quanto da arquite-

tura persa de Tamerlão, é ladeada por quatro *chattris* menores com domo. A planta é uma racionalização do Túmulo de Humayun de Déli *(p. 157)*: uma câmara octogonal rodeada por corredores interligados, com uma câmara octogonal complementar em cada junção. As belas e puras elevações têm pouca decoração. O interior do edifício conta com iluminação discreta, através de delicadas treliças de mármore. Os corpos do imperador e da esposa repousam num jazigo subterrâneo.

O Taj Mahal não está localizado, como ditava a convenção da época, no centro dos jardins circundantes, mas atrás deles, com a elevação posterior voltada para o rio Jamuna. Segundo a lenda, isso ocorreu porque o imperador planejava construir um túmulo correspondente, em mármore negro, na outra margem.

Joia da coroa O Taj Mahal já foi descrito como "tendo sido projetado por gigantes e concluído por joalheiros".

Vermelho e branco Os muros do forte são de arenito vermelho, e os palácios são construídos com mármore.

Forte Vermelho

1648 · DÉLI, ÍNDIA · SHAH JAHAN
PALÁCIO

O Forte Vermelho, assim chamado por seus robustos muros de arenito vermelho, é um complexo palaciano fortificado construído por Shah Jahan quando ele transferiu sua capital de Agra para Déli. A entrada principal – a imponente Porta Lahore – leva a encantos como os Hammams (termas reais), o Shahi Burj (escritório privado do xá) e a Moti Masjid (Mesquita Pérola). O Rang Mahal (Palácio das Cores), coroado por torres douradas, abrigava as esposas e amantes do imperador.

Minarete Emin

1778 · TURPAN, XINJIANG, CHINA · IBRAHIM
LOCAL DE CULTO

Esse alto minarete (44 metros), perto de Turpan, na antiga Rota da Seda, é a única torre islâmica da China. A construção começou em 1777, por encomenda do governador de Turpan, Emin Khoja, e foi concluída um ano mais tarde por seu filho, Suleimã. Projetada pelo arquiteto uigure Ibrahim em tijolo cinza local cozido ao sol, essa edificação circular muito afilada é decorada com dezesseis padrões geométricos e florais diferentes. O jogo entre a confiante elevação do minarete e a horizontalidade simples da Mesquita Song Gong, ao lado dele, causa forte impacto.

Padrões dinâmicos A coluna alta de tijolo cinza é avivada por padrões como ondas, flores e losangos.

Europa medieval

Uma era de guerras As novas grandes catedrais da Europa guardavam os corpos dos que tombaram nas Cruzadas, na Guerra dos Cem Anos e em inúmeros outros conflitos; esse é o túmulo de Eduardo (1330-1376), o "Príncipe Negro" da Inglaterra, na Catedral de Canterbury.

O período que vai da queda de Roma, no século V, a cerca do ano 1000 é às vezes chamado de Idade das Trevas. Mas tais séculos pouco documentados não foram intelectual e artisticamente sombrios como se imagina. Brasas criativas acenderam-se em meio à escuridão, e a arquitetura medieval brilhou, em armadura completa, com todo o seu fulgor.

As tribos germânicas invasoras, como as dos godos e dos francos, que migraram por toda a Europa ocidental após a queda do Império Romano, nem sempre eram os brutais guerreiros pagãos da imaginação popular. Em sua maioria, eram cristãos ou convertidos ao cristianismo, e alguns admiravam as realizações do império que haviam debilitado. Mesmo assim, mantinham muitos dos próprios

DATAS PRINCIPAIS

c. 800 Carlos Magno é coroado primeiro imperador do Sacro Império Romano pelo papa no dia de Natal.

851 Um grande terremoto destrói muitos edifícios em Roma.

988 O grão-duque Vladimir de Kiev torna-se cristão; segue-se a conversão da Rússia.

976 Símbolos matemáticos arábicos simplificados são introduzidos na Europa, desafiando os numerais romanos.

1066 Guilherme da Normandia conquista a Inglaterra ao vencer os anglo-saxões sob o rei Haroldo.

1096-99 A Primeira Cruzada, liderada por Godofredo de Bulhões, toma Jerusalém dos sarracenos.

1088 É criada a primeira universidade europeia, em Bolonha.

1163 O papa Alexandre III lança a pedra fundamental da Catedral de Notre-Dame, em Paris.

800 | 900 | 1000 | 1100

A LENDA DO SANTO GRAAL

O Graal era um objeto sagrado associado a Cristo e procurado pelos lendários cavaleiros dos romances medievais arturianos. Era retratado quase sempre como o cálice ou prato usado por Cristo na última ceia, e depois por José de Arimateia para recolher o sangue das feridas de Cristo pregado na cruz. Poetas e trovadores medievais atribuíam ao Graal poderes de restaurar a vida.

Parsifal e o Santo Graal (1286) Nas histórias mais antigas, Parsifal era quem buscava o Graal; nas posteriores, o herói era sir Galahad.

Iluminuras Textos religiosos, como os desse *Livro de horas* (livro de orações), ganhavam dos monges ilustrações muito elaboradas.

costumes, modo de vida e formas de organização social, e, com sua chegada, a Europa ocidental entrou numa prolongada fase de fluxo social e cultural e instabilidade política. Nesse período, boa parte da infraestrutura criada pelos romanos, como estradas e aquedutos, ficou em ruínas. A Igreja cristã, única força internacional operante na Europa no início da era medieval, trouxe pelo menos um fio de unidade social às antigas colônias romanas da região. Nesses tempos turbulentos, os mosteiros foram repositórios de conhecimento e redutos das artes. (Um dos únicos desenhos arquitetônicos importantes que sobreviveram, anteriores ao período gótico, é a planta de um mosteiro beneditino ideal, da Abadia de St. Galle, na Suíça.) Esse papel da Igreja foi recompensado: à medida que novos governantes da Europa ganhavam poder e manifestavam o desejo de aprender mais, o clero foi se beneficiando desse patronato e dessa riqueza.

Era de conflitos

Conforme a Europa se ajustava ao vácuo criado pelo declínio de Roma, rivalidades e disputas de poder entre líderes locais, regionais e nacionais levaram a uma imensa sequência de guerras – a ponto de ser possível enxergar a história da Europa medieval da Idade das Trevas até o século XV como uma longa série de batalhas sangrentas.

Essas lutas pelo poder não eram apenas seculares. No século XIII, a Igreja romana conquistou a supremacia religiosa na Europa ocidental com a cruel supressão da chamada "heresia" dos cátaros ou albigenses. Tratava-se de uma forma de cristia-

1200 — 1300 — 1400

1271 Marco Polo, explorador, soldado e escritor, deixa Veneza e viaja à China.

1315 Primeira dissecação pública precisa do corpo humano, pelo cirurgião italiano Mondino de Luzzi.

1337-1453 Guerra dos Cem Anos entre Inglaterra e França, superpotências emergentes.

1347-51 A Peste Negra, ou bubônica, mata um terço da população da Europa.

1378-1417 O Grande Cisma entre os papas rivais de Avignon e Roma termina com a supremacia romana.

c. 1386 Geoffrey Chaucer começa a escrever *Os contos de Canterbury*, primeira grande obra literária em inglês.

1402 Início da construção da Catedral de Sevilha, em Gótico Tardio, que se tornaria a maior do mundo ao ser concluída.

nismo que, nascida no Languedoc, em torno de Albi, no sul da França, no século XII, foi vista como ameaça à estabilidade da Igreja romana. Quando os cátaros por fim foram postos sob o jugo papal, ergueu-se uma imensa catedral-fortaleza em Albi para enfatizar a autoridade do pontífice.

A estabilidade política aos poucos foi voltando à Europa ocidental, e por volta do fim da Idade Média as principais nações-estado europeias já haviam surgido – caso de Inglaterra, França, Espanha, Suécia e Portugal – ou eram reconhecíveis nos principados e grão-ducados que formavam a Alemanha, a Itália e os Países Baixos.

Artes medievais

Com a estabilidade política veio uma recuperação da economia e da vida cultural, incluindo um grande florescimento da arquitetura. Isso resultou

Grande rosácea, Sainte-Chapelle, Paris A arte dos vitrais alcançou seu auge nos séculos XIII e XIV, inundando de cores e luzes o interior das catedrais e igrejas góticas.

AS CRUZADAS

Em 1095, o papa Urbano II lançou uma campanha militar para retomar os locais sagrados cristãos de Jerusalém, nas mãos dos turcos seljúcidas. Foi a primeira das muitas "cruzadas" na Idade Média para a retomada do controle da Terra Santa. Mas os eventuais ganhos eram revertidos pela contínua expansão dos estados islâmicos. As Cruzadas também visavam conquistar terras pagãs e combater grupos heréticos ligados ao cristianismo.

A Quinta Cruzada Detalhe de um manuscrito ilustrado mostra cavaleiros cruzados tomando Damieta, no Egito, em 1219.

em algumas das mais refinadas construções do mundo, como as catedrais e mosteiros medievais, e em encantadores exemplos de arquitetura local, na forma dos milhares de igrejas paroquiais que brotaram por toda a Europa; as da Inglaterra são uma das maiores obras coletivas de arte vernacular que podem ser encontradas em qualquer parte do mundo. Além de grandes edificações, a Idade Média também produziu arte magnífica, literatura refinada e boa produção de livros, sagas maravilhosas, como a da busca do Santo Graal, armaduras resplandecentes, uma engenharia estrutural criativa e a recuperação do conhecimento antigo – em grande parte por meio do contato com eruditos islâmicos na Espanha, que haviam preservado os escritos de Platão, Aristóteles e outros.

Apesar de todo o colorido visto em livros de oração ilustrados e nos *Livros de horas*, nos vitrais das catedrais góticas e nos estandartes de batalha e elmos emplumados dos cavaleiros, havia uma escuridão no coração do mundo medieval. Além de ser um período de conflitos mais ou menos contínuos, a Europa passou por uma grande mudança climática nesse período. A era medieval, que começara com o cultivo de cítricos na Inglaterra, tornou-se uma pequena Era do Gelo na primeira década do século XIV, levando à Grande Fome de 1315-17, que dizimou muitas aldeias e cidades.

Quase em seguida a essa tragédia veio a Peste Negra de 1347-51: um surto de peste bubônica que começou em algum ponto da Rota da Seda e vitimou até um terço dos habitantes da Europa. Em termos populacionais, a recuperação do continente levaria ainda 150 anos. Os efeitos econômicos e sociais foram profundos: quando a Peste recuou, havia muito menos trabalhadores, por isso os salários aumentaram, os camponeses se revoltaram, e o sistema feudal entrou em colapso. Foi o fim da servidão na Europa ocidental, mas não da Peste, que irrompeu novamente, embora com menor virulência, pelo restante do século XIV.

Em meio a todas essas mortes e guerras, caos e conflitos, a arquitetura medieval deve ter sido verdadeiramente inspiradora, elevando as pessoas da lama pestilenta da vida cotidiana. Hoje ela permanece como uma das maiores glórias da arte da construção.

Massa medieval Em impressionante isolamento, o monte St.-Michel, na França, ergue-se bem acima da base de sua ilha.

Românico

c. 800-1100

A igreja românica, desenvolvimento da basílica romana, foi patrocinada por abades e reis na tentativa de recriar a glória arquitetônica da Roma antiga. O românico primitivo se tornou o estilo de Carlos Magno, rei dos francos (r. 768-814), e foi amplamente adotado após sua coroação como primeiro imperador do Sacro Império.

Carlos Magno, patrono das artes e do conhecimento, foi grande defensor da cidade de Roma e por isso recompensado com a coroa de imperador no Natal do ano 800. A partir daí, a arquitetura românica difundiu-se por Itália (incluindo a Sicília), França, Alemanha, Escandinávia e Inglaterra. O estilo, apesar das variações regionais, é muito consistente e foi impulsionado por forças religiosas dinâmicas, como a ordem de Cluny. Esse grupo erigiu alguns dos maiores locais de peregrinação da época, como as igrejas francesas de St.-Martin, em Tours, e St.-Sernin, em Toulouse, e a espanhola de Santiago de Compostela *(p. 263)*.

Características do românico

As igrejas românicas tinham planta cruciforme (cruz latina), deambulatórios (corredores) em volta da abside, onde os peregrinos passavam em fila pelas relíquias, e altas abóbadas de pedra sustentadas por sólidas colunas e paredes bem grossas. Como os arquitetos e pedreiros (os termos em geral eram sinônimos) ainda não sabiam criar luminosidade e abóbadas vazadas – isso só seria possível na era gótica, que viria a seguir –, os edifícios românicos eram atarracados e em geral escuros. Construir com solidez e altura exigia paredes espessas com janelas pequenas, algo compatível com uma arquitetura patrocinada por reis guerreiros – não só Carlos Magno no século IX, mas também Guilherme da Normandia, que conquistou a Inglaterra em 1066. Este conhecia bem o poder da arquitetura como sinal de controle e domínio. Mas, embora seu duro regime tenha começado com a construção de fortalezas, levaria a maravilhas românicas como a nave da Catedral de Durham *(p. 176)*.

« **Duomo de Pisa, Itália** O interior dessa catedral forma uma cruz latina, dividida em cinco naves por 68 colunas de granito. Iluminada por cima, é decorada com afrescos, padrões geométricos em mármore colorido e teto em caixotões (ou cofres).

Elementos

Caracterizado pela solidez típica de castelos, o românico era o estilo dos reis guerreiros cristãos, que buscavam imitar a sorte dos lendários imperadores romanos. Eles adotaram fórmulas da Roma antiga e desenvolveram várias regras próprias, com influência de tradições arquitetônicas tanto islâmicas quanto cristãs.

Tímpano esculpido Como o pedimento de um templo romano, o tímpano – a área entre o topo da porta ou janela e o arco acima dela – de uma igreja românica era preenchido por esculturas em relevo.

Arcadas contínuas As arcadas foram levadas a extremos na famosa torre inclinada ou campanário da Catedral de Pisa, na Itália. Era um aspecto de muitas igrejas românicas; o desenho se repete na nave em Pisa.

Colunas esculpidas As robustas colunas da Catedral de Durham, na Inglaterra, eram preenchidas com entulho e enfeitadas com entalhes em zigue-zague que criavam jogos de luz e sombra no meio da vigorosa nave.

Naturalismo Capitel de coluna da Catedral de Monreale, na Sicília, de vaga inspiração no estilo coríntio clássico, animado pela figura esculpida de um cavaleiro com escudo envolvido por decoração frondosa.

Entrelaçado Cintas esculpidas, uma decoração entrelaçada que remete a fitas, são um aspecto característico da decoração das igrejas anglo-saxônicas, como a Igreja de Todos os Santos, em Earls Barton, na Inglaterra.

Arcadas cegas Essa era uma forma distinta de decoração, que tinha por objetivo dar vida a paredes cegas, bem mais barata e fácil de construir do que as aberturas para janelas envidraçadas.

Batistério, Parma

APÓS 1196 · PARMA, ITÁLIA
BENEDETTO ANTELAMI · BATISTÉRIO

O Batistério de Benedetto Antelami em Parma é uma obra exuberante. Entre os falsos botaréus nos cantos das paredes, coroados por lanternas, quatro arcadas de topo quadrado rodeiam o edifício. Estas, por sua vez, são encimadas por uma elegante arcada arredondada. As três entradas, ou portais, são incomuns por suas esculturas em relevo, únicas na Itália da época, talvez obra do próprio Antelami. As esculturas refletem desenvolvimentos contemporâneos na França, até em seus temas: a Virgem e o juízo final.

O interior de dezesseis lados traz outros sinais da influência francesa: é articulado por meias-colunas que se erguem quase à altura do edifício. As colunas são coroadas por arcos ogivais e, dado importante, por uma abóbada nervurada. Além disso, o nível interno mais baixo tem uma arcada aplicada, encimada por arcos resolutamente arredondados.

Uma obra-prima medieval O requintado Batistério de mármore cor-de-rosa de Parma (à dir. do Duomo, do século XII) é um dos melhores edifícios do Românico italiano.

Torres Garisenda e Asinelli

c. 1100 E 1119 · BOLONHA, ITÁLIA
FAMÍLIAS GARISENDA E ASINELLI · TORRES

Dizem que Bolonha já teve 180 edificações como essas. Sobretudo torres de vigia, as imensas estruturas isoladas eram símbolos do poder das famílias que as construíam. Quadradas e feitas de tijolos, com poucas e pequenas janelas, não têm nada de especial em termos arquitetônicos, mas, erigidas numa época em que calcular forças e cargas era em grande medida uma questão de adivinhação, são tecnicamente excepcionais. A Asinelli tem 97 metros, enquanto a Garisenda, reduzida por segurança em 1360, soma 47. Por causa do afundamento com o passar dos anos, nenhuma das duas é vertical; a Garisenda chega a estar 3,25 metros fora de prumo.

Igreja de Sant'Ambrogio

APÓS 1129 · MILÃO, ITÁLIA
DESCONHECIDO · LOCAL DE CULTO

Com sua construção de tijolos sem ornamentos, átrio enclausurado [*forecourt*] e fachada com dois níveis de telhado vazados por altos arcos redondos, Sant'Ambrogio é bastante austera e de aspecto antigo. Dentro, porém, há alguns avanços técnicos. A forma dos arcos da nave desce até os pilares de apoio, oferecendo uma ligação visual entre arco e pilar, e o teto da nave articula-se por meio de abóbadas nervuradas transversais e diagonais abatidas – um dos primeiros usos desses recursos construtivos. O sistema de vãos nos quais a nave fica dividida já prenuncia desenvolvimentos românicos e góticos posteriores.

Catedral de Monreale

1182 **MONREALE, PALERMO, SICÍLIA** **GUILHERME II** **LOCAL DE CULTO**

A Catedral de Monreale é um edifício exuberante, o supremo exemplo da arquitetura normando-árabe: uma síntese da construção ocidental de igrejas do século XII e de padrões decorativos árabes. Tem fortes influências bizantinas, em especial nos cintilantes mosaicos da nave, dos corredores e da abside.

O interior ostenta influências mouriscas.

A Catedral de Monreale é uma basílica de teto plano, com uma ampla nave e corredores que levam a até três absides baixas no extremo leste. Um semidomo, de onde um austero Cristo Pantocrátor em mosaico bizantino olha para baixo, cobre o altar principal. O interior destaca-se por seus vastos mosaicos.

Tudo o que liga o edifício aos desenvolvimentos paralelos do estilo gótico no norte da França são os arcos ogivais da nave. No exterior, o aspecto mais notável é a abside principal: uma combinação de arcos ogivais, aplicados, sobrepostos, e discos, com o conjunto todo incrustado de mármore colorido, disposto em padrões geométricos precisos. O efeito geral é de uma elaborada decoração de superfície com clara influência islâmica.

A habilidade artesanal prossegue nas 42 cenas bíblicas das impressionantes portas de bronze da entrada principal. Os claustros, tudo o que resta dos edifícios externos do mosteiro beneditino original, contêm 228 colunas gêmeas que sustentam arcos mouriscos. Muitas das colunas são retorcidas e esculpidas com elaboradas figuras e vegetação; várias delas têm mosaicos de vidro incrustados.

GUILHERME II

A construção da opulenta Catedral de Monreale pelo governador normando da Sicília, Guilherme II (r. 1166--89), foi mais que um ato de devoção: foi uma necessidade política. Tratou-se de uma tentativa proposital de eclipsar não só a já existente Catedral de Palermo, mas também seu arcebispo, o inglês Walter Ophamil, ferrenho apoiador do papa Inocêncio II, que havia muito se opunha aos normandos na Sicília.

No topo da cidade A catedral domina a cidade de Monreale, a sudoeste de Palermo. É uma bela igreja cristã decorada por artesãos que dominavam as tradições muçulmanas.

Protótipo perfeito A igreja românica de San Nicola foi a primeira de uma série nesse estilo construída no sul da Itália. Ela emana um claro sentido de seu próprio valor.

San Nicola, Bari

APÓS 1087 BARI, ITÁLIA DESCONHECIDO
LOCAL DE CULTO

A Igreja de San Nicola, na cidade de Bari, na Puglia, sudeste da Itália, evidencia a energia e a riqueza dos seus construtores normandos e inaugurou o que iria se revelar um estilo local surpreendentemente duradouro. A torre sul nunca foi concluída, mas o exterior da igreja exibe uma serena simetria.

A nave central, com telhado, realçada por um distintivo pórtico, é fortemente vertical. Duas pilastras – elementos retangulares na forma de pilares, mas que mal se diferenciam da parede – enfatizam as linhas do pórtico. A parte central deixa entrever a presença de uma nave importante atrás de si, assim como as porções laterais, cada qual com sua porta em arco, indicam que levam a corredores laterais. As arcadas que seguem a linha do telhado são esculpidas com surpreendente delicadeza.

Dentro, a nave de teto plano abre-se em três arcos transversos e é definida com precisão por uma arcada de colunas duplas. Acima, há uma passagem de tamanho razoável, ou trifório, iluminada pelas altas janelas do clerestório. Os corredores são espaçosos e ficam sob abóbadas cruzadas, caracterizadas por nervuras diagonais de agudas arestas formadas pela intersecção de duas abóbodas cilíndricas (ou de berço). A planta do piso é simples: um retângulo básico de que se destacam apenas uma abside atrás do altar e duas absides laterais menores.

Catedral de Pisa

1092 PISA, ITÁLIA BUSCHETTO DI GIOVANNI, RAINALDO E OUTROS
LOCAL DE CULTO

Poucos edifícios além da Catedral de Pisa mostram com maior clareza quanto a arquitetura italiana românica e gótica difere de suas congêneres de outros locais da Europa. Em parte isso celebra as tradições arquitetônicas locais, em parte reflete a herança clássica do país; e ambas eram contrárias à adoção de estilos que não fossem italianos.

A catedral é o cerne de um dos mais magníficos complexos arquitetônicos da Europa, que compreende também o batistério, mais ou menos da mesma época, e o campanário (a famosa torre inclinada). Os três são revestidos de mármore branco brilhante e são declarações propositais, quase avassaladoras, do orgulho cívico pisano. Iniciada no século XI, a catedral passou depois por extensa remodelação, em especial no século XIII, quando a nave foi ampliada e se acrescentou a fachada.

Esta última é um ótimo exemplo de "protorrenascimento" toscano: um piso térreo com arcadas, em volta de todo o edifício, coroado por quatro níveis de arcos esculpidos, os dois mais baixos estendidos por toda a largura do edifício, e os dois superiores apenas pela largura da nave.

Influências da tradição Arcos em estilo renascentista formam uma espécie de fachada de templo com frontão duplo sobreposto.

Notre-Dame la Grande

c. 1145 POITIERS, FRANÇA
DESCONHECIDO LOCAL DE CULTO

Já bem avançado o século XIII, a fragmentação política da França favoreceu os estilos regionais de arquitetura, dos quais Notre-Dame la Grande é exemplo marcante. Apesar de sua eloquente decoração escultural e de suas incomuns torres em forma de favos, essa igreja tem uma qualidade robusta. A fachada evita a obsessão pelo vertical, tão evidente em igrejas mais ao norte. A nave não tem trifório nem clerestório, e os arcos redondos das arcadas quase se juntam à abóbada cilíndrica de pedra, sustentada por nervuras transversais.

Fachada marcante A larga fachada de Notre-Dame la Grande é decorada com esculturas de santos e de cenas da Bíblia.

San Miguel de Escalada

APÓS 913 PERTO DE LEÓN, NOROESTE DA ESPANHA REI GARCIA LOCAL DE CULTO

Edifícios moçárabes – cristãos na função, mas mouriscos no detalhe – são um traço importante nos primórdios da arquitetura românica espanhola. San Miguel de Escalada foi erguida no século X, em grande parte por artesãos mouros que ali haviam sido deixados após a expulsão dos árabes do norte da Espanha. Com planta retangular simples e corredores tão largos quanto a nave, mais um rudimentar cruzeiro e três arcos de abside no lado leste, a influência moura em San Miguel é mais óbvia nos arcos em ferradura da nave e do pórtico e na ornamentação interior do teto de madeira.

Simetria perfeita O elegante exterior de San Miguel e seu pórtico são equilibrados pelas impressionantes colunas de mármore de seu interior.

Imensa e robusta O românico alemão dava muita importância à substância, e menos, à sutileza.

Abadia Maria Laach

1156 RENÂNIA, ALEMANHA DESCONHECIDO LOCAL DE CULTO

Essa imponente igreja de abadia beneditina fica num local idílico na margem sudoeste do lago Laacher, perto de Andernach, ao sul de Colônia. Junto com as catedrais de Speyer, Mainz e Worms, Maria Laach é um dos melhores exemplos de arquitetura românica alemã. Embora com muita influência dos estilos do norte da Itália e carolíngio, suas edificações robustas e de grande porte são uma enfática declaração do poder de uma Igreja revigorada.

Detalhe do capitel Entalhe em pedra acima da porta oeste, com o diabo anotando os pecados dos fiéis.

Construída principalmente com lava local, a Abadia de Santa Maria Laach tem como aspectos externos mais óbvios suas torres, três na extremidade oeste e três na leste. A torre central maior, na extremidade leste, é quadrada – o telhado das torres forma losangos, ou telhados do tipo "leme" –, enquanto a que fica após a cruz é octogonal.

Embora o edifício enfatize muito a vertical, há o contraste propiciado por percursos horizontais, sustentados por arcadas de arcos redondos, que são um motivo visual frequente. Arcos redondos aos pares, principalmente nas torres, repetem esse padrão. A extremidade oeste é também marcada por uma abside dominante e por um transepto oeste, contido dentro das torres circulares. Menos usual é o átrio com claustro na extremidade oeste, que leva às entradas principais nas torres circulares. Três absides também marcam a extremidade leste.

O interior da abadia é de uma amplidão e eco impressionantes, com a robustez da construção aparente em toda parte. Há relevos decorativos, proporcionados pelos entalhes naturalistas em alguns dos capitéis. Um toque típico da Renânia é o uso de meias-colunas nos pilares quadrados da nave e dos corredores – uma sugestão, quando nada, do emergente estilo gótico. Os espaços abobadados da nave e dos corredores têm a mesma largura – outra pista do que estava por vir.

Krak des Chevaliers

APÓS 1142 HOMS, SÍRIA CAVALEIROS HOSPITALÁRIOS FORTALEZA

O Krak des Chevaliers é sob certo aspecto o mais impressionante dos castelos construídos no Oriente Próximo durante as Cruzadas, ao evocar a longa e brutal luta pela posse da Terra Santa. Também exemplifica bem a maneira pela qual a arquitetura militar muçulmana foi adotada quase sem mudanças pelo Ocidente.

Selo dos Cavaleiros Hospitalários

Esse castelo era um dos cinco que protegiam a estratégica passagem de Homs, na Síria. Seus três aspectos-chave são a localização, num ponto natural protegido, o imenso porte e a sólida construção e o uso de anéis concêntricos, dotados de torres de defesa circulares em torno de seu baluarte, o coração do castelo. O local em si é formidável – uma projeção de rocha, com encostas íngremes. O portal no muro externo leva a um recurso típico dos cruzados, a "entrada curva": supondo que os agressores conseguissem superar o muro externo, seriam obrigados a seguir um caminho sinuoso onde ficavam sujeitos a mais ataques inimigos. O muro interno também é defendido nos seus lados sul e oeste, mais vulneráveis, por um enorme "glacis" – um muro íngreme impossível de escalar, que em certos pontos tinha mais de 25 metros de espessura. A principal função de castelos como esse era não só assegurar o território conquistado, mas resistir a ataques enquanto mantinha uma imensa guarnição. Depois de suportar doze cercos, o Krak por fim caiu em 1271, por traição. Mais recentemente, sofreu alguns danos na guerra civil da Síria, devido a bombardeios em 2013 e 2014.

OS CAVALEIROS HOSPITALÁRIOS

Oficialmente fundada em 1113, quando sua obra de caridade na Terra Santa foi reconhecida pelo papa Pascoal II, a Ordem dos Cavaleiros Hospitalários logo se tornou uma força militar dominante no Oriente Próximo, mesmo prosseguindo em seu trabalho tradicional de atender os doentes. Deixou a Terra Santa em 1291, após a queda de Acre, indo primeiro para Chipre e depois, em 1530, para Malta.

Fortaleza no monte
As defesas do Krak des Chevaliers eram complementadas por valas, cuja construção envolveu a remoção de centenas de toneladas de rocha.

Aldrava de bronze (c. 1140), na porta norte

Catedral de Durham

1133 DURHAM, INGLATERRA BISPO CARILEPH LOCAL DE CULTO

A brutal energia militar e política que impulsionou a conquista normanda expressou-se num impressionante surto de construção. Castelos poderiam ter sido o legado mais imediato, mas foi a inventividade normanda para a construção de igrejas que se mostrou mais duradoura. O melhor exemplo disso é a Catedral de Durham, erigida no reinado de Guilherme II (r. 1087-1100). Trata-se de um edifício que segue o molde de seus criadores: austero, ousado e imponente.

A Catedral de Durham é talvez o supremo monumento à maestria técnica de seus construtores anglo-normandos do fim do século XI, que por meio século foram os maiores engenheiros da Europa. Trata-se do primeiro edifício europeu a usar abóbadas ogivais nervuradas. As abóbadas nervuradas já eram usadas, como em Speyer, na Alemanha, depois de 1082, mas nunca desse modo – ou com efeito tão dramático.

A questão ia além de ser capaz de cobrir um amplo espaço com um teto de pedra, o que já era algo impressionante. Visualmente, o impulso ascendente das colunas gigantes que se alinham em vãos alternados foi ampliado no sentido vertical e cruzando o teto. Como resultado, criou-se um interior de excepcional unidade e força, um edifício com impressionante sentido da própria monumentalidade. Foi também um presságio do estilo gótico que viria a seguir. Apesar de toques góticos, Durham é decididamente uma edificação românica. Os pilares da nave, decorados com padrões geométricos precisos, são robustos, e seus arcos curvos igualmente assertivos criam um ritmo dinâmico. O exterior é quase igualmente impressionante, o que resulta em parte de sua localização elevada às margens do rio Wear. Em vários aspectos, esse foi um ponto alto da arquitetura anglo-normanda.

Visão dominante A cidade de Durham é dominada pela catedral e seu castelo vizinho – antiga casa dos poderosos "Bispos Príncipes" de Durham.

» GUILHERME DE SAINT-CALAIS

Esse monge beneditino normando tornou-se bispo de Durham em 1081. Em 1093, demoliu a catedral anglo-saxônica e começou a cuidar de sua substituta românica e da construção de uma abadia beneditina. Suas ligações com o rei Donald III da Escócia tornaram-no impopular junto ao rei inglês Guilherme II. Convocado à presença do soberano em Windsor em 1095, o bispo, adoentado, morreu logo após a chegada.

Torre de Londres

APÓS 1078 · LONDRES, INGLATERRA
GUILHERME, O CONQUISTADOR · FORTALEZA

A conquista normanda da Inglaterra em 1066 foi enfatizada pela construção de nada menos do que 70 castelos em locais-chave por todo o país. A "White Tower" foi um dos maiores deles, uma edificação retangular revestida de pedra, com torres nos cantos, defesas baixas ao longo dos muros e janelas estreitas dispostas bem no alto. No fim do século XVII, Christopher Wren acrescentou os elegantes torreões às torres e ampliou a maioria das janelas.

Força e graça
A bela capela românica de São João Evangelista fica localizada no interior da torre.

St.-Laurence, Bradford-on-Avon

c. 1050 · BRADFORD-ON-AVON, WILTSHIRE, INGLATERRA · DESCONHECIDO · LOCAL DE CULTO

Apenas 50 edifícios anglo-saxões sobreviveram à conquista normanda. Isso foi proposital: eliminar todos os aspectos da Inglaterra anglo-saxã era prioridade dos novos governantes franceses. St.-Laurence é uma dessas raras sobreviventes. Por fora, é básica, quase tosca: três volumes de telhados interligados – *porticus* (entrada), nave e capela-mor – em pedra rústica, coroados e parcialmente decorados por uma arcada cega redonda. Talvez até por sua antiguidade, o interior bruto, apertado, tem um quê de comovente.

Beleza simples
O exterior da Igreja de St.-Laurence é decorado com arcadas cegas, motivos tradicionais saxões e relevos simples de pilares.

Igreja de Østerlars

1150 ILHA BORNHOLM, DINAMARCA
DESCONHECIDO LOCAL DE CULTO

Entre 800 e 1050, a Escandinávia influenciou boa parte do norte da Europa, à medida que os vikings e os noruegueses conquistavam e colonizavam terras da Rússia ao Mediterrâneo, incluindo boa parte do leste da Inglaterra e do norte da França. A partir de meados do século XI, conforme a Escandinávia era cristianizada, o processo foi sendo aos poucos revertido. O resultado foi uma fusão de tradições locais e cristãs, visível principalmente na construção de igrejas. Na ilha de Bornholm, no mar Báltico, por exemplo, desenvolveu-se uma tradição de igrejas circulares em pedra, similares às de planta central dos cavaleiros templários das Cruzadas. A característica de fortaleza é proposital: além de local de culto, o edifício foi concebido como uma defesa contra ataques de piratas do Báltico.

Fusão de estilos Os robustos contrafortes inclinados da Igreja de Østerlars foram acrescentados bem depois da construção.

Igreja de Madeira de Borgund

1150 FIORDE SOGNE, NORUEGA
DESCONHECIDO LOCAL DE CULTO

A Igreja de Borgund é a mais conhecida das igrejas "escalonadas" da Noruega. Sua aparência externa exótica lembra em parte um pagode e em parte uma pira funerária viking, mas o interior deriva das igrejas de planta central bizantinas, evidência da natureza abrangente do mundo viking.

Em sua construção original (a abside na extremidade leste é um acréscimo posterior), consistia em um espaço central com arcadas sob uma alta torre, cuja construção elevada em madeira sugere um vínculo com o desenvolvimento do Gótico na França. Esse tipo de construção baseia-se em unir troncos (ou "degraus") partidos verticalmente ao meio, com a parte curva para fora e a plana para dentro. Já eram um meio de construção bem estabelecido na Escandinávia, mas a técnica nunca havia sido usada em tal escala.

O exterior da igreja perdura na memória por seus tetos inclinados, desgastados, e pelas cabeças de dragão coroando as arestas de seu telhado – uma lembrança das antigas tradições pagãs dessa região.

Síntese de tradições A igreja é um encontro de métodos de construção tradicionais com as necessidades do culto cristão.

Catedral de Lund

1103 · LUND, SUÉCIA · DONATUS · LOCAL DE CULTO

Enquanto nas igrejas de Østerlar e Borgund as raízes escandinavas são imediatamente óbvias, a Catedral de Lund exibe a tradição românica totalmente amadurecida, em particular da maneira em que ela se desenvolveu na Alemanha. Exceto pela ausência de uma abside ocidental e de transeptos duplos, é um edifício que não pareceria fora de lugar entre os da Renânia.

A fachada ocidental é dominada por duas torres quadradas, ornadas por uma complexa série de arcadas redondas, em três andares, coroadas por telhados com inclinação suficiente para sugerir pináculos. O andar mais alto do volume central do telhado tem uma série similar de arcadas sobre três janelas maiores, redondas. O tímpano (espaço entre o lintel e o arco) sobre a entrada principal é vigorosamente esculpido. Dentro, as arcadas da nave são dispostas em vãos duplos, inovação usada pela primeira vez em Speyer, na Alemanha, não muito antes. De novo, há esculturas ricas, em especial nos capitéis dos pilares da nave. A ponta leste é marcada pelos profundos transeptos e pela abside. A Catedral de Lund sinalizou enfaticamente a emergência da Escandinávia na corrente principal da arquitetura eclesiástica românica, mas depois foi muito restaurada.

» Enunciado românico
O aspecto mais marcante dessa catedral é sua dinâmica fachada, sobretudo as duas torres laterais.

Igreja Escalonada de Heddal

1250 · NOTODDEN, TELEMARK, NORUEGA · DESCONHECIDO · LOCAL DE CULTO

Heddal é a maior igreja escalonada sobrevivente da Noruega. Estima-se que foram construídas mais de mil delas, das quais restam apenas 28. Sob qualquer aspecto, a Igreja Escalonada de Heddal é uma edificação imponente: uma profusão de telhados de madeira íngremes, arestas e torres cria um clima repetitivo e rítmico que atinge o clímax na torre quadrada mais alta.

Uma sensação de imponência quase pagã é particularmente óbvia no interior, muito esculpido. Seu impacto é reforçado pela iluminação fraca, característica de todas as igrejas escalonadas. Há poucas janelas, pequenas e bem altas nas paredes, frequentemente sob os beirais.

O edifício sofreu extensiva restauração em meados do século XIX, quando os noruegueses obtiveram maior consciência da sua herança arquitetônica. Como ocorreu com muitas restaurações de igrejas feitas no século XIX, o trabalho se baseou numa compreensão pouco sólida da história da edificação. Ela foi restaurada segundo algo bem mais próximo de sua condição original no início dos anos 1950.

« Escalando o pico
A fim de manter a igreja de madeira, é necessário um programa regular de calafetação. Isso é feito por escaladores locais, que sobem pelos íngremes telhados.

Gótico

c. 1150-1500

A arquitetura das catedrais góticas medievais é uma das glórias da civilização europeia – a tentaviva de elevar a vida cotidiana a patamares celestes usando abóbadas de pedra, torres e pináculos excepcionalmente altos. São edifícios que devem tanto à visão do contratante e do arquiteto quanto à habilidade manual de pedreiros e artesãos.

No alto das naves dessas edificações, e com frequência fora do alcance do olho humano, há delicados entalhes de anjos, demônios, folhagens e remates – nada era bom o suficiente para o olho onisciente do Pai. O Gótico surgiu na França, na época sangrenta das Cruzadas, e, apesar de seu início sombrio, produziu algumas das mais inspiradoras e ousadas construções de todos os tempos.

Alcançar o céu

A essência do Alto Gótico é o arcobotante, um recurso que permitiu aos construtores medievais transferir peso para fora das paredes da catedral; quanto mais altas as paredes, maior a abertura dos arcobotantes. Graças ao uso desse recurso, os construtores foram capazes de fazer abóbadas de pedra de altura exorbitante, cada vez mais elaboradas, e de criar janelas cada vez maiores à medida que iam dominando a técnica. Aos poucos, as janelas ganharam espaço nas paredes, como no caso de Chartres *(p. 184)*. Repletas de vitrais com histórias do Velho Testamento e da vida de Cristo, de apóstolos, santos e mártires, essas igrejas reforçadas por arcobotantes eram o cinema ou a televisão da época. O contraste entre as exuberantes estruturas e as casas de pau a pique onde a maioria dos camponeses vivia era enorme. Não admira, portanto, que a igreja fosse capaz de manter as pessoas num estado de temor e assombro. Enquanto os franceses buscavam as alturas com suas abóbadas, os ingleses e alemães competiam pelo pináculo mais alto. O da Catedral de Salisbury *(p. 190)* ergue-se a 123 metros, enquanto o da Ulmer Münster, na Baviera, chega a 160 metros.

« **Abóbada gótica** Na sala do capítulo da Catedral de Wells, na Inglaterra, a abóbada em leque cria um efeito de palmeira, explorado ao máximo pelas 32 nervuras que saltam da coluna central.

Elementos

Elevando-se às alturas, o Gótico foi uma das mais notáveis aventuras da arquitetura. Arcos ogivais, altas abóbadas e arcobotantes elevaram as abadias, igrejas e catedrais aos céus medievais. A engenhosidade estrutural e o talento refinado de pedreiros uniram-se à vívida imaginação de artesãos – e praticamente fizeram com que esses edifícios góticos cantassem.

Rosáceas Glória das catedrais góticas, as rosáceas são obras de complexo rendilhado em pedra preenchido com vitrais e posicionadas para captar o melhor dos raios solares. Em geral, ficam nas paredes norte e sul dos transeptos e entre as torres oeste. Essa é a da Catedral de Reims, na França.

Pináculos O impulso vertical das torres góticas é mantido e exaltado pelos pináculos, como no campanário do fim do século XV acima do claustro do Magdalen College, em Oxford, Inglaterra.

Abóbada Essa bela abóbada nervurada, no encontro de duas abóbadas cilíndricas, pertence à Catedral de Amiens. Abóbadas mais leves, altas e esguias permitiram janelas maiores e mais ousadas nas paredes das naves. A abóbada em leque, invenção inglesa, foi o ápice.

Arcobotantes A nave da Catedral de Palma de Maiorca, na Espanha, com 44 metros de altura, foi possível graças a arcos de apoio de tijolo ou pedra chamados arcobotantes.

Arcos góticos I Essas janelas góticas simples, ogivais ou lancetadas, do fim do século XII, enfeitam a nave da Catedral de Ripon, em Yorkshire, Inglaterra, construída por Roger de Pont L'Eveque, arcebispo de York.

Arcos góticos II O rendilhado de janelas do fim do século XIII da Catedral de Amiens, na França, projetado por Thomas e Regnault de Cormont e Robert de Luzarches, ilustra a divisão em duas partes dos arcos das janelas.

Arcos góticos III Arcos dentro de arcos: esse exemplo do século XIV em St. Hermes, em Ronse, Bélgica, mostra a subdivisão cada vez mais complexa das janelas góticas e o grau de elaboração do rendilhado em pedra.

Arcos góticos IV Esse arco inglês gótico perpendicular, na capela de St. George, em Windsor, mostra de que maneira uma parede inteira podia ser transformada em uma janela gigante. A capela data de 1475.

Sainte Chapelle, Paris

1248 · PARIS, FRANÇA · LUÍS IX
LOCAL DE CULTO

Projetada para ser mais suntuosa do que qualquer igreja da cristandade medieval, Sainte Chapelle é uma intencional declaração de devoção e prestígio da monarquia francesa. Foi construída para abrigar relíquias sagradas, como a coroa de espinhos e um fragmento da cruz de Cristo, comprados por Luís IX de Balduíno II de Constantinopla.

O exterior deixa imediatamente claro que esse é um edifício de ênfase vertical: os arcobotantes são coroados por remates finamente elaborados; na extremidade oeste, o telhado muito inclinado é ladeado por torres vertiginosas; e uma delicada agulha afilada ergue-se de seu cume. Dentro há duas capelas. Uma é bastante sombria, no estilo de uma cripta; em cima dela fica a Sainte Chapelle, um vertiginoso espaço articulado por colunas pintadas de maneira vibrante que se erguem até a abóbada. Entre as colunas há imensas janelas – na realidade, as paredes cederam lugar totalmente ao vidro. A criação dessas paredes de luz num interior totalmente coeso representa um momento supremo na evolução da arquitetura gótica.

Capela reluzente Sainte Chapelle é uma façanha gótica extraordinária, um edifício que parece mais espiritual do que real.

Rosácea raiada, na extremidade oeste da Catedral de Notre-Dame

Notre-Dame, Paris

APÓS 1163 · PARIS, FRANÇA
BISPO DE SULLY · LOCAL DE CULTO

O imponente volume da Catedral de Notre-Dame é um ótimo exemplo da nova linguagem arquitetônica do Gótico, cujo impacto reverberou por toda a cristandade ocidental a partir de meados do século XII. Notre-Dame foi possível graças não só a um feliz encontro entre a tecnologia e as finanças. Como as catedrais de St.-Denis, Sens, Laon e Noyon – suas predecessoras imediatas no norte da França, o novo núcleo intelectual da Europa –, ela constituiu uma resposta a um grande imperativo teológico na recém-afirmada Europa cristã: a criação de edifícios que fossem ecos terrenos do reino de Deus. Notre--Dame foi concebida literalmente, portanto, como uma Nova Jerusalém.

Quase todos os avanços tecnológicos do período foram usados na construção da igreja. A abóbada sobre a nave, com mais de 30 metros de altura, é atravessada duas vezes por nervuras de pedra, que não são apenas estruturais, mas funcionam também como elementos visuais fortemente unificadores. No exterior, arcobotantes, usados nessa edificação praticamente pela primeira vez, tornam possível um nível superior – o clerestório –, contendo janelas que enchem o interior de luz. A fachada sóbria, racional, é cheia de estátuas, dominada por uma imensa rosácea e heroicamente compensada por duas imponentes torres. Os transeptos e suas elaboradas rosáceas com rendilhados de pedra foram acrescentados em meados do século XIII. A agulha é um acréscimo do século XIX.

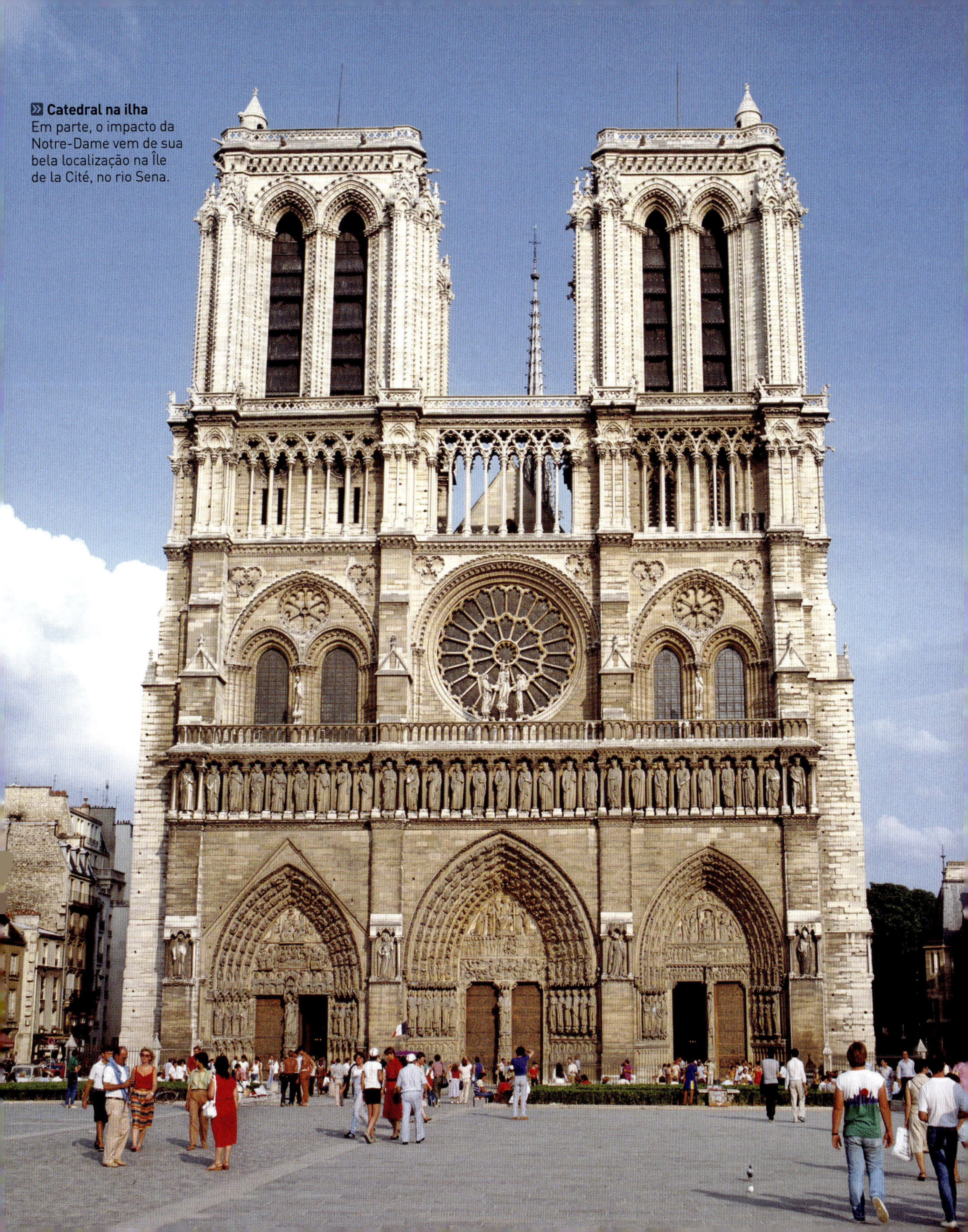

Catedral na ilha
Em parte, o impacto da Notre-Dame vem de sua bela localização na Île de la Cité, no rio Sena.

Catedral de Chartres

◒ 1230 ⚑ CHARTRES, FRANÇA ✍ DESCONHECIDO 🏛 LOCAL DE CULTO

A construção da primeira grande catedral gótica começou depois que um incêndio destruiu sua predecessora em 1020. A maior parte dela, exceto a fachada oeste, foi destruída por um novo incêndio em 1194, e a obra foi reiniciada. Como resultado, surgiu um edifício magnífico, harmonioso, de forte unidade. A grande nave, os pórticos adornados com esculturas expressivas, os soberbos vitrais e o fascinante labirinto no piso que transporta os fiéis a uma peregrinação virtual a Jerusalém são apenas alguns dos elementos muito bem realizados dessa colossal obra arquitetônica e espiritual. A catedral foi erguida no local de um poço sagrado (que pode ser visto na cripta), venerado tanto pelos druidas quanto pelos romanos. Primeira catedral dedicada à Virgem Maria, foi erguida, em parte, para abrigar a túnica que ela teria usado ao dar à luz o Cristo.

A Catedral de Chartres vista do leste

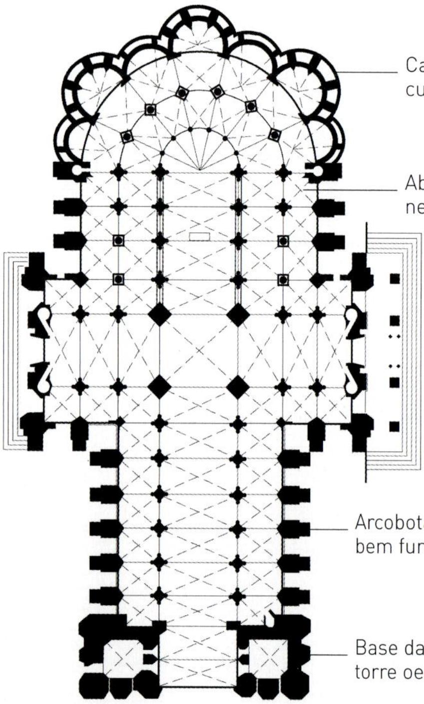

Planta do piso
A nave tem 130 metros de comprimento e 16,5 metros de largura. A planta é típica das catedrais góticas francesas, bem similar às de Reims e Amiens, diferindo da planta inglesa no uso da altura e da luz e na ausência de divisão entre nave e coro.

Teto em abóbada O inovador uso de arcobotantes na Catedral de Chartres permitiu que esse teto, de 34 metros de altura, fosse sustentado por paredes praticamente inteiras de vidro.

Detalhe de vitral No total, mais de 3 mil m² de vitrais medievais banham de luz colorida o interior da catedral.

Esculturas No espaço triangular recuado de um frontão sobre o pórtico, uma escultura retrata o Cristo em glória rodeado por santos e anjos. A obra, ricamente detalhada e tridimensional, prossegue ao longo das cornijas.

Abóbada ambiciosa
A Catedral de Beauvais é o supremo exemplo da busca por verticalidade do Gótico francês.

Catedral de Beauvais

APÓS 1247 · BEAUVAIS, FRANÇA
JEAN VAST · LOCAL DE CULTO

Beauvais, iniciada em 1247, reflete o estágio final da linha direta de evolução arquitetônica do estilo gótico a partir de St.-Denis, de 1144. É nela que o Alto Gótico francês atinge seu auge – ou melhor, poderia tê-lo atingido, pois Beauvais, além de nunca ter sido concluída, sofreu em 1284 o desabamento de seu glorioso coro, de 48 metros, o mais alto já construído na França. Apesar de reconstruída em 1337 seguindo no geral os desenhos originais, mas com pilares adicionais prudentemente acrescentados, a nave nunca foi iniciada, já que projetos como esses ficaram muito caros. Mesmo assim, a sensação de altura vertiginosa no coro não deixa de ser impressionante.

Catedral de Albi

APÓS 1282 · ALBI, SUDOESTE DA FRANÇA
DESCONHECIDO · LOCAL DE CULTO

Albi contrasta de modo surpreendente com as catedrais do Alto Gótico do norte da França, quase contemporâneas dela. Externamente, parece mais uma fortaleza – sua base inclina-se para fora, como se quisesse repelir agressores; suas janelas, em forte contraste com as extensões de vitrais das catedrais do norte francês, parecem pouco mais que estreitas aberturas; em vez de arcobotantes, a edificação tem botaréus semicirculares que se projetam das paredes de tijolos cor-de-rosa. Na realidade, a qualidade de fortaleza do edifício reflete mais do que uma variação regional e foi intencional: tratava-se de uma afirmação inequívoca do controle da Igreja, apoiada pelo poder real, estendido pela primeira vez ao Languedoc. O interior, um grande saguão, contrasta com a simplicidade do exterior. Consiste numa nave única, que com seus 18 metros de largura é a mais ampla da França. Ao longo de ambas as paredes há uma série de capelas, 22 ao todo, formadas por robustos botaréus internos que se desenvolvem para dentro. A decoração do interior, que inclui uma magnífica balaustrada, data dos séculos XIV e XV e exibe ricos afrescos, murais e estátuas. A catedral contém também um dos mais impressionantes órgãos da França.

Fortaleza cristã
A Catedral de Albi foi literalmente a concretização da Igreja Militante – ortodoxia cristã em forma de tijolo e pedra.

Carcassonne

c. 1350 · AUDE, FRANÇA · DESCONHECIDO · CIDADE

Apesar da ampla restauração realizada no século XIX, Carcassonne, junto ao rio Aude, na região do Languedoc-Rousillon, sudoeste da França, está entre as mais completas e bem preservadas cidades-fortaleza medievais da Europa. Seu aspecto mais impressionante é o muro, dotado de torres com o topo em cone, em toda a sua volta. Embora seja em parte romana do século I e em parte visigoda do século V, a cidade é quase toda do século XIII, construída por Luís IX e seu sucessor, Filipe III, depois de ter caído em poder de Simon de Montfort em 1247 e de ter sido transferida à monarquia francesa. Nessa condição, Carcassonne tornou-se um ponto crucial para a defesa contra a expansão do reino espanhol de Aragão, situado mais ao sul. A partir do século XV, ao perder sua importância militar, foi aos poucos declinando. Em1835, quando visitada por Prosper Mérimée, era tal sua degradação que, determinado a recuperar a glória medieval da cidade, o poeta pediu ao arquiteto Viollet-le-Duc que tomasse providências para sua total recuperação.

Glória recuperada
Apesar da ampla reconstrução, Carcassonne é a mais impressionante cidade-fortaleza medieval da França.

Hôtel de Ville, Arras

APÓS 1502 · ARRAS, FRANÇA · DESCONHECIDO · EDIFÍCIO PÚBLICO

Apesar da prosperidade da França no fim da Idade Média, ela tinha relativamente poucos edifícios públicos importantes. Em geral, à medida que diminuía o surto de construção de catedrais e igrejas iniciado no século X, os projetos arquitetônicos de maior prestígio reduziram-se à construção de palácios e castelos. Sem dúvida, era pequeno o número de edifícios públicos em comparação com os da Itália e dos Países Baixos nessa época. O Hôtel de Ville, sede da prefeitura em Arras, é uma notável exceção. Arras não só fica perto dos Países Baixos; quando o Hôtel de Ville foi construído, no início do século XVI, era de fato governada pela Espanha dos Habsburgo, cujos domínios incluíam os Países Baixos. O Hôtel de Ville de Arras assemelha-se aos Mercados Medievais de Bruges e Ypres *(p. 188)*. O edifício é intencionalmente ornamentado, uma expressão consciente do orgulho cívico. O piso térreo é ocupado por uma arcada, acima da qual há janelas com rendilhado em pedra que iluminam o salão principal no piso térreo. O telhado, em ângulo acentuado, exibe diversos lanternins em três níveis. Um imenso campanário ergue-se a 76 metros de altura.

Orgulho cívico
O edifício de hoje é uma reconstrução do original, destruído na Primeira Guerra Mundial.

Mercado Medieval, Ypres

APÓS 1214 · YPRES, BÉLGICA
DESCONHECIDO · EDIFÍCIO PÚBLICO

De todos os grandes edifícios seculares medievais dos Países Baixos – em Antuérpia, Ghent, Bruges, Louvain e Bruxelas –, o mais impressionante e, sem dúvida, o de maior impacto é o Mercado Medieval de Ypres. Isso se deve em parte ao seu grande porte: o edifício tem 132 metros de comprimento, bem mais do que a maioria das catedrais do período, por exemplo. Assim como o Mercado Medieval de Bruges, é um edifício que só pode ser interpretado como um templo do comércio.

Como em Bruges, o Mercado Medieval de Ypres é coroado por um campanário, que parte da beirada do telhado íngreme e culmina numa delicada lanterna. Pequenas torres nos extremos da fachada acentuam a ênfase vertical. No entanto, é o sentido horizontal que predomina. A fachada em si é de resto simples: um piso térreo com aberturas retangulares; acima, dois pisos com janelas em arco, as do primeiro andar redondas no topo, as do segundo andar, bem maiores, ogivais. Juntas, criam uma regularidade rítmica, repetitiva, que confere ao edifício um impressionante sentido de segurança e assertividade.

Templo do comércio
O Mercado Medieval de Ypres foi reconstruído na década de 1930, após sua destruição na Primeira Guerra Mundial.

Mercado Medieval, Bruges

APÓS 1282 · BRUGES, BÉLGICA
DESCONHECIDO · EDIFÍCIO PÚBLICO

Toda a força do comércio no fim da Idade Média fica evidente no Lakenhalle, ou Mercado Medieval de Bruges. O salão abrigava o comércio de tecidos dessa importante cidade hanseática, entre as mais ricas da Europa. Bruges era típica dos centros urbanos surgidos no norte europeu e italiano depois de 1000. Enriquecidos pelo comércio, eles tinham um forte sentido de valor cívico. Arquitetonicamente, isso se expressa em parte em novos tipos de edifícios – mercados, armazéns, sedes de prefeitura e de corporações –, que buscavam facilitar o comércio e aumentar o prestígio de suas cidades. O principal aspecto do Mercado Medieval é a torre, de 80 metros de altura, que se ergue desproporcionalmente acima do sólido prédio de tijolos, de três andares. Em sua robustez, o edifício compete com o de Ypres, e até com a Catedral de Antuérpia. Essa comparação é válida: embora não fossem antirreligiosas, as ricas cidades comerciais do norte da Europa na alta Idade Média tinham consciência de sua nova condição e queriam dar-lhe expressão em edifícios que se igualassem, em opulência e porte, às catedrais. A metade inferior da torre foi construída após 1282, depois que o salão original pegou fogo; a metade de cima, uma lanterna octogonal, foi acrescentada entre 1482 e 1486.

Catedral de Wells

APÓS 1180 WELLS, SOMERSET, INGLATERRA DESCONHECIDO LOCAL DE CULTO

Com as de Lincoln e Salisbury *(p. 190)*, Wells é considerada uma das primeiras três grandes catedrais indiscutivelmente inglesas (em oposição às de influência francesa). Quase todos os aspectos principais dessa primeira fase do Gótico inglês maduro – Inglês Primitivo – estão presentes. Como em todas as construções monásticas, o edifício fica num terreno espaçoso; valoriza mais a extensão do que a altura; tem duplos transeptos e uma ponta leste quadrada; a entrada principal oeste é diminuta. De modo mais incomum, a fachada oeste é rica em esculturas. No interior, o aspecto mais notável são os arcos invertidos que conformam uma "rede" no cruzeiro, construídos em 1338 para sustentar a torre central.

Vista panorâmica A curiosa extensão bidimensional da fachada oeste serve como vitrine para expor as refinadas esculturas da catedral.

Catedral de Ely

APÓS 1080 ELY, CAMBRIDGESHIRE, INGLATERRA DESCONHECIDO LOCAL DE CULTO

Ely é uma das mais notáveis e interessantes catedrais inglesas, tanto por seu grande porte como pelo alcance e variedade de sua arquitetura, que abrange todos os períodos desde o século XI normando até o Gótico decorativo do século XIV. Seu aspecto mais inusitado e memorável é o cruzeiro de oito lados no encontro da nave com os transeptos, acrescentado entre 1322 e 1340, acima do qual se ergue uma igualmente excepcional lanterna octogonal de madeira. Não há outros exemplos disso na arquitetura gótica do restante da Europa. A nave e os transeptos são claramente normandos e tão impressionantes quanto seus congêneres em Durham, com robustos arcos redondos marcando a arcada, o trifório e o clerestório. Em contraste, o coro ornamentado, sustentado no exterior por arcobotantes (raros na Inglaterra), é do século XIV. A Capela de Nossa Senhora, de 1321-49, é uma impressionante obra de entalhe.

Presença elevada O volume da Catedral de Ely é acentuado por sua torre central e pela torre situada na fachada oeste.

Nave em abóbada

Catedral de Salisbury

1258 · SALISBURY, WILTSHIRE, INGLATERRA · ELIAS DE DEREHAM · LOCAL DE CULTO

Salisbury, serena e sólida, rodeada pelo mais belo sítio de catedral do país, é talvez a catedral mais tipicamente inglesa, para muitos a expressão mais fascinante da Inglaterra. O pináculo, o claustro e, acima de tudo, a imensa extensão do edifício exemplificam bem o Gótico inglês no século XIII.

Salisbury é única não só por ter sido construída a partir do zero (e não sobre os alicerces de um edifício anterior, como muitas outras grandes catedrais), mas por ter sido erguida em apenas 38 anos. Exceto pelo pináculo, acrescentado quase cem anos mais tarde, praticamente não mudou desde então. Com isso, é o mais completo e revelador exemplo do Gótico inglês primitivo, quase um modelo do estilo. A comparação com edifícios franceses da mesma época é reveladora. Enquanto Amiens – que está para o Gótico francês assim como Salisbury está para o inglês – é concebida como um todo unificado, com sua fachada introduzindo de modo lógico o interior e a ênfase sempre no vertical, Salisbury é de modo igualmente óbvio pensada como uma série de elementos individuais nos quais o horizontal prevalece. Um caso típico é o da fachada, por certo o elemento menos satisfatório do edifício, ocupada por esculturas restauradas do século XIX e mais ampla do que a própria igreja. No interior, a ênfase na nave leva o olhar naturalmente para a distante Capela de Nossa Senhora, na ponta leste, mais do que para as abóbadas: as colunas da abóbada, por exemplo, descem apenas até os arcos do trifório, em vez de serem levadas até o chão. Como em Wells *(p. 189)*, usam-se transeptos duplos, reforçando o sentido de espaços separados, compartimentados. O impacto geral, que prossegue na notável Casa Capitular, é repousante, mais do que persuasivo.

ELIAS DE DEREHAM

Em geral, não ajuda muito falar em "arquitetos" de edifícios medievais. Sabemos os nomes de alguns deles, e nada mais. Os projetos eram geralmente administrados pelos clérigos e executados por equipes de mestres de obras. Em Salisbury, o papel de administrador ficou a cargo de Elias de Dereham, cônego da catedral, mas o quanto ele teve a ver com o projeto do edifício é incerto. De Dereham morreu em 1245, antes que a catedral fosse concluída.

Superpináculo
O característico pináculo da Catedral de Salisbury foi acrescentado em 1335. Com 123 metros, é o mais alto da Grã-Bretanha.

Capela do King's College

1515 CAMBRIDGE, INGLATERRA
HENRIQUE VI LOCAL DE CULTO

A Capela do King's College, iniciada em 1446, é o melhor exemplo do Perpendicular, o fruto final do Gótico inglês (e um estilo exclusivo da Inglaterra). Na planta, vê-se a própria simplicidade, um retângulo de 88 metros de comprimento, 12 de largura e 24 de altura; em suma, um espaço só, unificado, sem corredores, dividido no comprimento apenas por uma elaborada balaustrada de madeira do início do Renascimento, que nunca quebra o espantoso sentido de unidade do interior.

O fascínio do edifício é criado em parte pelas imensas janelas idênticas – doze de cada lado, ladeando a nave e, com efeito, reduzindo as paredes a pouco mais que esguios pilares entre elas – e em parte pela decoração incrivelmente elaborada. Isso chega ao auge na exuberante abóbada em leque. Um portentoso exercício de geometria, a capela não é menos notável em sua profusão de recursos heráldicos e animais entalhados que preenchem as paredes baixas e os pilares. No exterior, os aspectos que dominam são os estreitos botaréus entre as janelas, que se estendem como pináculos, e as ainda mais destacadas torres em cada um dos quatro lados da capela.

Perpendicular
A solene imponência dessa capela se deve à combinação da simplicidade da planta com a elaboração dos detalhes.

Westminster Hall

1399 LONDRES, INGLATERRA HENRY YEVELE E HUGH HERLAND PALÁCIO

Com a Jewel Tower ("Torre das Joias") do outro lado da rua, o Westminster Hall é a única parte do medieval Palácio de Westminster que sobreviveu ao incêndio de 1834 (e depois assistiu à construção das atuais Casas do Parlamento). O projeto é do mestre de obras Henry Yevele, que, refletindo a mudança de status dos artistas medievais, pode ser quase considerado um arquiteto no sentido moderno do termo.

No entanto, o aspecto mais notável do edifício é o telhado com arcos de madeira de Hugh Herland. A Inglaterra medieval foi única no desenvolvimento de uma variedade de telhados de madeira, com diversos graus de complexidade e decoração. Embora a maioria esteja em igrejas, sob certo aspecto o mais imponente deles é o do Westminster Hall: com 70 metros de extensão por 20 metros de largura, é não só uma façanha técnica, com um duplo sistema de arcos de carvalho sustentados por treliças tipo *hammer-bean* projetadas, mas também um triunfo da decoração ao estilo perpendicular. As grandes toras são minuciosamente esculpidas com delicados rendilhados, e o que mais chama a atenção são os anjos gigantes nas extremidades das vigas.

Engenharia medieval de impacto
Westminster é um dos maiores saguões medievais da Europa, com um telhado sustentado sem o concurso de pilares.

Projeto estratégico As torres de Conwy são autossuficientes: se uma parte do castelo era conquistada, as demais ainda podiam ser defendidas.

Castelo de Conwy

1289 ABERCONWY, NORTE DO PAÍS DE GALES EDUARDO I FORTALEZA

Junto com seus pares galeses de Harlech, Beaumaris e Caernarvon, o Castelo de Conwy foi construído por Eduardo I como afirmação brutal da conquista de Gales pelos ingleses. Essas austeras fortalezas são o ponto alto do castelo medieval: pouco mais de um século mais tarde, a introdução das armas de fogo iria torná-los bastante obsoletos. Eles destacam uma importante mudança na construção de castelos. Se no século XII as defesas eram concebidas de fora para dentro, tornando-se cada vez mais sólidas em direção ao forte, nesse as defesas se concentram no muro exterior, que em Conwy é guarnecido por oito imensas torres redondas autossuficientes. Como proteção adicional, o pátio é dividido em uma ala externa e outra interna.

Castelo de Stokesay

1305 STOKESAY, SHROPSHIRE, INGLATERRA LAURENCE DE LUDLOW FORTALEZA

Enquanto o Castelo de Conwy foi erguido como expressão do poder do Estado, Stokesay é uma edificação bem mais modesta, na realidade uma casa de campo cuja localização, perto da fronteira com Gales, exigia que fosse defensável. Hoje, o aspecto mais obviamente militar do edifício é a torre no extremo sul. Originalmente, porém, o castelo todo tinha fosso; boa parte do muro externo também desapareceu, e o portão original foi substituído no início do século XVII. No entanto, o Grande Salão, de 16 metros de comprimento por 9,5 metros de largura, deixa claro que o propósito principal da construção era doméstico, mais que militar – era o lar de um mercador, mais que de um guerreiro.

Protegida contra ataques A torre na ponta sul de Stokesay permitia visão panorâmica do território de fronteira. À esquerda fica a parte posterior do Grande Salão.

Igreja de Santa Elisabete

◒ c. 1283 ⚐ MARBURG, ALEMANHA
✍ DESCONHECIDO 🏛 LOCAL DE CULTO

Santa Elisabete expressa tanto as tradições alemãs de construção de igrejas quanto a influência do Alto Gótico francês, já sentida na Catedral de Colônia. Como muitas igrejas alemãs do período gótico, essa é uma igreja-salão: ou seja, tanto a nave quanto os corredores têm a mesma altura. O resultado é um interior vasto, uniforme, que deixa de lado a ideia do Alto Gótico francês de espaço vertical que se ergue num crescendo na abóbada da nave. A elevação interna em três estágios do Alto Gótico francês (arcada, trifório e clerestório) é dispensada nessa edificação, na qual os arcobotantes são desnecessários. A ponta leste e os transeptos terminam em absides, um desenho que remonta ao Românico alemão. No entanto, muitos detalhes, como a forma das colunas da nave e sua extensão para cima e para dentro da abóbada da nave e dos corredores, são claramente de origem francesa, assim como o rendilhado das janelas.

Pináculos gêmeos Os pináculos de Santa Elisabete mostram forte paralelismo com os desenvolvimentos da mesma época na arquitetura francesa.

Castelo de Malbork

◒ APÓS 1276 ⚐ MALBORK, POLÔNIA
✍ CAVALEIROS TEUTÔNICOS 🏛 FORTALEZA

Em 1233, com apoio do imperador do Sacro Império Romano e do papa, os cavaleiros teutônicos iniciaram a conversão forçada ao cristianismo de imensas áreas da Europa Central. De início mosteiro fortificado, o castelo foi tomado e ampliado pelos cavaleiros, tornando-se o maior castelo medieval de tijolos da Europa. Com um sistema de múltiplos muros de defesa, portões e torres, o complexo cobre 32,4 hectares. Foi bastante ampliado ao virar residência do grão-mestre teutônico em 1309. Houve várias fases de construção: primeiro, o Castelo Superior, seguido pelo Castelo do Meio, depois, entre 1382 e 1399, o Palácio do Grão-Mestre, edificação muito luxuosa de quatro andares de tijolos. Severamente danificado durante a Segunda Guerra Mundial, desde então tem sido cuidadosamente restaurado.

Forte teutônico O Palácio do Grão-Mestre é visível à esquerda; à direita, fica o Castelo Superior, bem fortificado.

Catedral de Siena

APÓS c. 1226 SIENA, ITÁLIA
DESCONHECIDO LOCAL DE CULTO

A arquitetura italiana resistiu muito às influências góticas do norte da França. Ecos de antiguidade e uma vigorosa tradição de construção românica levaram, em vez disso, a uma arquitetura em grande medida única na Europa.

A Catedral de Siena, uma das maiores e de maior prestígio entre as igrejas medievais italianas, é um bom exemplo. A fachada oeste tem similaridades superficiais com os edifícios franceses da época: os três portais; as figuras esculpidas; a rosácea central. Mas as diferenças são muito mais evidentes, não só nas cores como na inconfundível ênfase horizontal criada pelas faixas de mármore. Elas prosseguem no interior, e seu efeito decorativo é reforçado por um piso tardio de mármore incrustado. Mas o aspecto mais incomum é um cruzeiro de formato hexagonal, coroado pela menos gótica das formas, um domo. Elevando-se acima do transepto sul há um campanário quadrado, também envolto por faixas de mármore. Em resumo, as claras prioridades que deram impulso ao Gótico na França são submetidas em Siena a uma curiosa mistura de Clássico, Românico e tradições locais do norte da Itália.

Influência francesa
A metade de baixo da fachada da catedral foi construída entre 1285 e 1295, e a metade superior, concluída em 1376.

St. Martin, Landshut

1498 LANDSHUT, BAVIERA, ALEMANHA
HANS VON BURGHAUSEN LOCAL DE CULTO

A Igreja de St. Martin é típica das igrejas-salão de boa parte do centro e do sul da Alemanha, que se difundiram no período Gótico Tardio em Freiburg, Nuremberg, Mainz, Marburg e Munique, para ficarmos só nos exemplos mais conhecidos. Com nave e corredores da mesma altura, o efeito era o de transformar o interior numa única sala com colunas, iluminada não por um clerestório, mas por janelas laterais, normalmente dispostas em um ou dois andares. Mesmo assim, não falta ênfase vertical: a igreja tem um forte sentido de elevação espacial, reforçado pelas janelas estreitas e pela ausência de transeptos.

A torre oeste, única, de 133 metros de altura, é caracteristicamente do Gótico Tardio, mas, enquanto nas catedrais francesas do século XIII tal verticalidade reforça o eixo leste-oeste, aqui o efeito é mais o de permitir que o olho vague para cima e além e de dirigi-lo também para a ponta leste. O teto baixo acima do coro sutilmente divide a área da nave, sem interromper o glorioso sentido de espaço aberto no interior da edificação.

Elevação reverente
Pilares em altura máxima elevam o olhar, criando uma sensação de luz e de reverência.

Influência oriental
Uma arcada com arcos ogivais no estilo bizantino apoia-se em colunas esguias e se estende pelo lado sul da igreja sob o domo.

Basílica de Santo Antônio

1307 PÁDUA, VÊNETO, ITÁLIA DESCONHECIDO LOCAL DE CULTO

As curiosidades, para não dizer confusões, do Gótico italiano em nenhum lugar são mais óbvias do que na Basílica de Santo Antônio em Pádua. Gótico francês, Românico lombardo e – o mais estranho – influências bizantinas juntam-se para criar um híbrido surpreendente. Que haja influências bizantinas em Pádua não é de admirar, pela proximidade de Veneza. O que surpreende é que sejam usadas numa igreja cuja planta é essencialmente gótica francesa, com nave, corredores, transeptos e coro – este último terminando em forma de cabeça na extremidade leste, com nove capelas que dele irradiam.

No exterior, a confusão de estilos é exagerada pelas esguias torres circulares, com lanterna no topo, dispostas a intervalos a partir do centro do teto da nave. Também incomuns são os telhados de ambos os lados da nave, separados por robustos botaréus, que se estendem em ângulo reto para os corredores.

A delicada fachada com frontão é o elemento românico mais óbvio. Quatro grandes arcos ogivais ladeiam um arco central menor de topo redondo, e o conjunto todo fica sob uma galeria com arcos.

Santi Giovanni e Paolo

1385 VENEZA, ITÁLIA DESCONHECIDO LOCAL DE CULTO

No tamanho, na planta em cruz latina e na elevada altura interna, Santi Giovanni e Paolo – tradicional local de enterro dos doges (antigos governantes de Veneza) – pertence claramente à tradição gótica do Norte, fato reforçado por arcos ogivais, abóbada nervurada e alto clerestório. Mas em quase todos os demais aspectos a igreja é nitidamente fruto de tradições venezianas nativas. As colunas gigantes da sóbria nave são bem espaçadas e, com isso, tendem a dissolver a distinção entre nave e corredores e criar um único espaço interno, cuja ênfase, apesar da grande altura do edifício, é tanto lateral quanto longitudinal. Além disso, em vez de ser sustentado externamente por arcobotantes, o edifício é unido na parte interna pelo método bem mais simples das vigas de travamento. A elogiada fachada de tijolos, com uma parte central em duas águas erguendo-se expressivamente e avançando em relação ao segundo telhado formado pelos corredores, data de 1430. O domo sobre o cruzeiro é bem posterior.

Ligação interna
Vigas de travamento em madeira, ou peças atravessadas no ambiente, trazem as paredes e as colunas para dentro.

Palazzo Pubblico, Siena

◒ 1309 ⚑ TOSCANA, ITÁLIA ✍ DOMENICO DI AGOSTINO E OUTROS 🏛 EDIFÍCIO PÚBLICO

Esse edifício austero e elegante no alto da Piazza del Campo, em forma de leque, no centro de Siena, era a impressionante sede do governo dessa antiga cidade--estado. Ótimo exemplo do uso de arcos ogivais góticos, o Palazzo Pubblico tem um ar mais suave, menos militarista do que muitos palácios municipais da época. Até as ameias que marcam seu perfil parecem mais decorativas do que defensivas.

Originalmente uma adaptação do edifício da alfândega, o Palazzo Pubblico foi ampliado várias vezes, até mesmo com a anexação da prisão local. Só os andares superiores são de tijolos, e o piso térreo é revestido com belo travertino, vazado por aberturas e janelas de bom tamanho com arcos ogivais. À esquerda da fachada principal fica a Torre del Mangia, um poderoso símbolo da autoridade municipal, que se eleva a 102 m. Na base desse campanário há um pórtico grande e com elaborada decoração – a Capella di Piazza, projetada por Domenico di Agostino – que se ergue à altura das janelas do primeiro andar. Afora a torre e o pórtico, o edifício é notável pela simetria, com um bloco central de quatro andares ladeado por dois blocos de três andares, cada qual com três módulos de largura. Dentro do Palazzo Pubblico há uma rede de escritórios, câmaras e moradias, muitas delas com afrescos de destacados artistas da época. O edifício abriga hoje o Museu Cívico de Siena.

Torre alta Erguendo-se acima da Piazza del Campo, a Torre del Mangia é a mais alta das torres municipais da Itália.

Palácio do Doge

c. 1438 VENEZA, ITÁLIA GIOVANNI E BARTOLOMEO BUON PALÁCIO

Esse elegante e exótico edifício gótico era a residência do doge, o magistrado-chefe e líder da República de Veneza, e abrigava várias instituições políticas. No entanto, o Palácio do Doge é um pouco anacrônico: na época em que foi concluído, o Gótico já vinha sendo superado em outras partes da Itália por um Classicismo redescoberto. Isso posto, definir o Palácio do Doge como gótico é quase impróprio, pois trata-se de uma forma de Gótico sem paralelo fora de Veneza. O rendilhado da arcada do primeiro andar, a entrada principal (a Porta della Carta), esculpida de modo exuberante, e a notável "crista" de pedra em forma de tiara do telhado não são típicas do estilo. Talvez o aspecto mais destacado do edifício seja a presença de uma grande massa de espaço murado acima dos dois andares inferiores decorativos. Alguém poderia achar que o palácio resultaria visualmente pesado na parte superior, mas o impacto real é bem diferente – extremamente gracioso e, apesar de seu sóbrio propósito público, quase lúdico. O piso térreo é dedicado a uma arcada arejada, com arcos ogivais, enquanto o segundo andar abriga a Câmara do Grande Conselho, uma das maiores e mais refinadas salas públicas da Europa.

Fachada colorida Com 50 metros de extensão, a fachada do Palácio do Doge é coberta de mármore rosa e branco.

Ca d'Oro

1440 VENEZA, ITÁLIA GIOVANNI E BARTOLOMEO BUON PALÁCIO

O Ca d'Oro, no Grande Canal de Veneza, pode ser o mais magnífico entre os edifícios residenciais do fim da Idade Média na cidade, mas contém aspectos comuns a todos os palácios venezianos. Suas arcadas e seu pátio central eram mais que decorativos – a intenção era arejar o edifício no verão. A grande arcada do piso térreo reflete a função da edificação, parte armazém e escritório, parte residência; o andar superior, ou *piano nobile*, era onde ficavam as salas públicas mais majestosas. No entanto, o prédio é notável como a mais refinada expressão da marca característica de Veneza – a fantasia gótica, muito influenciada por modelos bizantinos e árabes. Ele é excepcionalmente luxuoso: seu nome, Casa de Ouro, deriva do fato de ter sido originalmente revestido de folhas desse metal. Os arcos dos três andares têm rendilhados elaborados, muito detalhados; os incomuns pináculos ondulados acima da fachada manifestam uma óbvia influência árabe.

Assimetria acidental A assimetria do Ca d'Oro não é proposital: originalmente previa-se erguer uma ala lateral, à esquerda da fachada.

Retiro real Essa igreja foi fundada originalmente pelos soberanos Fernando e Isabel, como um local tranquilo fora dos muros defensivos da cidade.

Igreja de Santo Tomás, Ávila

1493 ÁVILA, ESPANHA MARTIN DESOLOZANO MOSTEIRO

Iniciada em 1482, essa bela igreja monástica nos arredores de Ávila tem planta em cruz latina e foi usada como retiro de verão pelos reis católicos Fernando e Isabel de Castela. Eles o elegeram como local de enterro de seu único filho. Fernando persuadiu o papa a permitir que sua igreja fosse a sede da Inquisição na Espanha, e ela se tornou o quartel-general do tristemente famoso inquisidor-geral Tomás de Torquemada (1420-1498), que está enterrado ali. Por ordens dele, milhares de judeus, suspeitos de bruxaria e cristãos hereges foram cruelmente assassinados. Tornou-se um monumento da reconquista do continente espanhol quando mouros e judeus foram expulsos em 1492.

Erguida no fundo de um pátio, essa igreja ostensivamente simples tem sua fachada oeste estampada com o brasão de armas de Fernando e Isabel, posicionado entre dois magníficos leões furiosos. Diz-se que os 73 assentos de nogueira dentro do coro foram esculpidos por um prisioneiro mouro em troca de sua vida. Acima deles há cinco cenas retratando a vida de São Tomás de Aquino, pintadas por Pedro Berruguete. A ampla nave ostenta quatro arcos baixos no centro, e há três claustros escuros: o Claustro dos Noviços, o do Silêncio e o dos Reis.

Espaço reciclado Emblema da Catedral de Sevilha, o campanário da Giralda, um antigo minarete, preserva o belo trabalho de treliça em pedra de sua base de origem almôada.

Catedral de Sevilha

1520 SEVILHA, ESPANHA DESCONHECIDO LOCAL DE CULTO

Na Idade Média, a Catedral de Sevilha era a maior igreja do mundo, em parte pelo fato de ter sido construída sobre os alicerces de uma das maiores mesquitas do mundo muçulmano. Isso também reflete a determinação de reforçar a reconquista cristã da Espanha construindo uma igreja pelo menos tão grande quanto a mesquita que ela substituiu. O resultado é uma curiosa fusão: uma igreja gótica em seus detalhes, mas não na planta retangular. A grande nave é ladeada por imensos corredores duplos que levam a capelas laterais igualmente amplas. Por fora, os aspectos mais notáveis são os arcobotantes triplos e a torre da Giralda, de 98 metros de altura, um minarete da mesquita original adaptado à missa cristã.

Catedral de Segóvia

APÓS 1525 **SEGÓVIA, ESPANHA**
JUAN GIL DE HONTAÑÓN **LOCAL DE CULTO**

Quase cem anos antes do início da construção da catedral gótica de Segóvia no início do século XVI, arquitetos italianos começavam a descobrir o valor da Antiguidade. A tomada da arquitetura europeia pelo Classicismo que eles inauguraram iria durar pelo menos mais três séculos. A era do Gótico, que, sob várias formas de crescente elaboração, dominara a arquitetura europeia desde meados do século XII, claramente chegava ao seu término. Sobreviveu principalmente nos extremos da Europa.

Na Espanha, uma combinação de tradições locais e da intensa devoção da cristandade medieval levou o Gótico a ser visto ainda como o "verdadeiro" estilo da arquitetura cristã. Num país que assistira à expulsão final dos mouros apenas em 1492 e onde a necessidade de afirmar a superioridade do Ocidente cristão permanecia como prioridade, o Gótico geralmente preservou um papel central até bem entrado o século XVI. A Catedral de Segóvia é um ótimo exemplo desse florescimento final do Gótico na Espanha: uma estrutura imponente, incrustada com detalhes decorativos que fundem elementos mouriscos e góticos em igual medida.

Precisão geométrica
Com suas torres poligonais e semicirculares, além de superfícies com padrões variados de ornamentos com tijolos, o esplendor do Castelo de Coca é inigualável.

Castelo de Coca

APÓS 1453 **SEGÓVIA, ESPANHA**
ALONSO DE FONSECA **FORTIFICAÇÃO**

O imenso volume em tijolo do Castelo de Coca, 45 quilômetros a noroeste de Segóvia, forma um dos mais impressionantes castelos do fim da Idade Média europeia. Seu projeto segue em grande medida os princípios da construção de castelos desenvolvidos na cristandade durante as Cruzadas – uma fortaleza central rodeada por fortificações sólidas e concêntricas, com torres e outros pontos de defesa.

O edifício em si foi obra de mestres construtores mouros. Aliado ao seu imenso porte, esse aspecto produziu um resultado notável: um castelo ocidental em seu projeto e mourisco em seus detalhes.

Catedral de Burgos

APÓS 1221 **BURGOS, ESPANHA**
DESCONHECIDO **LOCAL DE CULTO**

Essa catedral é quase um manual das diversas fases da arquitetura gótica que ocorreram na Espanha. A nave, os transeptos e o coro, as partes mais antigas do edifício, são claramente derivados dos modelos do Gótico francês. No exterior, os arcobotantes e a parte inferior da fachada oeste também foram desenhados à moda francesa.

No entanto, a imensa lanterna sobre o cruzeiro, a capela lateral da extremidade leste (Capilla del Condestable), com sua riqueza impressionante, e os pináculos vazados sobre as torres a oeste são todos bem posteriores, testemunhando a extrema elaboração do Gótico Tardio na Espanha.

San Pablo, Valladolid

1276-1492 **VALLADOLID, ESPANHA**
DESCONHECIDO **LOCAL DE CULTO**

A fachada do fim do século XV da Igreja de San Pablo, em Valladolid, pode ser descrita como exuberante ou excessiva, dependendo do gosto. Foi provavelmente obra de um alemão, Simão de Colônia, iniciada depois de 1486, e é um dos exemplos mais extremos de decoração "isabelina" espanhola do Gótico Tardio, assim chamada em referência à rainha Isabel de Castela, que reinou entre 1474 e 1504.

O vão central desse edifício alto e estreito vibra com farta decoração esculpida – figuras, brasões de armas, pináculos e arcos –, todos eles contra um fundo de padrões geométricos elaborados, de clara inspiração mourisca.

Renascimento

Divisor de águas na história da arquitetura, o Renascimento foi o florescimento e a difusão de novas ideias como nunca haviam sido vistos, facilitados por uma revolução da imprensa. Os livros disseminavam o conhecimento e a alfabetização para além dos limites da corte e do clero, criando um desafio à autoridade da Igreja e levando à ascensão de grandes artistas e patronos seculares.

Difícil dizer exatamente quando começou o Renascimento. Eruditos muçulmanos e monges cristãos preservaram o conhecimento clássico ao longo da Idade Média na Europa, e já em meados do século XIV o padre erudito e poeta italiano Francesco Petrarca (1304-1374) liderava a redescoberta de autores gregos e romanos. Na realidade, talvez tenha sido ele que cunhou a expressão "Idade das Trevas" para descrever o intervalo entre a civilização clássica e a sua, despertando o mundo europeu. Mes-

Teto da Capela Sistina, Vaticano, Roma (1508-12) Revigorada por um novo respeito pela dignidade humana, a arte do Renascimento tornou-se mais fiel à vida. Esse afresco de Michelangelo mostra Deus infundindo vida a Adão.

DATAS PRINCIPAIS

1469 O *Davi* de bronze de Donatello é a primeira estátua isolada desde a Roma antiga.

1485 Publicação de *De re aedificatoria*, de Leon Battista Alberti.

1492 Cristóvão Colombo parte para a Ásia, mas acaba chegando no Caribe, depois de cruzar o Atlântico.

1502 Donato Bramante conclui o Tempietto San Pietro em Montorio, definindo o padrão para a arquitetura renascentista.

1517 Martinho Lutero prega as 95 teses na porta da Catedral de Wittenberg, dando início ao protestantismo.

1522 Fernão de Magalhães conclui a primeira circum-navegação da Terra, sinalizando o comércio global.

1534 Henrique VIII funda a Igreja anglicana, pondo fim ao poder papal na Inglaterra.

1547 Ivan, o Terrível, torna-se o primeiro imperador, ou czar, de toda a Rússia.

1563 O Concílio de Trento é encerrado pelo papa Pio IV, levando à Contrarreforma, liderada a partir de Roma.

1475 1500 1525 1550

» A REVOLUÇÃO DA IMPRENSA

Johannes Gutenberg (1398-1468), de Mainz, na Alemanha, fez um avanço crucial na tecnologia de impressão ao criar a primeira impressora da Europa, com grande quantidade de tipos de metal móveis e reutilizáveis, de produção rápida e barata. Antes, os livros eram escritos à mão, e copiar uma única Bíblia podia exigir um ano inteiro; a imprensa de Gutenberg produzia várias centenas delas por ano.

Literatura na linha de produção
Tipos montados numa moldura e cobertos de tinta eram pressionados e imprimiam o texto no papel.

mo antes de Petrarca, houve Dante Alighieri (1265-1321); nas primeiras partes da sua *Divina comédia*, quem guia Dante pelos círculos do Inferno é o poeta romano épico Virgílio.

Se a Idade das Trevas de Petrarca foi a província do Demônio, e o mundo medieval tardio, o reino de Deus, a Europa renascentista testemunhou a ascensão e o triunfo do homem, que passou a ser, nas palavras do filósofo grego Protágoras (c. 485-420 a.C.), "a medida de todas as coisas". Essa era a base do humanismo, a afirmação da independência pessoal e da expressão individual.

A Itália constituiu o centro do Renascimento, e sua primeira expressão arquitetônica foi a cúpula da Catedral de Florença (1436), de Filippo Brunelleschi *(p. 208)*, uma clara ruptura estética em relação ao estilo medieval. Brunelleschi foi um dos primeiros arquitetos a desenhar em perspectiva.

A imprensa e a difusão de ideias

Com a invenção da imprensa de tipos móveis, os livros tornaram-se um novo e revolucionário meio de difusão de ideias. O primeiro tratado de arquitetura importante do Renascimento foi *De re aedificatoria [Sobre a arte de construir]*, do arquiteto florentino Leon Battista Alberti (1404-1472), escrito em 1452 e publicado em 1485. No ano seguinte, foram ao prelo os escritos de Vitrúvio, arquiteto romano do século I, que se tornariam uma espécie de bíblia dos arquitetos nos quatro séculos seguintes. O livro de Alberti foi uma revelação, expondo com detalhes matemáticos os principais elementos da arquitetura – quadrado, cubo, círculo e esfera – e as proporções ideais de um edifício. Considerava-se que tais medidas se harmonizariam com a música, a natureza e o corpo humano idealizado. Portanto, assim como a humanidade fora criada à imagem de Deus, um edifício poderia representar a imagem do criador se se respeitassem as proporções de Alberti.

Embora o Renascimento se caracterizasse pelo humanismo e por crescentes desafios à autoridade religiosa, a Igreja romana continuou todo-poderosa pelo menos por mais um século. Muitos dos maiores edifícios do início da Renascença foram encomendados por ambiciosos papas e por clérigos de fartos recursos.

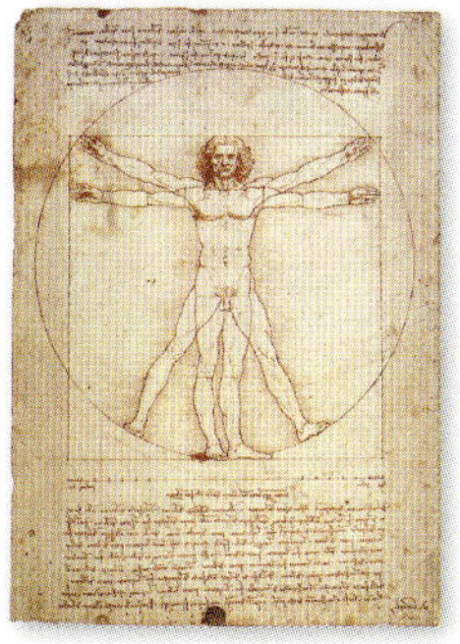

***Homem vitruviano* (c. 1490)** Leonardo da Vinci desenhou essa figura como estudo das proporções do corpo, segundo a descrição do arquiteto romano Vitrúvio.

1570 Andrea Palladio publica seu tratado de arquitetura *I quattro libri dell'architettura*.

1575

1588 A Invencível Armada da Espanha é destruída por Francis Drake e pela Marinha Real inglesa, o que impede a invasão da Inglaterra.

1591 Conclusão da cúpula da Basílica de São Pedro, em Roma, erigida a partir de desenhos de Michelangelo.

1600

1608 Colonizadores franceses instalam-se no Canadá e fundam a cidade de Quebec no que chamam de Nova França.

1611 Publicação da Bíblia do rei Jaime na Inglaterra – a melhor tradução já feita e ainda em uso no mundo inteiro.

1618 Início da Guerra dos Trinta Anos entre católicos e protestantes, na Boêmia; espalha-se pela Europa.

1625

1650

1656 Começa a construção da colunata e da praça de São Pedro em Roma, segundo desenhos de Gian Lorenzo Bernini.

Imagem da cidade ideal Os edifícios idealizados dessa pintura renascentista do Palazzo Ducale em Urbino, na Itália, eram vistos como expressão tanto do humano quanto do divino.

Mas a geometria sagrada de Alberti foi muito influente na formação da mente renascentista: o homem deixava de ser impotente diante da onipotência de Deus e era cada vez mais um agente independente, capaz de realizar a vontade do Criador ao moldar o mundo com sua arte. O papel e a autoimagem do arquiteto foram muito valorizados. Ele não era mais o humilde e quase anônimo projetista-pedreiro do mundo gótico, mas um substituto de Deus. (Não admira que a partir de então tantos arquitetos tenham revelado egos tão inflados!)

Seguiram-se outros grandes livros sobre arquitetura, como os de Sebastiano Serlio (1475-1554), em 1537, e Giacomo Barozzi da Vignola (1507-1573), em 1562. A obra mais importante depois da de Alberti e das traduções impressas de Vitrúvio foi *I quattro libri dell'architettura* [Os quatro livros da arquitetura] (1570), de Andrea Palladio *(p. 216)*, um dos maiores e mais influentes arquitetos do fim do Renascimento. O primeiro grande livro de arquitetura em inglês era quase contemporâneo: *First and Chief Groundes of Architecture* [Primeiros e principais fundamentos da arquitetura], de sir John Shute, publicado em 1563.

Com os livros, veio o desejo de projetar edifícios em escalas comparáveis e de publicar plantas, seções e elevações precisas. A partir daí, as ideias viajaram independentemente do arquiteto, que não ficou mais circunscrito ao local da construção.

Planejamento urbano

No Renascimento, a arquitetura e o planejamento urbano caminhavam de mãos dadas. Ambas as áreas pretendiam ser racionais e humanas, como mostra a pintura do Palazzo Ducale, Itália *(acima)*.

Essa famosa imagem, talvez de Piero della Francesca, retrata a nova arquitetura num cenário idealizado, desprovido de pessoas, que é como a maioria dos arquitetos passaria a apresentar seus edifícios. Não porque as pessoas fossem estragar a vista, mas devido à crença de Alberti – um dos fundamentos da arquitetura renascentista – de que os próprios edifícios representavam imagens tanto humanas quanto divinas, por meio de suas proporções perfeitas.

A pintura do Palazzo Ducale é importante também por mostrar que os arquitetos europeus começavam a planejar cidades em bases racionais. Logo a cidade renascentista ideal, com sua retícula, radial e em estrela, de ruas e avenidas, iria difundir-se das paisagens italianas e outros locais, por meio de livros impressos e de um novo conhecimento, para o resto do mundo ocidental.

» PROTESTANTISMO

A Igreja romana enfrentou não só o desafio externo do humanismo, mas também a ameaça interna de clérigos e acadêmicos que protestaram, pedindo reformas. Esses "protestantes", como Martinho Lutero (1483-1546), acreditavam que a Igreja se tornara corrupta e rica e que se desviara dos ideais cristãos definidos pela Bíblia. Suas reformas pediam o retorno a cerimônias simples, menor ênfase na intervenção dos padres e missas na língua local, e não em latim. A imprensa ajudou o protestantismo a crescer. A Igreja demorou a reagir, e os reclamantes, apoiados por alguns reis e governantes, fizeram a própria Reforma ao criar uma Igreja Protestante alternativa.

» **Martinho Lutero** Padre e professor universitário, ele propunha que a fé pessoal em Deus fosse encontrada pelo estudo individual da Bíblia.

Renascimento italiano

c. 1420-1550

No século XV, as cidades-estado da Itália *(p. 205)*, com seus bancos e novos empreendimentos capitalistas, tiveram um surto de construções particulares, comerciais e públicas. Competiam no esplendor de seus locais públicos. Os resultados foram uma revelação.

Entre os primeiros edifícios renascentistas em pedra e mármore estão a Capela Pazzi, no claustro da igreja franciscana de Santa Croce, em Florença, e os *palazzi* de meados do século XV construídos para as famílias florentinas: Pitti, Riccardi *(p. 209)* e Strozzi. Em certo aspecto, essas magníficas residências urbanas ainda eram medievais, por serem fortificadas e discretas. Ostentavam detalhes da Antiguidade, como a bela cornija que protege do sol a fachada de pedra do Palazzo Strozzi, mas não eram ainda os modelos de razão e luz que surgiriam mais tarde na obra de Donato Bramante (1444-1514) em Roma. Bramante representa o Alto Renascimento na Itália, a era de edifícios majestosos que reinterpretavam com força antigos modelos. Muitos dos arquitetos dessas edificações eram homens arquetípicos do Renascimento – que reuniam na mesma pessoa o escultor, o pintor, o poeta, o engenheiro, o dramaturgo e o soldado.

O Tempietto de Bramante

Estranhamente, o edifício mais influente desse glorioso surto de criatividade foi o Tempietto de Bramante *(p. 210)*, modesta parte da Igreja de San Pietro in Montorio, em Roma. Mais ou menos baseado no Templo de Hércules Victor *(p. 64)*, da Roma antiga, inspirou a cúpula desenhada por Michelangelo para a vizinha São Pedro *(p. 210)*, o domo da Catedral de St. Paul, de Wren, em Londres *(p. 250)*, e o Capitólio dos EUA, em Washington *(pp. 286-7)*. Com uma colunata, por onde as pessoas passeavam, iluminada pelo sol, esse pequeno projeto falava de razão e civilidade, mais do que de dominação religiosa e medo. No meio das novas igrejas e *palazzi*, emergia das ruínas havia muito enterradas da Roma antiga um novo sopro de arquitetura civil.

« **Cúpula majestosa** O domo desenhado por Michelangelo para a Basílica de São Pedro, em Roma, ergue-se acima do local do túmulo do santo. Michelangelo assumiu o posto de arquiteto da construção aos 72 anos .

Elementos

No Renascimento, os arquitetos buscaram inspiração na Roma antiga com energia e imaginação, fazendo uso de todos os elementos e ordens clássicos *(pp. 51 e 63)*. O resultado foi uma profusão de novos estilos que atendiam às necessidades de uma base de clientes em expansão. Além da igreja e da corte, agora um número crescente de indivíduos ricos podia também bancar projetos ousados.

Pilastras
Essas colunas retangulares aumentavam o vigor das fachadas e interiores das igrejas do Renascimento, como no frontão da Igreja de Santa Susanna, em Roma.

Ordem jônica
Esse casto exemplo de ordem jônica é do magnífico Palazzo Farnese, em Caprarola. Sustenta um entablamento adornado com inscrições romanas.

Pedra rusticada
Isso conferia à base dos edifícios um aspecto poderoso e rude. É visto aqui no Palazzo Medici-Riccardi, em Florença, em projeto do arquiteto Michelozzo.

Frontões sobrepostos Um jogo magnífico de formas clássicas sobrepostas; essa genialidade sutil está na Igreja Il Redentore, em Veneza, obra de Palladio.

Planta simétrica A mansão renascentista ideal era totalmente simétrica; Palladio conseguiu isso ao desenhar a Villa Capra, em Vicenza.

Fontes Os arquitetos e projetistas renascentistas gostavam de ostentar sua competência na engenharia hidráulica. Essa é a Fonte Ovato, na Villa d'Este, em Tivoli.

Colunatas do Renascimento Tardio
Bernini empregou toda o seu talento na gloriosa e extensa colunata da praça São Pedro, em Roma, iniciada em 1656; ela serviu de modelo para inúmeras colunatas por toda a Europa.

Cúpula da Catedral de Florença

1436 FLORENÇA, ITÁLIA FILIPPO BRUNELLESCHI LOCAL DE CULTO

O fascinante domo da Catedral (Duomo) de Santa Maria del Fiore marca o início da grande revolução arquitetônica chamada Renascimento. Com essa façanha estrutural, Brunelleschi deu um grande salto arquitetônico e se afastou do mundo gótico. Além disso, nascia agora o conceito de arquiteto como artista que detinha a autoria da obra.

Façanha final
A incrível esfera de cobre no topo da lanterna, construída com a ajuda de Leonardo da Vinci, foi erguida em 1474. Em 1600, atingida por um raio, ganhou uma substituta.

A questão de como construir uma cúpula, ou domo, sobre o cruzeiro de uma catedral medieval vinha havia muito tempo atormentando a Opera del Duomo, o conselho que dirigia a obra. Se pudesse ser construído, teria que abranger um diâmetro de 46 metros, algo que nunca antes havia sido realizado. Por fim, em 1418, o desafio foi proposto num concurso. Brunelleschi foi o vencedor, e a obra começou em 1420. A inspirada solução do arquiteto era construir um domo de dupla cúpula de tijolos, que se tornariam autoportantes durante a construção. Ele lançou mão da antiga técnica romana empregada no Panteão, onde fileiras de tijolos arranjadas como uma espinha de peixe compunham uma concha interna sólida e prescindiam de andaime durante a construção. Essa forte concha interna sustentava uma concha externa mais leve. A estrutura alcançava 91 metros. Foi concebida, com nervuras aparentes e correntes de ferro ocultas, para ficar levemente cônica em vez de arredondada, atendendo assim a estética gótica da construção que havia abaixo, embora o desenho de Brunelleschi fosse algo radicalmente novo. Em 1436, a lanterna no topo da cúpula foi concluída, mas as decorações só foram finalizadas com o arquiteto já em seu leito de morte, em 1446.

FILIPPO BRUNELLESCHI

Brunelleschi, nascido em Florença em 1377, era escultor e ourives, mas em 1401 sua atenção voltou-se para a arquitetura, e ele estudou em Roma com o escultor Donatello. Sua genialidade iria orientar uma geração que refutava o que acreditava ser uma desnecessária e obscura complexidade da arquitetura gótica e produziria algo totalmente mais claro e luminoso, transformando a cidade de Florença.

Afrescos na parte interna do domo de Brunelleschi

Fachada famosa O salão das crianças acima da celebrada galeria abriga hoje um pequeno museu de arte.

Ospedale degli Innocenti

1445 FLORENÇA, ITÁLIA FILIPPO BRUNELLESCHI EDIFÍCIO PÚBLICO

A bela galeria externa defronte à Piazza Santissima Annunziata é a parte mais importante desse influente projeto do início do Renascimento; seus arcos espaçados, que se apoiam em delicadas colunas coríntias com medalhões de terracota decorando os tímpanos entre eles, e as extensas áreas de paredes lisas sem adornos no topo logo seriam vistos em muitos edifícios renascentistas posteriores. Nesse, a arquitetura de Brunelleschi mostra-se humana, criando uma edificação leve e tranquila, entre dois claustros, para os *innocenti*, ou órfãos da cidade – primeira instituição desse tipo na Europa, patrocinada pela Guilda dos Tecelões de Seda. A falta de fundos interrompeu a obra entre 1430 e 1436, quando Brunelleschi já estava ocupado demais com o Duomo. Ele nomeou Francesco della Luna em seu lugar. O Ospedale foi totalmente restaurado em 1966.

Palazzo Medici-Riccardi

1459 FLORENÇA, ITÁLIA MICHELOZZO DI BARTOLOMEO RESIDÊNCIA

Encomendado por Cosimo de Medici, o trabalho nesse robusto palácio urbano começou em 1444. Sua planta assimétrica evolui em torno de um pátio quadrado, de onde uma escadaria leva a vários ambientes residenciais e à refinada Cappella dei Magi, com afrescos de Benozzo Gozzoli. A fachada tipo fortaleza com pedras rústicas e salientes fica mais suave conforme o edifício sobe do pavimento para a cornija, com cada andar decrescendo em altura e em alarde estrutural. Em contraste, o pátio interno tem um clima delicado e é cópia quase exata da galeria de Brunelleschi no Ospedale degli Innocenti; Michelozzo (1396-1472) sucedeu Brunelleschi como supervisor das obras da Catedral de Florença logo após a morte do último. O palácio foi vendido à familia Riccardi em 1642, e Michelozzo alterou o projeto original em 1680, acrescentando outras seis janelas. Apesar de sua formidável face fortificada para a rua da cidade, esse palácio tem um espírito cívico, com cinco generosos bancos de pedra na base de sua parede externa, para qualquer pessoa sentar e descansar – exceto os inimigos dos Medici, claro.

Calma de claustro As graciosas arcadas do pátio interno têm capitéis coríntios e tímpanos adornados com simbolos dos Medici.

Tempietto San Pietro in Montorio

1502 ROMA, ITÁLIA DONATO BRAMANTE LOCAL DE CULTO

Essa rotunda dórica com domo, de refinadas proporções, foi construída para celeberar o ponto onde São Pedro, o primeiro papa, teria sido crucificado, de cabeça para baixo, alguns anos após a morte do Cristo. A cripta de São Pedro pode ser vista por um orifício no centro da pequena construção em forma de templo, conhecida como "tempietto". A capela fica num pequeno pátio no claustro da Igreja de San Pietro in Montorio.

Essa é a primeira grande obra arquitetônica de Donato Bramante (1444-1514) e mostra como uma nova sensibilidade, contida, emerge no início da arquitetura renascentista. Nela, vemos Bramante num jogo sutil com antigas formas romanas: um círculo de colunas dóricas decoradas no estilo romano é coroado por um domo semicircular característico de um santuário cristão.

Essa primeira obra-prima de Bramante, conhecida no mundo renascentista fora da Itália por meio da obra *I quattro libri dell'architettura* (1570), de Andrea Palladio, exerceu grande influência sobre os arquitetos clássicos pelos quatro séculos seguintes.

Combinação de influências
A junção de estilos arquitetônicos clássicos e do cristianismo primitivo nesse pequeno templo criou um modelo para o mundo renascentista.

Cúpula de São Pedro

1591 ROMA, ITÁLIA MICHELANGELO BUONAROTTI LOCAL DE CULTO

Delineação vertical
As nervuras da cúpula ligam as colunas que sustentam o tambor àquelas em volta da lanterna.

O elemento que coroa São Pedro foi confiado a Michelangelo Buonarotti (1475-1564), que aos 72 anos assumiu o posto de arquiteto da catedral, quarenta anos após o início dos trabalhos na ambiciosa basílica papal. Trabalhando para a glória de Deus, Michelangelo recusou pagamento por seu heroico projeto. Sua solução foi adotar muito da técnica usada por Brunelleschi na Catedral de Florença *(p. 208)*. O imenso domo, com 42 metros de diâmetro, é composto por duas camadas de tijolo e pedra, uma interna, outra externa. Visto de fora, parece erguer-se de um belo tambor pontuado por pares salientes de colunas coríntias dispostas entre grandes janelas cegas. Nessa visão externa, a cúpula parece ser muito mais hemisférica do que é na realidade; de baixo, vemos que é um tanto cônica, embora o efeito seja inteligentemente atenuado pela intensa decoração que adorna a parte interna do domo.

A poderosa estrutura, sustentada por quatro sólidos pilares de 16 metros de altura e ligados por correntes de ferro ocultas, é rematada por uma lanterna em forma de coroa, por sua vez encimada por uma esfera e uma cruz, 137 metros acima do nível do piso. A obra foi executada entre 1588 e 1591, após a morte de Michelangelo.

Cúpulas (Domos)

O céu, especialmente à noite, costumava ser descrito pelos antigos observadores como a abóbada celeste. A Terra parecia estar coberta por uma imensa cúpula, ou domo; além dela ficava o Céu. A partir do Panteão *(pp. 66-7)*, as cúpulas passaram a ser o modelo do Universo, além de um recurso arquitetônico magnífico.

As cúpulas surgiram na época da Roma antiga e, graças à espetacular Basílica de Santa Sofia *(p. 80–1)*, de Justiniano, em que o imenso domo é abaulado, tornaram-se um elemento-chave da arquitetura islâmica. No Renascimento italiano, o domo predominou: o termo para catedral em italiano – "duomo" – fala por si. A partir do domo de Brunelleschi, abrangendo o cruzeiro da Catedral de Florença *(p. 208)*, os arquitetos italianos ganharam confiança e conceberam novas técnicas para erguer estruturas cada vez mais altas e expandidas, como as cúpulas sobrepostas (ou dupla cúpula).

As cúpulas continuaram evoluindo nas eras barroca e neoclássica. Em Londres, Christopher Wren deu um passo adiante e criou um projeto de domo com tripla camada para a Catedral de St. Paul *(p. 250)*. A cúpula externa, de chumbo, começa onde a interna, de tijolo, termina. A cúpula externa é uma estrutura leve de chumbo e madeira presa a um cone de tijolo que se eleva acima da interna suportando o peso da lanterna, da esfera e da cruz no alto da cúpula externa. Esse projeto complexo permite ao domo de St. Paul erguer-se como uma interpretação renascentista de um campanário gótico com pináculo: é alto e amplo e tem impacto bem maior na paisagem urbana do que a cúpula de concreto que coroa o Panteão.

Cúpula abaulada O domo neoclássico de Four Courts, Dublin *(p. 279)*, tem um perfil mais simples.

Duplas cúpulas Os dois domos de Santa Maria della Salute, em Veneza *(p. 243)*, cobrem áreas centrais amplas e interligadas nessa igreja barroca.

Palazzo Farnese, Caprarola

c. 1560 · **PERTO DE ROMA, ITÁLIA** · **GIACOMO BAROZZI DA VIGNOLA** · **RESIDÊNCIA**

Essa mansão palaciana, que domina a paisagem local ao norte de Roma, foi projetada pelo pintor e depois arquiteto Giacomo Barozzi da Vignola (1507-1573). Trata-se da espetacular reconstrução de uma antiga fortaleza pentagonal de Sangallo, o Jovem. Muito ambiciosa, exigiu que parte da aldeia vizinha fosse demolida para que se abrisse espaço, mas nunca foi concluída. Por suas origens militares, o Palazzo Farnese pode ser visto como uma interpretação renascentista de uma casa medieval fortificada. Fica em terreno elevado e é alcançado por uma série de escadarias e terraços que ocultam totalmente o fosso e os bastiões na base do edifício. O interior tem concepção igualmente majestosa.

Fachada principal

Sala dos Anjos
Ricos afrescos de Giovanni de Vecchi nas paredes e na abóbada retratam a queda de anjos rebeldes.

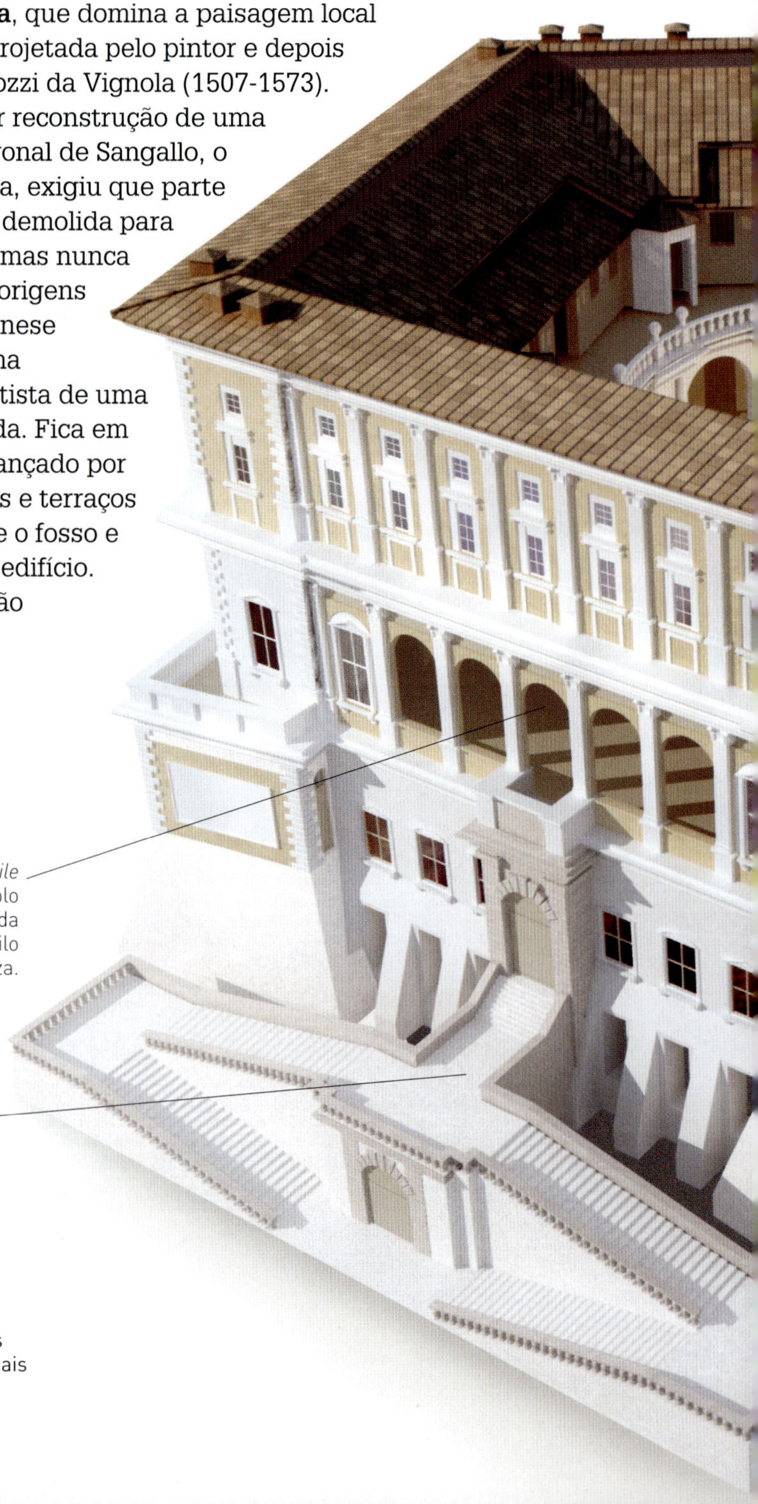

Entrada palaciana
A mansão tem acesso por um par de rampas e monumentais escadarias duplas, entre as quais há cascatas ornamentadas.

Sala d'Ercole (Sala de Hércules)
O Palazzo Farnese é famoso pela qualidade dos afrescos. Alguns dos que adornam essa refinada sala, no *piano nobile*, são de Federico Zuccaro (1541-1609). A sala tem uma fonte em estilo de gruta na extremidade.

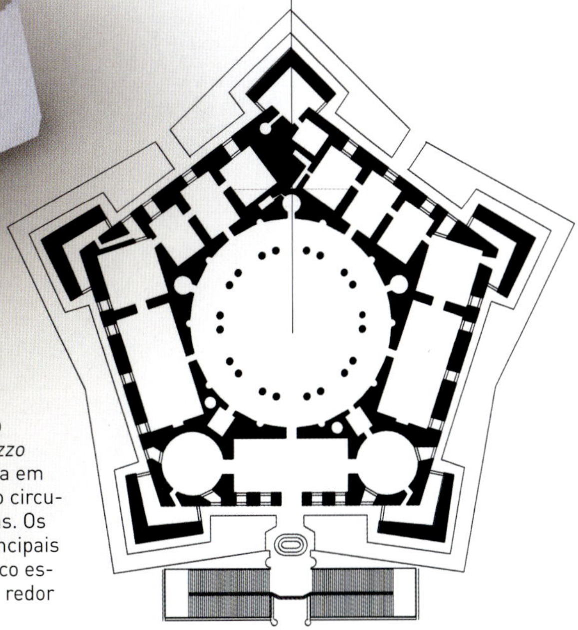

Planta do piso
A planta do *palazzo* é um pentagrama em volta de um pátio circular com colunatas. Os dois andares principais ligam-se por cinco escadas curvas, ao redor do pátio central.

Palazzo del Te

1535 MÂNTUA, ITÁLIA GIULIO ROMANO
PALÁCIO

Majestoso retiro de verão numa ilha para o duque de Gonzaga e sua amante, o Palazzo del Te é a obra-prima de Giulio Romano (c. 1499-1546), um aluno de Rafael cujo estilo lúdico e imaginativo conhecemos como Maneirismo. Embora suas ousadas fachadas e excêntricos interiores sejam maneiristas, o palácio tem uma planta das mais simples. O arcabouço do edifício foi concluído em apenas dezoito meses; o que levou tempo foi a fantástica decoração interior: afrescos retratam banquetes olímpicos e cavalos em tropel e ganham tridimensionalidade na Sala dei Giganti. Os convidados banhavam-se em cascatas de água no Casino della Crotta, incrustado de conchas.

Villa d'Este

1572 TIVOLI, ITÁLIA PIRRO LIGORIO
RESIDÊNCIA

Os jardins palacianos da Villa d'Este estão entre os mais ambiciosos, belos e influentes do século XVI. Construídos por Pirro Ligorio e Alberto Galvani, essa mansão renascentista e seus jardins foram encomendados pelo cardeal Ippolito d'Este, governador de Tivoli, que viveu no local, em esplendor, até sua morte em 1572 – quando o projeto estava quase concluído. O cardeal inspirou-se em ilustrações fantasiosas dos Jardins Suspensos da Babilônia e na Villa Adriana *(p. 73)*, que fica perto. Ele queria nada menos do que suplantar o imperador romano em seu uso da água, que projetava fazer passar por centenas de engenhosas fontes. Quando elas estão em funcionamento, a Villa d'Este inspira como uma maravilha arquitetônica e horticultural renascentista.

Esplendor A Villa d'Este e seus jardins foram dispostos numa série de terraços, junto ao que antes havia sido um mosteiro.

Palazzo Marino
A fachada do palazzo é típica do estilo de seu arquiteto, Galeazzo Alessi, que projetou muitas residências similares em Gênova.

Casa de Giulio Romano

1546 MÂNTUA, ITÁLIA GIULIO ROMANO RESIDÊNCIA

Todas as obras arquitetônicas importantes de Giulio estão em Mântua, onde reinou como arquiteto, desenhista e pintor de 1524 até sua morte, em 1546. Ele mesmo construiu essa casa muito teatral, rompendo com várias regras estabelecidas do Classicismo: poucos, se é que algum arquiteto antes dele, teriam elevado o pórtico de entrada da casa até o nível do majestoso *piano nobile*. O grande porte do edifício, por si, mostra o quanto Giulio se esmerou ao construir para ele mesmo. Nessa residência ele guardava num armário de cozinha seus desenhos para o Palazzo del Te, a reconstrução da Catedral de Mântua, a Igreja de San Benedetto e a reforma do Palácio Ducal e mostrou-os a Giorgio Vasari quando este escrevia seu famoso *Vidas de artistas*. Giulio também fez desenhos pornográficos que esperava ver como afrescos no Vaticano. Ele é o único artista contemporâneo mencionado nominalmente por Shakespeare (em *Conto de inverno*, ato 5, cena 2).

Palazzo Marino

APÓS 1558 MILÃO, ITÁLIA GALEAZZO ALESSI RESIDÊNCIA

Essa ambiciosa casa urbana foi projetada para o banqueiro genovês Tommaso Marino, senador no governo espanhol de Milão; ele emprestava dinheiro tanto ao Sacro Império Romano quanto ao papa e coletava impostos locais. Sua criadagem incluía uma equipe de 27 homens autorizados a circular pela cidade muito bem armados e com "licença para matar". As robustas fachadas do *palazzo* são decoradas de maneira exuberante, com temas emprestados de Michelangelo e Giulio Romano. O palácio tornou-se sede da prefeitura de Milão em 1861.

Basílica Palladiana

1617 VICENZA, ITÁLIA ANDREA PALLADIO EDIFÍCIO PÚBLICO

Solicitado a remodelar a sede municipal medieval de Vicenza, Palladio transformou-a, com genialidade, a partir de 1549, na sua ideia de como deveria ser uma basílica romana contemporânea. A nova arquitetura com arcadas envolve e sustenta sua predecessora do século XV, e no processo cria um dos edifícios públicos mais atraentes, embora sutil, do Renascimento italiano. A arcada do térreo é dórica, o andar superior é jônico. Ambos são caracterizados pelas aberturas típicas do arquiteto – usadas em corredores, janelas ou, como aqui, em arcos –, compostas por um arco arredondado sustentado por uma coluna de cada lado, com ambas as colunas suportando também entablamentos projetados para permitir uma abertura vertical estreita entre coluna e parede. O parapeito da basílica é coberto por estatuária, enquanto o expressivo telhado revestido de cobre da medieval câmara do conselho ergue-se por trás. As fachadas e arcadas de Palladio circundam apenas três lados do velho edifício.

Biblioteca Marciana

1553 VENEZA, ITÁLIA JACOPO SANSOVINO BIBLIOTECA

Essa comovente biblioteca clássica de Sansovino, com fachada em pedra branca e belos interiores, recebeu acréscimos de Vicenzo Scamozzi em 1588 e é tão magnânima quanto encantadora. Uma galeria corre junto à extensão das 21 mesas do lado leste e serve como passarela pública abrigada, enquanto a composição inteira, ao mesmo tempo modesta no tamanho e de decoração suave, faz um contraste delicado com a imensidão gótica do Palácio do Doge, do outro lado da praça de São Marcos *(p. 196)*. A galeria é ladeada por meias-colunas dóricas, e o *piano nobile* que abriga a biblioteca é adornado com meias-colunas jônicas dispostas entre janelas arredondadas, onde "vitórias" e deuses do mar finamente esculpidos brincam entre os arcos e acima deles.

Biblioteca de São Marcos
A sala da biblioteca tem uma iconografia excepcional – as paredes e o teto são repletos de representações de vários pintores notáveis, como Tintoretto, Ticiano e Veronese.

Igreja de San Giorgio Maggiore

1610 | VENEZA, ITÁLIA | ANDREA PALLADIO | LOCAL DE CULTO

De comovente beleza, a custosa igreja beneditina de San Giorgio Maggiore, em Veneza, é uma das grandes peças da arquitetura europeia. Pitoresca, mas rigorosamente geométrica, romântica e urbana, construída numa ilha, mas dirigida ao centro da cidade, é tanto profundamente civilizada como sublime.

Fundindo sutil geometria com formas nobres, San Giorgio deve seu desenho tranquilo e profundo a Andrea Palladio, um dos arquitetos mais influentes de todos os tempos. Instruído a construir uma igreja tradicional, cruciforme, ele ocultou a natureza gótica ou medieval da planta com uma grande fachada de mármore branco com frontões, que, embora seja uma cortina de fumaça arquitetônica, ainda expressa a forma do edifício de tijolo vermelho atrás, com sua alta nave e seus corredores mais baixos. A fachada articula-se com quatro colunas compósitas de três quartos, ligadas com festões decorativos e apresentadas em altos pedestais emoldurando a entrada. Estátuas em nichos e inscrições remontam à arquitetura da Roma antiga. A nave branca, inspirada nas termas romanas, tem abóbada cilíndrica, com janelas semicirculares e um domo com lanterna. Parte de um complexo de mosteiro do século X acrescentado e reconstruído por Palladio, a igreja foi concluída bem após a morte do arquiteto.

ANDREA PALLADIO

Após trabalhar como pedreiro em Pádua e estudar em Roma, Andrea Palladio (1508-1580) radicou-se em Vicenza. As casas de fazenda que construiu ali, suas igrejas venezianas e sua obra *I quattro libri dell'architettura* (1570) exerceram forte impacto sobre a arquitetura de países tão distantes quanto Rússia, Grã-Bretanha e EUA.

Andrea Palladio

Vista oposta
San Giorgio Maggiore exibe uma impressionante fachada para a Piazzetta di San Marco, do outro lado do canal.

Palazzo Porto Breganze

c. 1605 VENEZA, ITÁLIA ANDREA PALLADIO RESIDÊNCIA

Palladio havia morrido na época em que esse ambicioso *palazzo* começou a ser erigido sob a direção de Vincenzo Scamozzi. Apenas duas das sete monumentais alas foram construídas, mas elas têm grande força, e o edifício inacabado ainda surpreende. Palladio projetara uma grande residência disposta em torno de um pátio imponente. A fachada ostenta robustas meias-colunas coríntias, com capitéis ligados por ricos festões, erguendo-se de sólidas e altas bases. Para dar uma ideia do porte do edifício, o topo das janelas do *piano nobile* fica mais alto do que as janelas que iluminam os sótãos do terceiro andar dos edifícios mundanos ao lado dele. O *palazzo*, no entanto, é pouco mais que uma fachada; uma espiada em suas laterais mostra que foram espremidos mais andares dentro dele do que Palladio jamais teria a intenção de colocar. O interior não tem nada digno de nota.

Il Redentore

1592 VENEZA, ITÁLIA ANDREA PALLADIO LOCAL DE CULTO

Tida como a igreja mais refinada de Palladio, Il Redentore cria a impressão de um corpo estranho entre as casas amontoadas na ilha da Giudecca, numa diagonal cruzando a laguna a partir de São Marcos. Seu estilo é tradicional em muitos aspectos, com uma longa nave – ladeada por capelas iluminadas por *lunettes* (janelas semicirculares) e sustentada por robustos contrafortes externos – e um cruzeiro coroado por um domo único. A fachada de pedra branca é notável, com uma composição de frontões sobrepostos – um refinado jogo arquitetônico, expresso de modo geométrico e lúdico, mas com sobriedade.

Interior majestoso O interior de Il Redentore é pintado de branco, em estilo palladiano clássico e majestoso.

Ponte dos Suspiros

APÓS 1600 VENEZA, ITÁLIA ANTONIO CONTIN PONTE

Essa ponte de arenito, beirando o Barroco, deve seu nome não aos visitantes que suspiram diante de sua beleza, mas por ser a ligação entre o Palácio do Doge e a prisão da cidade. Na realidade, os piores dias de cruéis punições em Veneza já haviam passado quando essa bela ponte fechada, com duas passagens, foi construída. A fachada com frontões curvos é decorada com volutas representando as ondulações do mar, enquanto cabeças de pedra de patriarcas com expressões severas olham hoje para os turistas em suas gôndolas.

Cenário teatral O fundo do palco do Teatro Olimpico sugere uma paisagem urbana, efeito obtido pelo uso inteligente de *trompe-l'oeil*, madeira e gesso.

Teatro Olimpico

1585 VICENZA, ITÁLIA ANDREA PALLADIO TEATRO

A recriação de Palladio para um teatro romano ao ar livre mostra precisão arqueológica. Único teatro sobrevivente da época, a edificação, de madeira, com auditório semioval fora do padrão dos demais palcos daquele tempo, é construída dentro de uma simples caixa de tijolos, mas projetada para dar a sensação de estar em ambiente externo, com o teto pintado de azul-celeste e estátuas como as de jardim. As íngremes fileiras de assentos diante do palco são circundadas no alto por uma colunata de madeira com cornija.

Renascimento fora da Itália

c. 1500-1700

Cristóvão Colombo "descobriu" a América em 1492. Com a Europa sendo nutrida pelas riquezas da América Latina, e os exploradores portugueses abrindo rotas comerciais com o Oriente, a visão ocidental do mundo começou a mudar drasticamente. Em meio a ideias radicais vindas da Itália, surgiu uma nova safra de edifícios renascentistas.

O Renascimento levou tempo para se infiltrar em países europeus mais afastados, como a Inglaterra. A Capela do King's College, em Cambridge *(p. 191)*, por exemplo, obra-prima do Gótico Perpendicular, foi concluída mais de uma década depois do Tempietto de Bramante. Aos poucos, porém, os patronos ingleses adotaram o estilo italiano, mas no início só em detalhes decorativos. Havia muitas versões simplificadas de pilastras dóricas, jônicas e coríntias, ao lado de anjos, dragões, figuras grotescas e demônios esculpidos, dando a impressão de que os mundos medieval e renascentista brigavam pela supremacia. Os primeiros edifícios de fato clássicos da Inglaterra foram projetados por Inigo Jones para a corte do rei Jaime I. Um exemplo é a Queen's House, em Greenwich *(p. 228)*.

Híbridos renascentistas

Essa lenta adoção do estilo italiano levou ao florescimento de alguns híbridos arquitetônicos na Europa ocidental e no norte nos séculos XVI e XVII. Estilos locais na Holanda, Escandinávia, Escócia e Inglaterra fundiram-se com os da Itália. Na França, o Château de Fontainebleau *(p. 221)* virou um centro de artes, gerando um rico estilo maneirista visto no design dos *châteaux* do Loire *(p. 220)*. Na Holanda, o pintor Hieronymus Bosch manteve viva a tradição do desenho gótico no século XVI. Versões simplificadas do estilo renascentista também cruzaram o Atlântico junto com exploradores e conquistadores de Espanha e Portugal. No final, os efeitos do estilo renascentista foram sentidos globalmente, à medida que os impérios europeus dominavam boa parte do mundo.

« **Grand Place, Bruxelas** As casas das guildas na Grand Place buscam superar seus pares na decoração, aspecto típico dos edifícios flamengos do Renascimento Tardio.

Elementos

Conforme o Renascimento se difundiu a partir da Itália, entrou em contato com tradições estilísticas anteriores em outros países. A fusão deu origem a estilos de arquitetura híbridos, às vezes de incrível imaginação, outras vezes de concepção confusa – embora mesmo estes últimos raramente fossem desprovidos de encanto.

Cartouches Essencialmente molduras decorativas clássicas, esculpidas ou gravadas com emblemas heráldicos ou retratos, os *cartouches* tornaram-se populares nos edifícios ao longo de todo o norte da Europa.

Frontões fantasiosos Era mais fácil copiar os detalhes dos edifícios renascentistas do que suas plantas e seções rigorosas. Fora da Itália, proliferaram fachadas extravagantes.

Detalhes renascentistas dão lugar aos góticos conforme a torre alcança o topo.

Colunas coríntias enfeitam os níveis mais altos da torre.

Colunas jônicas ocupam a parte do meio da fachada.

Colunas dóricas formam a base clássica da torre ascendente.

Sobreposição de ordens clássicas Ordens clássicas decoram andares sucessivos da Biblioteca Bodleiana, em Oxford.

Águas-furtadas elaboradas Essas janelas no telhado do Château de Chambord têm muitos detalhes italianos, e às vezes seguem as proporções italianas.

Frontões com volutas de pedra Esse recurso popular, diretamente importado de Roma, aparece na fachada da Igreja de Val-de-Grâce, em Paris, obra de Lemercier.

Château de Chenonceau

1559 CHENONCEAUX, LOIRE, FRANÇA
PHILIBERT DE L'ORME RESIDÊNCIA

Philibert de l'Orme (c. 1510-1570) foi o primeiro arquiteto profissional francês a estudar na Itália, após o que assumiu o posto de supervisor das obras reais. A parte principal do *château* na histórica propriedade de Chenonceau era um bloco retangular com quatro torres, erguido sobre estacas no rio Cher. Foi reconstruído entre 1513 e 1523, num estilo "o medieval encontra o início do Renascimento". A notável contribuição de De l'Orme foi construir uma esguia e graciosa ala nova sobre uma ponte de cinco arcos cruzando o rio. Esse acréscimo é uma composição meticulosamente equilibrada, refletida de modo onírico no rio que passa pelos arcos da ponte. Robustos contrafortes de ambos os lados dos arcos alinham-se às janelas dos três andares acima. As janelas maneiristas no sótão, um acréscimo posterior de Jean Bullant (c. 1520-1578), datam de 1576, quando Catarina de Medici, rainha da França, era dona da casa. Apesar das muitas mudanças de dono e das ameaças de destruição na época da Revolução, esta é, depois de Versalhes, a casa mais visitada da França.

Uma casa no rio
Torreões góticos sobre a casa original criam uma simetria renascentista na maravilhosa ala da ponte.

Château de Chambord

1547 CHAMBORD, LOIRE, FRANÇA
DOMENICO DA CORTONA RESIDÊNCIA

A planta do impressionante Château de Chambord de Francisco I faz alusão aos castelos medievais, com espessos muros, portões de controle e acesso uma fortaleza central e torreões nos quatro cantos coroados por telhados cônicos. No entanto, o edifício é adornado com detalhes esculpidos em pedra do início do Renascimento e tem o desenho interno mais intrigante de todos os castelos franceses dessa fértil era. Projetada pelo arquiteto italiano Domenico da Cortona, talvez com a ajuda de Leonardo da Vinci, a fortaleza – também chamada de *donjon* – ostenta uma escada de pedra em dupla hélice no centro; baseada na mesma ideia dos arranjos entrecruzados de escadas rolantes nas modernas lojas de departamentos, permitia que os convidados subissem e descessem evitando uns aos outros.

Forte proteção
Além de fortificado e protegido por um fosso, o *château* fica ainda num jardim rodeado por um longo muro de 35 quilômetros.

Château de Fontainebleau

1586 PERTO DE PARIS, FRANÇA
GILLES LE BRETON PALÁCIO

Reconstrução de um palácio anterior, Fontainebleau é importante arquitetonicamente pelas obras realizadas para Francisco I por Gilles Le Breton, nas décadas de 1530 e 1540. Esse antigo alojamento de caça era usado pelos reis da França desde o século XII. Francisco, no entanto, quis transformá-lo na sua visão de uma "Nova Roma", com toda a grandiosidade implícita nessa expressão. A italianização que Francisco promoveu no palácio combina Renascimento e tradições artísticas francesas. A casa em si é notavelmente sóbria, considerando sua escala e ambição; dentro, porém, há algumas salas renascentistas espetaculares, como a Galeria de Francisco I, um aposento muito longo com elaborada decoração em pintura e em estuque do pintor italiano Rosso Fiorentino (1494-1540). Conforme a casa foi ficando mais francamente artística, o papel do arquiteto após a morte de Le Breton em 1553 foi assumido pelo pintor Francesco Primaticcio (1504-1570).

Retiro rural Rodeado por um imenso parque e por jardins magníficos, o palácio fica dentro das florestas de Fontainebleau.

Pavillon de l'Horloge, Louvre

c. 1640 PARIS, FRANÇA
JACQUES LEMERCIER PALÁCIO

Os velhos edifícios do Louvre, construídos originalmente como fortaleza em 1190 e reconstruídos como palácio para Carlos V no século XIV, foram demolidos por Francisco I em 1527. A construção de um novo palácio real começou sob direção de Pierre Lescot (1500-1578) em 1546, pouco antes da morte do rei, e prosseguiu por várias gerações. Lescot foi o responsável por definir o majestoso, embora um pouco rebuscado, estilo francês renascentista, para sempre associado aos velhos pátios do Louvre a partir de seu estudo dos poucos *châteaux* renascentistas anteriores do Loire: colunas bem agrupadas, detalhes esculpidos em pedra sobrepostos a outros detalhes esculpidos, frontões dentro de frontões, grandes telhados muito íngremes ou curvados e estatuária caótica. O Pavillon de l'Horloge foi um acréscimo posterior de Jacques Lemercier, arquiteto da Sorbonne, que assumiu as obras do Louvre em 1624. Tratou-se do último fruto maduro – talvez até demais – do estilo renascentista francês. Lemercier teve acaloradas discussões com o pintor Nicolas Poussin, que desaprovava a decoração elaborada e pesada demais.

Grandiosidade francesa Lemercier projetou o Pavillon de l'Horloge no estilo de Lescot, sob a direção do cardeal Richelieu, para quem construiu mais tarde um palácio.

Place des Vosges

◒ 1612 ⚐ PARIS, FRANÇA ✍ CLAUDE CHASTILLON 🏛 RESIDÊNCIAS

Entrada real
As Casas do Rei e da Rainha são na realidade dois pavilhões que formam os portais norte e sul da praça.

Elegante praça fechada, com casas de tijolos vermelhos e pedra trabalhada, construídas sob patrocínio de Henrique IV, a Place des Vosges (antiga Place Royale) foi uma revolução no desenho urbano francês: havia ali casas, em vez de edifícios palacianos, formando uma praça residencial no centro de Paris. E casas refinadas. Cada uma delas, bem planejada e iluminada, assenta-se sobre uma arcada que percorre os quatro lados da praça ajardinada; cada casa tem, porém, um perfil de telhado diferente, o que cria um sentido de individualidade dentro da ordem. A praça mede 140 x 140 metros; o jardim central data de 1680. Em cada extremo da praça há duas casas maiores, atrás de aberturas nas arcadas; eram originalmente chamadas de Casas do Rei e da Rainha, embora nenhum monarca jamais tenha morado ali. A Place des Vosges abrigou várias celebridades: entre seus muitos residentes famosos estão o cardeal Richelieu e Victor Hugo; e Madame de Sévigné nasceu ali. Totalmente restaurada hoje em dia, permanece um dos endereços de maior prestígio de Paris.

Casas de guildas, Bruxelas

◒ 1700 ⚐ BRUXELAS, BÉLGICA ✍ WILLEM DE BRUYN 🏛 RESIDÊNCIAS

Erigidas por várias guildas da cidade e por particulares, essas belas casas em volta da Grand Place de Bruxelas foram construídas na década de 1690, após o ataque da França, em agosto de 1695. Embora individualizadas e com rica decoração renascentista, formam um grupo bastante coeso. Adornada com estatuária extravagante, com fênix, urnas, atlantes, cavalos, *lunettes*, pilastras caneladas, volutas e muitos outros detalhes, as casas são principalmente amostras da arte de mestres construtores e carpinteiros. Hoje abrigam apartamentos, escritórios e restaurantes. Todas têm ricas histórias: Marx e Engels ficaram em quartos sobre o restaurante La Maison du Cygne em 1847, no encontro com o Deutsche Arbeiterverein (Sindicato dos Trabalhadores Alemães). O grande edifício do fim do século XVII que parece uma loja de departamentos, no lado sul da praça, é formado na verdade por várias casas, atrás de uma majestosa fachada projetada por Willem de Bruyn.

Onze Lieve Vrouwekerk

◒ 1627 ⚐ SCHERPENHEUVEL, BÉLGICA ✍ WENCESLAS COBERGER 🏛 LOCAL DE CULTO

A igreja de peregrinos de sete lados de Nossa Senhora foi construída para abrigar uma estátua supostamente milagrosa da Virgem Maria, descoberta num carvalho perto do local por volta de 1300. Mas ela é mais conhecida por sua magnífica cúpula, a primeira desse porte e refinamento construída nos Países Baixos. A igreja, com acesso por uma avenida, à distância parece estar entre um par de pavilhões clássicos. O domo, porém, domina tudo, embora o desenho geral da igreja, de planta centralizada, seja muito bem concebido. Coberger, arquiteto da corte dos governantes católicos Habsburgo da Holanda então pertencente à Espanha, trabalhou com grande contenção estética nessa edificação, o que é notável, dado que a igreja foi pensada como um baluarte da Contrarreforma católica nessa parte protestante da Europa. O projeto da igreja é baseado, possivelmente, em um estudo que Coberger talvez tenha feito da Igreja de San Giovanni dei Fiorentini, em Roma.

Prefeitura, Antuérpia

1566 ANTUÉRPIA, BÉLGICA CORNELIS FLORIS EDIFÍCIO PÚBLICO

Ocupando um lado do Grote Markt, em Antuérpia, esse é um majestoso projeto do início do Renascimento, do arquiteto e escultor Cornelis Floris (1514-1575). Nele, Floris, muito influenciado pelas ilustrações do livro de Sebastiano Serlio *L'Architettura* (publicado desde 1537), combina os recentes estilos italianos com os da tradição flamenga e holandesa. Sob um grande telhado íngreme coroado por imponentes chaminés, ele projetou a seção central da fachada como uma sequência de arcos triunfais romanos erguendo-se em quatro níveis e coroados por um frontão flanqueado por esguios obeliscos. Relativamente tímidas diante dessa festa de pilastras dóricas, jônicas e coríntias, bem como de escudos decorativos e estátuas da Prudência e da Justiça, ficam as alas, quase desprovidas de decoração. O piso térreo rusticado abriga 45 lojas.

Para receber visitas
O terceiro andar, logo abaixo do beiral do telhado, é uma galeria a céu aberto.

Mauritshuis

1640 HAIA, HOLANDA JACOB VAN CAMPEN RESIDÊNCIA

A arquitetura holandesa em meados do século XVII era muito influenciada pela obra dos arquitetos italianos renascentistas Palladio e Scamozzi. A Mauritshuis, uma majestosa residência urbana, foi construída para Jan Maurits van Nassau, ou Maurício de Nassau, governador do Brasil durante o domínio holandês, e projetada por Jacob van Campen e Pieter Post. A planta, mais ou menos quadrada, com áreas de recepção flanqueadas por suítes privadas, deriva claramente das casas venezianas de Palladio. A fachada de tijolos, dominada por pilastras jônicas e detalhes em baixo-relevo, tem inspiração italiana, mas o telhado, bem inclinado, antes dominado por altas chaminés, é bem holandês. O frontão acima da entrada é tímido: na realidade, poderia muito bem não existir. O edifício sofreu muitos danos num incêndio em 1704 e foi reconstruído em 1720. Por um tempo, na ocupação francesa, serviu de prisão, mas desde 1822 abriga o Real Gabinete de Pinturas, um magnífico acervo de obras de pintores como Vermeer, Steen, Rembrandt e Frans Hals. A Mauritshuis teve papel importante no desenvolvimento de uma nova arquitetura doméstica nos Países Baixos e na Inglaterra.

Influência clássica
A formal Mauritshuis era muito apreciada por Christopher Wren, o maior arquiteto britânico daquela época.

Clássico holandês Os detalhes restringem-se apenas à parte central da fachada.

Prefeitura, Enkhuizen

A PARTIR DE 1686 · IJSSELMEER, HOLANDA · STEVEN VENNEKOOL · EDIFÍCIO PÚBLICO

No século XVII, a pitoresca e próspera cidade de Enkhuizen, porto marítimo do norte da Holanda, abrigava uma frota de 400 barcos pesqueiros e a riquíssima Companhia das Índias Ocidentais. Em muitos aspectos, rivalizava com o poder comercial de Amsterdã.

A nova sede da Prefeitura – iniciada em 1686 e projetada por Steven Vennekool, de Amsterdã – refletia a estatura da cidade e demonstrava também uma liberdade criativa de projeto com frequência associada a cidades portuárias, onde as ideias circulam livremente, vindas de diversas partes do mundo. Aluno do importante arquiteto holandês Jacob van Campen, Vennekool construiu uma sede municipal totalmente livre das importantes ordens-padrão clássicas: sua bela fachada consegue uma presença forte a partir de uma composição sóbria de janelas alongadas, quinas rusticadas e pedras bem talhadas, coroada por um telhado discreto e por uma cúpula.

O edifício foi influente no desenvolvimento do Classicismo holandês, cada vez mais apoiado na expressividade inerente de superfícies não adornadas e molduras de janelas bem marcadas para alcançar elegante simplicidade e dignidade.

Palácio de Carlos V

1568 · GRANADA, ESPANHA · PEDRO MACHUCA · PALÁCIO

Valor simbólico O rei Carlos V decidiu erguer seu palácio na Alhambra – o palácio muçulmano fortificado que havia sido conquistado por seus avós, os Reis Católicos.

Esse ambicioso edifício, com seu sensacional pátio central, projetado para corridas de touros, nunca foi concluído. Mas quanta imponência, quanta grandiosidade esse aluno de Michelangelo vislumbrou! O pátio central é rodeado por vários níveis de austeras colunas dóricas e jônicas, pontuado por entradas muito recuadas, criando padrões bem definidos de luz e sombra.

O pátio se assenta na caixa quadrada do palácio, que é adornado na parte externa com ricas fachadas de mármore e algumas rusticações imponentes, de formidável execução.

Galeria, Palácio Wallenstein

1631 · PRAGA, REPÚBLICA TCHECA · ANDREA SPEZZA · PALÁCIO

O Palácio Wallenstein e seus jardins foram encomendados em 1626 por um dos mais ricos e poderosos nobres tchecos, o general Albrecht Vaclav Eusebius, para competir com o próprio Castelo de Praga. Suas grandes fachadas, em volta de quatro pátios amplos, combinam o fim do Renascimento italiano com elementos contemporâneos do norte da Europa, e os interiores são igualmente ricos e ecléticos. A teatral galeria, de frente para uma avenida cheia de estatuária retorcida, é mais puramente italiana. Monumental em sua escala, ela consiste em três arcos gigantes elevando-se de colunas duplas e dá a impressão de pertencer a um palácio ainda maior que o Wallenstein. Leva a uma majestosa paisagem arquitetônica de estábulos, gruta, fonte, aviário e jardim italiano. A obra foi concluída em 1631. O palácio tornou-se Ministério da Cultura em 1950, mas desde 1994 é a sede do Senado do Parlamento da República Tcheca. Um trabalho de restauração ainda está em andamento.

Ordem fechada Um retângulo de paredes de cinco andares em granito amarelo polido guarda o complexo.

El Real Monasterio de San Lorenzo de El Escorial

1582 SAN LORENZO DE EL ESCORIAL, ARREDORES DE MADRI, ESPANHA JUAN BAUTISTA DE TOLEDO E JUAN DE HERRERA PALÁCIO

O robusto El Real Monasterio de San Lorenzo de El Escorial, construído para o rei Filipe II, a partir de 1562, no meio de um lugar ermo, reflete o espírito de seu zeloso patrono e também uma era particular da arquitetura espanhola. Construído no auge do poder imperial da Espanha e no auge da Inquisição, o edifício figura entre os mais assombrosos do mundo, um complexo religioso numa planta em retícula (o símbolo de São Lourenço), que impressiona o visitante ainda hoje por sua intensidade. Palácio, mosteiro, igreja, mausoléu e colégio religioso estão agrupados em torno de uma série de pátios simetricamente dispostos rodeados por imponentes e sombrias paredes de cinco andares. A igreja, com seu domo, isolada dentro dessas paredes, austera e belíssima, reflete a influência do estilo do Renascimento italiano. O rei Filipe passou seus últimos anos no local.

Iglesia de la Merced

1747 QUITO, EQUADOR DESCONHECIDO LOCAL DE CULTO

Uma das mais antigas e bem preservadas capitais da América do Sul, Quito foi fundada no primeiro milênio e era uma cidade inca na época da conquista espanhola. Tornou-se então um importante centro de missões religiosas rivais, todas construindo suas ambiciosas igrejas, todas numa feliz combinação de estilos hispânicos, italianos, flamengos, mouriscos e indígenas. La Merced é uma grande basílica de paredes brancas dominada por uma robusta torre quadrada, com detalhes arábes e cinco domos. A entrada tem entalhes do sol e da lua, provavelmente familiares aos fiéis incas. Os alicerces foram colocados em 1701, a torre, concluída em 1736, e a igreja, consagrada em 1747. O claustro principal do mosteiro adjacente – adorável – é todo de deslumbrantes arcadas brancas sustentadas por pilares de pedra e com uma fonte com a figura de Netuno no centro. Um segundo claustro abriga um museu repleto de azulejos de Sevilha. A igreja sobreviveu a vários terremotos.

Catedral Metropolitana

1813 CIDADE DO MÉXICO, MÉXICO CLAUDIO DE ARCINIEGA LOCAL DE CULTO

A primeira igreja espanhola construída nesse local, que abrigara um templo asteca, foi demolida em 1628, e surgiu em seu lugar a ambiciosa nova catedral, erigida em parte com as pedras saqueadas dos últimos edifícios astecas sobreviventes. As seções mais antigas da igreja são a etérea e escura nave, flanqueada por duplos corredores e capelas laterais. O interior é cheio de decorações em ouro. As torres oeste, projetadas por José Damián Ortiz de Castro, datam de 1793.

Beleza descendente Após séculos afundando no solo, a principal catedral do México foi salva graças a um extensivo trabalho em seus alicerces na década de 1990.

» **"Hardwick Hall, more glass than wall"** Mais vidro que parede, o edifício tem grandes janelas quase do teto ao chão; além de promover a iluminação, ostentavam a riqueza do proprietário.

Hardwick Hall

◒ 1597 ⚑ CHESTERFIELD, DERBYSHIRE, INGLATERRA ✍ ROBERT SMYTHSON 🏛 RESIDÊNCIA

O vidro transparente, como usado pelos romanos, foi redescoberto pelos venezianos no século XV e veio para a Inglaterra no século XVI, onde o tamanho das janelas foi aumentando gradativamente, quando a riqueza permitia. Em nenhum lugar isso foi mais verdadeiro do que no Hardwick Hall, uma impressionante mansão rural elizabetana construída para "Bess of Hardwick" (Elizabeth, condessa de Shrewsbury), uma arrivista casada quatro vezes, cujo monograma "ES" está esculpido nas elaboradas balaustradas do edifício. A longa galeria do segundo andar da fachada é um dos espaços mais expressivos a ser encontrado em qualquer casa inglesa.

Wollaton Hall

◒ 1588 ⚑ NOTTINGHAMSHIRE, INGLATERRA ✍ ROBERT SMYTHSON 🏛 RESIDÊNCIA

¥ **Teatralidade** Embora a sala de banquetes pareça ter sido rebaixada por gruas que levantaram o prédio existente, é parte integrante do desenho original de Smythson.

Essa imponente casa, construída para sir Francis Willoughby, é a grande obra de Robert Smythson (1535-1614). Sua construção, financiada graças à riqueza acumulada pela família durante a dissolução dos mosteiros, exigiu a destruição da vila de Sutton Passey. Suas linhas gloriosamente elaboradas, embora em estilo castelo, são voltadas para fora: não há pátio interno. O aspecto mais notável é a grande sala de banquetes com torreões, com suas imensas janelas em estilo gótico tardio erguendo-se do clerestório da sala localizada no centro. As fachadas da casa inferior são decoradas com pares de pilastras dóricas, jônicas e coríntias, nichos vazios e belas balaustradas, mostrando a influência dos arquitetos do Renascimento italiano, especialmente Sebastiano Serlio. O alto das torres, pontuado por elaborados frontões com volutas, tem obeliscos em cada canto. O interior original de Smythson, destruído por incêndio, foi substituído por projeto de sir Jeffry Wyatville.

Esplendor dentro e fora O exterior permaneceu praticamente intocado, mas o interior foi radicalmente reformado no século XVII por artesãos brilhantes, entre eles Grinling Gibbons.

Burghley House

1587 · STAMFORD, LINCOLNSHIRE, INGLATERRA · WILLIAM CECIL · RESIDÊNCIA

O Renascimento fez suas primeiras incursões na arquitetura inglesa no reinado de Henrique VIII, mas, mesmo no fim do longo reinado de sua filha Elizabeth I, era ainda uma brincadeira para os arquitetos ingleses. Essa grande mansão rural de pedra foi erguida pelo secretário de Estado de Elizabeth, William Cecil, mais tarde lorde Burghley, sobre um mosteiro católico que Henrique VIII dissolvera. Se você conseguir imaginar o edifício despido da maravilhosa ornamentação de sua silhueta, de todos os torreões, pináculos, domos em forma de bulbo, obeliscos e elaborados cata-ventos, descobrirá uma básica construção de pedra, em torno de um grande pátio central. O alto portal e a grande sala de teto alto são elementos essencialmente medievais, que desapareceriam na revolução renascentista que viria a seguir. O belo parque onde fica a casa foi projetado por Capability Brown.

Banqueting House, Whitehall

1622 · LONDRES, INGLATERRA · INIGO JONES · EDIFÍCIO PÚBLICO

O primeiro edifício verdadeiramente clássico concluído na Inglaterra foi um inovador acréscimo ao palácio medieval de Whitehall. O prédio de sete seções inspirava-se nas antigas basílicas romanas e na obra de Palladio, que Inigo Jones (1573--1652) viu em viagens de estudos pela Itália. Foi construído para a realização de entretenimentos leves da corte, muitos deles escritos e encenados pelo próprio Jones. O interior maravilhosamente simples, de sutileza extrema, é nada mais nada menos do que um grande cubo duplo, pintado de branco, com uma galeria ornada por uma pintura de teto de Rubens, e com pilastras jônicas e compósitas, colunas e meias-colunas.

Combinação clássica Colunas jônicas pontuam as janelas com frontões do piso térreo, enquanto em cima as janelas de cornija plana são separadas por colunas e pilastras coríntias.

Queen's House, Greenwich

1635 LONDRES, INGLATERRA INIGO JONES PALÁCIO

Construída originalmente para Ana da Dinamarca, esposa do rei Jaime I que morreu bem antes de sua conclusão, a Queen's House era na realidade um alojamento de caça situado na estrada pública para Deptford, que atravessa o Greenwich Palace, separando a casa de seus jardins. Era, portanto, uma ponte – e como tal, por trás de suas discretas fachadas, tinha uma planta incomum. A Queen's House só virou de fato uma casa a partir de 1662, quando John Webb recebeu do rei Carlos II a encomenda para remodelar o interior. Este foi completamente restaurado na década de 1980, e, depois de seis anos fechada, a edificação, que por muito tempo fez parte do Museu Marítimo Nacional, reabriu em 1990. Ela foi restaurada no estilo da década de 1660 e contém uma mistura de mobília original e réplicas. As idiossincrasias do projeto original ainda são evidentes, do mesmo modo que a magnífica escada em espiral paladiana, a bela galeria com vista do parque e as escadas curvas que levam até a entrada principal.

Proporções paladianas Tipicamente paladiana, a fachada tripartida tem uma porção central saliente, com paredes lisas coroadas por uma balaustrada, à frente de um primeiro andar rusticado.

Biblioteca Bodleiana

1602 OXFORD, INGLATERRA DESCONHECIDO BIBLIOTECA

Thomas Bodley, um erudito de Oxford e diplomata aposentado, dedicou sua vida e fortuna à restauração da biblioteca da universidade, destruída em 1550 na turbulenta esteira da Reforma. A biblioteca reabriu em 1602, alguns anos antes de iniciado o trabalho na torre do pátio principal. Conhecida como Torre das Cinco Ordens, pois reunia pares de colunas toscanas, dóricas, jônicas, coríntias e compósitas escalando seus lados, essa entrada cerimonial da biblioteca é na realidade um edifício gótico vestido com adereços renascentistas.

St. Paul's, Covent Garden

1633 LONDRES, INGLATERRA INIGO JONES LOCAL DE CULTO

A primeira igreja totalmente nova construída em Londres após a Reforma é sóbria e simples na planta, uma basílica com amplas galerias para acolher o maior número possível de fiéis para ouvir as escrituras; e, com pouca ornamentação, é humilde por fora também. Mesmo assim, o grande pórtico toscano de Jones na face leste é poderoso, embora, pelo fato de o altar ficar logo atrás dele, não seja a entrada da igreja que por direito deveria ser. A entrada, tipo galpão, está na ponta oeste da igreja, alcançada por um pequeno jardim urbano.

Bolsa [Børsen]

1640 COPENHAGUE, DINAMARCA HANS VAN STEENWINCKEL, O JOVEM EDIFÍCIO PÚBLICO

A torre da lanterna é o que todos lembram desse edifício, um brilhante projeto do escultor Ludwig Heidriffer na forma de quatro caudas de dragão feitas de cobre retorcido. O belo edifício embaixo, porém, é uma ótima realização por si só. Trata-se da mais antiga Bolsa de Valores europeia, encomendada pelo rei construtor Cristiano IV. A fachada de tijolos de dois andares é longa e repetitiva, mas também sutil e bonita. A razão desse desenho repetitivo é que o edifício constituía essencialmente um longo armazém, para onde se trazia a carga transportada por navios da Dinamarca, Suécia e Noruega; as coroas reais desses países enfeitam o alto dos frontões, que se elevam ao longo da extensão da fachada junto à orla.

Ponto de fuga Hoje sede da Câmara de Comércio de Copenhague, o antigo edifício da Bolsa é coroado por finíssimos pináculos.

Castelo Frederiksborg

1620 HILLERØD, PERTO DE COPENHAGUE, DINAMARCA HANS E LORENZ VAN STEENWINCKEL FORTALEZA

O Castelo Frederiksborg foi construído originalmente para Frederico II, rei da Dinamarca e da Noruega, mas foi só depois da ascensão ao trono de seu filho, Cristiano IV, coroado em 1599, que o palácio assumiu a forma extravagante que vemos hoje: três edifícios de tijolo e pedra em três ilhas de um lago, ligadas por uma sequência de pontes elegantes. Esse nunca seria um castelo comum, especialmente pela sua romântica silhueta dos telhados. Cristiano, nascido em Frederiksborg em 1577, estava decidido a fazer dele um lugar animado e prazeroso. Suas ampliações, a cargo de dois arquitetos renascentistas holandeses, são caracterizadas por um tratamento alegremente escultural das várias cumeeiras, pináculos, telhados revestidos de cobre, torres em espiral, e também pelas refinadas decorações em arenito.

Vida na ilha Esse castelo de contos de fadas, em três ilhas interligadas, fica entre jardins que foram criados segundo a última moda francesa.

Barroco e Rococó

O Barroco, cujo nome deriva do português *barroca* (pérola de formato irregular), foi o filho exuberante da Contrarreforma (c. 1545-1650), nutrido pela Igreja Católica para combater a "heresia" protestante que se difundia pelo norte da Europa. O Rococó (dos termos franceses *rocaille*, rocha, e *coquille*, concha) foi sua continuação frívola, secular.

O Palácio de Versalhes A arquitetura barroca encontra a moda rococó nessa teatral representação de um *bal masque* na Galerie des Glaces, celebrando o casamento do delfim em 1745.

DATAS PRINCIPAIS

1620 Plymouth, Massachusetts, nos EUA, é fundada pelos Pais Peregrinos.

1633 Bernini conclui o *baldacchino* da Basílica de São Pedro, em Roma.

1643 O rei Luís XIV da França, o Rei Sol, inicia seu reinado de 72 anos, aos 6 anos de idade.

1666 Grande Incêndio de Londres, após a Grande Peste de 1665; reconstrução conservadora da cidade.

1685 A revogação do Édito de Nantes por Luís XIV sinaliza o ataque geral da França aos protestantes.

1685 Nascem Johann Sebastian Bach e Georg Frideric Handel, mestres da composição musical barroca.

1687 Publicação de *Principia Mathematica* de Isaac Newton, com explicação do princípio da gravidade.

1625 — 1650 — 1675

Muito da luta da Contrarreforma assumiu a forma de pregação dinâmica e ensino diligente, promovidos por novas ordens católicas, como a Companhia de Jesus, criada em 1534 pelo soldado espanhol Inácio de Loyola (1491-1556) e aprovada pelo papa em 1540. No entanto, essas mudanças também foram evidentes, e de modo muito dramático, na arte e na arquitetura de tom teatral que emergiu em Roma e depois se espalhou por Espanha, Áustria, Baviera e América Latina – e até pela Inglaterra protestante, embora de maneira bem mais sóbria. A arquitetura barroca foi portanto um meio de propagar a fé, particularmente quando encomendada por patronos poderosos e determinados, como o papa Sisto V *(abaixo)*, que fez muito para dotar Roma de esplêndidos novos edifícios e locais públicos.

A arte barroca era sensacional, teatral, pictórica e ilusionista. Seja na pintura, como nas telas *chiaroscuro* de Caravaggio, seja na arquitetura, como em quase toda igreja italiana do período, Barroco significa um realce no jogo de luz e sombra. Nos melhores e mais extremos casos, a escultura parece viva, como na obra de Bernini em Roma ou dos irmãos Asam na Baviera, e os interiores ganham um toque sobrenatural.

PAPA SISTO V

Sisto (Felice Peretti, 1521-1590) foi a usina de força por trás do Barroco. Oriundo de família pobre, foi pastor de porcos antes de assumir o sacerdócio. Muito dinâmico, enriqueceu o Papado após um período ruim de finanças, criando impostos impopulares e vendendo bons empregos na Igreja. Gastou muito desse dinheiro em projetos de imensos edifícios que transformaram a cidade de Roma. Com uma ambição barroca, também esperava drenar os pântanos Pontinos, conquistar o Egito, exterminar os turcos e trazer a Igreja do Santo Sepulcro de Jerusalém para Roma.

1694 A criação do Banco da Inglaterra marca o início da institucionalização das finanças nacionais e globais.

1700

1712 São Petersburgo, uma nova cidade criada por Pedro, o Grande, torna-se capital da Rússia.

1725

1732 Inauguração da Covent Garden Opera House, em Londres.

1750

c. 1760 O Iluminismo europeu faz apelo à razão humana para desafiar as visões tradicionais sobre a Igreja, o Estado, a monarquia, a educação e as instituições sociais.

1763 A França cede à Grã-Bretanha todos os territórios da América do Norte e do Canadá a leste do Mississippi.

c. 1766 O artista francês rococó Jean-Honoré Fragonard pinta *O balanço.*

1773 Festa do Chá de Boston: americanos rebelam-se contra o domínio inglês e destroem chá importado da Índia.

1775

Muitas catedrais, palácios, igrejas e mansões rurais barrocos ostentam cúpulas grandiosas, quartos de criança com querubins, pinturas cinematográficas e estatuária que beira o erótico – como no *Êxtase de Santa Teresa* (1647-1652), de Bernini. Vários desses edifícios parecem querer abarcar as ruas e praças onde estão, como se percebe nos grandes braços da colunata de Bernini diante da Basílica de São Pedro, em Roma *(p. 207)*, e há praças, como a Piazza Navona, também em Roma *(p. 240)*, onde uma parte inteira da cidade é tratada como palco barroco, com impacto tão forte hoje quanto qualquer coisa que o cinema possa oferecer em termos de direção de arte e cenário.

O Barroco progrediu de duas formas distintas, que se sobrepõem: o Barroco efusivo dos países católicos, e o mais contido de Inglaterra, Holanda e norte da Europa. Os mestres do Barroco inglês – Christopher Wren (1632-1723), John Vanbrugh (1664-1726) e Nicholas Hawksmoor (1661-1736) –

O êxtase de Santa Teresa
Essa febril representação da visão divina de Santa Teresa, obra de Bernini, mostra a freira carmelita atingida pela lança de um anjo, após o que ela declara: "[Minha] alma agora alegra-se com nada menos do que Deus".

desenvolveram um notável estilo próprio, que iria repercutir por vários séculos não apenas na Grã-Bretanha, mas nos Estados Unidos e em outros países.

Bach e sua família O estilo barroco marcou não só a arquitetura, mas também a pintura, a escultura e a música, que teve em Johann Sebastian Bach seu mais complexo e sublime mestre.

Europa: o playground do Rococó

O Rococó, um estilo lúdico de decoração que floresceu primeiro na França, era subordinado ao Barroco. Muito vivo, encantador, cheio de formas vertiginosas e dourado, com multiplicidade de espelhos, *chinoiserie* e truques decorativos, o estilo raramente é menos do que divertido. Sua essência é captada na obra de artistas como Tiepolo, na Itália, e Watteau, Boucher e Fragonard, na França. Na pintura mais famosa deste último, *O balanço*, uma jovem vestida com camadas das mais finas sedas voa no ar sem esforço num jardim de gloriosa exuberância. Um jovem, também com roupa de seda, faz pose deitado na relva com a vista entretida não tanto na cena rococó, mas nas lindas saias da jovem. A pintura pode parecer um pouco infantil, até mesmo imprópria, mas é muito prazerosa e transmite bem o espírito dos interiores cintilantes do Rococó, visto nos palácios franceses e alemães da época, e até, pode-se ousar dizer, na leveza espetaculosa da Igreja de Rottenbuch *(p. 259)*, onde querubins tocam instrumentos por toda parte e onde a decoração parece dançar uma valsa diante dos olhos do visitante.

O fim do espalhafato

Embora o Barroco tenha se difundido com sucesso em locais tão distantes quanto a Rússia e a América Latina, foi rejeitado bem cedo na Europa e, talvez como seria de esperar, também na Inglaterra protestante. O Rococó não cabia no novo clima de severidade. Criticado por arquitetos-escritores influentes como Jacques-François Blondel (1705-1774), que lamentava a "ridícula confusão de conchas, dragões, bambus, palmeiras e plantas" nos interiores da época, o estilo, por mais divertido que fosse, acabou dando lugar aos rigores do Neoclassicismo.

***O balanço*, de Fragonard (1766)** Observe bem: a jovem está recebendo impulso, de modo bem escandaloso, de um padre ou amante, oculto nos arbustos atrás dela.

Barroco

c. 1600 -1725

A extravagância da arquitetura barroca é católica demais para alguns e sensual demais para outros. No entanto, cidades por toda a Europa se beneficiaram muito do estilo barroco, que nelas reconhece o palco no qual representamos nossa vida. Os edifícios barrocos são alguns dos mais refinados cenários já inventados para isso.

Se vivessem hoje, muitos arquitetos barrocos talvez fizessem sucesso em Hollywood. Afinal, a melhor arquitetura barroca é muito cinematográfica. Ela tem o movimento inscrito em cada curva e em cada voluta. É cheia de surpresas, truques de luz e sensação, bem como de franca teatralidade. Sem dúvida, fez mais inimigos em países protestantes, onde sua exuberância soava chocantemente papista, além de voluptuosa e vulgar. Mesmo assim, alguns dos mais carismáticos projetos barrocos, como os de sir John Vanbrugh e de Nicholas Hawksmoor, foram de ingleses, a mando de uma aristocracia efervescente. O fato de Vanbrugh ter sido dramaturgo, *bon viveur* e espirituoso fez dele uma figura tão barroca quanto seus desenhos para o Palácio de Blenheim e o Castelo Howard *(p. 253)*.

Projetos fascinantes

De todo modo, é preciso beirar o puritanismo para não sentir fascínio por visões como as da cúpula da Catedral de St. Paul *(p. 250)*, em Londres, ou de Santa Maria della Salute, em Veneza *(p. 243)*. E ninguém que tenha visitado a igreja beneditina da Abadia de Rohr, na Baviera, terá ficado insensível ao comovente conjunto escultural da Abençoada Virgem Maria, ascendendo aos céus acima da cabeça de fiéis em escala maior que a natural, que marca o sensacional coro projetado e esculpido por Egid Quirin Asam (1692-1750). A Virgem de fato parece voar. Como toda arte barroca, mesmo em sua melhor expressão, a obra beira o kitsch. Mas os melhores arquitetos, escultores e pintores barrocos buscavam a tênue linha entre a teatralidade comovente e o melodrama de mau gosto. Ao encontrá-la, sua arquitetura despertava sempre profundo fascínio.

« Karlskirche, Viena O exterior dessa igreja, projetada por Fischer von Erlach, é um amálgama incomum, mas não inteiramente malsucedido, entre o Barroco e elementos romanos clássicos.

Elementos

O Barroco era um teatro arquitetônico de estilo imponente, imaginativo e opulento. Desenvolvido de início em Roma, o estilo, marcado por domos ambiciosos, amplas curvas e querubins gorduchos, difundiu-se também em países protestantes. Conhecemos o Barroco principalmente por sua autoconfiança e seus ostensivos efeitos dramáticos.

O cobre brilha e contrasta com a pedra.

Moda romana Domos com borda decorativa lembram São Pedro, em Roma. Na Karlskirche de Fischer, em Viena, a lanterna e a cruz sobre a cúpula em cobre verde estão a 72 metros de altura.

Dourados fazem a cúpula brilhar sob sol e chuva.

Mirando alto Para que o conjunto de Les Invalides se erguesse bem alto sobre Paris, Jules Hardouin-Mansart construiu um domo de dois andares, coroado por uma lanterna com campanário.

Domo arredondado, com lanterna.

Escultura simbólica Volutas gigantes com muitas voltas sustentam estátuas e reforçam o domo principal com galerias de Santa Maria della Salute, Veneza, de Baldassare Longhena.

Querubins Nenhuma igreja, palácio, mesa ou cadeira barroca fica completa sem pelo menos alguns querubins. Esses *putti* (meninos) brincalhões enfeitam o pátio do Palácio de Aranjuez, na Espanha.

Desafio à gravidade Escultura de efeito teatral no altar da Abadia de Rohr, na Baviera; a Virgem Maria realmente dá a impressão de estar voando.

O contraste das cores nas faixas acentua a dramaticidade da arquitetura.

A igreja surge aos poucos conforme se avança pelos degraus.

Escadaria externa em camadas Escadarias de efeito teatral eram um aspecto exuberante dos majestosos edifícios barrocos. Essa bela escadaria dá acesso à igreja de peregrinos de Bom Jesus do Monte, em Portugal, um complexo de edifícios com traços de Rococó e de estilos palladianos.

Interior da cúpula

Basílica de São Pedro, Roma

1615 ROMA, ITÁLIA MICHELANGELO E OUTROS LOCAL DE CULTO

São Pedro é imensamente impressionante, uma afirmação triunfal do poderio da Igreja romana. As dificuldades para erguer um edifício de porte tão colossal, exacerbadas pelas frequentes turbulências políticas, fez com que a construção fosse muitas vezes interrompida, arrastando-se por mais de um século.

O edifício é obra de três arquitetos principais: Michelangelo, Giacomo della Porta (maior responsável pela cúpula) e Carlo Maderno. A reconstrução da igreja já vinha sendo empreendida havia quarenta anos, a partir de um projeto de cinco arquitetos - Bramante, Sangallo, Fra Giocondo, Rafael e Peruzzi -, e cada um deles ia mudando as plantas dos anteriores. Então, em 1546, Michelangelo foi contratado. Com quase 72 anos, era considerado o maior escultor e pintor da Europa. Seus últimos anos, porém, foram dedicados quase inteiramente à arquitetura e à sua obra-prima, São Pedro - pela qual recusou pagamento. Pela escala e plasticidade desse trabalho, o mestre abriu caminho para o Barroco.

O projeto de Michelangelo segue uma planta centralizada de cruz grega. Mas embora seja uma solução arquitetônica ideal em termos humanistas, fazia pouco sentido liturgicamente. Após sua morte em 1564, três outros arquitetos - Della Porta, Fontana e Vignola - trabalharam no edifício, em grande parte seguindo as plantas de Michelangelo (exceto no domo). Em 1606, Maderno acrescentou a nave e a fachada, mas abandonou a planta centralizada.

Fachada incomumente alta Costuma-se criticar a fachada de Maderno: sua altura desvaloriza a cúpula, exceto quando vista a grande distância.

San Carlo alle Quattro Fontane

1665 | ROMA, ITÁLIA | FRANCESCO BORROMINI | LOCAL DE CULTO

Embora San Carlo alle Quattro Fontane pudesse caber dentro das pilastras centrais de São Pedro, é uma igreja de impressionante energia e inventividade. Uma das obras-chave do Alto Barroco romano, foi o grande trabalho do enigmático e perturbado arquiteto Francesco Borromini.

Pátio oval coberto, rodeado por colunas

Apesar de seu pequeno porte, San Carlo é na verdade uma igreja de mosteiro. Atrás e de um dos seus lados há um claustro, edifícios monásticos e um jardim, todos na mesma diminuta escala da igreja. Com todo direito, porém, o foco é San Carlo, primeira grande encomenda independente de Borromini. Seu projeto é da década de 1630, mas por questões financeiras teve de ser feito em dois estágios. Enquanto o interior foi concluído por volta de 1641, a fachada só foi iniciada em 1665, não muito antes da morte de Borromini.

Tanto dentro quanto fora, a impressão é de um edifício em estado permanente de fluxo irrequieto. A planta do piso da igreja se baseia naquele que é o mais característico dos recursos barrocos, o oval. Ele tem a dupla vantagem de conferir movimento e de conciliar as exigências contraditórias das igrejas que seguem plantas centralizadas ou longitudinais. Mas Borromini acrescentou um toque crucial, dividindo o interior em seções ovais interligadas. O resultado é um interior magnífico, formado por uma série de paredes onduladas que se combinam e criam uma sensação impressionante de urgência, enfatizada ainda mais pelas fortes linhas da cornija e pelos grupos de colunas de três quartos. O motivo oval é repetido externamente na fachada curva de dois andares. Trata-se na realidade de uma redefinição do Barroco.

FRANCESCO BORROMINI

Borromini (1599-1667), nascido no norte da Itália, foi ativo em Roma desde 1617, trabalhando primeiro com Maderno e depois com Bernini. Este último era um cortesão, tanto quanto arquiteto e escultor. Já Borromini era reservado e intenso – o que explica em parte o número relativamente pequeno de grandes encomendas que recebeu, apesar do grande prestígio e de seu excepcional talento. A vida difícil terminou em suicídio.

Fachada curva
O andar inferior da fachada de San Carlo tem um arranjo côncavo-convexo-côncavo; o andar superior é côncavo nas três seções.

***Davi* de Michelangelo** Essa famosa estátua de 1504 ficava antes na Piazza della Signoria, em Florença (hoje, há uma réplica). Estabeleceu os parâmetros para concursos de estatuária em espaços públicos.

Espaços públicos

O florescimento dos edifícios públicos no Renascimento reflete o desejo das autoridades políticas de ostentar generosidade. Os mais adorados pelo público eram as grandes praças, com belas estátuas, fontes e arquitetura de impacto, onde as pessoas podiam passear livremente e desfrutar a agitação e o puro teatro da vida urbana.

O melhor exemplo de praça barroca é a Piazza Navona, em Roma. Tem tudo o que uma grande praça pública italiana da época deveria ter: fontes magníficas de Bernini e Giacomo della Porta, uma igreja de Borromini, obeliscos e estatuária heroica. E por ser tão correta em todos os aspectos de seu projeto, continua imensamente popular entre os romanos e os turistas. Praças como ela são o coração das cidades italianas, grandes ou pequenas. Foram aos poucos adotadas ao redor do mundo, e seu apelo está em alta de novo em termos de urbanismo, pela importância no desenho das cidades. Na época em que foram projetadas no século XVII, as cidades italianas competiam muito para projetar e construir as melhores praças. São palcos públicos, e como tais dão o tom e o ritmo dos dramas que nelas são encenados. A própria Piazza Navona é um espaço fechado, um teatro urbano onde o foco continua o mesmo desde quando foi construída – as pessoas, as esculturas e a arquitetura, e não, como é muito comum hoje, os carros, as lojas, os equipamentos urbanos, a publicidade e a confusão geral. Essas praças públicas são uma das melhores realizações do Barroco.

Fonte de Netuno A expressiva fonte de Giacomo della Porta na Piazza Navona retrata o deus do mar.

Almas gêmeas
Santa Maria di Montesanto está à esquerda, Santa Maria dei Miracoli, à direita.

Santa Maria di Montesanto e Santa Maria dei Miracoli

1677 ROMA, ITÁLIA RAINALDI, FONTANA E BERNINI LOCAIS DE CULTO

A importância das igrejas gêmeas de Santa Maria di Montesanto e Santa Maria dei Miracoli está menos em suas virtudes arquitetônicas do que em seu impacto no grandioso planejamento urbano que cada vez mais caracterizava a Roma do século XVII. Os imperativos da Contrarreforma exigiam uma Roma renascida, sem os vestígios da cidade medieval precária, e a criação de uma nova leva de imensos edifícios públicos e paisagens urbanas. O resultado foi o planejamento da cidade em escala totalmente nova, impulsionado por uma sucessão de papas e arquitetos igualmente ambiciosos, que ganhou vida com o heroico dinamismo do Barroco. Foi uma visão que transformaria a cidade.

Essas igrejas gêmeas pretendiam ser o ponto focal da Piazza del Popolo, criada em 1518, na intersecção de três ruas construídas mais ou menos na mesma época. Embora similares, não são idênticas (a topografia também varia um pouco), mas houve esforços para que suas partes externas ficassem o mais parecidas possível.

Oratório de São Filipe Néri

1640 ROMA, ITÁLIA FRANCESCO BORROMINI LOCAL DE CULTO

Embora por fora lembre muito uma igreja, o Oratório de São Filipe Néri é na realidade a sede dos Oratorianos, uma associação religiosa ligada à Contrarreforma, fundada em 1564 por Filipe Néri, mais tarde canonizado. Fica próximo à igreja desse movimento, Santa Maria in Vallicella. O interior foi projetado, a partir de cerca de 1620, por diversos arquitetos, entre eles Borromini. Mas é a fachada deste que tem real interesse. Sua importância reside em parte no fato de ser curva – um primeiro exemplo do que iria se tornar um recurso comum do Barroco romano – e em parte no dinamismo e invenção característicos de Borromini, o mais idiossincrático dos arquitetos do Barroco romano.

Fachada côncava
O frontão singular, com linhas retas e curvas, é característico da inesgotável inventidade de Borromini.

Escadaria divina Essas belas escadarias ligam a igreja ao comércio. No pé delas, a Piazza di Spagna liga-se a uma das mais elegantes ruas comerciais de Roma.

Escadarias da Piazza di Spagna

1728 ROMA, ITÁLIA FRANCESCO DE SANCTIS ESPAÇO PÚBLICO

A ideia de ligar a Igreja de Trinità dei Monti à Piazza di Spagna, abaixo dela, já fora sugerida mesmo antes da conclusão da igreja em 1570. Durante o século XVII, surgiram várias propostas, inclusive uma de Bernini. Mas foi só em 1717, por insistência do papa Clemente XI, que o projeto finalmente começou. O resultado é um dos mais impressionantes exemplos de planejamento urbano do Barroco tardio em Roma – uma escadaria sinuosa e elegante de 137 degraus. Seus aspectos arquitetônicos mais visíveis são dois grandes terraços e a expansão e a contração das escadas ao longo do trajeto, estreitando-se à medida que sobem em direção a cada terraço, alargando-se depois de passarem por eles. O impacto geral é muito rítmico, dando mais pistas dos suaves toques do Rococó do que das heroicas certezas do Barroco. O obelisco no alto, diante de Trinità dei Monti, foi acrescentado pelo papa Pio VI em 1786. As Escadarias passaram por várias restaurações, a última delas em 2016.

Fontana di Trevi

1762 ROMA, ITÁLIA NICOLA SALVI FONTE

Planos para uma fonte nesse local existiam praticamente desde que o aqueduto que a alimenta, o Aqua Virginis, foi estendido em 1453 pelo papa Nicolau V. O projeto periodicamente entrava em pauta, e em 1629 Bernini recebeu a encomenda do papa Urbano VIII para desenhar uma fonte que superasse qualquer outra na cidade em tamanho e esplendor. O trabalho foi abandonado em 1643. Duas outras tentativas de reviver o projeto no início do século XVIII fracassaram também, até que em 1732 a fonte atual foi iniciada com desenhos de Nicola Salvi. Oito diferentes escultores responderam pelas esculturas. Mesmo assim, predomina a concepção de Salvi, assim como sua decisão de incorporar a fachada do já existente Palazzo Poli, ao fundo, o que acrescenta muito à grandiosidade da obra. A fonte é propositadamente dramática: um imponente arco triunfal, repleto de estátuas, de onde a água jorra e desce em cascatas até uma bacia principal, por imensos blocos de tufo (tipo de rocha vulcânica), esculpidos aparentemente de modo aleatório.

Águas esplêndidas A grande figura central do deus Netuno, concluída apenas em 1762, é ladeada pelas da Abundância e da Salubridade.

Santa Maria della Salute

1681 VENEZA, ITÁLIA BALDASSARE LONGHENA LOCAL DE CULTO

Santa Maria della Salute é não só a mais importante igreja barroca de Veneza como uma das mais antigas – e majestosas – da Itália. Seu impacto deriva em parte da localização, no extremo sul do Grande Canal, em frente ao Palácio do Doge e à praça de São Marcos, e, mais particularmente, da heroica escala e dos volumes combinados com ousadia.

Vista do interior

Sua imponente cúpula é não só uma precoce manifestação do drama barroco, mas – junto com o domo menor atrás dela, sobre o coro, ladeado por dois altos campanários – um elemento central desse perfil a um só tempo ousado e autenticamente veneziano. O drama é enfatizado pela planta octogonal (única em Veneza), pela grandiosa entrada principal, com colunas de três quartos gigantes que se elevam por dois andares, e pelas famosas dezesseis imensas volutas que servem de contrafortes para o tambor da cúpula principal, com o trabalho em pedra imitando as ondas de um modo muito apropriado à localização na beira do canal. A igreja é a obra mais conhecida do arquiteto local Baldassare Longhena, um dos grandes expoentes do Barroco em Veneza. Um de seus méritos foi criar um edifício que, apesar de poderosamente barroco, complementa muito bem a gótica Veneza.

Marco da cidade De vários pontos de Veneza, os domos oníricos projetados por Longhena parecem flutuar acima dos telhados das residências.

Chapelle Royale, de Mansart

Palácio de Versalhes

1772 PERTO DE PARIS, FRANÇA JULES HARDOUIN-MANSART E OUTROS PALÁCIO

Não há prova mais cabal de que Roma havia sido eclipsada pela França como centro do poderio artístico europeu do que o imenso Palácio de Versalhes. Ele é mais do que um reflexo do óbvio domínio da monarquia na França do século XVII. Sua imponência e seus imensos jardins foram imitados por toda a Europa.

Diante da avassaladora grandiosidade, as origens de Versalhes até que se apresentam modestas: um mero alojamento de caça construído entre 1623 e 1631 para Luís XIII. Em 1661, Luís XIV decretou que aquele seu despretensioso edifício deveria transformar-se na nova sede da corte e do governo da França. A escala do alojamento de caça original mostrou-se difícil de conciliar com a ambição de sua visão, e isso ensejou uma extensa reconstrução, processada em vários estágios, até o fim do século XVIII. O primeiro estágio (1661-70) ficou a cargo de Louis Le Vau. Com ele surgiram o Cour d'Honneur – um pátio de três lados que leva diretamente até a fachada principal (leste) – e a porção central da fachada ajardinada (oeste). Ao mesmo tempo, André Le Nôtre iniciou a criação dos amplos

jardins que se estendem a oeste do palácio. No segundo estágio (1678-1708), Jules Hardouin-Mansart estendeu as fachadas ajardinadas norte e sul de Le Vau, criando uma fachada de 402 metros de comprimento. Mansart também acrescentou a Sala dos Espelhos, de 70 metros de extensão, e a suntuosa e belíssima Chapelle Royale. O último estágio (1770-72) ficou a cargo de Jacques-Ange Gabriel, que deixou sua principal marca na ópera situada no fim da ala norte. O resultado não foi tanto a criação de um palácio, mas a construção de uma imensa e formal cidade em miniatura.

Visão real Tendo humilde origem como alojamento de caça, o palácio de Luís XIV tornou-se um magnífico exemplo do Barroco francês.

Les Invalides

1706 PARIS, FRANÇA JULES HARDOUIN-MANSART LOCAL DE CULTO

Assim como Versalhes, Les Invalides, a igreja do complexo construído por Luís XIV para soldados veteranos, foi feita para impressionar. Seu aspecto mais imponente é certamente a fachada, dominada por uma imensa cúpula e coroada por uma lanterna dourada 106 metros acima do chão. O domo se apoia num tambor duplo de imponência equivalente, com o andar superior amparado por volutas, e o inferior, por ousadas colunas duplas. A seção central da fachada, em dois andares, sustentada por imensas colunas e coroada por um frontão, é igualmente poderosa.

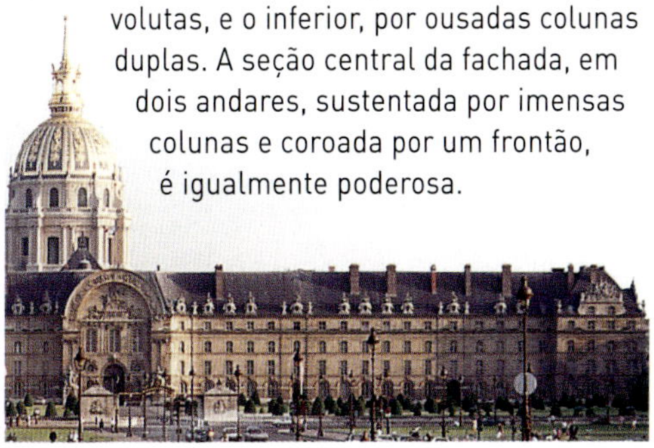

Grande tributo A decoração interior da igreja glorifica os militares e o monarca Luís XIV.

Place Vendôme

1720 PARIS, FRANÇA JULES HARDOUIN-MANSART ESPAÇO PÚBLICO

A Place Vendôme marca um momento-chave no impulso para formalizar o planejamento urbano francês no fim do século XVII. É totalmente uniforme, um espaço público retangular rodeado por harmoniosas fachadas de seus *hôtels particuliers,* com térreos rusticados, pilastras gigantes no primeiro e segundo andares e telhados com mansarda dotados de janelas ovais e retangulares alternadas. As interseções chanfradas têm frontões e se projetam discretamente. A coluna no centro é napoleônica (muito modificada) e lembra a de Trajano, em Roma *(p. 72)*.

Place Vendôme

Exterior ensolarado O estuque ocre e branco de Melk é típico dos esquemas de cores da Europa Central barroca.

Abadia de Melk

1736 · MELK, ÁUSTRIA · JAKOB PRANDTAUER · LOCAL DE CULTO

A Áustria católica e os pequenos estados do sul da Alemanha assumiram o Barroco com raro gosto. A abadia beneditina e igreja de Jakob Prandtauer em Melk é um ótimo exemplo dessa abordagem desinibida. A localização do complexo de cor amarelo-ocre, num afloramento rochoso acima do rio Danúbio, é intencionalmente dramática, e o seu projeto, mais ainda. Destaca-se o imponente domo coroado por uma exótica lanterna. A fachada curva é enfatizada por dois campanários com domos de bulbo. Essa composição vibrante é realçada, ainda, pela sala da abadia e pela biblioteca, situadas ao lado, ambas ligadas por alas curvas abaixo delas.

Palácio de Troja

1696 · PRAGA, REPÚBLICA TCHECA · JEAN-BAPTISTE MATHEY · PALÁCIO

Esse ótimo exemplo da difusão do Barroco a partir de suas terras centrais na Europa ocidental é um edifício de notável elegância, barroco na disposição dos volumes e quase palladiano na ordenada contenção. Destaca-se o bloco central, com cinco seções de largura e três andares. De ambos os lados, alas de dois andares levam a outras alas que se projetam à frente. Os telhados, fortemente inclinados, contêm mansarda com janelas modestas. O elemento arquitetônico mais impactante, além de importante motivo unificador, são as pilastras compósitas gigantes que partem do nível das janelas do térreo, no caso das alas, e do nível das janelas do primeiro andar, no do bloco central, estendendo-se ousadamente até o nível das janelas superiores. Na frente ajardinada, uma elaborada escadaria dupla com figuras esculpidas leva aos jardins de influência francesa.

Contraste de cores O esquema de cor vermelho e branco de Troja contribui muito para o impacto do edifício e dá um toque dramático ao desenho basicamente sóbrio.

Karlskirche

◒ **1737** ⚐ **VIENA, ÁUSTRIA**
✍ **JOHANN BERNHARD FISCHER VON ERLACH**
🏛 **LOCAL DE CULTO**

A Karlskirche de Viena expressa a ostentação imperial da Áustria dos Habsburgo, em especial sua grande dívida para com a Roma antiga. Mas, embora impressionante, o edifício tem uma curiosa incoerência, uma reunião de elementos individualmente agradáveis, mas que nunca se fundem de todo e estão fora de escala entre eles, de maneira estranha, embora encantadora. O projeto básico é bastante familiar ao léxico barroco: cúpula, fachada curva, torres laterais e pórtico com frontão. Mas apenas o domo, sobre seu alto tambor e com elaboradas janelas ovais, é de fato bem resolvido. As torres, no modelo da Coluna de Trajano, em Roma *(p.72)*, não parecem fazer parte do edifício, um efeito que fica mais óbvio ainda por sua grande escala. O pórtico central, calcado no do Panteão *(pp. 66-7)*, aqui parece diminuído por essas altas colunas e suas não menos imensas bases. De cada lado, há o equivalente a arcos triunfais, mais altos que o pórtico central, sobre os quais se assentam torres decididamente não clássicas. Esses arcos tornam a fachada excepcionalmente larga, e, como o corpo da igreja na realidade não é mais largo que o pórtico central, isso intensifica a sensação de deslocamento gerada pelo edifício. No entanto, a Karlskirche, apesar de todas essas "falhas" acadêmicas, é um exemplo maravilhoso de drama barroco e de tratamento teatral do palco urbano.

Agradecimento A Karlskirche foi dedicada a São Carlos Borromeu por ter livrado a cidade da peste.

Frauenkirche

◒ **1743** ⚐ **DRESDEN, ALEMANHA** ✍ **GEORGE BÄHR** 🏛 **LOCAL DE CULTO**

A Frauenkirche de Dresden está entre as mais atraentes construções barrocas da Alemanha e conta com o incomum aspecto de ter sido erigida no norte protestante do país (embora numa cidade muito rica em construções barrocas). Destruída na Segunda Guerra Mundial, ficou em ruínas por décadas, até sua restauração ser concluída em 2005. Apesar do porte, exibe uma aparência delicada, como um enfeite de mesa de escala gigante. Tem uma planta centralizada, com sua simetria quebrada apenas pela capela-mor. Na parte externa, as fachadas ostentam ousados frontões interrompidos, sustentados por imponentes pilastras gigantes dispostas em pares. Os cantos do edifício são chanfrados, com frontões circulares abatidos, cada qual coroado por torres de elaborada elegância. Essa composição firme é dominada por uma cúpula curiosamente afunilada, interrompida por mansardas e encimada por uma avantajada lanterna aberta.

Elegância restaurada A Frauenkirche combina silhueta forte com incomum delicadeza nos detalhes.

Nova Catedral, Salamanca

1738 SALAMANCA, OESTE DA ESPANHA
ALBERTO DE CHURRIGUERA E OUTROS
LOCAL DE CULTO

A Nova Catedral foi criada por ordem do rei Fernando em 1510, e a obra começou sob a direção de Juan Gil de Hontanon, três anos depois. O edifício é uma atraente junção de Gótico tardio, a cargo de Juan de Ribero, e do posterior Barroco, com projeto de vários membros da família Churriguera, sendo coroado por um domo barroco 80 metros acima do solo. É intrigante ver como detalhes italianos foram sendo aos poucos acrescentados antes que um Barroco maduro triunfasse sobre o estilo gótico de florescimento tardio. A parte mais expressiva do interior é o coro de Alberto de Churriguera, com elaborados bancos de José de Larra e Juan de Mujica, dramáticos baixos-relevos de santos, mártires e apóstolos e um grande órgão de Pedro de Echevarria.

O velho e o novo, lado a lado A Nova Catedral, "La Nueva", fica ao lado da Velha Catedral românica, ou "Catedral Vieja", que foi construída no século XII.

Igreja de San Francisco Xavier

1762 TEPOTZOTLÁN, MÉXICO LORENZO RODRIGUEZ LOCAL DE CULTO

Essa igreja de projeto elaborado, situada perto de um santuário asteca do deus dos banquetes, tem uma fachada de calcário branco que lembra uma gruta e é um banquete barroco ou churrigueresco para os olhos. É decorada por mais de 300 esculturas de anjos, santos, querubins, alcachofras, couves-flores, urnas, chicórias e pessoas, e ladeada por altas pilastras. O interior da igreja jesuíta é ainda mais rico que a fachada, e famoso por seus retábulos dourados e floreados. A fachada é dividida de modo irregular em três níveis, percorridos em zigue-zague por molduras que projetam fortes sombras sob o sol ou em noites de luar. Tais sombras escondem alguns detalhes e realçam outros no decorrer do dia, de modo que os desenhos estão em constante mudança – uma dança barroca que as fotos jamais capturam. O grande frontão curvo é cheio de urnas. Em 1777, o clero secular transformou Tepotzotlán num seminário para instrução e "correção" de clérigos seculares. Após longo período de abandono, o governo mexicano devolveu Tepotzotlán aos jesuítas em meados do século XIX. Fugindo do avanço de revolucionários anticlericais, os jesuítas abandonaram o complexo em 1917. A igreja faz parte do Museu Nacional do Vice-Reinado do México desde 1964.

Biblioteca Wren, Trinity College

1695 CAMBRIDGE, INGLATERRA
CHRISTOPHER WREN UNIVERSIDADE

A Biblioteca do Trinity College é o último e, sob vários aspectos, o mais impressionante – e sem dúvida o mais engenhoso – dos três edifícios de Wren em Cambridge. Embora tenha dois andares – o inferior, uma galeria; o superior, a bilioteca –, o piso da biblioteca começa não no nível das janelas do segundo andar, como parece quando o vemos de fora, mas no das *lunettes* da arcada. Isso oferece o máximo de espaço para as estantes de livros e, tão importante quanto, o máximo de luz. Colunas dóricas de três quartos são usadas no térreo, e pilastras jônicas de três quartos, no andar superior.

Câmara Radcliffe

1749 OXFORD, INGLATERRA
JAMES GIBBS UNIVERSIDADE

A Radcliffe Camera é um dos edifícios mais harmoniosos da Inglaterra, e seus méritos se assentam na articulação excepcionalmente precisa de seus componentes: base, andares superiores e domo. A base intensamente rusticada, com vãos, nichos e frontões alternados, não é circular, mas de dezesseis lados; no entanto, dá lugar a uma estrutura genuinamente circular de dois andares, ligada por pares de colunas coríntias gigantes de três quartos, coroada por uma grande cornija e uma balaustrada cheia de urnas. Cobrindo o edifício há um domo, com muitas nervuras, sustentado por contrafortes bastante inclinados e coroado por uma lanterna.

Tesouro
A Câmara Radcliffe foi construída para abrigar uma biblioteca. Há cerca de 600 mil livros hoje nas salas do subsolo do edifício.

Palácio-Mosteiro de Mafra

1770 MAFRA, PORTUGAL JOÃO FREDERICO LUDOVICE PALÁCIO/LOCAL DE CULTO

O imenso palácio-mosteiro de Mafra, 40 quilômetros a noroeste de Lisboa, é uma edificação imponente, construída pelo imprudente João V de Portugal como agradecimento pelo nascimento de um herdeiro. Foi financiado pelo dinheiro que inundou o país após a descoberta de diamantes no Brasil. O grande porte do edifício teve a intenção consciente de rivalizar com o do Escorial *(p. 225)* da Espanha, erigido 150 anos antes por Filipe V. Para dar uma ideia da escala do projeto, nada menos do que 45 mil trabalhadores foram empregados em sua construção, e o edifício tem mais de 800 quartos e 4.500 portas e janelas. Seu custo foi de tal magnitude que quase levou o país à falência. A longa fachada, de 220 metros, é dominada pela igreja do mosteiro no centro. Em cada extremidade do edifício há enormes alas que se projetam sob domos baixos, de quatro lados: o que está voltado para o sul continha os quartos da rainha, e o que está voltado para norte, os quartos do rei. Mafra é uma edificação enorme, que de fato desperta respeito.

Superdimensão
A igreja do mosteiro é uma peça de dois andares com frontão e imensos campanários, cada qual com 57 sinos.

Christopher Wren
Matemático e astrônomo, Wren (1632-1723) abraçou a arquitetura somente aos 30 anos. O Grande Incêndio de Londres (1666) deu a ele uma grande oportunidade. Seu plano de reestruturação da cidade toda nunca foi implementado, mas permitiu a reconstrução de St. Paul e de outras 52 igrejas.

Catedral de St. Paul

1710 | **LONDRES, INGLATERRA** | **CHRISTOPHER WREN** | **LOCAL DE CULTO**

St. Paul é o ponto alto do breve Barroco inglês, estilo visto com desconfiança pela Inglaterra protestante por sua associação com o catolicismo. O grande paradoxo dessa edificação tão harmoniosa é que Wren foi capaz de persuadir o clero protestante a aceitar uma obra tão obviamente barroca.

Com todo o seu ar de serenidade clássica, St. Paul é fruto de um meio-termo – entre a expectativa de Wren de construir uma igreja centralizada, clássica em todos os sentidos, e a insistência protestante numa igreja longitudinal com nave, corredores e coro, para atender às necessidades do ritual reformado. No entanto, poucas igrejas longitudinais têm tendências centralizadoras tão inegáveis. A nave, por exemplo, é apenas um módulo mais longa que o coro. Além disso, o imenso cruzeiro sob a grande cúpula, com 34 metros de diâmetro e sustentado por oito imensos pilares, domina o interior. Não há sinal desses conflitos no exterior, de harmonia extraordinária, com o conjunto todo arranjado em dois andares. No entanto, o andar superior da nave e do coro nada mais é do que um recurso para disfarçar os corredores de um andar só. O domo, sobre um alto tambor, eleva-se do edifício como antes elevava-se do horizonte londrino.

Barroco verdadeiro
A cúpula de St. Paul compete e em certos aspectos supera qualquer coisa construída em Roma.

St. Mary-le-Bow

1673 LONDRES, INGLATERRA
CHRISTOPHER WREN LOCAL DE CULTO

As 52 igrejas construídas por Wren em Londres após o Grande Incêndio são uma ótima prova de sua diligência e engenhosidade (às vezes até para superar locais apertados e irregulares). Os interiores da maioria são básicos (a exceção é St. Stephen, Walbrook, um exercício virtuoso de lida com o espaço, onde um interior longitudinal é tratado como se fosse uma igreja centralizada). Isso devia-se em parte a questões financeiras e em parte às necessidades doutrinárias protestantes. St. Mary-le-Bow, como a maioria das igrejas da cidade, é longitudinal, com ampla nave separada dos corredores por grandes pilares com meias-colunas erguendo-se para formar uma abóbada cilíndrica vazada por espaçosas janelas. Os corredores têm belas galerias de madeira, aspecto presente em quase todas as igrejas de Wren. Mas a característica mais notável do edifício, como em todos os demais, é a torre.

Até o fim do século XIX, as torres de igreja de Wren só perdiam para a cúpula de St. Paul como aspecto dominante do horizonte londrino. Como era geralmente o caso, a base da torre de St Mary-le-Bow é básica; só quando ela ultrapassa o que deve ter sido a linha dos telhados dos edifícios circundantes é que se torna uma criação totalmente sem precedentes e incrivelmente elaborada, em parte clássica, em parte gótica. O campanário sustenta círculos de colunas cada vez mais estreitos, sobrepondo *tempiettos*, até o clímax de um pináculo de três lados.

Genialidade Mesmo que seja só por sua originalidade e excentricidade, as torres de Wren são totalmente barrocas no espírito.

St. Mary Woolnoth

1726 LONDRES, INGLATERRA NICHOLAS HAWKSMOOR LOCAL DE CULTO

Enquanto as igrejas londrinas de Wren exalam serena elegância, a meia dúzia de igrejas construída por seu antigo assistente Hawksmoor, no início do século XVIII, tem uma energia furiosa, quase incômoda. E não são menos surpreendentemente originais do que os edifícios de John Vanbrugh, para quem Hawksmoor também trabalhou. Clássicas na maioria dos detalhes, barrocas na heroica autoconfiança, despertam um forte impacto bem característico delas.

A fachada de St. Mary Woolnoth é típica do estilo de Hawksmoor. O piso inferior do edifício tem um rusticado forte excepcional, cujo efeito é acentuado pelas incomuns colunas de três quartos nas quinas – também rusticadas – e pela continuidade da rusticação nas pedras angulares acima da entrada em arco e da janela semicircular acima dela.

Em contraste, o primeiro andar é quase totalmente liso, exceto pelas três pequenas janelas quadradas no centro. Acima, há uma torre, com colunas compósitas aos pares nas laterais e duas colunas emoldurando uma janela com persianas no centro, com paredes lisas entre elas. A composição alcança um clímax com as duas pequenas torres retangulares, com balaustradas agigantadas apoiadas sobre um robusto entablamento.

Dimensão extra O dramático uso de volumes e texturas contrastantes por Hawksmoor dá à obra uma qualidade fortemente escultural.

Christ Church, Spitalfields

1729 LONDRES, INGLATERRA NICHOLAS HAWKSMOOR LOCAL DE CULTO

Nicholas Hawksmoor (1661-1736) foi um arquiteto de formação convencional, muito tempo dedicado ao Office of the King's Works, mas com uma obra de estilo bem pessoal. Tinha habilidade ímpar para usar formas familiares de modo não familiar.

Na Christ Church, o pórtico, sustentado por quatro colunas dóricas, é na realidade uma forma de projetar o arco palladiano – com o arco principal flanqueado por duas aberturas de topo quadrado. Isso se repete no primeiro andar por algo que, visto de frente, parece ser uma parede sólida, mas que na realidade nada mais é do que dois planos. Vista de lado, a robustez da igreja é impressionante. Coroando essa grandeza de alvenaria barroca, Hawksmoor colocou um pináculo gótico.

Para os moradores da periferia
Encomendada por uma Lei do Parlamento de 1711, a Christ Church foi construída para atender à população da periferia de Londres.

St. Martin-in-the-Fields

1726 LONDRES, INGLATERRA JAMES GIBBS LOCAL DE CULTO

Mesmo em suas expressões mais fortes, os edifícios barrocos de James Gibbs (1682-1754) antecipam a arquitetura mais calma e racional do século XVIII. St. Martin-in-the-Fields é, portanto, sob vários aspectos, o arquétipo da igreja inglesa do século XVIII.

O edifício é um retângulo simples, com pilastras coríntias gigantes nas faces norte, sul e leste; na face oeste há um magnífico pórtico com frontão sobre seis colunas coríntias. Uma elegante balaustrada corre pela extensão da linha do telhado, interrompida apenas pelo pórtico. Aspecto característico, os detalhes todos são excepcionalmente ricos. O teto em caixotões do pórtico, por exemplo, é todo esculpido.

Mas o principal aspecto do edifício, muito criticado na época, mas depois imensamente influente, é o pináculo. Não menos elaborado do que os pináculos de Wren, é situado diretamente atrás do frontão, o que faz com que pareça se erguer sem apoio acima do edifício.

Chatsworth House

APÓS 1687 DERBYSHIRE, INGLATERRA WILLIAM TALMAN E THOMAS ARCHER RESIDÊNCIA

Chatsworth é uma das maiores e mais imponentes mansões rurais inglesas, com uma complexa história arquitetônica que se estende até o século XIX. A casa de pedra amarelada fica no local de um edifício elizabetano, diante de esplêndidos jardins e de um grande parque.

A fachada sul é de William Talman (1650-1719). Trata-se de uma estrutura enfática, baixa, sobre uma base em pedra rusticada – com superfícies rugosas e juntas marcadas – sobre a qual há duas fileiras de janelas idênticas encimadas por pedras angulares. As seções tríplices de cada lado são enfatizadas por pilastras jônicas gigantes. A linha do telhado tem uma balaustrada com urnas. Os degraus com chanfradura dupla foram acrescentados mais tarde.

A fachada oeste, mais leve, posterior a 1700, é de um arquiteto desconhecido. Um frontão avantajado, sustentado por colunas de três quartos, define as três seções centrais. A fachada norte, com projeto de Thomas Archer (1668-1743) – que sempre concebia jardins originais – é ainda um pouco posterior. Suas curvas incomuns disfarçam o fato de os cantos do edifício não serem simétricos.

Curvas sagazes
Fachada oeste de Chatsworth. A saliência na fachada norte de Archer só é visível à esquerda.

Palácio de Blenheim

◒ 1724 ⚑ WOODSTOCK, OXFORDSHIRE, INGLATERRA ✍ SIR JOHN VANBRUGH 🏛 PALÁCIO

A vasta extensão do Palácio de Blenheim mostra a ousadia de sir John Vanbrugh (1664-1726). O edifício é como um sonoro toque de clarim, de uma assertividade impressionante. Não é só por seu porte, por avantajado que seja. É mais pela total confiança de Vanbrugh em lidar com os volumes – aliada à criatividade à altura de Hawksmoor *(pp. 251 e 252)* –, que cria um edifício propositadamente extravagante. A ironia é que, antes de sua conclusão, o edifício, e na verdade o Barroco em geral, perdiam prestígio na Inglaterra justamente pelo tom bombástico no qual Vanbrugh mostrava excelência.

Fachada ostensiva
Com sua ousada projeção, o vão e o pórtico centrais da fachada sul voltam-se para um grande parque ornamental.

Castelo Howard

◒ 1712 ⚑ NORTH YORKSHIRE, INGLATERRA ✍ SIR JOHN VANBRUGH 🏛 RESIDÊNCIA

Embora menor que Blenheim, o Castelo Howard é tão imponente e tão barroco quanto aquele no repertório e na exuberância. Projetado por um homem que foi soldado, depois mercador e dramaturgo antes de virar arquiteto, esse foi o primeiro edifício de Vanbrugh e é de fato impressionante.

Como em Blenheim, a fachada principal (norte) dispõe-se em torno de um belo pátio de recepção. Alas extensas ladeiam um robusto bloco central, alcançado por uma ampla escadaria, com pilastras gigantes e um domo altamente decorativo sobre um alto tambor. Também como em Blenheim, edifícios adicionais completam o conjunto. A fachada sul, embora igualmente rica em detalhes, é tratada como algo à parte, embora o bloco central, aqui com frontão, tenha também projeção. É atrás dessa fachada que as principais salas públicas foram dispostas de forma interligada – o mesmo arranjo de Blenheim. Mas o principal espaço interno é a grande sala do lado norte, que toma a altura toda do edifício.

Exterior vaidoso
A frente sul do Castelo Howard; o perfil de Vanbrugh é dramático.

Rococó

c. 1725-1775

O Rococó nunca foi exatamente um estilo arquitetônico. Era na verdade uma forma de Barroco mais intensa, realizada com leves toques de vários pintores, decoradores e arquitetos franceses, italianos e alemães brilhantemente frívolos. Muito associado ao reinado de Luís XV (1715-74) na França, teve grande aceitação na Baviera.

Ao mesmo tempo atmosfera e moda, o Rococó foi um estilo de arquitetura e decoração de vida curta que se difundiu a partir das cortes reais da Europa nas décadas de 1730 e 1740. Embora seus floreios extravagantes e dourados sejam mais vistos na França, Baviera e Rússia, o estilo também teve grande penetração fora da Europa continental, em cidades que, em princípio, eram bem mais conservadoras em questões de gosto – a exemplo de Dublin, que, reconstruída e ampliada no século XVIII, ganhou conjuntos de casas de tijolos e praças ajardinadas muito bonitos, embora simples. No entanto, no interior de muitas casas palladianas sóbrias no centro de Dublin vemos tetos com elaborados e exuberantes gessos rococó – mais ou menos como aplicar um forro de seda vistosa num discreto paletó de cor escura.

Em sua melhor expressão, o Rococó foi um movimento alegre que acrescentou leveza à arquitetura clássica. Na pior, podia ser puro kitsch. Externamente, seus maiores exemplos estão nos projetos de extravagantes igrejas e torres de palácios e nas grutas escavadas nos jardins de mansões rurais, com ares de contos de fadas.

Mestres do Rococó

O interior da Igreja de Rottenbuch *(p. 259)* é obra de Josef Schmuzer (1683-1752) e de seu filho Franz (1713-1775), ambos mestres em decoração em estuque. Também especialistas eram os irmãos suíços Lafranchini, Paul (1695-1776) e Philip (1702--1779), que emprestaram exuberância a várias casas palladianas irlandesas. E, na Rússia, o arquiteto italiano Bartolomeo Rastrelli (1700-1771) realizou a suntuosa obra-prima rococó que é o Palácio de Catarina, perto de São Petersburgo *(p. 262)*.

« **Toque exibicionista** Os domos dourados e o gesso azul do Palácio de Catarina, em Tsarskoye Selo, nos arredores de São Petersburgo, Rússia, mostram a exuberância que caracterizou a breve existência do Rococó.

Elementos

O Rococó foi um estilo de linhas lúdicas, mais associadas à decoração de interiores, à pintura e a frivolidades em geral do que à arquitetura. Mesmo assim, podemos encontrar florescimentos decididamente rococó por toda a Europa – da Irlanda até os arredores do Império Austro-Húngaro.

Querubins brincalhões são característicos do espírito leve do Rococó.

Querubins in excelsis Os querubins do Rococó nunca estão parados; aqui, um par deles toca tambor na Igreja de Rottenbuch, na Baviera.

Espelhos decorados Os adeptos do Rococó adoravam espelhos (quanto mais, melhor). Esses exemplos são do Schloss Bruhl, na Alemanha.

Espelho com grinaldas e dourados.

Trabalhos em gesso Trabalhos exuberantes em gesso são típicos do Rococó. Nesse exemplo, vê-se o teto da impressionante Wieskirche, ao pé dos Alpes da Baviera, na Alemanha.

Frontão destacado e estatuária animam a fachada.

Fachada vistosa As alas do Palácio de Mateus, em Vila Real, Portugal, dirigem o olhar para a notável fachada central, com sua exuberância de torreões, chaminés e estátuas.

Salas de espelhos Essa extravagante sala rococó, cheia de dourados e espelhos, está no pavilhão Amalienburg do Schloss Nymphenburg, na Alemanha.

Zwinger

1722 | **DRESDEN, ALEMANHA** | **MATTHÄUS DANIEL PÖPPELMANN** | **PALÁCIO**

O Zwinger é um edifício singular na Europa, uma combinação de jardim de lazer, teatro e galeria de arte. Mas se seu propósito como local de diversão cortesã é claro, sua arquitetura resiste a definição precisa. Trata-se de uma obra com grau de elaboração impressionante – mistura de Barroco com o ascendente Rococó –, na qual a arquitetura e a escultura se fundem.

Esculturas em pedra no Glockenspielpavillon

Jardins formais
Embora não tenha sido concluído, o Zwinger ainda assim impressiona, e seu impacto é realçado pelos jardins formais criados com precisão pelo arquiteto Pöppelmann.

O Zwinger foi construído para o eleitor da Saxônia, Augusto, o Forte, como local para abrigar sua coleção de arte e para a realização de torneios – o arquiteto, Matthäus Pöppelmann, chamou-o de "arena romana". Na planta, é simples: um jardim fechado, em grande medida quadrado, com curvas do tipo abside nas extremidades que abrigam pavilhões de dois andares, com a função adicional de entradas. Os pavilhões são ligados por galerias de um andar, que têm no seu centro entradas adicionais de dois andares na forma de pavilhões-portais. Coroadas por balaustradas ornadas por urnas, as galerias são relativamente sóbrias. Já os pavilhões constituem montagens exuberantes de decorações esculpidas. O Kronentor, por exemplo, fica comprimido sob domos de bulbo ornados com insígnias reais. Nos andares superiores há frontões curvos interrompidos, motivo repetido nos inferiores, mas com frontões que não se encaram. O efeito pretende ser discordante, mas resulta em seu oposto. Trata-se de edificações que exaltam a *joie de vivre* e que transmitem alegria contagiante.

MATTHÄUS DANIEL PÖPPELMANN

O arquiteto da corte Matthäus Pöppelmann (1662--1736) foi responsável por reconstruir grande parte de Dresden após o grande incêndio de 1685 e também o palácio do eleitor quando de sua destruição pelo fogo em 1701. O Zwinger é a maior contribuição de Pöppelmann para o desenvolvimento do Rococó, e a influência do arquiteto na Alemanha, que iria emergir como um dos mais importantes centros desse estilo, é imensa tanto na arquitetura secular quanto na eclesiástica.

S. João Nepomuceno (Asamkirche)

1750 MUNIQUE, ALEMANHA EGID QUIRIN E COSMAS DAMIAN ASAM LOCAL DE CULTO

Pequena e singular, foi construída como igreja particular pelos irmãos Asam – o pintor Cosmas Damian (1686-1739) e o escultor Egid Quirin (1692-1750). É dedicada a um padre boêmio do século XIV, canonizado em 1729, que teria sido afogado por ordem de Venceslau IV; acima da entrada, o santo ascende aos céus das margens rochosas do rio, num turbilhão de drapeados. Mas é o interior que deslumbra. Alto e estreito, é cheio de movimento e dramaticidade, numa impactante fusão de pintura, estuque, escultura e arquitetura, unidos por rico esquema de cores escuras, realçadas por fontes de luz ocultas acima da cornija superior.

Estilo Asam A fachada ostenta todas as marcas dos irmãos Asam: paredes onduladas, um frontão curvo interrompido e cores fortes.

Residenz, Würzburg

c. 1722 WÜRZBURG, ALEMANHA JOHANN BALTHASAR NEUMANN PALÁCIO

A Residenz em Würzburg era o palácio oficial do príncipe-bispo de Würzburg, um amante dos prazeres da vida. O edifício em si não carece de méritos, particularmente a excepcional e luxuosa capela, parte barroca, parte rococó. A Residenz é mais notável, isto sim, como excelente exemplo de fusão das artes – arquitetura, escultura, trabalho em estuque e pintura – que cada vez mais caracterizava o Rococó na Europa Central. Os pontos altos são a majestosa escadaria e a sala do trono, projetadas por Johann Balthasar Neumann (1687-1753). Acima da emoldurada escadaria, com sua cúpula em cantiléver (tipo de console de apoio), Giovanni Battista Tiepolo, o grande pintor de afrescos do século XVIII, realizou o maior afresco do mundo – uma resplandecente visão dos continentes. A sala do trono contém outros magníficos afrescos do italiano. A capela também foi construída a partir de um projeto de Neumann.

Adequada a um príncipe Construída para o príncipe-bispo Johann Philipp Franz von Schönborn, a Residenz, segundo dizem, foi chamada de "melhor presbitério da Europa", por Napoleão.

Igreja da Abadia de Weltenburg

1724 KEHLHEIM, ALEMANHA EGID QUIRIN E COSMAS DAMIAN ASAM LOCAL DE CULTO

O gosto dos irmãos Asam pela teatralidade na arquitetura alcançou um primeiro clímax na Igreja da Abadia de Weltenburg, às margens do Danúbio. De fora, a edificação promete pouco. Dentro, porém, é um dos primeiros grandes interiores de igreja da Alemanha no século XVIII, um momento-chave no surgimento de um Rococó maduro no país. A planta não é elaborada: um vestíbulo e nave ovais e um coro profundo, que desemboca no altar principal. Mas essa simplicidade tem como contraponto a decoração – acima de tudo, a impressionante estátua atrás do altar principal de um São Jorge mon-

A igreja como teatro A vistosa decoração rococó – cheia de dourado e estuque em ricas cores – evolui pelas paredes curvas, que levam o olhar para o alto.

tado matando um dragão serpentiforme. Tudo é permeado por metáforas teatrais: o coro profundo com galerias quase poderia ser um auditório, e as colunas retorcidas dos lados de São Jorge lembram o arco do proscênio de um palco. Fontes de luz ocultas atrás da estátua inundam-na de luz, como num palco, em franco contraste com o corpo da igreja na penumbra.

Igreja de Rottenbuch

1747 ROTTENBUCH, ALEMANHA JOSEF E FRANZ XAVER SCHMUZER LOCAL DE CULTO

A paixão da Baviera pelo Rococó é bem ilustrada pela igreja paroquial de Rottenbuch, um edifício gótico do século XV sem nada de excepcional, transformado por um exuberante interior rococó. A igreja gótica de Alte Kapelle, de Regensburg, recebeu tratamento similar dos irmãos Asam, mas ali o contraste entre Gótico e Rococó nunca ficou bem resolvido. Essas reservas não se aplicam, porém, a Rottenbuch.

Caminho do peregrino
Os bonitos afrescos da igreja retratam o caminho de Santo Agostinho em direção ao cristianismo.

Amalienburg

1739 MUNIQUE, ALEMANHA FRANÇOIS DE CUVILLIÉS PALÁCIO

O Amalienburg é um pavilhão dentro dos jardins do Schloss Nymphenburg, o palácio na periferia de Munique construído pelo eleitor Max Emanuel entre 1716 e 1728. Se o Rococó, como originalmente desenvolvido na França, foi antes de mais nada um estilo de decoração interior, então o Amalienburg está entre seus mais puros e comoventes exemplos – quase um santuário dos prazeres sofisticados da galanteria cortesã.

A maior parte do Amalienburg é reservada à sala central – a Sala dos Espelhos, de formato oval. Exceto as portas em cada extremidade e as janelas de um dos lados, as paredes são todas cobertas de espelhos com a parte de cima ovalada. Em volta, entre e até acima deles retorce-se uma profusão de estuque folheado a prata, retratando instrumentos musicais, plantas, aves e querubins. Nos pontos em que essa abundância transborda para o teto azul-claro, transforma-se em delicadas paisagens, povoadas por pastores e pastoras. O efeito é hipnótico.

Wieskirche

1754 · BAVIERA, ALEMANHA · DOMINIKUS E JOHANN BAPTIST ZIMMERMANN · LOCAL DE CULTO

A Wieskirche, ou Igreja do Prado, é denominada oficialmente Igreja de Peregrinação do Salvador Torturado. Numa planície ao pé dos Alpes, seus arquitetos – os irmãos Dominikus (1685-1766) e Johann Baptist (1680-1758) Zimmermann – criaram uma obra vigorosa que funde o Barroco e o Rococó e é hoje Patrimônio da Humanidade. A igreja foi construída no local em que, diz a lenda, uma figura esculpida de Cristo teria vertido lágrimas e permanece como importante local de peregrinação, assim como atração turística. A Wieskirche é um lugar encantador, concebido para permitir que a luz do sol penetre na nave por uma série de fontes ocultas e para aproveitar ao máximo o entorno rural. Por fora, linhas retas predominam, mas dentro a edificação é repleta de espirais e ondulações. Embora tão rica quanto um bolo bávaro, a igreja possui um planejamento rigoroso. As cores são usadas simbolicamente, com ênfase no vermelho e no azul. O vermelho significa o sangue sacrificial, e o azul – que desce em torvelinho do teto – representa o perdão e a graça de Deus. As pinturas, os trabalhos em gesso e a estatuária são dedicados à rica iconografia católica.

A Wieskirche fica no meio de um prado.

Janelas do coro
Colunas de mármore colorido e dourados são banhados pela luz que entra pelas grandes janelas do coro.

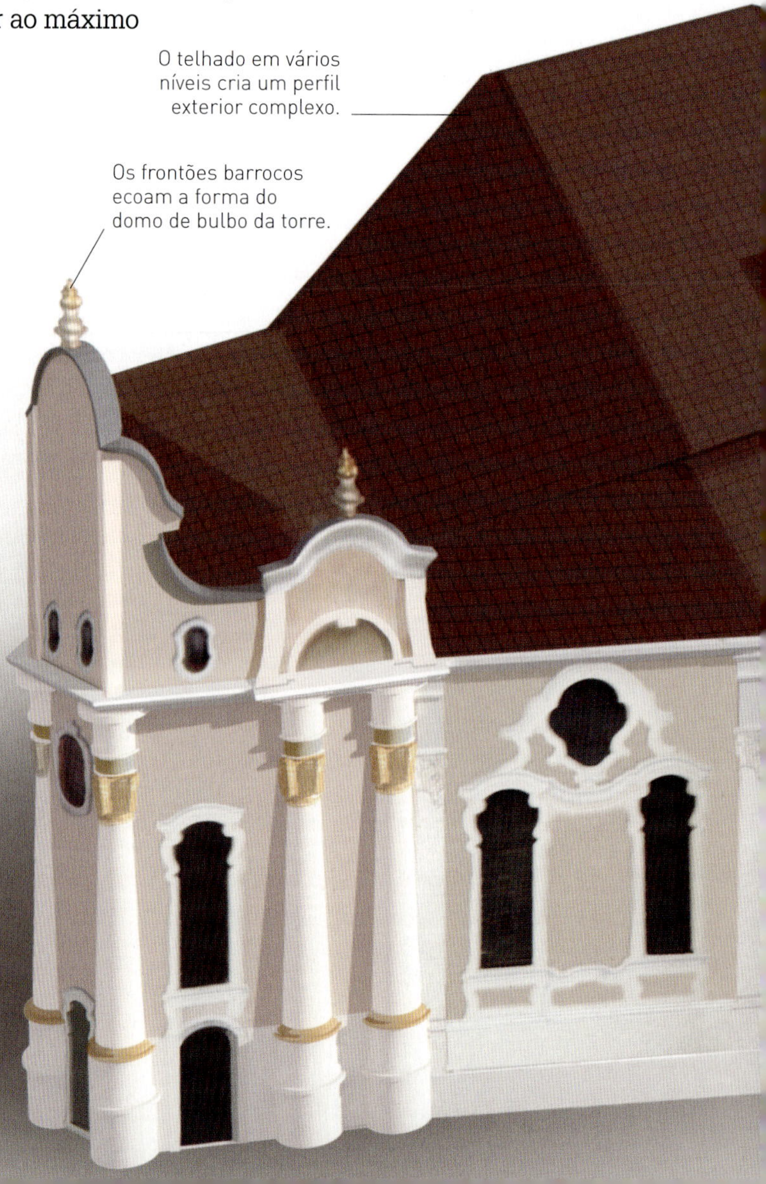

Afrescos no teto A colorida pintura e o trabalho em estuque no teto, representando Cristo num arco-íris, com anjos, o trono do juízo final e os portões da eternidade, são uma solução a um só tempo bi e tridimensional.

Nave e altar Branco e dourado refletem muita luz dos prados alpinos circundantes – ainda mais quando cobertos de neve.

Domos de bulbo folheados a ouro.

Palácio de Catarina

1756 TSARSKOYE SELO, ARREDORES DE SÃO PETERSBURGO, RÚSSIA
FRANCESCO BARTOLOMEO RASTRELLI PALÁCIO

O Palácio de Catarina (ou Ekaterininski) rivaliza com o Palácio de Inverno de São Petersburgo em dimensão e luxo. À altura de Versalhes, trata-se de uma notável demonstração de como a arquitetura serviu para refletir e reforçar o poder de uma monarquia absolutista. A fachada principal tem 298 metros de comprimento, enquanto o parque no qual o palácio foi construído soma 567 hectares.

O palácio foi construído pela czarina Isabel da Rússia, que lhe deu o nome de sua mãe, Catarina I. Embora incorpore elementos de um edifício preexistente, no exterior, pelo menos, exibe Rococó autêntico, um exemplo cabal do estilo em sua expressão mais imponente. A fachada principal ajardinada é interrompida por seções com frontões, ritmicamente dispostas. As três seções centrais têm base branca rusticada, elaborado balcão sustentado por quatro pares de colunas duplas, colunas gigantes de três quartos e frontão interrompido como um torvelinho, ostentando o brasão de armas real. O mesmo arranjo se repete a cada quatro seções de ambos os lados, com a supressão das colunas que sustentam o balcão e a adoção de um frontão triangular.

Mas o aspecto que fica óbvio imediatamente na fachada é o esquema de cores: paredes azuis, colunas, frontões e janelas em branco e detalhes dourados nos capitéis, brasão de armas, volutas e cariátides gigantes.

FRANCESCO BARTOLOMEO RASTRELLI

Rastrelli (1700-1771), filho de um escultor italiano que foi para a Rússia em 1716, era um das centenas de artistas e artesãos ocidentais empregados na acelerada construção de São Petersburgo. Em 1741, depois de estudar em Paris, tornou-se arquiteto da corte da czarina Isabel da Rússia. Em sua grande produção, as obras-primas são o próprio Palácio de Catarina e o Palácio de Inverno.

Chegada em grande estilo Uma ampla escadaria flanqueada por estátuas leva à fachada ajardinada, vivamente colorida.

Bom Jesus do Monte

APÓS 1784 · BRAGA, PORTUGAL · CRUZ AMARANTE · LOCAL DE CULTO

Apesar da dramática localização e da silhueta assertiva, não é a Igreja de Bom Jesus do Monte que desperta real interesse, e sim a escadaria que leva até ela – trata-se de uma construção extraordinária, um impressionante zigue-zague de degraus de granito que sobe por uma encosta com muito verde até a igreja no topo. O impacto da escadaria é gerado em parte pelas sucessivas dobras, que criam um padrão preciso e, no entanto, abstrato. O efeito, realçado pelo brilhante gesso branco das paredes que acompanham os degraus, deslumbra quem o observa de baixo. Mas o que distingue particularmente a escadaria é a crescente elaboração da decoração. Fontes embutidas nas paredes representam os sentidos e, mais perto do alto, as virtudes. Além disso, há uma série de esculturas, cada vez mais refinadas, dispostas em cada um dos sucessivos níveis.

Embora projetada na era rococó, essa notável edificação também remonta tanto ao Barroco como, sob a sua ornamentação vistosa, à arquitetura palladiana.

Abordagem singular
Os peregrinos mais devotos que visitam a igreja sobem a monumental escadaria de joelhos.

Santiago de Compostela

1749 · SANTIAGO, ESPANHA · FERNANDO DE CASAS Y NOVOA · LOCAL DE CULTO

Talvez apenas Durham *(pp.176-7)* esteja à altura da Catedral Metropolitana de Santiago de Compostela como uma das grandes catedrais românicas da Europa. No entanto, enquanto o exterior de Durham manteve a magnificência medieval, o de Santiago foi encoberto sob a mais extremada das fachadas churriguerescas da península Ibérica. O termo deriva de Churriguera, família de escultores e arquitetos de Barcelona cujo membro mais destacado foi José Benito Churriguera (1665-1725). Tem sido sugerido que o estilo sofreu influência de formas de arte locais da América Latina; com certeza, ali ela se tornou imensamente popular. Consiste em amontoar elementos muito elaborados, com predileção por torres, torreões e remates, aplicados a quase todos os espaços do edifício, para criar uma grande massa de decoração exuberante, muitas vezes discordante, sempre fantástica, cujas origens clássicas são na melhor das hipóteses meramente teóricas.

San Xavier del Bac

1797 · TUCSON, ARIZONA, EUA · EUSÉBIO FRANCISCO KINO · LOCAL DE CULTO

A igreja de missão jesuítica de San Xavier del Bac é um dos maiores e mais impactantes locais de culto erguidos pelos espanhóis no atual sudoeste dos EUA. O exterior, dominado por duas sólidas torres quadradas sustentadas por arcobotantes, é todo branco, exceto pelo elaborado portal em tijolo vermelho, sob um dramático frontão curvo interrompido. Um pequeno domo, decorado apenas por uma cruz no alto, marca o cruzeiro. Uma cornija realçada dá forte ênfase na horizontalidade, num interior notável pela sensação de serena gravidade.

Única do tipo
Construída com tijolos de argila e pedra e revestida com argamassa de cal, a igreja tem no teto uma abóbada de alvenaria, algo pouco usual nas colônias espanholas dos EUA.

Revival Clássico

Com o surgimento da nova ciência da arqueologia e a escavação de sítios como Herculano (1738) e Pompeia (1748), a Europa ocidental renovou seu interesse pelo Classicismo. Os estilos renascentista, barroco e rococó deram lugar a outro – mais correto arqueologicamente, embora atualizado –, baseado na arquitetura da Grécia e da Roma antigas.

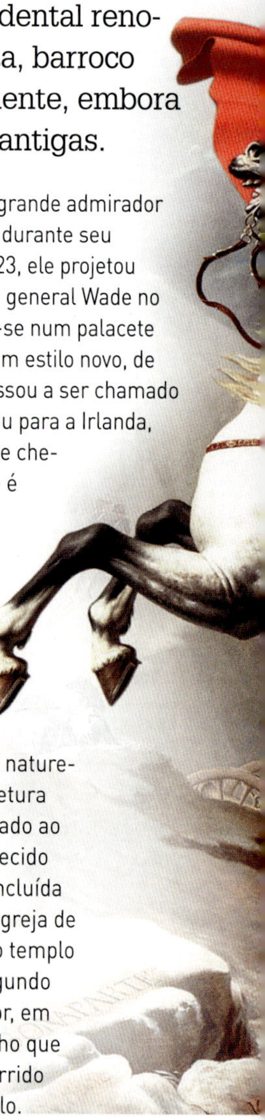

Esse novo Classicismo foi visto como complemento ideal para as ambições tanto dos poderosos Estados europeus – quer os autocráticos, quer os que experimentavam as dores do parto da democracia – quanto dos jovens Estados Unidos da América, fornecendo-lhes um vínculo simbólico com os ideais republicanos da Roma pré-Augusto e com a democracia de Atenas e das cidades-estado gregas.

O Neoclassicismo foi, em última análise, capaz de servir a quase todos os fins arquitetônicos concebíveis, tornando-se um manto de nobreza para mansões rurais, sedes municipais, tribunais, estações de trem e monumentos nacionalistas.

Na Inglaterra, o Neoclassicismo floresceu como reação ao que alguns puristas da arquitetura consideravam como a vulgaridade do Barroco. Entre estes destaca-se Richard Boyle (1694-1753), 3º conde de Burlington, que se tornou grande admirador das obras de Andrea Palladio durante seu Grand Tour pela Itália. Em 1723, ele projetou a fachada de uma casa para o general Wade no centro de Londres, baseando-se num palacete palladiano. Ao fazê-lo, criou um estilo novo, de proporções refinadas, que passou a ser chamado de palladiano e que se difundiu para a Irlanda, onde Burlington tinha terras, e chegou aos Estados Unidos. Esse é o estilo da Bath jorgeana, de Dublin, de Edimburgo e de muitas das melhores mansões rurais inglesas.

Na França pós-revolucionária, a frivolidade do Rococó, associada ao *ancien régime* dos reis Bourbon, foi rejeitada em favor da natureza imperial heroica da arquitetura neoclássica, um estilo adequado ao novo império francês estabelecido por Napoleão Bonaparte. Concluída em meados do século XIX, a Igreja de La Madeleine *(p. 272)*, imenso templo coríntio em Paris erguido segundo o modelo do Templo de Cástor, em Roma, mostra o longo caminho que o projeto francês havia percorrido em pouco mais de meio século.

Gustavo III da Suécia no Grand Tour, 1783 Era moda entre a realeza e a nobreza, assim como entre os pintores, arquitetos e seus ricos patronos, fazer o Grand Tour pelas antiguidades de Roma e da Grécia.

DATAS PRINCIPAIS

1755 Winckelmann exalta o ideal grego de beleza nas *Reflexões sobre a imitação das obras gregas na pintura e na escultura*.

1757 Giovanni Paolo Panini pinta *Roma antiga*, obra heroica que celebra os monumentos romanos.

1762 James "Ateniense" Stuart e Nicholas Revett publicam *Antiguidades de Atenas*, estimulando o revival grego.

1769 James Watt e Matthew Boulton patenteiam o primeiro motor a vapor.

1770 O capitão James Cook, da Marinha Real inglesa, mapeia a costa leste da Austrália.

1771 O papa Clemente XIV inaugura o amplo Museu do Vaticano, com seu imenso acervo de arte clássica.

1776 A Declaração de Independência dos Estados Unidos coloca o país finalmente livre do domínio inglês.

1786 Morte de Frederico, o Grande, da Prússia, "déspota esclarecido" e patrono da arquitetura neoclássica.

1750 1760 1770 1780

Napoleão Bonaparte (1769-1821) Brilhante administrador público e líder militar, coroou a si mesmo imperador da França em 1804.

Entre os arquitetos neoclássicos que construíram relativamente pouco, o francês Étienne-Louis Boullée (1728-1799) foi quem teve maior impacto. Seus desenhos para uma Biblioteca Nacional e um Monumento a Newton (1784) mostram os seres humanos como formigas em edifícios sepulcrais de escala quase inimaginável. Viraram mais tarde alimento para políticos megalomaníacos – a exemplo de Adolf Hitler e Albert Speer *(p. 367)* –, para quem o crucial era a escala brutal e o efeito bombástico.

O REVIVAL GREGO

Em meados do século XVIII, os escritos de Johann Winckelmann (1717-1768) sobre a arte na Grécia clássica e de Marc-Antoine Laugier (1713-1769) sobre as raízes da arquitetura ocidental convenceram muita gente de que a Grécia, mais do que Roma, oferecia os melhores exemplos de beleza ideal. No século seguinte, os temas gregos se tornaram cada vez mais dominantes nas artes, e grandes cidades viveram um surto de construção de edifícios em estilo grego, repletos de pórticos, colunatas e tímpanos.

Partenon, Atenas (gravura do século XVIII) Para revivalistas gregos, nenhuma arquitetura era mais perfeita que a de Atenas no século V a.C. O auge da arquitetura ateniense foi o Partenon, que exerceu influência sobre muitos edifícios neoclássicos.

1789 A Queda da Bastilha marca o início da Revolução Francesa e a derrubada da monarquia.

1793 Início do Reino do Terror, um ano durante o qual milhares de franceses são enviados à guilhotina.

1799 Napoleão torna-se ditador da França, mergulhando a Europa em anos de guerra.

1805 O almirante inglês Nelson destrói as frotas francesa e espanhola na Batalha de Trafalgar.

1806 Napoleão encomenda a construção do Arco do Triunfo.

1807 A Grã-Bretanha proíbe o comércio de escravos; ele é abolido nos EUA em 1865.

1815 Batalha de Waterloo: Napoleão é finalmente derrotado por forças britânicas e prussianas e exilado.

1837 A rainha Vitória assume o trono da Inglaterra e inicia o longo reinado que irá dar nome a toda uma era.

1848 Karl Marx e Friedrich Engels publicam o *Manifesto comunista*, símbolo da ascensão do socialismo.

1790 | 1800 | 1825 | 1850

Neoclassicismo

c. 1750-1850

A partir de meados do século XVIII, a revalorização da arquitetura clássica revolucionou a aparência e o funcionamento de muitas cidades europeias. Com isso, na época dos primórdios da industrialização, as ideias mais recentes em arquitetura tinham suas raízes em culturas que haviam alcançado seu apogeu cerca de 2 mil anos antes, ou mais.

São Petersburgo, o Centro Novo de Edimburgo, Helsinque – todas elas foram criações da era neoclássica, cada qual um magnífico reinício, com a pretensão de que seu clima frio, úmido, até gélido às vezes, se mostrasse de algum modo adequado a uma arquitetura nascida sob o sol do Egeu e nutrida junto aos mares Adriático e Mediterrâneo. Fato notável é que essa pretensão rendeu frutos: essas cidades revelaram, em grande medida, soluções agradáveis aos olhos, e sua arquitetura foi muito bem adaptada para extrair o melhor de suas exigentes localizações. De modo fascinante, o estilo antigo de arquitetura que exibiam foi considerado atual, até "moderno", palavra que entrou na língua inglesa no século XVIII. E de fato os projetos enérgicos e às vezes exuberantes de ruas, palácios, igrejas e edifícios públicos dessas cidades europeias, tão distantes de Atenas e Roma, parecem ainda hoje modernos, atuais.

Civilidade clássica

O verdadeiro brilho do Neoclassicismo está não apenas nos domos, frontões, colunatas e proporções matemáticas precisas de seus edifícios, mas em sua civilidade subjacente. São edifícios desenhados para se atravessar a pé, ou, no caso de São Petersburgo, a cavalo. Mesmo quando superdimensionado, como o Arco do Triunfo *(p. 271)*, dão a sensação de serem atores conhecidos do palco urbano. No século XIX, muitos das edificações neoclássicas mais expressivas começaram a ostentar características locais. O edifício cheio de pináculos do Almirantado *(p. 283)*, que só poderia ser russo, e a obra do arquiteto Alexander "Grego" Thomson, de Glasgow, como a Igreja Livre da Rua Caledônia *(p. 278)*, pertencem a um mundo próprio (hoje em grande parte demolido).

« **Templo Dórico de Walhalla** Ludovico I da Baviera construiu esse templo neoclássico perto de Regensburg, Alemanha. Acima do Danúbio, o Walhalla tem esculturas de figuras proeminentes da história alemã.

Elementos

A arquitetura neoclássica teve a ver não só com a redescoberta arqueológica de glórias das antigas Grécia e Roma, mas com as ambições de uma geração de reis e imperadores europeus que viam a si mesmos como herdeiros da civilização clássica. Eles construíram em escala titânica e com determinação hercúlea.

Colunatas sóbrias A colunata purista e rigorosa do Altes Museum, em Berlim, exerceu grande influência sobre o estilo neoclássico.

Arcos triunfais Encomendado por Napoleão Bonaparte, o Arco do Triunfo de Paris faz com que os arcos da Roma antiga pareçam pequenos. A sutil sensibilidade dos arquitetos neoclássicos era muitas vezes sobrepujada por patrões egoicos.

Estatuária grega A "quadriga" (carro para quatro cavalos) grega aparece bastante em monumentos de cidades neoclássicas, e a mais famosa é a que enfeita o alto do Portão de Brandenburgo, em Berlim.

Recriação romana A Madeleine é um templo romano recriado em escala maior no coração de Paris, para Napoleão Bonaparte, em homenagem à sua Grande Armée. Foi depois consagrada como igreja.

Fachada grega neoclássica À medida que os monumentos da Grécia antiga iam sendo descobertos, tornavam-se a base de fachadas neogregas majestosas, como essa, do British Museum, em Londres, no estilo de um templo jônico.

Pintura no interior da cúpula.

Panthéon, Paris

1790 PARIS, FRANÇA JACQUES-GERMAIN SOUFFLOT EDIFÍCIO PÚBLICO

Esse soberbo marco parisiense é a grande realização de Jacques-Germain Soufflot (1713-1780), o mais refinado dos primeiros neoclassicistas, que estudou com persistência as ruínas da Roma antiga. O Panthéon, que hoje conhecemos como o secular hall da fama dos heróis e heroínas franceses, foi originalmente projetado para Luís XV como a Igreja de St.-Geneviève.

A cúpula do Panthéon foi baseada na da londrina St. Paul, de Christopher Wren. Como a de St. Paul, ela se ergue de uma igreja (ou do que pretendia ser uma igreja) com naves e corredores estreitos. As paredes altas dão ao edifício um aspecto mais robusto que o sugerido pela planta.

Isso não é uma crítica: a solução de uma planta em cruz grega, de 110 metros de comprimento por 85 metros de largura, e de fachadas neoclássicas é magistral. A frente em templo coríntio, baseada na do Panteão de Roma, é gloriosa. Dentro, os braços da cruz grega são cobertos por domos e abóbadas cilíndricas. A construção do edifício começou em 1757, no local da basílica do século VI que serviu de jazigo para Santa Genoveva, padroeira de Paris. As janelas originais em volta do edifício foram tampadas após a Revolução, quando o edifício ganhou função de santuário dos grandes homens e mulheres da França. Em 1806, o Panthéon voltou a ser igreja e, em 1885, virou museu. Seja qual for seu propósito, trata-se de uma obra de majestosa presença.

JACQUES-GERMAIN SOUFFLOT

Nascido em Auxerre, Jacques-Germain Soufflot frequentou a Academia Francesa de Roma de 1731 a 1738. Em 1755, o marquês de Marigny deu-lhe o controle de todos os edifícios reais de Paris. Embora classicista, Soufflot era também fascinado pela leveza das construções góticas e no design do Panthéon adotou técnicas medievais para alcançar finalidades próprias do estilo neoclássico.

Cúpula monumental A cúpula de 83 metros de altura do Panthéon atrai o olhar em meio às muitas ruas e bulevares do centro parisiense.

Barrière de la Villette

1789 PARIS, FRANÇA CLAUDE-NICOLAS LEDOUX EDIFÍCIO PÚBLICO

Hoje uma magnífica extravagância num parque público, esse é um dos quatro postos de alfândega sobreviventes dos 40 que antes rodeavam a cidade murada de Paris e nutriam os cofres reais; os outros foram demolidos na Revolução. O edifício, surpreendentemente robusto, é uma grande rotunda que se ergue de uma base quadrada, com fachada dórica despida de ornamentos. Essa arquitetura influenciaria a obra de vários profissionais contratados por Adolf Hitler 150 anos mais tarde.

Place de la Concorde

1775 PARIS, FRANÇA JACQUES-ANGE GABRIEL ESPAÇO PÚBLICO

Grande praça na extremidade oeste do Louvre que se estende ao longo do Sena e separa os Jardins das Tuileries dos Champs-Elysées, a Place de la Concorde foi construída, a partir de 1753, como modesto cenário para uma nova estátua equestre de Luís XV. Continua sendo uma refinada criação, tendo seu lado norte ocupado por duas fileiras idênticas de edifícios palacianos ladeados por belos pavilhões coríntios com frontões. Estes abrigam o Ministério Naval da França e o Hotel Crillon. A estátua do rei foi destruída na época da Revolução e substituída por uma guilhotina, que cortou a cabeça de 1.300 pessoas entre 1793 e 1795, incluindo as de Luís XVI, Maria Antonieta, Danton e Robespierre. O instrumento de execuções foi substituído pelo Obelisco de Luxor, de 23 metros de altura, presente do vice-rei do Egito, Mehemet Ali, em 1829. A Pont de la Concorde, 1787-90, de Jean-Rodolphe Perronet, leva até a praça da Assembleia Nacional, do outro lado do Sena.

Chambre des Députés

1810 PARIS, FRANÇA BERNARD POYET EDIFÍCIO DO GOVERNO

Chamado a criar uma sede para o Parlamento revolucionário francês que fosse "nobre e religiosa no estilo", Bernard Poyet (1742-1824) projetou esse heroico pórtico para fazer frente à complexa reunião de edifícios palacianos atrás dele, que se tornaram a sede da Assembleia Nacional. O arquiteto criou uma linha central que divide tanto a Pont de la Concorde, bem diante de sua fachada, como a vasta Place de la Concorde, atrás. E também concebeu um aparelho bizarro (nunca construído) que permitiria aos cidadãos experimentarem a gravidade zero, fazendo-os cair de uma ponte dentro de um cilindro de ferro – montado sobre molas para atenuar a queda – diretamente no rio Sena.

Arco do Triunfo

1836 PARIS, FRANÇA JEAN-FRANÇOIS-THÉRÈSE CHALGRIN MONUMENTO

Encomendado por Napoleão em 1806, logo após sua vitória na Batalha de Austerlitz, esse arco triunfal imensamente afetado, baseado num modelo romano antigo, só foi concluído em 1836, 25 anos após a morte de seu arquiteto, Chalgrin. Com 49,5 metros de altura, ainda é o maior arco do mundo; não admira que Chalgrin fosse aluno do monumental fantasista Boullée *(p. 267)*. O monumento ocupa o centro de uma estrela formada por doze avenidas radiais e é o ponto alto de um passeio ao longo da imensa extensão da avenida dos Champs-Élysées. Destaca quatro imensos e enérgicos relevos nas bases de seus hercúleos pilares, enquanto em volta da parte superior ficam os nomes de grandes vitórias obtidas durante as guerras revolucionárias e napoleônicas. Os nomes de vitórias menos expressivas e de 558 generais franceses podem ser vistos em inscrições nas paredes internas.

Tarefa hercúlea
A construção dos alicerces do Arco do Triunfo consumiu dois anos de trabalho.

Igreja de la Madeleine

APÓS 1842 · PARIS, FRANÇA · PIERRE-ALEXANDRE VIGNON · LOCAL DE CULTO

Ideal clássico
Esse pórtico, embora um pouco mais largo, é bem similar ao da Maison Carrée romana.

Era para ser uma igreja, mas em 1806 Napoleão decretou que esse novo edifício coríntio gigantesco, baseado na Maison Carrée romana de Nîmes *(p. 64)*, deveria ser um Templo à Glória dedicado ao seu Grande Exército. Foi finalmente consagrado como igreja, dedicada a Santa Maria Madalena, em 1842. Isolada, elevada num pedestal de 7 metros e ladeada por colunas de 20 metros, a Madeleine é um edifício imponente e muito convincente, que transmite a ideia de poder e de imponência cívica dos templos romanos cerca de 1.400 anos após seu declínio e queda. Trata-se da grande obra de Pierre Vignon (1763-1828), aluno de Ledoux, que em 1793 se tornou inspetor-geral dos edifícios da República. O interior é constituído por uma nave colossal dividida em três seções com domo, iluminadas por *lunettes* e rematadas por absides impressionantes.

Rue de Rivoli

1855 · PARIS, FRANÇA · PIERRE FONTAINE E CHARLES PERCIER · ESPAÇO PÚBLICO

Uma bela rua com arcadas diante dos Jardins das Tuileries, ligando o Marais à Place de la Concorde, a Rue de Rivoli foi projetada por dois dos arquitetos favoritos de Napoleão, Pierre Fontaine (1762-1853) e Charles Percier (1764-1838). As galerias da rua estendem-se por 1,5 quilômetro, protegendo os pedestres de Paris de ventos, sol e chuva.

A construção da via levou bastante tempo. Mas era fácil para os sucessivos reis e imperadores justificarem o trabalho em projetos como esse – tão populares e em grande medida politicamente neutros –, e as obras prosseguiram durante o reinado dos monarcas Bourbon restaurados, Carlos X e Luís Filipe, e de Napoleão III. O principal esgoto de Paris foi construído sob a via na mesma época.

Ao fim da Segunda Guerra Mundial, Adolf Hitler deu ordens para que Paris fosse destruída; a determinação não foi obedecida por Dietrich von Choltitz, comandante alemão da cidade ocupada, capturado pelos soldados aliados em seu quartel-general no Meurisse Hotel, na Rue de Rivoli, em 25 de agosto de 1944. Por que alguém iria querer destruir uma rua como essa?

Triunfo cívico
Esse ótimo exemplo de planejamento urbano deve seu nome à Batalha de Rivoli (1797), em que Napoleão derrotou os austríacos.

Planejamento urbano

Os projetos das novas cidades ideais do Renascimento eram altos voos da imaginação, realizados em pedra e mármore e concebidos com muita liberdade. No século XVIII, o rápido crescimento das cidades europeias exigia uma abordagem mais bem pensada e coordenada.

⮝ Pedro, o Grande
Sob o governo do czar Pedro I, São Petersburgo foi planejada e construída como uma grande cidade neoclássica.

Sob o governo de monarcas absolutistas europeus, planos rigorosos, muito bonitos, eram com frequência impostos por lei. Por volta de 1700, Pedro, o Grande, da Rússia (1672-1725) lançou os alicerces da nova capital, São Petersburgo. Passou seu reinado buscando igualar seu país, tecnológica e culturalmente, ao resto da Europa ocidental e por isso quis colocar São Petersburgo à altura das demais capitais europeias. O resultado foi uma das maiores cidades neoclássicas do continente. De modo similar, Napoleão Bonaparte (1769-1821) quis transformar Paris, no fim do século XVIII, num grandioso centro de palácios e monumentos. Também a modernizou com rede de esgotos, calçadas, novo suprimento de água e novos mercados e matadouros. Outras renovações radicais ficaram a cargo do barão Haussmann, sob o governo de Napoleão III *(p. 302)*.

Na Inglaterra e nos EUA, planos urbanos racionais nasceram de modo consensual, e a Inglaterra ainda mostrava crescimento urbano relativamente orgânico. Covent Garden, primeira praça renascentista de Londres, foi construída para ricos comerciantes e aristocratas que queriam fugir do ruído e da sujeira da velha City. Mas algumas décadas mais tarde o local também concentrou aspectos negativos da vida urbana, como a prostituição e o crime. Então os ricos se mudaram para as novas e mais limpas praças georgianas, e Londres cresceu ainda mais.

Nos EUA, Washington D.C. desenvolveu-se a partir do fim do século XVIII. Seu esquema de amplas avenidas ligando edifícios-chave, espaços abertos e ruas num padrão de grade orientado para os quatro pontos cardeais se tornou um modelo para planejadores urbanos do mundo inteiro.

⮟ Ponto central
Encomendado por Napoleão em 1806, o Arco do Triunfo foi depois rodeado pelas doze avenidas de Haussmann, que dele se espalham como raios de uma roda.

Portão de Brandemburgo

1793 BERLIM, ALEMANHA KARL GOTTHARD LANGHANS MONUMENTO

Um grande portal dórico baseado nos propileus – entradas cerimoniais da Acrópole ateniense –, o Portão de Brandemburgo foi encomendado por Frederico Guilherme II da Prússia em 1780 para simbolizar a paz, embora tenha sido sempre visto mais como símbolo de guerra. Por muitos anos, constituiu uma das mais famosas seções do Muro de Berlim. O portão ergue-se a 26 metros de altura, no fim da Unter den Linden, a grande avenida arborizada com tílias ("linden") que leva ao palácio de Guilherme. Uma das antigas portas de entrada de Berlim, tem parte central dórica com duas fileiras de seis colunas, ladeada por um par de autênticos pavilhões dóricos. O portão é coroado pela escultura de uma quadriga – carro para quatro cavalos – guiada pela deusa da vitória, com uma coroa de louros. O portão foi o primeiro de uma série de edifícios do Revival Clássico no centro de Berlim, levando estetas da época a chamá-lo de "Spreeathen", ou Atenas às margens do rio Spree.

Grande portal
A seção central dórica mede 65 metros de largura e 11 metros de profundidade.

Altes Museum

1830 BERLIM, ALEMANHA KARL FRIEDRICH SCHINKEL MUSEU

Gélido, perfeito e assombroso, o Museu Altes é um dos edifícios mais importantes do Revival Grego e teve imensa influência sobre o estilo clássico despojado, popular entre as duas Grandes Guerras (em particular, na obra do arquiteto de Adolf Hitler, Albert Speer). Aqui, Schinkel usou um vasto tambor de dupla altura, baseado no Partenon. Elevada num pedestal proeminente, a magnífica sequência de dezoito colunas jônicas é coroada por águias prussianas de duas cabeças, enquanto o tambor, instalado num cubo, ostenta atletas gregos cavalgando altivos garanhões. Trata-se de arquitetura com elementos platônicos, muito bem concebida e executada. Totalmente restaurado depois da reunificação da Alemanha, o Altes Museum é hoje uma popular galeria de arte e museu.

Vidros modernos
A frente do museu é hoje envidraçada; a antiga entrada para as galerias – feita por escadas ao ar livre – era muito exposta, e poucas pessoas hoje se disporiam a sofrer com o frio para poder apreciar a arte.

Casa do Jardineiro da Corte, Charlottenhof

1829 POTSDAM, ALEMANHA
KARL FRIEDRICH SCHINKEL PALÁCIO

Esse é um exemplo adorável de um Schinkel em disposição mais suave, até lúdica. A Casa do Jardineiro no Palácio de Charlottenhof, remodelação de uma antiga edificação, mostra a influência de John Nash, o lúdico e brilhante neoclassicista inglês, arquiteto de uma geração anterior à de Schinkel. Os dois se conheceram numa viagem do alemão a Londres para ver o British Museum, em 1826, na qual ficou impressionado com a iluminação a gás das ruas e com o túnel de Marc Brunel sob o Tâmisa. Reforma de uma antiga fazenda antes pertencente a uma certa Charlotte Reventzow, essa é uma das várias casas que Schinkel reconstruiu em Charlottenhof para o príncipe herdeiro e sua consorte, Elisabete. Charlottenhof era uma *maison de plaisance*, uma casa com ênfase na estética, assim como em suas outras utilizações, e foi disposta de modo que seus donos pudessem sair diretamente das salas para os pitorescos jardins. A Casa do Jardineiro é, na forma, uma junção particularmente feliz de termas romanas em miniatura, templo romano e *villa* italiana campestre. Triste constatar, talvez, que poucas mansões suburbanas de hoje em dia tenham algo em comum com esse desenho sutil e lúdico.

Prazer do jardineiro
Com desenho inteligente e encantador, essa casa mostra o estilo de Schinkel em sua versão mais acessível.

Schauspielhaus, Berlim

1821 BERLIM, ALEMANHA KARL FRIEDRICH SCHINKEL CASA DE ÓPERA

Com o projeto da casa de ópera de Berlim, Schinkel mostrou como reavivar o estilo grego era capaz de dar forma aos mais ambiciosos edifícios públicos. A Schauspielhaus é uma obra ousada, um edifício grande, robusto, que abre mão da ornamentação em favor de linhas retas expressas com franqueza para definir as grandes salas em seu interior. Estas são iluminadas por faixas de janelas quase contínuas, e, nesse aspecto, o projeto do teatro pode ser visto como um predecessor das grandes lojas de departamentos neoclássicas que apareceriam nas ruas europeias setenta anos mais tarde. A fachada na Platz der Akademie compreende um nobre pórtico jônico, sobre o qual se ergue um sólido ático com frontão, contendo o auditório e coroado por uma escultura de Apolo guiando uma carruagem puxada por grifos. Com grande senso para a construção de teatros, Schinkel dispôs o edifício entre as belas torres das catedrais alemã e francesa. Dentro, criou um anfiteatro no estilo grego, com um palco que se projeta no auditório. Atingido por um incêndio em 1945, o edifício foi finalmente reaberto em 1984.

Marco cultural
A Nona Sinfonia de Beethoven estreou em Berlim nessa sala de concertos, onde Wagner também regeu a estreia berlinense de *Der Fliegende Holländer* [O holandês voador].

Chiswick House

1729 LONDRES, INGLATERRA
LORDE BURLINGTON RESIDÊNCIA

Uma refinada mansão, a Chiswick House era parte de uma residência maior, hoje demolida. Foi projetada por Richard Boyle, 3º conde de Burlington (1694-1753), arquiteto, patrono e *connoisseur* que liderou o movimento palladiano na Inglaterra – uma reação ao que ele e seus colegas viam como as vulgares voluptuosidades do estilo barroco. Em seu lugar, Burlington propunha um projeto mais puritano e geometricamente correto, baseado na obra de Andrea Palladio, que Inigo Jones introduzira na Inglaterra um século antes. Com citações da Villa Capra de Palladio, em Vicenza, embora não totalmente simétrica, a Chiswick House distingue-se pela simplicidade das formas, trabalho em pedra bem definido, chaminés-obeliscos, cúpula octogonal, *lunettes*, janelas venezianas e interiores mobiliados inesperadamente ricos. Estes últimos foram obra de William Kent, que Burlington trouxe da Itália em 1719 para trabalhar com interiores e jardins. A planta interna é um adorável quebra-cabeças, com salas na forma de cubos, duplos cubos, esferas e hexágonos, reunidos em volta de uma alta cúpula central alcançada por escadas dispostas em espiral.

Blocos conjugados Formas equilibradas contribuem para a elegância da Chiswick House.

Somerset House

1786 LONDRES, INGLATERRA SIR WILLIAM CHAMBERS EDIFÍCIO DO GOVERNO

Ocupando vasto espaço entre a Strand e o Tâmisa, a Somerset House foi edificada como uma série de escritórios do governo. Na realidade, foi o primeiro bloco de escritórios construído com essa finalidade na Grã-Bretanha. O fato de ser tão palaciano deve-se a seu arquiteto, William Chambers (1723-1796), que depois de trabalhar em Paris e na Itália se tornou arquiteto e tutor do príncipe de Gales, o futuro Jorge III.

A fachada da Strand, mais modesta, tem apenas nove seções de largura, sem grandes características. Uma arcada, porém, leva até um belo pátio rodeado por magníficas alas, uma das mais refinadas obras de planejamento urbano pós-renascentista do país. A fachada voltada para o rio, de 200 metros, ao estilo de Versalhes, é interrompida por dois portais com colunas e frontões e por um bloco central saliente, coroado por um ático com frontão e domo abatido. Essa fachada alongada fica numa grande plataforma sustentada por arcadas rusticadas que podem ser lidas como uma ponte palladiana. Elas davam no Tâmisa, até o rio receber um aterro, em meados do século XIX.

Escritórios junto ao rio Originalmente ocupada por escritórios do governo, a Somerset House abriga hoje um grande acervo de arte europeia.

Royal Crescent e Royal Circus, Bath

1775 **BATH, SUDOESTE DA INGLATERRA** **JOHN WOOD E JOHN WOOD, O JOVEM** **RESIDÊNCIAS**

O Royal Crescent visto de cima

Similar a um ponto de interrogação gigante visto de cima, o Royal Circus e o Royal Crescent constituem um dos grandes momentos do planejamento urbano do século XVIII. Neles, John Wood (1705-1754) e seu filho John Wood, o Jovem (1728-1782), deram vida nova a um projeto romano, movimentando-se com confiança, sempre elegante, da clausura do Circus para a abertura acolhedora do Crescent.

Ambos são magníficos e continuam muito disputados como residência urbana. O Circus foi construído primeiro, a partir de 1754, pelo John Wood pai. Bath foi uma cidade romana, e o arquiteto decidiu recriar uma versão moderna dela. O Circus foi concebido como local de esportes, mas, dada a grande demanda por moradias num balneário cada vez mais na moda, tornou-se um círculo de residências. O acesso se dá por três ruas, e uma delas, a Brock Street, leva até o Crescent. Inspirado em fachadas do Coliseu de Roma, Wood desenhou as fachadas de pedra cor de mel das casas com uma hierarquia de ordens dórica, jônica e coríntia. As plantas das residências individuais variam, de modo que, visto por trás, o Circus parece bem irregular; isso, no entanto, constitui um bom exemplo do pragmatismo inglês e explica o apelo duradouro do local, que a um só tempo é rigorosamente formal e altamente adaptável. O Royal Crescent abrange 30 residências em um excelente e abrangente projeto, que mais uma vez revela inspiração na arquitetura do Coliseu. Sua fachada tranquila, repleta de detalhes, ostenta gloriosas colunas jônicas, assentadas sobre uma base elevada.

OS WOOD

John Wood, filho de um construtor de Bath, projetou muitas excelentes ruas e edifícios da cidade no século XVIII, como a Queen Square, as Parades North e South, o Circus e o Prior Park. Seguiu sempre sua ideia de criar uma "Nova Roma" em Bath, com palácios urbanos feitos a partir de núcleos de casas bem inglesas. Seu filho John concluiu o Circus e projetou o Royal Crescent e os Assembly Rooms. A marca dos Wood na cidade continua fortíssima.

Aberto a visitantes
O número 1 do Royal Crescent foi totalmente restaurado como um museu pelo Bath Preservation Trust.

St. George's Hall

1854 LIVERPOOL, INGLATERRA HARVEY LONSDALE ELMES EDIFÍCIO PÚBLICO

Um impressionante templo neoclássico abrigando vários tribunais e uma imensa sala de concertos e de eventos, o St. George's Hall é um dos grandes edifícios britânicos da primeira metade do século XIX. Com apenas 23 anos de idade, Harvey Lonsdale Elmes (1813-1847) venceu o concurso para o projeto do prédio, que originalmente era apenas uma sala de concertos. Ele também foi o escolhido em uma competição para projetar uma nova Assize Court. As obras, seguindo linhas revistas a partir da combinação dos dois projetos, se iniciaram em 1842 e redundaram na construção de um robusto templo à maneira do arquiteto prussiano Schinkel (1781-1841). Elmes adoeceu e foi substituído como arquiteto por Charles Robert Cockerell (1788-1863).

Assentado num alto pódio, o edifício é sóbrio no estilo, apesar do grande piso superior acima da sala de concertos, derivado das hedonísticas Termas de Caracalla, de Roma *(p. 71)*. A sala de concerto tem abóbada cilíndrica e dourados luxuosos. Ostenta um colossal órgão e um piso de belas cerâmicas. O edifício reflete a prosperidade comercial de Liverpool.

Declaração de orgulho cívico O St. George's Hall é o primeiro edifício que os passageiros veem à saída da principal estação de trem de Liverpool.

Igreja Livre da Rua Caledônia

1857 GLASGOW, ESCÓCIA ALEXANDER "GREGO" THOMSON LOCAL DE CULTO

O movimento neoclássico foi particularmente forte na Escócia no século XIX, e essa é uma igreja estupenda, em estilo grego de florescimento tardio, de um dos maiores arquitetos escoceses. O prolífico Alexander "Grego" Thomson (1817-1875) continuou a tradição clássica em sua Glasgow adotiva bem depois que sua influência já diminuíra na Inglaterra.

Situada na área de Gorbals, essa antiga Igreja Presbiteriana Unida, à qual Thomson era filiado, ergue-se num robusto pódio oeste com frontão que sustenta um pórtico jônico. Ao lado, uma alta torre quadrada de pedra sobe aos céus nublados de Glasgow. A nave dessa igreja assimétrica, que comporta 1.150 pessoas, era originalmente iluminada por muitas janelas no clerestório.

A igreja perdeu sua congregação em 1962, quando da demolição dos velhos apartamentos dessa área da cidade. Em 1965, o interior do edifício foi destruído pelo fogo. Dada a magnificência de seu projeto – descrito no século XX pelo renomado historiador da arquitetura americano Henry-Russell Hitchcock como o de uma das melhores igrejas românticas clássicas do mundo –, é incompreensível que suas ruínas resistam esquecidas e vazias, apesar de iluminadas à noite, há mais de quarenta anos.

Four Courts, Dublin

1802 · DUBLIN, IRLANDA · JAMES GANDON · EDIFÍCIO PÚBLICO

Influenciado pelo desenho de cruz grega de Wren para a Catedral de St. Paul *(p. 250)* e pelas monumentais obras de Claude Nicolas Ledoux (1736--1806), Four Courts é uma grande proeza do arquiteto inglês James Gandon (1743-1823). O magnífico tambor sobre o edifício é coroado por um domo abatido, tendo abaixo os quatro tribunais – Chancery, King's Bench, Exchequer e Common Pleas – arranjados em um padrão diagonal a partir de uma grande sala central. As esculturas em volta do teto, assinadas por Edward Smyth, representam Moisés, a Justiça, a Misericórdia, a Sabedoria e a Autoridade. Muito danificado na Guerra Civil Irlandesa (1922-23), o edifício teve o exterior restaurado e a parte interna remodelada.

Entrada de impacto O poderoso pórtico coríntio fica defronte ao rio Liffey.

Custom House, Dublin

1791 · DUBLIN, IRLANDA · JAMES GANDON · EDIFÍCIO PÚBLICO

A Custom House tem quatro fachadas, uma diferente da outra, ligadas por pavilhões nos cantos, de robusta volumetria. Influenciada pelos hospitais reais de Chelsea e Greenwich, projetados por Wren em Londres, fica perto das Four Courts. Em 1781, Gandon recebeu a incumbência de projetar uma Custom House para a coleta de impostos, mas os comerciantes dublinenses, temerosos de que a localização da nova alfândega desvalorizasse suas propriedades ao bloquear-lhes a vista, retardaram a construção, concluída apenas em 1791. O edifício é essencialmente sóbrio, mas ostenta ótimas esculturas na linha do telhado, de Thomas Banks, Agostino Carlini e Edward Smyth, simbolizando os rios da Irlanda. O interior foi destruído durante a guerra Anglo--Irlandesa (1919-22), quando o fogo derreteu a cúpula e rachou as pedras esculpidas. A restauração foi finalmente concluída na década de 1980.

Requinte à beira-rio A Custom House é um edifício elegante, de pouca altura, ao longo das margens do Liffey.

Jantar elegante Cadeiras e mesas de café dispostas nas galerias da entrada ficam cobertas, atrás de uma bela fachada grega, mas ainda voltadas para a rua.

Caffè Pedrocchi

1831 PÁDUA, ITÁLIA GIUSEPPE JAPPELLI E ANTONIO GRADENIGO EDIFÍCIO COMERCIAL

Desenhado como grande monumento cívico e local de encontro, o Caffè Pedrocchi também ofereceu um delicioso passeio coberto para uma cidade famosa por esse tipo de solução. O espaçoso café nunca perdeu a popularidade entre os moradores locais e os turistas. Projetado por Giuseppe Jappelli (1783-1852) e Antonio Gradenigo (1806--1884) em dramático estilo grego, tem elementos de decoração romanos. As entradas gêmeas dão-se por um par de *loggias* (galerias abertas) atrás de sólidos e esplêndidos pórticos dóricos, com entalhes de inspiração romana e decoração em ferro trabalhado. Entre essas *loggias* de entrada no térreo, e bem recuada – delimitando uma espécie de pátio na frente do edifício –, há uma galeria adicional de dois andares, de alta teatralidade, em estilo coríntio.

As laterais da construção são valorizadas por pilastras coríntias – elementos retangulares, altos, simulando pilares recuados. As paredes laterais lembram as de belos edifícios públicos e não preparam o visitante para o drama da fachada de entrada. Nem para a divertida extensão neogótica, concluída em 1842 e conhecida como Il Pedrocchino, na parte de trás do edifício. Jappelli mais tarde permitiu-se vários outros estilos: seu Teatro Verdi em Pádua é rococó, e as mansões que projetou têm raízes na obra de Palladio.

Biblioteca da Universidade, Helsinque

1845 HELSINQUE, FINLÂNDIA CARL LUDWIG ENGEL BIBLIOTECA

Pilares trompe l'oeil Meias-colunas e pilastras embutidas nas paredes amarelas dão a impressão de um edifício com colunatas.

A Biblioteca da Universidade é um dos edifícios--chave da renovação de Helsinque sob a direção de Carl Ludwig Engel (1778-1840), arquiteto natural de Berlim que trabalhou em Tallinn, na atual Estônia, e em São Petersburgo, na Rússia, antes de ir para a Finlândia. A biblioteca é uma grande caixa amarelo-ocre cujas três salas com galeria no interior são cobertas por abóbadas cilíndricas decoradas com painéis semicirculares; a biblioteca no centro tem um belo domo com painéis incrustados. As três salas, dotadas de colunatas coríntias, são bem iluminadas, em especial quando há neve fora refletindo a luz do dia. O exterior é simples, com meias-colunas e pilastras coríntias, que na realidade estão embutidas nas paredes do edifício.

A biblioteca funde a estética do que havia de melhor na arquitetura da época na Prússia e em São Petersburgo. Continua quase igual ao que era ao ser construída e muito bem administrada. A genialidade do projeto de Engel está na maximização do uso da luz do dia, criando um edifício que brilha por dentro numa cidade que na maior parte do ano é escura.

Catedral Luterana, Helsinque

◒ 1852 ⚑ HELSINQUE, FINLÂNDIA ✍ CARL LUDWIG ENGEL 🏛 LOCAL DE CULTO

A branca e robusta Catedral Luterana de Helsinque assenta-se sobre um pódio alcançado por imensa escadaria de granito e é visível de quase qualquer ponto da cidade. O estreito tambor e a cúpula dão para o porto e o mar Báltico. O domo principal, de 62 metros de altura, é ladeado por quatro torres com domos menores, em estilo russo.

O volume principal da catedral segue uma planta em cruz grega, com seus quatro braços dotados de pórticos coríntios idênticos. O interior é bem iluminado por muitas janelas. Os braços da cruz grega são ladeados por colunas, e o tambor é sustentado por robustos pilares de alvenaria, de estilo coríntio, dos quais partem arcos com painéis embutidos. Bancos simples do tipo baú dão um aspecto ordenado à extensão da nave; detalhes gregos, em especial sobre o púlpito, são esparsos, mas de execução refinada. Engel começou a trabalhar no projeto em 1818, e a construção foi iniciada em 1830. O edifício foi concluído por Ernst Lohrmann (1803-1870), após a morte de Engel em 1840.

☒ Posição elevada
No alto da catedral há estátuas de zinco dos doze apóstolos.

Igreja Velha, Helsinque

◒ 1826 ⚑ HELSINQUE, FINLÂNDIA ✍ CARL LUDWIG ENGEL 🏛 LOCAL DE CULTO

A Igreja Velha, isolada num parque no centro de Helsinque, seria uma construção temporária. Porém, quando a catedral que iria substituí-la foi concluída, a população da cidade crescera a ponto de tornar os dois edifícios necessários. Na realidade, enquanto a catedral abriga 1.300 pessoas sentadas, a Igreja Velha, embora bem menor, tem lugar para uma congregação de 1.200.

A Igreja Velha fica particularmente bonita quando neva forte no parque. Sua generosa estrutura de madeira é valorizada por quatro pórticos dóricos salientes e por um *tempietto* quadrado (estrutura similar a um templo), com remates triangulares no telhado e coberto por um pequeno domo. O interior simples é inundado pela luz do dia, que entra por janelas bem proporcionadas.

Essa é a igreja mais antiga de Helsinque. O parque no qual fica era originalmente um cemitério. Os restos das vítimas da Grande Fome de 1697 foram enterrados aqui, e a eles juntaram-se os das 1.185 vítimas da Grande Peste de 1710, muitas delas soldados suecos. Enquanto construía a igreja, Engel projetou um portal de pedra para a entrada principal do parque, em homenagem às vítimas da calamidade. Hoje, rodeado de elmos, o Parque da Igreja Velha é um lugar alegre e festivo.

Palácio do Estado-Maior, São Petersburgo

1829 SÃO PETERSBURGO, RÚSSIA
KARL IVANOVICH ROSSI EDIFÍCIO MILITAR

Esses imponentes edifícios, que antes abrigavam escritórios do exército, compõem uma impressionante curva de 600 metros, envolvendo o lado sul da imensa praça do Palácio, defronte ao Palácio de Inverno. O complexo e robusto prédio foi em parte convertido em galerias e em outros escritórios de administração do Museu Hermitage.

As fachadas, que cobrem tanto os edifícios antigos como os mais novos, são simples, embora culminem numa poderosa seção central, onde a pedra rusticada da base é coroada por elevadas meias-colunas coríntias no primeiro andar. Essa seção é atravessada por uma gigantesca passagem em arco com painéis em caixotão, permitindo que uma rua passe por baixo. Tal seção, por sua vez, é encimada pela escultura de uma quadriga elevando Nike, a deusa grega alada da vitória, bem acima da palaciana São Petersburgo.

A passagem central é composta por três arcos em sequência, acompanhando a curvatura da rua. A cúpula gigante de vidro sobre um dos lados do edifício ilumina a biblioteca militar embaixo; esta, fechada ao público, abriga uma valiosa coleção de história militar antiga. O projeto do edifício foi assinado por Karl Ivanovich Rossi (1775-1849), um meio-italiano nascido em São Petersburgo que em 1804-06 visitou a Itália para buscar inspiração.

Criada para impressionar A magnificência desses edifícios do exército deixa uma forte impressão, evocando o poder militar de São Petersburgo sob Pedro, o Grande.

Catedral de Santo Isaac

1858 SÃO PETERSBURGO, RÚSSIA
AUGUSTE MONTFERRAND LOCAL DE CULTO

Essa linda catedral em cruz grega, encomendada pelo czar Alexandre I, ergue-se sozinha numa imensa praça. A cúpula dourada domina a área, e a galeria ao redor da base oferece vistas do rio Neva e de boa parte da cidade. O amplo interior da catedral, cobrindo 4 mil m², foi projetado para comportar 14 mil fiéis em pé.

A edificação cintila com milhares de toneladas de pedras semipreciosas, catorze diferentes tipos de mármore colorido e 43 outros minerais, entre eles malaquita, jaspe, pórfiro e lápis-lazúli. As colunas do exterior são de granito vermelho. Durante muitos anos após a Revolução Russa, a Catedral de Santo Isaac foi usada como Museu do Ateísmo. Atualmente, encontra-se restaurada e abriga um grande acervo de arte do século XIX.

Apoio da engenharia O peso da Catedral de Santo Isaac é sustentado por milhares de estacas de madeira enterradas no solo pantanoso.

Novo Almirantado

1823 · SÃO PETERSBURGO, RÚSSIA · ADRIAN DMITRIEVITCH ZAKHAROV · EDIFÍCIO MILITAR

O Novo Almirantado funde formas clássicas de uma maneira verdadeiramente russa. Esse imponente edifício militar é a obra-prima de Adrian Dmitrievitch Zakharov. Em sua temporada de estudos em Paris, o arquiteto ficou fascinado com os desenhos fantásticos de Étienne Louis Boullée, cuja influência pode ser vista no bombástico portal central sob o pináculo dourado desse espetacular projeto.

O Novo Almirantado é um dos edifícios neoclássicos mais originais que existem. O tema de Zakharov era o mar e o poder marítimo da Rússia.

A fachada principal de 375 metros de comprimento é dividida numa série de pavilhões rematados por poderosas frentes de templo dórico. A torre de entrada e o pináculo têm 73 metros de altura. Em camadas, como um bolo de casamento, a torre tem um friso que mostra Netuno, o deus romano dos mares, entregando a Pedro, o Grande, o seu tridente. No alto, há quatro estátuas de antigos líderes militares: Aquiles, Ajax, Pirro e Alexandre, o Grande. Ainda mais altas, as 28 colunas jônicas da torre sustentam uma cornija que abriga 28 esculturas simbolizando o ar, a terra, o fogo e a água, as estações do ano e os ventos dos pontos cardeais. Os caminhos do mar e da Marinha russa estão bem expressados em pedra.

ADRIAN DMITRIEVITCH ZAKHAROV

O arquiteto russo Zakharov (1761-1811) estudou na Academia de Belas-Artes de São Petersburgo antes de viajar a Paris em 1782, onde, por quatro anos, foi aluno de Jean-François Chalgrin, o arquiteto do Arco do Triunfo. Retornou à Academia russa como professor e em 1806 recebeu a encomenda do czar Alexandre I para reconstruir o Almirantado original de Pedro, o Grande. Entre suas outras grandes obras está a Academia de Ciências de São Petersburgo.

Indicador naval
O cata-vento no pináculo da torre tem a forma do navio particular de Pedro, o Grande.

Neoclassicismo nos Estados Unidos

c. 1775-1850

O Neoclassicismo dos Estados Unidos foi afetado pelo gosto reinante entre os primeiros colonizadores, pelo tom geral da cultura na época da Declaração de Independência (1776) e pela crença, alimentada por Thomas Jefferson, autor do famoso documento, de que a arquitetura grega e romana eram inerentemente cívicas e democráticas.

Apesar dessas nobres associações, muitos dos edifícios neoclássicos mais originais e bonitos dos EUA eram mansões de grandes fazendas, construídas no Sul para os ricos donos de escravos. Tanto Grécia quanto Roma haviam dependido de escravos, é claro, e o mesmo se aplica a Jefferson em seu estado natal, a Virgínia, onde esse arquiteto autodidata projetou o Capitólio em Richmond e a Universidade da Virgínia, em Charlottesville.

O estilo para a nova capital

O Neoclassicismo foi a escolha de governos revolucionários de ambos os lados do Atlântico. O Congresso adotou-o nos principais monumentos em Washington D.C., e o próprio Capitólio *(pp. 286-7)* tem o aspecto de uma secular São Pedro de Roma ou St. Paul londrina. O plano inicial da cidade foi feito em 1791 pelo engenheiro francês Pierre Charles L'Enfant (1754-1825), que foi à América em 1777 e serviu com George Washington na Guerra Revolucionária. O resultado é um sistema de avenidas diagonais que se cruzam, sobreposto a uma planta em grade, baseada em parte nos jardins de Le Nôtre em Versalhes *(pp. 244)*, e também em plantas de cidades europeias que na época vinham sendo tratadas no estilo neoclássico que Jefferson entregou a L'Enfant. As amplas avenidas projetadas para Washington irradiavam-se do Capitólio e da Casa Branca *(p. 289)*. Como capital da nova nação, Washington seria modelo de planejamento urbano nos EUA, além de símbolo do poder governamental a ser admirado por outras nações. O plano concebido por L'Enfant sofreu poucas mudanças até hoje. Foi uma aventura notavelmente ousada e madura da nascente nação.

A rotunda de Jefferson na Universidade da Virgínia Baseado no Panteão de Roma, esse edifício, defronte ao gramado central da instituição, abrigava a biblioteca.

Elementos

Conforme os EUA assumiam seu lugar como país mais poderoso do mundo, seus arquitetos adotaram formas neoclássicas para refletir o espírito da antiga democracia ateniense e da Roma republicana. O estilo floresceu na Nova Inglaterra, nos sóbrios e geométricos edifícios de bibliotecas e do governo, mas também – com toque mais leve – em residências.

Balcão para saudações oficiais do chefe de Estado.

Influência de Palladio Thomas Jefferson fez muito para introduzir no país o espírito do arquiteto renascentista Andrea Palladio. A Casa Branca, em Washington D.C., tem típicos toques palladianos – plantas harmoniosas, simétricas, e o amplo uso de frontões e colunas são aspectos sempre presentes.

Reprodução de fachadas romanas O Capitólio do Estado, em Richmond, Virgínia, foi projetado por Thomas Jefferson. Baseado na Maison Carrée *(p. 64)*, um templo romano do século I a.C., era uma idealização de um edifício "republicano", embora a Maison date, na realidade, do início da Roma imperial.

Conjuntos neoclássicos A Washington Square, em Nova York, era uma versão de uma tipologia habitacional bem conhecida em Londres, Dublin e Edimburgo. Fachadas regulares com janelas envidraçadas e portas ladeadas por colunas romanas eram a norma.

Pórticos clássicos Talvez com certa ironia, tendo em mente os ideais dos Pais Fundadores, um dos usos mais frequentes do "estilo grego" foi nas finas mansões rurais projetadas para ricos proprietários de escravos sulistas. Com pórticos sombreando todas as faces, tais casas eram bem adequadas ao clima local.

Símbolo de poder e ambição.

O monumento tem 169 metros de altura.

Revestimento de mármore branco.

Obelisco gigante Um elemento urbano maior que o Arco do Triunfo de Napoleão, o Monumento de Washington domina o centro da capital americana. Baseado nos obeliscos do Egito antigo, simboliza a escala e as ambições do novo país.

Capitólio, Washington

1863 | WASHINGTON D.C., EUA | THOMAS USTICK WALTER
EDIFÍCIO DO GOVERNO

Dezenas de edifícios do governo por todos os Estados Unidos seguem o estilo triunfal dessa obra defronte ao rio Potomac. O projeto original de William Thornton (1759-1828), Benjamin Henry Latrobe (1764-1820) e Charles Bulfinch (1763-1844) foi proposto em 1793, mas mostrou-se inadequado por razões tanto práticas quanto políticas. Thomas Ustick Walter (1804-1887) criou um edifício bem maior. A ala sul abriga a Câmara dos Deputados (a "Câmara Baixa" da Assembleia Legislativa); a ala norte, o Senado (a "Câmara Alta"). As alas se encontram na Rotunda, sob uma majestosa cúpula de ferro fundido iluminada por 108 janelas. Sob esse domo, fica a Sala Nacional de Estatuária, que contém um importante acervo de pinturas e esculturas de figuras históricas.

Vista do lado oeste

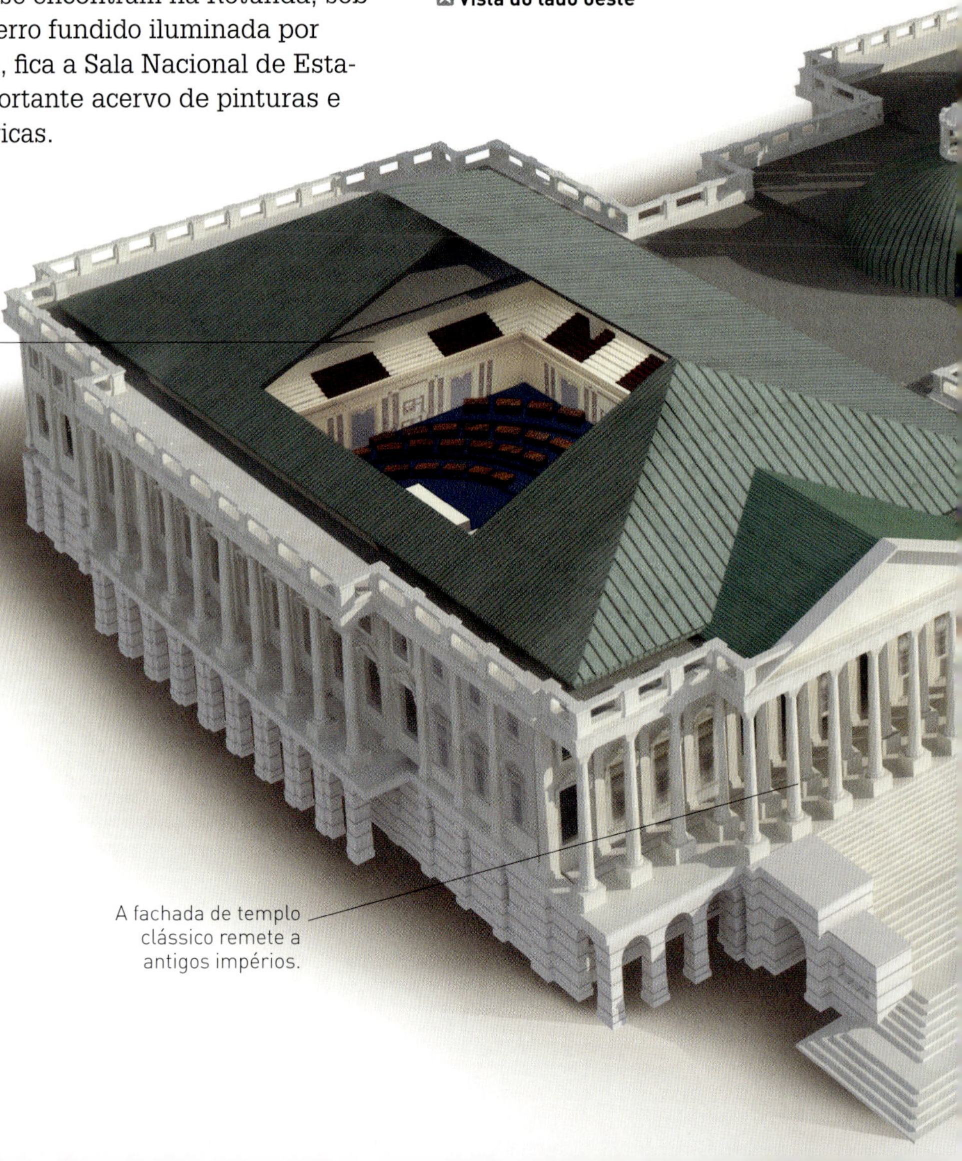

Interior da cúpula
A luz entra pelas muitas janelas desse imenso domo à prova de fogo. A simetria neoclássica que vemos aqui simbolizava o orgulho de uma poderosa nação recém-nascida.

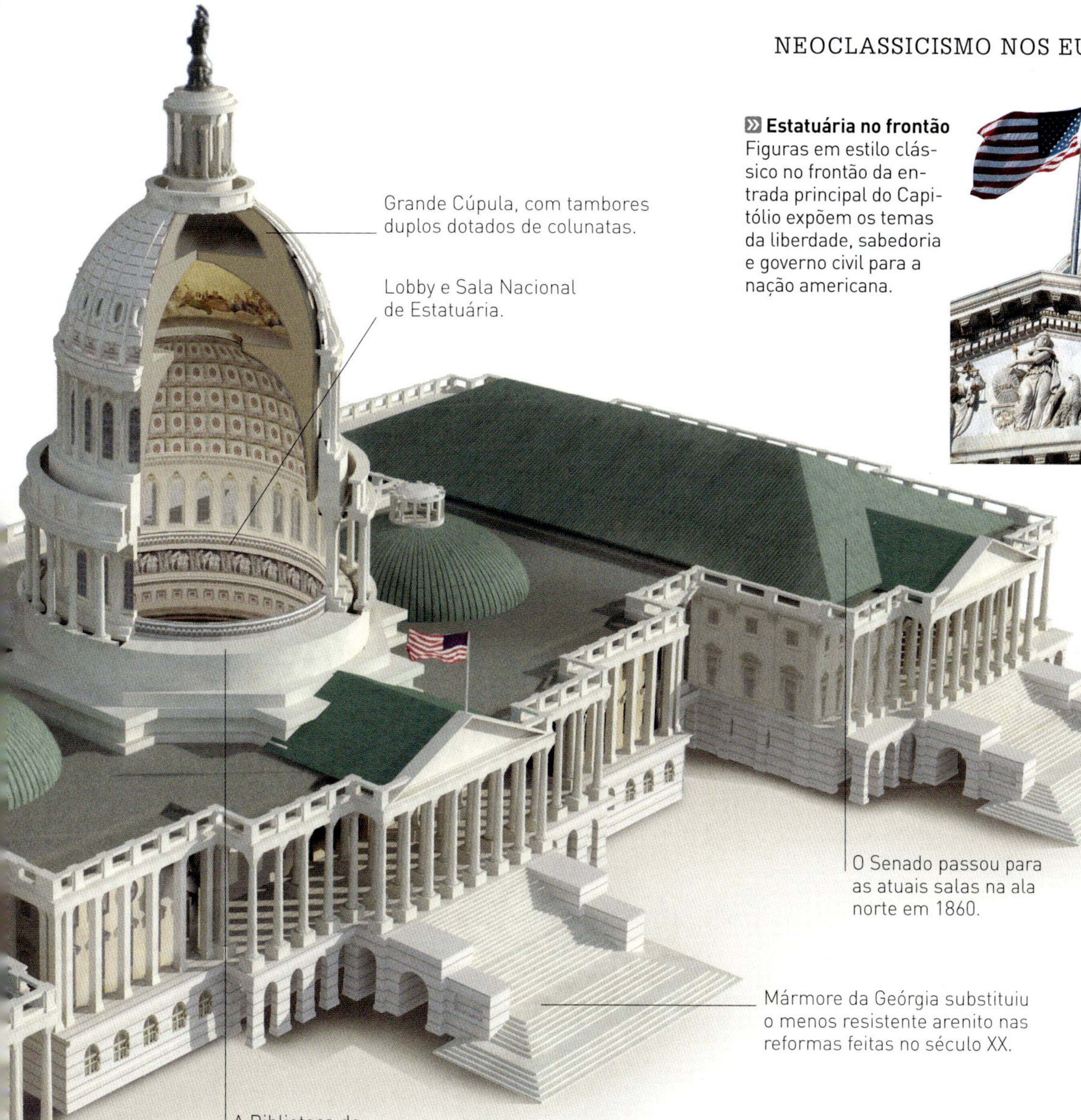

Estatuária no frontão Figuras em estilo clássico no frontão da entrada principal do Capitólio expõem os temas da liberdade, sabedoria e governo civil para a nação americana.

A sessão Assentos em semicírculo na Câmara dos Deputados simbolizam a democracia, colocando os membros como iguais. As duas Casas têm uma galeria superior para o público.

Independence Hall

1745 FILADÉLFIA, PENSILVÂNIA, EUA
ANDREW HAMILTON E WILLIAM STRICKLAND
EDIFÍCIO PÚBLICO

Esse edifício tem merecida fama por seu papel na história dos EUA. Em 4 de julho de 1776, ele testemunhou a adoção da Declaração de Independência, documento que definiu os direitos "à vida, à liberdade e à busca da felicidade" que sustentam a teoria de governo do país.

Trata-se de uma edificação georgiana com muita personalidade, concluída após longo período de construção, com vários arquitetos contribuindo para seu andamento. O corpo principal do prédio exibe belos tijolos vermelhos com detalhes em pedra branca; finalizado em 1745, funcionou primeiro como sede do Governo da Colônia da Pensilvânia. Uma torre com um pináculo diferenciado foi acrescentada em 1753, mas demolida e reconstruída em 1832 por William Strickland (1788-1854), um dos arquitetos do Capitólio de Washington.

Os arquitetos do Independence Hall foram muito influenciados pelas casas de tijolos vermelhos em estilo Rainha Ana, por sua vez calcado na arquitetura holandesa de meados do século XVII. Tanto os holandeses quanto os ingleses foram colonizadores nos futuros EUA, aos quais legaram uma tradição de projeto modesto, mas dinâmico. Em sua época, o Hall serviu como sede de governo, museu de arte e de história natural e tribunal de justiça. Foi oficializado como sítio histórico nacional em 1943.

Monticello

1809 CHARLOTTESVILLE, VIRGÍNIA, EUA
THOMAS JEFFERSON RESIDÊNCIA

Essa inventiva mansão rural foi projetada por Thomas Jefferson (1743-1826) para uso próprio. Jefferson – autor da Declaração de Independência, ministro dos EUA na França e presidente dos Estados Unidos (1801-09) – iniciou esse ninho de águia no alto da montanha com um projeto palladiano mais ou menos convencional. Entretanto, durante uma longa estada em Paris, absorveu as mais recentes ideias neoclássicas e transformou Monticello numa edificação fascinante e de maior rigor conceitual. Construído e reconstruído em dois estágios, de 1768 a 1784 e de 1796 a 1809, Monticello tinha 33 quartos bem iluminados e nada menos que cinco banheiros – em resumo, uma residência de extremo conforto. Também abrigou a notável biblioteca de Jefferson, com 6.700 volumes, que seria a base da Biblioteca do Congresso. Em 1923, a casa, os pavilhões e o terreno em volta – antes cuidado pelos escravos do Pai Fundador – foram vendidos à Fundação Thomas Jefferson, que vem cuidando deles até hoje.

Entrada de impacto
Uma das entradas principais do Monticello tem um elegante pórtico dórico *(abaixo)* que conduz a uma bela sala de recepção com domo.

Casa Branca

1817 WASHINGTON D.C., EUA JAMES HOBAN EDIFÍCIO DO GOVERNO

Residência oficial do presidente dos EUA e, por isso, uma das edificações mais famosas do mundo, a Casa Branca foi projetada originalmente em 1792 pelo arquiteto irlandês James Hoban (c. 1762-1831), em estilo palladiano, e construída, em arenito, por pedreiros enviados de Edimburgo e por escravos locais. Os pórticos foram acrescentados por B. H. Latrobe em 1807-08. Incendiada pelos britânicos durante a Guerra de 1812, a Casa Branca passou por reconstrução entre 1815 e 1817 e, depois, por gradativas reformas ao longo de várias décadas, a cargo de arquitetos importantes como McKim Mead & White, que em 1902 substituíram as estufas por um edifício de escritórios – a Ala Oeste – para o presidente e sua equipe. Esta foi ampliada em 1909, quando recebeu a famosa Sala Oval, escritório privado do presidente. Boa parte da casa ganhou uma estrutura de aço entre 1948 e 1952, depois que se descobriu que as velhas madeiras de sustentação dos tetos estavam cedendo.

Pórtico presidencial
Até Theodore Roosevelt tornar-se presidente em 1901, a casa era conhecida como Mansão Executiva.

Monumento a Washington

1884 WASHINGTON D.C., EUA ROBERT MILLS MONUMENTO

A construção desse altivo monumento ao primeiro presidente dos EUA levou quase um século. A primeira ideia era de uma estátua equestre. A obra no magnífico projeto começou em 1848 e, interrompida em 1861 pela Guerra Civil Americana, levou quase quarenta anos. O monumento, em pedra revestida de mármore branco, tem 169 metros de altura *(p. 285)* e deveria assentar-se num imenso panteão circular com colunas, abrigando estátuas de outros presidentes e heróis nacionais. Os altos custos, porém, levaram à simplificação do projeto, apesar de todo o respeito pelo herói nacional americano.

Templo de Rito Escocês

1915 WASHINGTON D.C., EUA JOHN RUSSELL POPE EDIFÍCIO CERIMONIAL

Esse edifício monumental e inesperado, baseado no desenho do túmulo do rei Mausolo – uma das Sete Maravilhas do mundo antigo *(p. 61)* –, abriga a sede do Rito Escocês da Maçonaria desde 1915. Foi a primeira grande obra de John Russell Pope (1874-1937), que mais tarde assinou o projeto da Galeria Nacional de Arte de Washington e do Memorial a Jefferson.
No alto de uma escadaria ritualística, robustas portas de bronze são guardadas por um par de imensas esfinges de pedra, representando a sabedoria e o poder. Dentro há luxuosas câmaras cerimoniais, ricas em detalhes e simbolismos maçônicos.

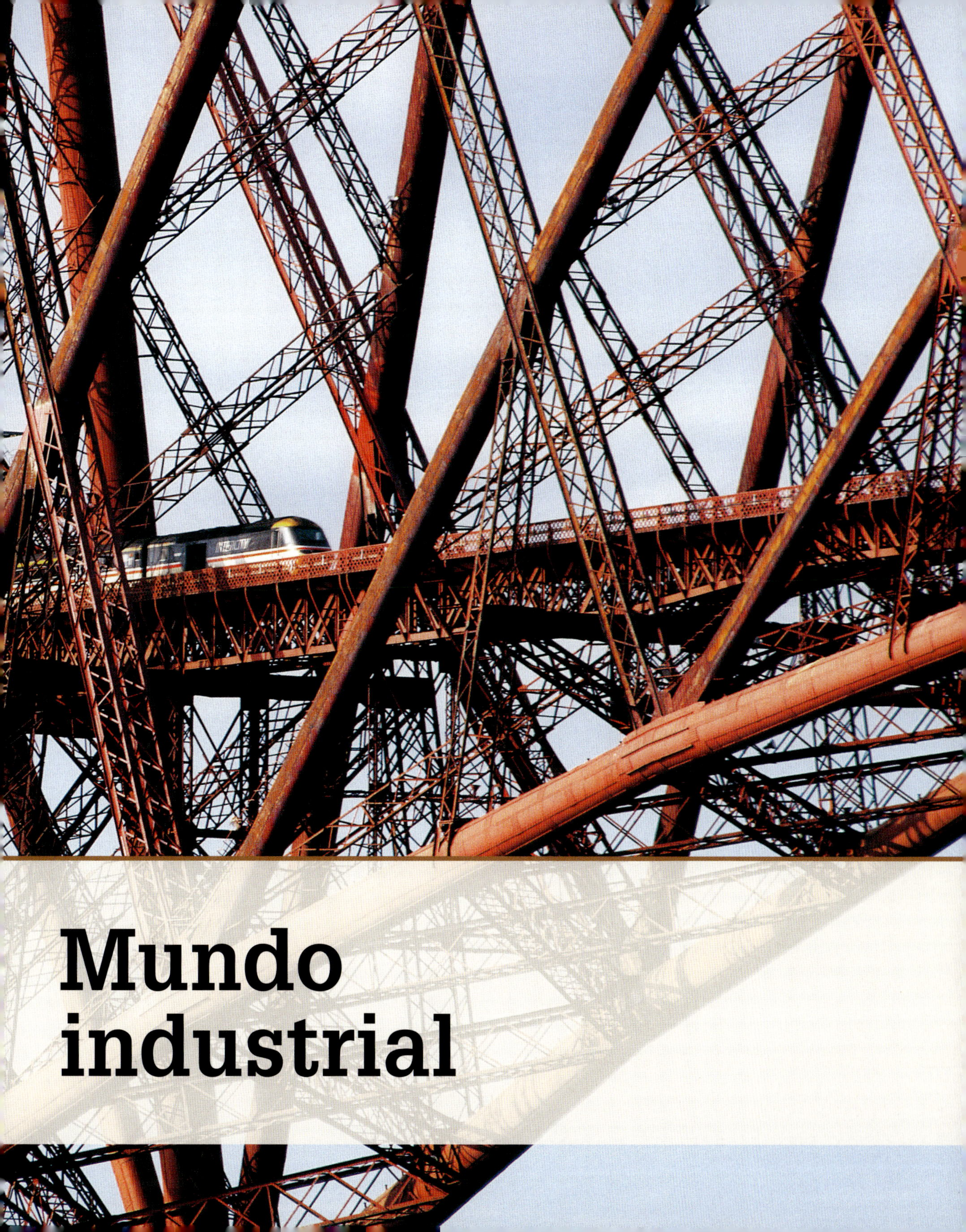

Mundo industrial

O século XIX foi caracterizado pela industrialização, assim como por grandes avanços nas comunicações e nos transportes. Inovações como os trens, a eletricidade, o telégrafo e, no fim do século, os telefones e os automóveis mudaram radicalmente a sociedade ocidental. Para os arquitetos, velhas certezas tiveram que dar lugar às exigências de um mundo reenergizado.

"Sou como uma locomotiva", escreveu o arquiteto vitoriano inglês Augustus Pugin (1812-1852), "estou sempre por aí." Pugin, uma usina de energia do século XIX, exauriu-se e morreu aos 40 anos de idade. Em sua efêmera carreira, iniciada quando tinha 15 anos com projetos de mobília gótica para Jorge IV no Castelo

Locomoção
No fim do século XIX as ferrovias haviam estendido seus tentáculos de ferro pela paisagem de uma Inglaterra industrializada.

DATAS PRINCIPAIS

1800

1803 Richard Trevithick constrói a primeira locomotiva a vapor.

1829 Os Testes de Rainhill: a locomotiva *Rocket*, de George Stephenson, alcança a sensacional velocidade de 52 km/h.

1830

1830 É inaugurada a Ferrovia Liverpool-Manchester, a primeira totalmente a vapor.

1860

1862 O francês Louis Pasteur aprimora o processo de pasteurização para proteger a comida contra contaminações.

1866 O vapor *The Great Eastern*, de Brunel, estende o primeiro cabo telegráfico transatlântico.

1876 O escocês Alexander Graham Bell inventa o telefone.

1879 Thomas Edison inventa a lâmpada elétrica incandescente.

1880

c. 1880 Início do grande fluxo migratório da Europa para os EUA.

1880 A Siemens and Halske produz o primeiro elevador a energia elétrica do mundo, incentivando os arranha-céus.

de Windsor, erigiu uma série de igrejas e cidades industriais na Inglaterra e na Irlanda. Trabalhou com uma dedicada equipe de construtores, artesãos e decoradores e criou uma visão da Inglaterra afinada com o que ele julgava ser sua glória gótica e católica do século XIV. "Um assistente, senhor?", bradou a um visitante pasmo com sua prodigiosa produção de projetos para mosteiros, igrejas, casas, mobília, livros, papel de parede e todos os detalhes do novo Palácio de Westminster, em Londres *(p. 313)*. "Nunca emprego um. Eu o mataria em uma semana." A influência de seus projetos neogóticos chegou à Austrália e aos EUA. A razão que explicava essa capacidade de Pugin de construir tanto e tão rápido – além do impulso inato e da furiosa energia – era a ferrovia.

Postes e fios de telégrafo O telégrafo elétrico permitiu enviar mensagens a longas distâncias em código Morse. A primeira linha foi montada entre Baltimore e Washington, nos EUA, em 1844.

A era da ferrovia

Nem todos os arquitetos sentiam as coisas como Pugin. A chegada da ferrovia e a rápida difusão da indústria provocaram uma reação dos sentimentalistas e nostálgicos. Isso resultou no movimento Arts and Crafts, do artesão e polemista inglês William Morris (1834-1896), inspirador de edifícios românticos, artesanais, que faziam de tudo para conter o avanço do mundo moderno. Enquanto isso, as ferrovias desenvolviam-se a uma velocidade tão impressionante que na época da morte de Pugin os trens já eram parte do cotidiano de toda a Europa e de boa parte dos EUA. Na virada do século, as locomotivas atingiam velocidades de 150 km/h, com muitos trens expressos alcançando médias de 80-90 km/h. Alguns desses trens eram como hotéis sobre rodas, com restaurantes e dormitórios, barbeiros, banheiros, luz elétrica e muitos atendentes. Os trilhos e a sinalização melhoraram, e os trens rodavam então mais rápido, mais suavemente e com maior segurança do que antes.

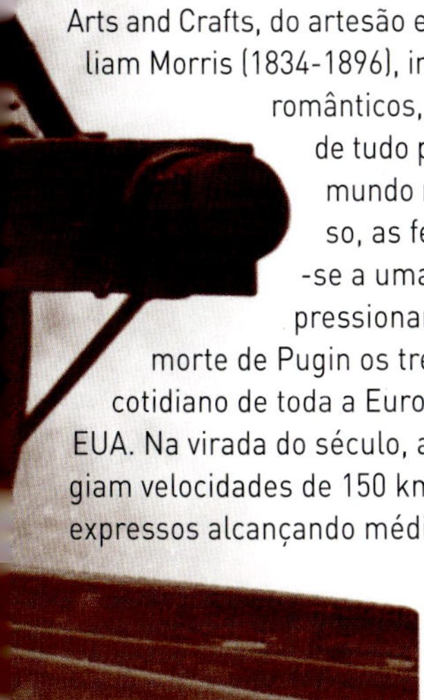

O impacto das ferrovias não se limitou a tornar a viagem por terra mais rápida e confortável – teve também profundos efeitos sociais e econômicos. Conforme a rede ferroviária ficava mais integrada, viagens antes inimagináveis tornaram-se relativamente simples por trem. Em 1869, por exemplo, foi possível cruzar os EUA por "estrada

1885 Primeiro carro movido a petróleo, com três rodas, produzido por Karl Benz, de Mannheim, Alemanha.

1886 O processo de produção de alumínio é inventado na França e nos EUA simultaneamente.

1889 Gustave Eiffel completa sua famosa torre para a abertura da Exposição Internacional de Paris.

1894 Guglielmo Marconi faz a primeira transmissão por rádio.

1900

1900 Em Paris, a Otis Elevator Company de Nova York apresenta a primeira escada rolante.

1903 Os irmãos Wright fazem o primeiro voo motorizado em Kitty Hawke, Ohio, EUA.

1908 Henry Ford apresenta seu *Model-T*, um automóvel robusto produzido em série, para o homem comum.

1914 Começa a Primeira Guerra Mundial com o assassinato do arquiduque Francisco Fernando.

1919 A Escola Bauhaus de arquitetura e design é criada na Alemanha por Walter Gropius.

1920

de ferro" pela primeira vez. As diferenças locais de fuso horário foram aos poucos desaparecendo conforme a hora padrão da ferrovia passou a ser dominante – algo crucial para a confiabilidade e a gestão eficiente dos serviços de trem.

Enquanto os trens encurtavam os tempos de viagem por terra, os grandes navios a vapor faziam o mesmo nos trajetos por mar. O primeiro vapor a cruzar regularmente o Atlântico foi o *The Great Western* (1838), projetado pelo engenheiro britânico Isambard Kingdom Brunel, e o *The Great Eastern* (1858), também desenhado por Brunel, estendeu o primeiro cabo telegráfico transatlântico em 1866. Com transporte mais rápido e novas formas de comunicação, como o telégrafo e (mais tarde) o telefone, o mundo pareceu ficar menor. Era mais fácil que as ideias, assim como as pessoas, viajassem entre cidades, países e até culturas, ajudando a difundir as novas teorias radicais de figuras como Charles Darwin (1809-1882) e Karl Marx (1818-1883).

Cavalos de ferro

Por sua capacidade de escoar o transporte de muitas toneladas de matérias-primas, como carvão, madeira e minério de ferro, por longas distâncias, de minas e florestas até fundições e fábricas, as ferrovias ajudaram a acelerar a industrialização. Os trens podiam

Vapores no canal de Suez, Egito
Aberto em 1869, o canal de Suez ligou o mar Mediterrâneo ao mar Vermelho, permitindo que os navios viajassem entre a Europa e a Ásia sem precisar circum-navegar a África.

também carregar bens manufaturados até pontos de distribuição. De um ponto de vista arquitetônico, isso significava que materiais de construção podiam ser levados prontamente de um lugar a outro. Era agora possível construir a baixo custo com tijolos em áreas desprovidas de argila adequada para a sua confecção, ou construir por custo mais baixo com pedra e mármore em cidades distantes dos locais em que tais materiais eram obtidos. Muitos componentes do Crystal Palace *(p. 300)*, erguido para a Grande Exposição de 1851 em Londres, foram transportados de Birmingham, "A Oficina do Mundo", para a capital inglesa, "A Fumaça", onde o edifício foi erguido no Hyde Park.

As ferrovias deram a arquitetos e construtores a capacidade de transportar ideias, desenhos e materiais para onde desejassem, o que teve resultados tanto positivos quanto negativos. Enquanto bons arquitetos podiam então ser contratados para elevar o padrão das construções em cidades antes negligenciadas, havia também o risco de os edifícios ficarem homogêneos demais, como testemunham as ondas de casas de tijolo vermelho que sufocaram a Inglaterra vitoriana no século XIX.

» CHARLES DARWIN

O naturalista britânico Charles Darwin (1809-1882) concebeu a teoria da evolução por seleção natural, segundo a qual as espécies podem se transformar em outras ao se adaptar a seus ambientes. Ele baseou suas ideias em estudos de milhares de espécies de plantas e animais do mundo inteiro. Seu livro *A origem das espécies e a seleção natural* (1859) causou não só uma revolução na ciência biológica, mas também fortes reações entre os cristãos, por desafiar o relato bíblico da criação.

Bússola de Darwin Darwin colheu suas espécies quando era naturalista oficial do HMS *Beagle* em viagem científica pelo mundo na década de 1830.

Elevador Otis Em 1854, Elisha Otis (1811-1861) fez a demonstração do primeiro elevador de segurança para pessoas, a vapor. Os elevadores elétricos foram desenvolvidos na década de 1880.

A Era da Máquina

c. 1800-1914

A Revolução Industrial tomou a Europa em meados do século XVIII. A adoção da máquina a vapor na produção, o envio de produtos para o mundo inteiro, a exploração das colônias e a ascensão das classes médias aceleraram a industrialização na Grã-Bretanha. Os arquitetos mais conservadores foram pegos de surpresa.

A industrialização trouxe miséria a milhões de pessoas que faziam trabalhos mecanizados escravizantes nas cidades, que enfrentaram um crescimento repentino e desordenado. Poluição, doenças e novas formas de acidentes proliferaram. Por outro lado, a Revolução Industrial registrou vários benefícios, mas eles nem sempre foram franqueados aos arquitetos. Isso é compreensível: ao mesmo tempo que se reuniam em associações profissionais, a Revolução ameaçava mecanizar sua arte e tornar supérfluos seus artesãos. E, até certo ponto, os receios dos arquitetos tinham fundamento.

Novas estruturas, novos materiais

As primeiras edificações industriais eram surpreendentemente bonitas, como a Iron Bridge *(p. 298)*, construída em 1779 sobre o rio Severn, nas Midlands inglesas. Tais construções afastavam-se do caminho estético traçado pelos arquitetos; muitos monumentos da Era Industrial eram projetados e construídos por engenheiros. Os arquitetos preferiam criticar o que viam como obras incultas de engenheiros e as depreciavam, numa surda batalha de estilos. Mas novos materiais, como o aço e o concreto armado, revolucionaram a engenharia e acabaram encontrando seu lugar na arquitetura, mudando radicalmente o modo como os edifícios podiam ser construídos e abrindo novos caminhos para o projeto. Até a Revolução Industrial, as paredes dos edifícios tinham que sustentar seu peso-próprio; depois dela, podiam ser reduzidas a leves revestimentos, ou divisórias. Quanto aos pré-moldados, o Crystal Palace *(p. 300)*, projetado por Joseph Paxton, foi o precursor brilhante, embora chocante, do que estava por vir.

« **Torre Eiffel, Paris** Concluída em 1889, a elegante torre foi desenhada pelo engenheiro e construtor de pontes francês Gustave Eiffel. Com 300 metros de altura, é uma reforçada treliça de vigas de ferro fundido.

Elementos

A Revolução Industrial iria abalar o mundo das formas e da estética da arquitetura, mas não de imediato. Revivalistas góticos e neoclassicistas ficaram muito felizes em poder usar os novos materiais e técnicas industriais para alcançar os efeitos que pretendiam. Mas era inquestionável: uma revolução estava em curso. Aspecto definidor da nova era, as pontes de aço e ferro eram então sonhadas e construídas por engenheiros, mais do que por arquitetos.

Pré-fabricados Estruturas pré-fabricadas em ferro e vidro eram uma maravilha da época. Tetos curvos e treliças de ferro, vinculados por grandes extensões de vidro importado, produziram o transparente espaço de exposições do Crystal Palace, de Joseph Paxton (1851).

Forma e função As imensas vigas de aço da Ponte da Forth Railway, na Escócia, projetada por Benjamin Baker e John Fowler, são seu aspecto definidor. Essa construção dramática e sólida iria nutrir a crença no funcionalismo da geração seguinte de arquitetos. A estrutura contém 54 mil toneladas de aço e levou oito anos para ser construída.

Gênese dos arranha-céus Em 1895, o Reliance Building, de catorze andares, revolucionou a paisagem de Chicago. Embora a fachada ondule e tenha detalhes góticos, é o protótipo das milhares de altas torres de escritórios com estrutura de aço do século XX.

Clássico em ferro fundido Nos anos 1820, John Nash, um empreendedor arquiteto do estilo Regência, usou colunas dóricas de ferro fundido em seu projeto do Carlton House Terrace, em Londres, para facilitar a construção.

Vidro "curvo" O influente projeto da Palm House, nos Kew Gardens, em Londres, de Decimus Burton e Richard Turner, fez uso espetacular de ferro fundido e ferro forjado. O vidro acompanha as suaves curvas da estrutura, notável façanha para a época.

Design para simbolizar função A versatilidade do ferro criou novas oportunidades de projeto. A estrutura do Museu da Universidade de Oxford evoca os esqueletos de dinossauros exibidos na própria instituição.

Atrações urbanas Depois da Torre Eiffel, toda cidade queria seu marco de ferro. Lisboa construiu o neogótico Elevador de Santa Justa, para transporte entre níveis diferentes de rua.

Ponte Pênsil de Clifton

1863 · BRISTOL, SUDOESTE DA INGLATERRA · ISAMBARD KINGDOM BRUNEL · PONTE

Essa não foi a primeira ponte suspensa construída na Grã-Bretanha, mas foi – e ainda é – uma das mais impressionantes. Trata-se da primeira grande obra de Brunel (1806-1859), que tinha apenas 24 anos quando a projetou. Mais notável ainda é o fato de a ponte ter sido erguida contrariando o conselho de Thomas Telford (1757-1834), que em 1815 projetara a Ponte Suspensa Menai, menor, quase destruída por ventos transversais. O porte da Ponte de Clifton é admirável: o vão principal tem 214 metros de extensão e fica suspenso 76 metros acima da garganta do rio Severn. Mais importante ainda é notar que esse projeto de engenharia foi transformado em uma obra-prima da arquitetura abstrata.

Inovação cara
Problemas financeiros atrasaram a construção da ponte por vários anos. Ela foi finalmente concluída quatro anos após a morte de Brunel.

Iron Bridge, Coalbrookdale

1779 · SHROPSHIRE, INGLATERRA · ABRAHAM DARBY III E THOMAS PRITCHARD · PONTE

Com o aprimoramento da fundição de ferro no século XVIII, o potencial desse material para a engenharia e a construção naturalmente aumentou. O ferro era não só mais resistente e leve do que a pedra e com maior campo de aplicações – ele também se tornou progressivamente mais barato de fabricar. Nesse estágio, porém, quaisquer usos que pudesse ter eram em geral considerados utilitários, sem valor estético.

No entanto, o que é notável nessa ponte de ferro (a primeira do mundo) é sua óbvia elegância; trata-se de uma estrutura que só poderia ter sido feita com esse material. Nela, função e forma se fundem sem descontinuidades. A ponte foi construída por Abraham Darby III (1750-1791), que talvez tenha se baseado num desenho do arquiteto Thomas Pritchard. Uma das medidas de seu sucesso é que durante a construção nunca exigiu a interrupção do tráfego no rio. Por outro lado, deixou claros os riscos da nova tecnologia: mergulhou Darby em dívidas pelo resto da vida.

Força e elegância
O vão de 30 metros da Iron Bridge é sustentado por cinco arcos de ferro fundido, cada qual formado por duas seções.

Palm House, Kew Gardens

1848 LONDRES, INGLATERRA DECIMUS BURTON E RICHARD TURNER CASA DE VIDRO

A Palm House, nos Kew Gardens, era descendente direta de uma estufa anterior (também grande) de Chatsworth, em Derbyshire, projetada por Joseph Paxton (1801-1865), que em seguida fez o Crystal Palace *(pp. 300-1)*. Há diferenças entre ambas. Paxton dispôs as lâminas de vidro em arestas proeminentes; já na Palm House elas formam planos nivelados para criar uma única superfície uniforme. Similarmente, embora a Palm House lembre as abóbadas duplas de Chatsworth (nas quais uma abóbada abatida sustenta uma segunda, menor), em Kew Gardens há abóbadas duplas só no bloco central, de onde saem dois braços de abóbadas circulares simples, que terminam em finalizações curvas do tipo abside. Mas são as similaridades que contam. Tanto Chatsworth quanto Kew deixaram claras as possibilidades do ferro e do vidro pré-fabricados. Estava sendo criado um estilo de construção revolucionário, que antecipou a produção em massa.

Nasce a pré-fabricação Elegância e utilidade combinam-se para produzir um edifício que parece frágil, mas resistiu bem ao teste do tempo.

Bolsa de Carvão de Londres

1849 LONDRES, INGLATERRA J. B. BUNNING EDIFÍCIO COMERCIAL

O exterior de alvenaria da Coal Exchange era construído num sóbrio estilo renascentista italiano, de um tipo obviamente adequado à sociedade educada da época. O interior, em contraste, remetia ousadamente para o futuro. A área central circular do edifício era quase toda em ferro fundido. As paredes eram divididas em três níveis, cada qual com balcões de ferro fundido sustentados por braçadeiras, embelezadas com ferro forjado (mais caro, por isso usado em menor escala). Acima delas ficava o domo de vidro, com nervuras de ferro fundido, precursor direto da Sala de Leitura do Museu Britânico, um pouco posterior.

Elegância e conforto A área central da Bolsa de Carvão, que definia os preços desse produto e negociava as participações na produção, era iluminada naturalmente por uma cúpula de vidro, a 22,5 metros de altura.

O Crystal Palace, às margens do lago Serpentine, no Hyde Park

Crystal Palace

1851 · **LONDRES, INGLATERRA** · **JOSEPH PAXTON ZIMMERMAN** · **EDIFÍCIO PÚBLICO**

O Palácio de Cristal foi construído em 1851 no Hyde Park para a Grande Exposição de Londres. Uma estrutura pré-fabricada de vidro, ferro e madeira, com 564 metros de comprimento, foi a obra-prima do naturalista e arquiteto Joseph Paxton (1801-1865), que anos antes experimentara com o projeto e a construção de estufas de palmeiras e nenúfares nos jardins da Chatsworth House, no condado de Derbyshire. Paxton fez uso máximo de vidro laminado – uma invenção recente –, empregando 300 mil lâminas fabricadas na França para esse fim. Fundidos perto de Birmingham, os elementos de ferro chegaram a Londres de trem e foram instalados em 48 horas, ainda quentes da fundição. Primeiro grande edifício pré-fabricado do mundo, o Crystal Palace prenunciou uma nova geração de fábricas. Em 1852, após a Grande Exposição, foi transferido peça por peça para Sydenham, no sudeste londrino, mas infelizmente acabou destruído por um incêndio em 1936.

Sir Joseph Paxton Paxton começou como jardineiro e botânico; seus primeiros projetos eram de construções para estufas.

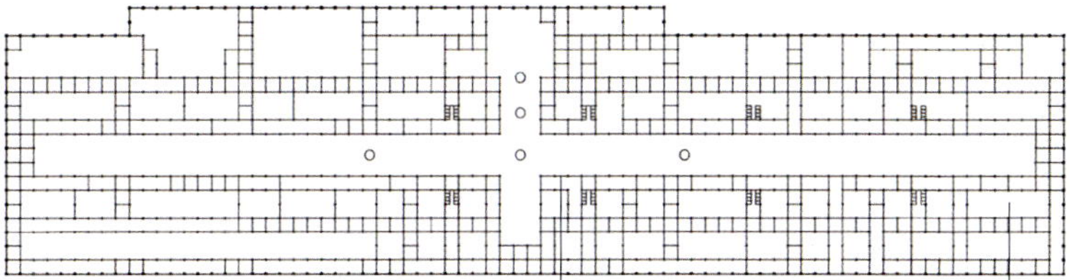

Planta do piso
O corredor principal era ladeado por dois corredores de cada lado e interrompido por um transepto igualmente largo.

O corredor central tinha 22 metros de largura e de altura.

Os corredores laterais eram escalonados, para reduzir a altura total.

Engenharia natural
Os projetos inovadores de Paxton inspiraram-se na estrutura de nenúfares. Nervuras transversais flexíveis ligam as radiais e conferem grande força e rigidez.

Como uma estufa O teto do transepto em abóbada cilíndrica ficava muito acima da altura do corredor principal, a fim de abrigar uma árvore. Esse acréscimo de última hora ao design retilíneo original de Paxton foi visualmente um grande sucesso.

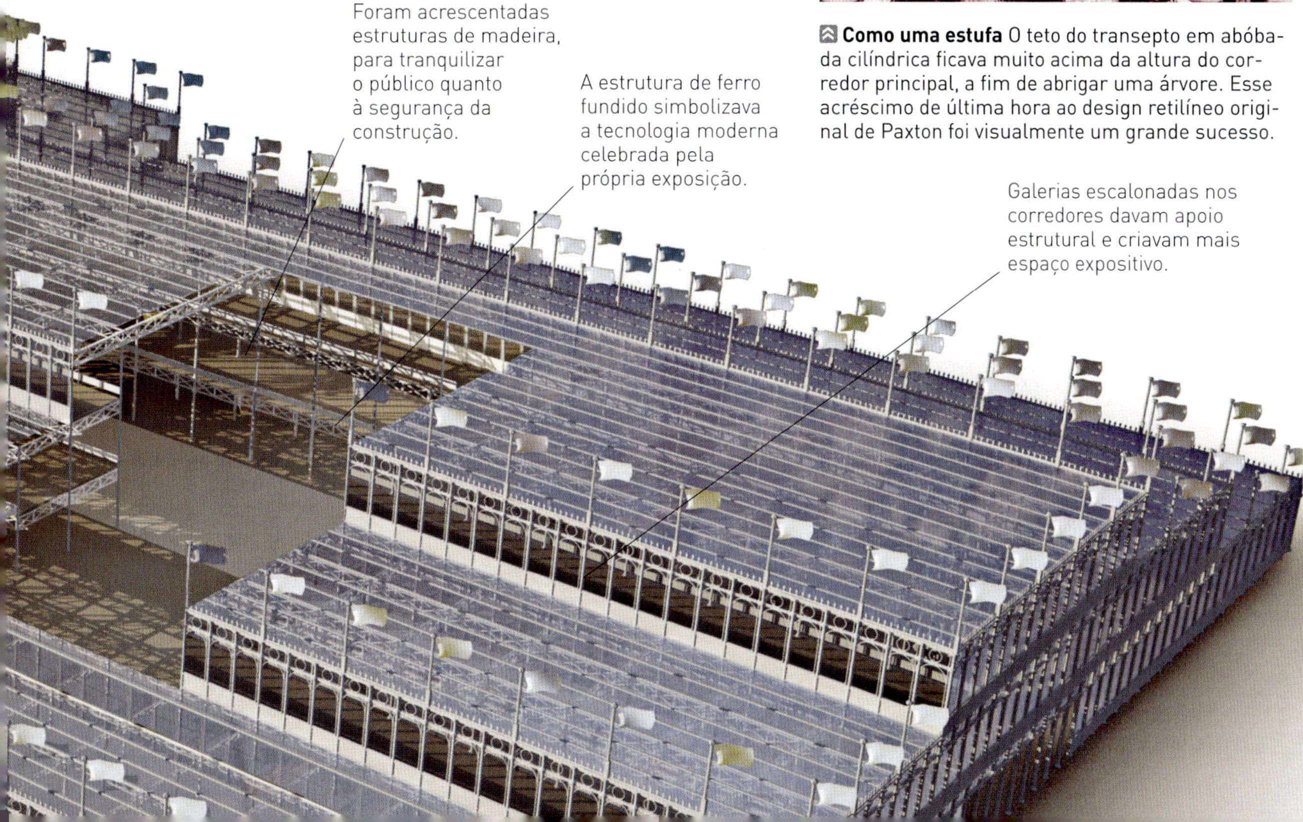

Foram acrescentadas estruturas de madeira, para tranquilizar o público quanto à segurança da construção.

A estrutura de ferro fundido simbolizava a tecnologia moderna celebrada pela própria exposição.

Galerias escalonadas nos corredores davam apoio estrutural e criavam mais espaço expositivo.

Beleza parisiense Henri Labrouste estendeu os limites dos materiais e tecnologias de construção para criar a impressionante Biblioteca Sainte-Genèvieve.

Biblioteca de Sainte-Geneviève

1850 · PARIS, FRANÇA · HENRI LABROUSTE · BIBLIOTECA

A Sainte-Geneviève marca um momento-chave na evolução dos edifícios com estrutura de ferro. Foi projetada como um grande prédio público, com uma bela fachada de alvenaria de pedra no estilo palácio renascentista e estrutura toda em ferro propositalmente aparente. A extensão da Sala de Leitura no andar principal superior tem duas altas abóbadas de ferro sustentadas no centro por uma linha de esguias colunas de ferro fundido. Aspecto incomum, o teto baixo também é feito de ferro.

Les Halles Centrales

APÓS 1853 · PARIS, FRANÇA · VICTOR BALTARD · EDIFÍCIO COMERCIAL

Les Halles, iniciado em 1853 e ampliado até a década de 1930, antes de ser demolido em 1971, foi fruto da reforma do centro de Paris empreendida pelo barão Georges-Eugène Haussmann (1809-1891). Eram o principal mercado da cidade e, como tal, ótimos candidatos para uma construção em ferro e vidro, materiais não só funcionais como muito maleáveis.

O caráter essencialmente utilitário da construção tornou-a ideal para edifícios que tivessem pouca ou nenhuma pretensão a distinção arquitetônica. Em certos aspectos, Les Halles representou uma oportunidade perdida. A proposta original era para um vão de ferro e vidro de 91 metros de largura – algo muito ambicioso, maior do que qualquer estrutura comparável na Inglaterra da época, na realidade maior do que qualquer coisa construída até o fim do século. Mesmo assim, o que emergiu foi suficientemente impressionante: seis estruturas individuais, com grandes janelas de vidro e tetos parcialmente envidraçados.

Biblioteca Nacional, Paris

1868 · PARIS, FRANÇA · HENRI LABROUSTE · BIBLIOTECA

A trajetória de Labrouste com ferro e vidro, iniciada na Biblioteca de Sainte-Geneviève nos anos 1840, continuou em estilo espetacular na Biblioteca Nacional. Mais ainda que na Sainte-Geneviève, Labrouste (1801-1875) evitou disfarçar a construção do edifício – na realidade, é provável que quisesse torná-la aparente. Combinado com níveis raros de delicada decoração, o resultado foi muito bem-sucedido. A principal Sala de Leitura tem uma série de nove domos abatidos de terracota, cada qual com uma claraboia circular no alto para assegurar iluminação uniforme. São sustentados por colunas de ferro fundido, dispostas em quatro fileiras de três colunas cada. Delas partem os arcos que sustentam as cúpulas, que têm sua parte baixa ornada por elaborados padrões de ferro forjado.

Luz e ar A elegante e arejada Sala de Leitura de Labrouste reflete a expansão do conhecimento no século XIX e, em paralelo, o aumento da importância das bibliotecas públicas.

Enquanto o impacto da Sala de Leitura é intencionalmente majestoso – um sistema utilitarista de construção usado para criar o máximo de drama visual –, a Sala de Estantes, também de modo deliberado, é funcional, quase fabril. Ali, as estantes são dispostas em quatro níveis e iluminadas do alto. Para que a luz alcance os níveis inferiores, os pisos são de grades simples de metal. Passadiços de construção similar correm entre as estantes e conferem à sala um ar de elegante funcionalidade.

Torre Eiffel

◒ 1889 ⚑ PARIS, FRANÇA ✍ GUSTAVE EIFFEL E STEPHEN SAUVESTRE 🏛 TORRE

A Torre Eiffel é uma ode triunfalmente viril à construção com ferro fundido. Nem pelo uso mais generoso do termo pode ser considerada um "edifício". Ao contrário, trata-se de uma declaração vaga, magnífica e de grande impacto das possibilidades da engenharia do fim do século XIX, com a aplicação de nova tecnologia numa escala colossal.

Números grandiosos Com 300 metros de altura, a torre pesa 7.300 toneladas e tem 2,5 milhões de rebites e 1.665 degraus.

Nenhuma estrutura do mundo resume com tanta precisão como a Torre Eiffel as agressivas certezas da liderança tecnológica da Europa ocidental nas décadas finais do século XIX. Ela foi construída como o grande destaque da Exposição Universal de Paris de 1889, realizada para marcar o centésimo aniversário da Revolução Francesa.

Embora a torre tenha sido ideia de Gustave Eiffel, muito de seu detalhamento deve-se a Stephen Sauvestre (1847-1919). Foi ele o responsável pelos imensos arcos ligando a base da torre ao primeiro piso e pela estrutura em forma de bulbo do topo. O design básico foi puramente o resultado da necessidade de reduzir a resistência ao vento: a elegância da torre deriva justamente de imperativos de engenharia. Apesar das previsíveis objeções a essa "luminária de rua verdadeiramente trágica", nas palavras de um contemporâneo, a torre fez imenso sucesso desde o início. Ela foi não só uma prova da eficiência dos métodos de construção de Eiffel – todos os 18.038 elementos foram feitos na fábrica dele, nos arredores da cidade, e montados no local –, como virou imediatamente um símbolo da moderna cidade de Paris.

» GUSTAVE EIFFEL

Gustave Eiffel (1832-1923) foi o mais destacado engenheiro do fim do século XIX na França. Responsável por uma série de revolucionárias estruturas de metal erguidas por toda a Europa – pontes, principalmente, além da Torre Eiffel –, cuidou também do esqueleto da Estátua da Liberdade, em Nova York. Ao final da brilhante carreira, dedicou-se à pesquisa científica nas áreas de meteorologia, radiotelegrafia e aerodinâmica.

Maison du Peuple

1899 BRUXELAS, BÉLGICA VICTOR HORTA
SALA DE REUNIÕES

A Maison du Peuple marcou um estágio decisivo na emergência de uma arquitetura genuinamente nova, baseada no ferro e no vidro. Foi construída em parte como uma sala de reuniões, com um auditório no centro, e em parte como sede do Partido Socialista. Engenhosamente projetada, revela o uso criativo de um terreno não muito apropriado. Mais importante ainda, o ferro e o vidro foram colocados a serviço do Art Nouveau, do qual o arquiteto Victor Horta (1861-1947) era a principal figura. O resultado foi um edifício a um só tempo sinuoso e funcional, além de muito original. A Maison foi demolida em 1965.

Espaço para todos
A Maison du Peuple tinha lojas, cafés e escritórios em seus diversos andares. O salão do partido, no quarto andar, podia acomodar até 300 pessoas.

Hangares Freyssinet

1923 ORLY, PARIS EUGÈNE FREYSSINET
AEROPORTO

Os hangares do Aeroporto de Orly constituem ótimo exemplo de uma solução de pura engenharia que produziu uma edificação de extraordinária elegância. O desafio de Eugène Freyssinet (1879-1962) em Orly era construir uma estrutura resistente, ao menor custo possível, para abrigar aeronaves. Como os aviões são cilíndricos, era claramente desejável erigir uma estrutura em arco, com o menor desperdício possível de espaço. A necessidade de conseguir 175 metros de extensão, 91 de largura e 60 de altura agravava muito os problemas técnicos.

A solução de Freyssinet foi usar concreto armado – isto é, concreto reforçado pela adição de barras internas de aço, de modo que a força de compressão do concreto fosse complementada pela de tração do aço –, uma técnica introduzida na França no início da década de 1890. O que Freyssinet fez foi criar uma série de arcos parabólicos individuais, ligados apenas por faixas de concreto contendo janelas, uma solução prática e visualmente satisfatória.

Galleria Vittorio Emanuele

1877 MILÃO, ITÁLIA GIUSEPPE MENGONI
EDIFÍCIO COMERCIAL

Arcadas cobertas com tetos de ferro e vidro já haviam sido construídas em muitos lugares da Europa antes da Galleria Vittorio Emanuele – nenhuma, porém, tão grande ou tão luxuosa. Na realidade, ao lado da função como centro de compras e local de encontro, a galeria pretendeu ser um símbolo da recém-unificada Itália, especificamente da união entre Igreja e Estado.

Simbolismo unificador
De arquitetura convencional, mas com engenharia ousada, a Galleria simboliza muito bem a moderna Itália.

Como edificação em forma de cruz, ela lembra a planta de uma igreja. Além disso, seus dois braços mais extensos correm em sentido norte-sul, da Piazza della Scala, local da casa de ópera, até a Piazza del Duomo, que abriga a catedral. A entrada defronte ao Duomo é desenhada como grande arco triunfal, referência ao passado imperial italiano.

A arquitetura no interior da galeria mira o passado e o futuro de modo similar: o passado do Renascimento e do Barroco está representado nas paredes convencionais de alvenaria e nas pilastras enormes; o futuro, prenunciado no ousado industrialismo de seu telhado de ferro e vidro em forma de abóbada cilíndrica. Essas tendências se fundem no cruzamento dos braços, onde uma forma antiga (o domo octogonal) é executada com materiais modernos (vidro e ferro).

Fábrica de Turbinas AEG

1909 · BERLIM, ALEMANHA · PETER BEHRENS · EDIFÍCIO INDUSTRIAL

A Fábrica de Turbinas AEG, projetada por Peter Behrens (1868-1940), foi uma das precursoras do Modernismo. Tratou-se de um tipo inteiramente novo de edifício: uma fábrica que, embora totalmente funcional por dentro e por fora, tinha a clara intenção de ser lida como obra de arquitetura – em outras palavras, o moderno e o utilitário ganharam intencionalmente um componente estético. Isso foi obtido por meio de formas simples, ousadas – grandes janelas, com a estrutura de aço do edifício aparente e o todo coberto por um telhado saliente. Apenas a rusticação nas quinas pode ser considerada uma ornamentação, mesmo assim como forma das mais esquemáticas de Neoclassicismo.

Arquitetura na indústria Essa dignidade na monumental escala de uma fábrica era algo muito novo num local de trabalho.

Estábulo, Fazenda Garkau

1925 · LÜBECK, ALEMANHA · HUGO HÄRING · EDIFÍCIO RURAL

Hugo Häring (1882-1958) foi figura crucial no desenvolvimento do Modernismo, parceiro de Mies van der Rohe (1886-1969) em Berlim e fundador de Der Ring (O Anel), a mais influente associação de arquitetos modernistas na Alemanha na década de 1920. Apesar disso, Häring continua pouco conhecido. Em parte, isso deve ao fato de sua contribuição ter sido mais teórica e de ele ter construído pouco. Mesmo o Estábulo da Fazenda Garkau, em Lübeck – sua edificação mais famosa –, pretendia ser parte de um complexo maior. O ponto de partida de Häring era que a arquitetura devia ser o resultado das necessidades específicas de um edifício particular: que a forma de qualquer edifício deveria ser ditada por suas necessidades, e não imposta a ele.

Forma funcional A curiosa forma do estábulo de Häring foi o resultado de extensa pesquisa das necessidades e tradições das fazendas de laticínios.

Marshall Field Merchandise Mart

1930 **CHICAGO, ILLINOIS, EUA**
GRAHAM, ANDERSON, PROBST & WHITE
EDIFÍCIO COMERCIAL

O Merchandise Mart foi ideia de James Simpson (presidente da Marshall Field and Company, 1923-30, e diretor da Chicago Plan Commission, 1926-35). A intenção era reunir as atividades atacadistas da Field, que estavam espalhadas pela cidade em treze armazéns. O edifício foi aberto seis meses depois do início da Grande Depressão – não admira que a empresa tenha ido à falência.

Atualmente, essa montanha de 25 andares é o maior prédio comercial do mundo; quando de sua conclusão, em 1930, era o maior edifício, uma honra que lhe foi tomada pelo Pentágono em 1943. O Merchandise Mart hoje abriga feiras comerciais e também funciona como centro de design, sediando palestras e seminários. Foi restaurado pelos arquitetos originais em 1986.

Escala industrial épica O imenso Merchandise Mart tem sua própria estação de trem e um código postal só para ele.

Edifício Monadnock

1889-91 **CHICAGO, ILLINOIS, EUA**
DANIEL BURNHAM E JOHN ROOT **EDIFÍCIO COMERCIAL**

O Edifício Monadnock situa-se exatamente entre duas eras arquitetônicas. Em termos de construção, parece antiquado, já tendo sido chamado de "a última das grandes torres de alvenaria"; embora use ferro em sua construção, o peso do edifício é sustentado por suas paredes, sendo que as do piso térreo têm 2 metros de espessura. Mas na maior parte dos aspectos relevantes, essa construção mostra-se muito avançada. Entre outras coisas, era o maior bloco de escritórios do mundo, com 60 metros e dezesseis andares. Sob todos os aspectos, tratava-se de uma enfática afirmação da confiança dos EUA em seu poderio. Tão importante quanto, foi pioneiro de uma abordagem totalmente nova para o fachadismo de blocos desse porte, dos quais se bania qualquer sentido de historicismo que ainda restasse. O Edifício Monadnock foi uma radicalização da simplicidade, excluindo toda ornamentação, e passou a ser visto até como precursor direto do Modernismo.

No entanto, esse desfecho quase não foi alcançado. Os primeiros estudos previam para o edifício um improvável aspecto egípcio. Só aos poucos é que Burnham (1846-1912) e Root (1850-1891) convenceram-se de que o impacto do prédio seria bem maior – e ele ganharia coerência – se a ornamentação fosse eliminada. O único aspecto que rompe com as linhas austeras são suas janelas projetadas (do tipo *bay-window*), bem próximas entre si.

Edifício Wainwright

1891 ST. LOUIS, MISSOURI, EUA LOUIS HENRY SULLIVAN EDIFÍCIO COMERCIAL

O Edifício Wainwright é um dos primeiros indícios do desenvolvimento do arranha-céu e do Modernismo. Sullivan (1856-1924) era um arquiteto com grande visão de futuro, autor de um dos princípios-chave do movimento: "A forma sempre segue a função". Disso advém um ponto crucial: que o exterior de um edifício deve refletir sua estrutura básica – no caso do Wainwright, uma estrutura de aço.

Na realidade, Sullivan não foi de todo fiel a esse ditame em St. Louis. Apenas algumas das poderosas e marcadas verticais de tijolo acompanham a estrutura de aço. Do mesmo modo, não há razão estrutural para que as verticais dos cantos sejam mais largas que as demais. Mesmo assim, a uniformidade dos sete andares principais do prédio é importante. Cada janela, dizia, era um "alvéolo do favo". Elas "precisam parecer todas iguais porque são todas iguais". Isto posto, ele manteve o gosto pela ornamentação clássica. As faixas sob as janelas têm elaborados painéis de terracota; o último andar exibe outros ainda mais ricos; e a cobertura, uma forte cornija saliente.

Função é tudo O térreo tinha lojas, e sobre elas ficavam bancos, escritórios e serviços.

Edifício Bradbury

1893 LOS ANGELES, CALIFÓRNIA, EUA GEORGE H. WYMAN EDIFÍCIO COMERCIAL

O Edifício Bradbury é incomum. Foi feito por um arquiteto desconhecido e em boa medida autodidata para um magnata da mineração. Por fora, não tem nada de excepcional – cinco andares de tijolo e arenito num prático estilo renascentista. Dentro, porém, é extraordinário. Dominado por um pátio central, iluminado do alto por um grande teto de vidro, tem em ambas as extremidades elaboradas escadarias de ferro fundido. De cada lado do átrio, há elevadores hidráulicos em caixas de vidro, com os mecanismos totalmente expostos. Ferro forjado, tijolos vitrificados, mármore e azulejos predominam. O efeito é deslumbrante.

Visão espetacular O Bradbury é um dos edifícios comerciais mais antigos de Los Angeles.

Edifício Reliance

1894 CHICAGO, EUA DANIEL BURNHAM E JOHN ROOT EDIFÍCIO COMERCIAL

Embora tenha apenas catorze andares – os primeiros quatro construídos em 1890, os demais em 1894 –, o Reliance é um arranha-céu. Tem todos os aspectos-chave desse tipo de prédio, embora em miniatura: estrutura de aço, claramente expressa no exterior; amplo uso de concreto; e grandes janelas. Na época, foram as janelas que despertaram mais comentários – como era possível um edifício grande assim fazer tanto uso do vidro sem enfraquecer sua estrutura?

Outros aspectos típicos de Burnham e Root são os delicados painéis de terracota entre os andares, as janelas protuberantes que se estendem por toda a altura do edifício e a cornija claramente enfatizada.

Edifício Flatiron

1902 NOVA YORK, EUA DANIEL BURNHAM
EDIFÍCIO COMERCIAL

Com o Edifício Flatiron, o arranha-céu chegou à maioridade. Sua ornamentação bombástica não é típica do gênero, mas o edifício ganha dramaticidade por sua forma triangular incomum, resultado de ficar espremido na esquina da Quinta Avenida com a Broadway. A "proa" arredondada do prédio estreita-se a menos de 2 metros de largura.

O Edifício Flatiron – ou melhor, Edifício Fuller – era a maravilha da sua época. "Flatiron" é um apelido, pelo fato de o prédio parecer um ferro de passar, e desde então passou a designar a região toda. Era o edifício comercial mais alto do mundo, com 22 andares e 87 metros, e virou imediatamente símbolo da euforia nova-iorquina no período. Alguns aspectos de sua construção – estrutura de aço, muitos elevadores e exterior regular e repetido, com horizontais e verticais igualmente fortes – iriam logo se tornar pontos dominantes da arquitetura de arranha-céus. Mas Burnham nunca conseguiria se livrar totalmente do passado. Ele manteve várias formas decorativas renascentistas, temperadas com toques góticos, mesmo nesse que foi o precursor dos arranha-céus do século XX, tão radicalmente diferentes.

Mistura de passado e futuro
A cunha de calcário é decorada com rostos e detalhes florais gregos.

DANIEL BURNHAM

Burnham (1846-1912) foi figura destacada da Escola de Chicago. Seu papel central foi reconhecido quando de sua nomeação como chefe de construção da Feira Mundial realizada na cidade em 1893. Participou dos planos urbanos de Washington D.C., São Francisco e da própria Chicago.

Loja Schlesinger-Mayer

1906 · CHICAGO, EUA · LOUIS HENRY SULLIVAN · EDIFÍCIO COMERCIAL

A loja Schlesinger-Mayer, mais tarde Carson, Pirie, Scott, and Co., foi a última grande obra de Louis Henry Sullivan (1856-1924). O edifício, uma loja de departamentos, teve três fases de construção. Os primeiros quatro andares foram erguidos em 1899; entre 1903 e 1904, acrescentaram-se outros doze andares; e o edifício foi concluído em 1906 por Daniel Burnham *(ao lado)*, trabalhando com desenhos originais de Louis Sullivan.

O edifício é uma amostra tão completa da abordagem de Sullivan quanto a de qualquer outro que ele produziu: uma combinação característica de forma estritamente ditada pela função e de gosto pela ornamentação exuberante. Os dois primeiros andares, por exemplo, contêm uma ornamentação levemente art nouveau em ferro forjado, ricamente trabalhada. O restante do prédio é revestido de terracota clara. Mesmo assim, o ponto dominante são as fortes ênfases horizontais e verticais. Eles espelham precisamente a estrutura de aço do edifício – uniforme a não ser na elegante curva da esquina – e são emoldurados por verticais mais largas e mais fortes. O resultado é um edifício de grande assertividade.

Adequação de propósito duradoura
A Schlesinger-Mayer continua funcionando como loja de departamentos mais de um século depois de sua construção.

Modernismo funcional
O design fabril baseava-se na necessidade de eficiência. Milhares de carros foram montados nessa fábrica, tendo como principal objetivo a produtividade.

Glass Plant, Ford Rouge

APÓS 1917 · DEARBORN, MICHIGAN, EUA · ALBERT KAHN · EDIFÍCIO INDUSTRIAL

Ao fim dos anos 1920, a linha de montagem de Henry Ford em Rouge River, sul de Detroit, era a maior fábrica do mundo. A ideia era que fosse autossuficiente, com centrais elétricas, assim como imensas alas de montagem. No seu auge, havia 120 mil pessoas empregadas em Rouge River.

O principal responsável pela construção dessa fábrica foi Albert Kahn (1869-1942), nascido na Alemanha, talvez o mais influente, e com certeza o mais produtivo, arquiteto industrial da América. Estima-se que, por volta de 1930, um quinto de todas as edificações industriais do país estavam sendo desenhadas por sua empresa, a Kahn Associates. Muito consistente, a abordagem, cujo melhor exemplo era a Glass Plant (em produção em 1923), era achar a solução que funcionasse melhor com os materiais que funcionassem melhor. Embora saudado como defensor do Modernismo, Kahn tinha pouca paciência com "aqueles que tentam o novo só pela novidade, que não respeitam os fundamentos e se permitem o bizarro e o excêntrico".

Revival Gótico

c. 1800-1910

O Revival Gótico emergiu, após um início misterioso e romântico, como o estilo favorito da Igreja Anglicana vitoriana e, a partir daí, espalhou-se pelo Império Britânico, a Europa e os EUA. Forte reação ao que era temido como um mundo industrial sem Deus, o estilo voltou-se para o passado, apesar de mirar os céus.

O Revival Gótico começou como movimento literário inglês no fim do século XVIII e se expandiu para a cenografia teatral. Daí, passou à arquitetura, produzindo igrejas esguias e mansões rurais que eram versões elaboradas de edifícios georgianos. Foi só com as acirradas polêmicas de Augustus Pugin *(p. 292)* – em especial *An Apology for the Revival of Christian Architecture*, *Contrasts* e *The True Principles of Pointed or Christian Architecture* – que esse estilo opulento se tornou um caminho arquitetônico importante.

Gótico renovado

As igrejas do Revival Gótico alcançam os céus em cidades tão distantes quanto Melbourne, Xangai, Mumbai e Seul. Fruto de um forte reavivamento cristão no século XIX, foram criadas por arquitetos que sentiam o "Goticismo" como uma maneira de liberá-los dos rigores do Classicismo. O Gótico era visto como forma livre, funcional e natural, dando aos arquitetos maior espaço de manobra. Na época em que a Inglaterra chegava ao auge de seu poder global, a escolha do Goticismo refletia um pouco a predileção por edifícios livres de influências estrangeiras. O concurso para o projeto do novo Palácio de Westminster *(p. 313)* em Londres especificava que o estilo deveria ser o Gótico ou o Elisabetano – estilos históricos que traduziriam a "britanismo". Deixava-se de lado o fato de que o Gótico nascera da fusão de estilos ocidentais e do Oriente Médio na época das Cruzadas para, porque histórico, considerá-lo inglês. Logo se passou a celebrar tudo o que fosse romanticamente galês, irlandês e escocês. Para um jovem arquiteto gótico de meados do século XIX, a Catedral de Salisbury *(p. 190)* era melhor que todas as mansões e igrejas de Andrea Palladio juntas.

Inspirado no Gótico O projeto de sir Charles Barry para o Palácio de Westminster baseia-se no estilo Gótico Perpendicular, popular no século XV. Ele foi auxiliado pelo arquiteto Augustus Pugin.

Elementos

Com suntuosa decoração interna e externa, o Revival Gótico criou algumas das mais radicais estruturas já vistas, movido por um cristianismo vigoroso e revivificado no século XIX. Esse estilo flexível não se restringiu a igrejas; mas, seja em prédios cristãos, sedes municipais ou hotéis, a dramaticidade era um ponto-chave.

Agulha estreita, chamativa.

Nichos, com ou sem estátuas, eram obrigatórios.

Pináculos pontiagudos.

Frontão ornado com mosaicos muito elaborados.

Torreão com decoração extravagante Ornatos com formato de flor, pináculos e, no Albert Memorial londrino, folhas de ouro faziam parte da rica ornamentação dos torreões revivalistas.

Vitrais ricamente coloridos Em geral mais escuro que o medieval, o vitral do século XIX tinha bela execução, apesar de sua intenção de bloquear a luz

Tijolos em várias cores Os novos e duráveis tijolos industriais coloridos permitiam decorações externas tão ricas quantos as dos interiores, em edifícios seculares ou eclesiásticos.

Torres de relógio Baseiam-se nas sedes municipais medievais, e as mais famosas são a Torre St. Stephen, em Westminster, de Barry e Pugin, e essa, do Manchester Town Hall, de Alfred Waterhouse.

Os altos torreões chamam a atenção de muito longe.

Relógio emoldurado com frontões em cada quadrante.

Campanário com arcos lancetados ao estilo inglês antigo.

Telhados cônicos Seguindo o modelo das torres de castelos medievais, eram um recurso popular para dar a impressão de raízes mais antigas, como se vê no Castell Coch, no País de Gales.

Torreões altos Torres esguias, pontiagudas, como essa, da Catedral de St. Patrick, em Melbourne, eram marcas características do estilo.

Abadia de Fonthill

1796 WILTSHIRE, INGLATERRA
JAMES WYATT RESIDÊNCIA

A Abadia de Fonthill foi erguida a um custo incrível como residência do sempre extravagante William Beckford. Foi o primeiro e mais notável exemplo da interpretação da arquitetura gótica no século XVIII na busca por um estilo romântico.

Uma torre octogonal de 85 metros de altura elevava-se do centro, encerrando talvez o salão de pé-direito mais alto do mundo, com 37 metros. Dela, partiam quatro alas; as alas norte e sul tinham 122 metros de comprimento cada uma. A torre desabou em 1807 e tornou a cair oito anos depois. Restam apenas ruínas da edificação.

Igreja de St. Giles, Cheadle

1846 STAFFORDSHIRE, INGLATERRA
AUGUSTUS PUGIN LOCAL DE CULTO

Augustus Pugin *(ao lado)*, o mais importante e brilhante defensor da primeira fase do Revival Gótico maduro, era um projetista incansável, que com frequência criava grandes controvérsias. A Igreja de St. Giles é gótica na planta, assim como nos detalhes, e usa materiais locais de maneira fiel ao estilo. Sua majestosa torre exibe um rendilhado decorativo e uma série de pináculos; nichos de ambos os lados da janela leste abrigam estátuas; e o telhado tem vários níveis. O interior exibe decoração riquíssima, com paredes pintadas e vitrais muito belos.

Strawberry Hill, Twickenham

1777 MIDDLESEX, INGLATERRA
HORACE WALPOLE RESIDÊNCIA

Horace Walpole (1717-1797) foi a figura mais influente na difusão cada vez maior do estilo gótico na segunda metade do século XVIII; e Strawberry Hill, a casa do arquiteto nas imediações de Londres, foi o edifício mais importante desse período. O Revival Gótico, como a *chinoiserie*, oferecia uma alternativa exótica às severas formalidades do palladianismo. O resultado era uma fusão, um "Rococó gótico" às vezes culto, mas em geral apenas decorativo, no qual o charme vinha sempre em primeiro lugar. Suas raízes são claramente baseadas no gosto de meados do século XVIII por extravagâncias de jardim e simulações de ruínas.

Strawberry Hill inclui contribuições de vários arquitetos, acrescentadas ao longo dos anos. Apresenta uma ampla gama de elementos góticos – torres, torreões, ameias, pináculos – e é intencionalmente muito assimétrica.

Irrealidade inspirada
A elegância de cenário de Strawberry Hill dominou a arquitetura do Revival Gótico na Inglaterra por quase meio século.

Palácio de Westminster

1860 LONDRES, INGLATERRA CHARLES BARRY E AUGUSTUS PUGIN EDIFÍCIO PÚBLICO

A destruição do Palácio de Westminster em um incêndio em 1834 deu início à mais acirrada discussão arquitetônica do século XIX na Inglaterra: o novo edifício deveria ser gótico ou grego? A resposta foi ambos: um edifício clássico no planejamento e gótico nos detalhes. O Palácio de Westminster, esse magnífico híbrido, marca um ponto de inflexão na história da arquitetura inglesa.

O Palácio fica na margem norte do rio Tâmisa, ligado ao bem mais antigo Westminster Hall. A longa fachada à beira-rio é dominada por torres. A maior delas é a Victoria Tower, com 102 metros de altura; a Torre Central, octogonal, acima do lobby central, é coroada por um torreão; já a Torre do Relógio, na extremidade norte, tem quatro imensos mostradores de relógio e abriga cinco grandes sinos, que badalam a cada quarto de hora. O Big Ben, o sino que toca a hora cheia, tornou-se um símbolo londrino. Por dentro, o palácio é um complexo de corredores e mais de mil salas, em quatro andares.

A escolha de Charles Barry – arquiteto cuja obra se insere plenamente na tradição do puro Classicismo ao estilo Regência tardio – fez sentido, porque ele tinha a capacidade de organizar um projeto de tal porte e a disposição de delegar o detalhamento a Pugin, pioneiro e irrepreensível defensor do Gótico. Se Barry foi responsável pela tranquila contenção do edifício, pela simetria e imponência, Pugin foi o autor do intrincado acabamento. Tinteiros, porta-chapéus e janelas com vitrais saíam da caneta de Pugin tão facilmente quanto o rico estilo perpendicular do exterior.

» CHARLES BARRY E AUGUSTUS PUGIN

Por muitos anos, a questão sobre quem foi o maior responsável pelo Palácio de Westminster – se Charles Barry (1795-1860) ou Augustus Pugin (1812--1852) – consumiu um esforço acadêmico incalculável. Fica óbvio, porém, que se tratou de uma genuína parceria. O inconformista Pugin não poderia ter produzido tal façanha de organização, ao passo que Barry, um adepto fervoroso do Classicismo, não seria capaz de conceber a riqueza de detalhes góticos decorativos do edifício.

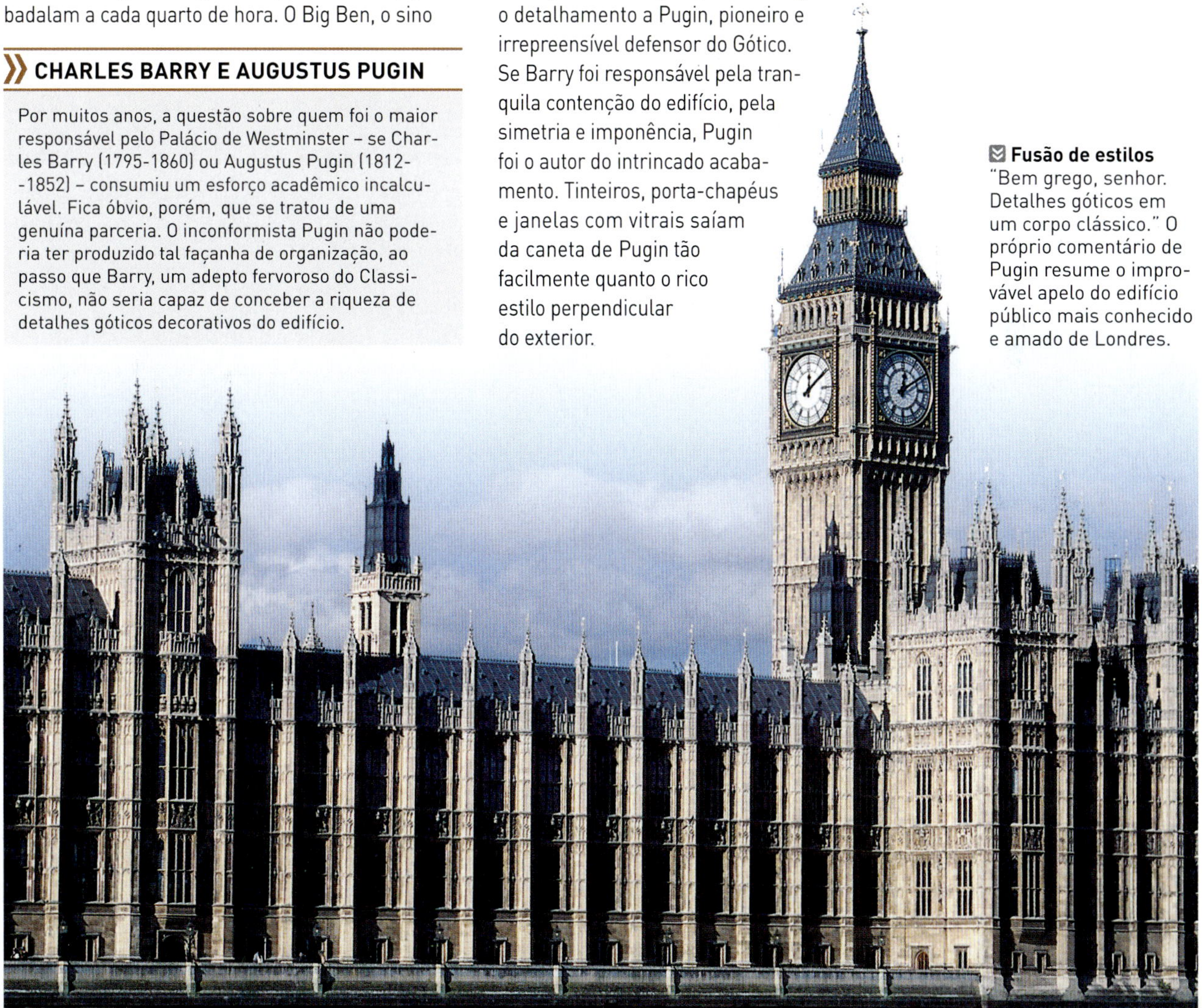

Fusão de estilos
"Bem grego, senhor. Detalhes góticos em um corpo clássico." O próprio comentário de Pugin resume o improvável apelo do edifício público mais conhecido e amado de Londres.

Acervo magnífico O museu expõe o grande acervo de espécies da história natural reunido pela Universidade de Oxford.

Museu da Universidade, Oxford

1859 OXFORD, INGLATERRA BENJAMIN WOODWARD MUSEU

O Museu da Universidade é o único edifício vitoriano do Alto Gótico com a marca direta de John Ruskin, escritor e profeta do Gótico no século XIX. Tem o estilo policromático da vertente veneziana que Ruskin popularizou (embora advertindo que não se prestava a climas setentrionais). A sala principal ostenta notáveis colunas góticas de ferro fundido, de aspecto avançado, sustentando um ousado teto envidraçado. A rica decoração esculpida do exterior, dirigida por Ruskin, só foi concluída parcialmente.

Keble College

1875 OXFORD, INGLATERRA WILLIAM BUTTERFIELD EDIFÍCIO EDUCACIONAL

Embora seguros de seu triunfo sobre o Classicismo e de sua precisão de antiquários, os góticos do fim do vitorianismo ficavam ansiosos por se sentirem ainda escravos de um passado que podiam imitar, mas nunca superar. Butterfield (1814-1900) provou que estavam errados. O Keble College, robusto e ousado, é algo totalmente novo. Seu ponto de partida pode ser a defesa do Gótico veneziano do escritor e crítico John Ruskin, mas o ponto final é um edifício de originalidade incrivelmente assertiva.

Detalhes meticulosos George Street era um arquiteto consciencioso. Registros mostram que fez mais de 3 mil desenhos para o projeto dos Reais Tribunais de Justiça, de Londres.

Royal Courts of Justice

1882 LONDRES, INGLATERRA GEORGE EDMUND STREET EDIFÍCIO PÚBLICO

Poucos assuntos interessavam tanto aos vitorianos como a arquitetura: o anúncio de uma grande obra despertava paixões. O desmedido grau de hostilidade pública sofrido por George Street (1824-1881) ao ser escolhido arquiteto dos Reais Tribunais de Justiça foi uma das causas de sua morte precoce. Um clima litigioso marcou a construção dessa obra, último suspiro da arquitetura do Alto Gótico vitoriano.

Esse imponente edifício inspira-se em fontes francesas do século XIII. Lembra a Catedral de Chartres *(pp. 184-5)*, com toques de um castelo do Loire. Seu aspecto exterior mais notável é o perfil, caracterizado por telhados pontiagudos, torres e meias-torres. Uma arcada ao modo de um claustro toma por boa parte do piso térreo. Na área interna do edifício, o amplo salão, como uma nave, proclama a inspiração eclesiástica de George Street.

Castelo de Cardiff

1885 CARDIFF, GALES WILLIAM BURGES FORTALEZA

Ao contrário de vários arquitetos do Gótico vitoriano, angustiados quanto à adequação de seus edifícios, William Burges (1827-1881) criou uma série de magníficas reconstruções medievais que combinavam uma atmosfera fantasiosa e elegância em igual medida. Seu patrão era o 3º marquês de Bute, conhecido como o homem mais rico da Grã-Bretanha, uma figura de curiosidade intelectual infindável e apaixonada pela Idade Média. O Castelo de Cardiff é o primeiro grande monumento à colaboração entre esses dois homens.

A edificação era normanda, mas construída sobre alicerces romanos. Burges restaurou a fortaleza e criou uma série de primorosos interiores decorados em cores vivas. O resultado é uma obra-prima excêntrica e cativante.

Fantasia palaciana O Castelo de Cardiff mostra a competência de Burges em combinar força e forma com extrema dramaticidade.

Castell Coch

1891 GLAMORGAN, PAÍS DE GALES WILLIAM BURGES FORTIFICAÇÃO

"Castell Coch" significa Castelo Vermelho, referência ao arenito avermelhado usado em sua construção. O edifício fica no local de uma fortaleza medieval; mas enquanto o Castelo de Cardiff é uma restauração, o Castell Coch é um edifício totalmente vitoriano, no qual apenas fragmentos do original foram mantidos. Trata-se de um notável exemplo da idealização do mundo medieval compartilhada pelo marquês de Bute e pelo arquiteto William Burges.

Embora criando um ar de fantasia, os dois pretendiam que o castelo fosse uma reconstrução precisa de um original medieval. Ele tem, portanto, ponte e porta levadiças operantes, além de abrigar uma masmorra. O exterior é impressionante, com três robustas torres circulares coroadas por tetos cônicos; o interior exibe uma torrente de antiguidades vitorianas tardias, com muita inventividade.

A abóbada da sala de recepção octogonal, a mais impactante de todas, é repleta de pinturas de pássaros contra um fundo estrelado. Uma coleção de outros animais preenche as paredes pintadas em cores vivas. Na realidade, o esquema decorativo é esotérico e acadêmico, um tratado exótico sobre a vida e a morte concebido em parceria por Bute e Burges.

Sensação de poder A íngreme encosta com bosques onde se situa o Castell Coch realça a sensação de poder da edificação.

Impressionante e variado Waterhouse criou fachadas diferentes para os três lados do edifício – nesta imagem, a fachada posterior.

Prefeitura de Manchester

1877 MANCHESTER, INGLATERRA
ALFRED WATERHOUSE EDIFÍCIO PÚBLICO

Junto com sir George Gilbert Scott, Alfred Waterhouse (1830-1905) foi o típico arquiteto vitoriano de sucesso, com ampla prática e projetando imponentes edifícios públicos – museus, bancos, escritórios, escolas e estações de trem –, numa variedade de estilos góticos ousados e majestosos.

A Prefeitura de Manchester foi uma de suas maiores obras no início de carreira, prova da adequação do Gótico para expressar o orgulho cívico de uma cidade recém-enriquecida e em expansão. Ostenta belos detalhes internos e externos, com luxuosos salões e uma bela escadaria. Também mostra engenhosidade. Sempre prático, Waterhouse teve de lidar com um terreno triangular, pouco propício, e construiu o edifício em volta de um pátio, para assegurar o máximo de luz.

Midland Grand Hotel, St. Pancras

1871 LONDRES, INGLATERRA
GEORGE GILBERT SCOTT HOTEL

Em meados do século XX, muita gente considerava o Midland Grand Hotel, na estação londrina de St. Pancras, projetado por sir George Gilbert Scott (1811-1878), a síntese da vulgaridade do Alto Gótico vitoriano. O edifício foi muito criticado como de feiura insuperável. Avaliações mais recentes são menos severas; como o Palácio de Westminster *(p. 313)*, esse não é só um dos edifícios mais reconhecíveis de Londres, é também um dos mais amados. Seus telhados, torreões e rendilhados em pedra, contrabalançados por um rico trabalho em tijolos vermelhos, têm uma ousadia magnífica. E a grande curva do edifício, com a consequente assimetria, cria uma energia genuína. Em 2011, totalmente restaurado, o edifício reabriu como St. Pancras Renaissance Hotel.

Ao contrário dos fanáticos rigorosos do Gótico, avessos a qualquer desvio da norma, Scott via o estilo como algo que podia ser usado do jeito que ele, o arquiteto, achasse melhor.

Energia e graça O típico "hotel de estação de trem" reflete a agitação do terminal ferroviário atrás dele.

Catedral de Liverpool

◒ **APÓS 1903** ⚑ **LIVERPOOL, INGLATERRA**
✍ **GILES GILBERT SCOTT** 🏛 **LOCAL DE CULTO**

A Catedral de Liverpool é uma evidência triunfal de que o estilo gótico, remodelado e usado com inteligência, podia muito bem ser colocado a serviço de uma arquitetura totalmente moderna.

Giles Gilbert Scott (1880-1960), neto do muito mais assertivo revivalista gótico George Gilbert Scott, tinha apenas 22 anos quando projetou essa catedral, a maior igreja anglicana da Grã-Bretanha. A construção levou 75 anos, sendo concluída só após a morte do arquiteto.

Imensa, essa edificação é extraordinária, excepcionalmente segura de si, às vezes brilhante na disposição de seus volumes imensos e graves. O exterior exibe rico arenito vermelho, com concreto usado na cobertura das abóbadas. Uma robusta torre quadrada ergue-se acima do cruzeiro central. No interior, há ecos de estilos hispânicos de decoração. Difícil dizer se o edifício é mais impressionante por dentro ou por fora, mas não há dúvida acerca de sua força inquietante. Quem o vê provavelmente jamais o esquece.

Uma longa gestação
A torre de 101 metros foi concluída em 1932 por Scott, que morreu antes da inauguração da nave.

St. Andrew, Sunderland

◒ **1907** ⚑ **SUNDERLAND, INGLATERRA**
✍ **E. S. PRIOR** 🏛 **LOCAL DE CULTO**

Na imaginativa Igreja de St. Andrew, no subúrbio de Roker, em Sunderland, nordeste inglês, E. S. Prior (1852-1932) retrabalhou o estilo da Catedral de Durham *(pp. 176-7)* segundo o dinâmico novo estilo que Scott usou na de Liverpool.

O exterior é em pedra bruta, sem revestimento, cortada de modo tosco e decididamente robusta. Esse efeito é realçado pela encorpada torre no lado leste, com torres adicionais angulosas nos cantos e janelas muito pequenas. Moldagens modestas constituem quase a única concessão à ornamentação. Ameias esquemáticas enfatizam as nuances de castelo do edifício.

No interior, grandes arcos ogivais de pedra erguem-se diretamente do piso ao teto, como se um imenso bote de pedra, virado ao contrário, tivesse sido colocado ali. As bases desses arcos são abertas, sem paredes, criando corredores em forma de túneis. Uma janela de porte substancial, em estilo inglês antigo, mas com treliça de pedra propositadamente simplificada, domina a extremidade leste.

Catedral de Guildford

◒ **1961** ⚑ **GUILDFORD, INGLATERRA**
✍ **EDWARD MAUFE** 🏛 **LOCAL DE CULTO**

A Catedral de Guildford, ao sul de Londres, foi o último suspiro do Revival Gótico na Inglaterra. Trata-se de um Gótico municipal, todo de tijolos para realçar a modernidade. A localização elevada impressiona; a execução, nem tanto. A fachada oeste em três seções exibe estreitas janelas de forma ogival sobre portais estranhamente encolhidos. A torre quadrada no cruzeiro causa impacto à distância, mas o trabalho em tijolo tem pouco interesse visto de perto. Esforço valente, a catedral é só parcialmente bem-sucedida.

Novos acréscimos
Estátuas do arquiteto-escultor Charles Gurrey, de York, foram acrescentadas à fachada oeste da catedral em 2005.

Votivkirche, Viena

1879 · VIENA, ÁUSTRIA · HEINRICH VON FERSTEL · LOCAL DE CULTO

O Revival Gótico foi um assunto totalmente inglês: de início, uma tentativa de explorar suas qualidades "pitorescas"; depois, no auge vitoriano, o esforço mais sistemático de uma arquitetura cristã propriamente "nacional" – uma ironia, talvez, à luz das origens francesas do estilo. Assim, não admira que, fora do mundo de língua inglesa, o estilo tenha tido pouca adesão; na realidade, em grande medida foi apenas mais um estilo a ser explorado dentro da tendência "historicizante" que marcou a arquitetura de meados do século XIX.

Mesmo assim, ele se disseminou de modo intermitente pela Europa, tendo na Votivkirche de Viena um exemplo bem consumado da vertente francesa do século XIII, depurada via Catedral de Colônia. A Votivkirche foi erguida como santuário nacional por ordem do imperador Francisco José, após ele ter sobrevivido a uma tentativa de assassinato no mesmo local. Seu aspecto mais óbvio são as altivas linhas verticais. As esguias torres na face oeste erguem-se em torreões que chegam a 99 metros de altura. Esse impulso vertical é reverberado pelas portas e janelas com frontões pontiagudos, pela *flèche* (uma fina agulha de madeira) sobre o cruzeiro e por arcobotantes rendilhados. O impacto decorativo é realçado pelo intrincado padrão em losangos dos telhados, de forte inclinação. A elegância do interior impressiona; se parece um pouco morto, talvez seja em razão da tentativa de replicar estilos do passado.

A face oeste
Alto Gótico francês é recriado com algum sucesso na igreja.

Trinity Church

1846 · NOVA YORK, EUA · RICHARD UPJOHN · LOCAL DE CULTO

A Trinity Church, projeto de Richard Upjohn (1802-1878), nascido na Inglaterra, é a primeira manifestação do Revival Gótico na América. Trata-se de um edifício elegante, que lembra igrejas contemporâneas da Grã-Bretanha, com o estilo gótico valorizado por suas associações cristãs, assim como pelas qualidades "pitorescas". O resultado, um Gótico superficialmente aplicado, em oposição àquele mais sério e culto de meados do século, é também atraente. Sua torre esguia, coroada por quatro elegantes torreões, é particularmente interessante.

Sensação de elevação
É notável a beleza absoluta das linhas góticas perpendiculares da Trinity Church.

St. John the Divine

APÓS 1892 · NOVA YORK, EUA · VÁRIOS · LOCAL DE CULTO

St. John the Divine é um monumento à persistência do Revival Gótico nos EUA, um edifício robusto iniciado em 1892 numa ousada postura românica e muito remodelado depois de 1911 por Ralph Adams Cram (1863-1942) em estilo do século XIII, meio inglês, meio francês.

Na primeira fase, só o coro e o cruzeiro foram construídos; um domo abatido, que seria temporário, foi erguido sobre o cruzeiro. Na segunda fase, concluída em 1918, acrescentou-se uma cabeceira em estilo francês na frente leste e uma abside circular circundada por um deambulatório e sete capelas. Depois de 1920, foi iniciada a imensa nave, e remodelou-se o coro para que se adequasse a ela.

A nave e o coro remodelado foram concluídos em 1941. Desde então, têm sido feitos esforços esporádicos para concluir o edifício; ele ainda não dispõe dos transeptos nem das torres vislumbradas por Cram, e há pouca expectativa de que possam vir a existir algum dia.

Edifício Woolworth

1913 NOVA YORK, EUA CASS GILBERT EDIFÍCIO COMERCIAL

O Edifício Woolworth é um híbrido curioso, uma construção cuja estrutura de aço apontava para o futuro, mas cujo exterior, como que se desculpando pela modernidade do prédio, adotava as linhas góticas. Ideia original de F. W. Woolworth, dono de um império do varejo, foi por quase vinte anos o edifício mais alto do mundo, com 241 metros, e ostentava o mais sofisticado sistema de elevadores do planeta.

Externamente, o aspecto mais memorável do Edifício Woolworth é a robusta torre central, de 30 andares, que se projeta além de uma igualmente sólida base de 29 andares. O cume, revestido de cobre, é coroado por uma improvável reunião de torres, torreões e lanternas.

Cass Gilbert envolveu o exterior todo numa delicada camada cor creme de terracota rendilhada, quase sem elementos horizontais. A terracota fica sempre limpa a cada chuva, mantendo o edifício com um aspecto fresco e leve, enquanto janelas de arranha-céu iluminam o interior. Os principais acessos têm decoração gótica com entalhes elaborados, que se repetem e multiplicam conforme os quatro estágios da torre se elevam para o céu. O elemento de maior impacto do interior é a suntuosa arcada do lobby. Com uma planta cruciforme e tetos em abóbada, ela é ricamente decorada com mármore e bronze em estilo gótico em volta das entradas e dos elevadores. Em seu conjunto, a edificação é um monumento ao comércio americano em sua fase áurea.

CASS GILBERT

Gilbert (1859-1934) teve enorme influência no desenvolvimento da arquitetura nos Estados Unidos. Projetou inúmeros edifícios públicos, e muitos outros arquitetos seguiram seu modelo. No entanto, o Modernismo ridicularizou as nuances históricas de suas obras. Agora, revalorizam-se justamente o talento e o estilo visionário de Gilbert.

Criando perspectiva
Para que os detalhes góticos do cume fossem visíveis do chão, promoveu-se um grande aumento da escala.

Nostalgia e extravagância

c. 1850-1914

Uma combinação de riqueza recém-obtida, novas maneiras de construir e nostalgia, de um lado, e de busca de unidade e independência por parte de nações europeias, de outro, levou a uma onda de edifícios fascinantes no fim do século XIX. Vários deles eram extravagâncias; outros, importantes símbolos nacionais. Todos eram muito chamativos.

A reação ao industrialismo e ao Revival Gótico fez surgir novos estilos arquitetônicos no fim do século XIX. As casas projetadas por arquitetos do movimento inglês Arts and Crafts tentavam escapar do vapor, da fumaça e do barulho das máquinas de um mundo industrial opressivo. Mesmo as construídas pelos melhores especialistas tendiam paradoxalmente a entrelaçar-se com a mais recente tecnologia doméstica. Viraram, por mais que seus arquitetos o odiassem, modelos para as casas dos subúrbios do século XX, que invadiriam as próprias cidadezinhas e campinas tão apreciadas pelos representantes do Arts and Crafts. Em outras partes, uma nova geração de monumentos ao sentimento nacional emergiu nas recém-unificadas nações europeias, entre elas a Alemanha e a Itália, apesar de descambar rapidamente para o kitsch.

Arquitetura de fantasia

A fantasia passou a alimentar sonhos arquitetônicos ao redor do mundo – basta olhar para o Neuschwanstein *(p. 323)*, o Palácio da Pena *(p. 324)*, a Sagrada Família *(p. 331)* e o Castelo Drogo *(p. 332)*. Algumas dessas obras são de arquitetos excelentes, como a Sagrada Família, de Antoni Gaudí, e o Castelo Drogo, de Edwin Lutyens. Mas, embora intrigantes, parecem autocondescendentes e um pouco malucas. Não que esses aspectos sejam obrigatoriamente defeitos em arquitetura: clientes ricos e arquitetos visionários sempre foram cruciais na história dessa arte. Muitos desses edifícios constituem também reações exuberantes a anos de dominação estrangeira ou de insuficiente realização política e econômica, o que ajuda a explicar sua incontida vitalidade.

« **Neuschwanstein** Com imitações de torreões em estilo medieval e interiores que vão do bizantino ao gótico e o românico, esse castelo foi erguido como retiro extravagante para o rei Ludovico II da Baviera.

Elementos

Variedade e extravagância eram as chaves da arquitetura dessa época. O desejo de emular e superar a opulência de tempos passados combinou-se com alguns projetos de fato inovadores. O período caracterizou-se por edifícios que remetiam à Idade Média e ao Renascimento, embora alguns apontassem também para o movimento modernista do século XX.

Decoração de janelas com desenhos de caules de plantas.

Janelas em formas livres Essa é uma janela da Casa Batlló, em Barcelona, um prédio de apartamentos. Gaudí molda algo orgânico, com formas curvilíneas, tratando a pedra como se fosse um material maleável.

Bolo em camadas O desejo de opulência parece ter extraído o melhor de vários arquitetos e clientes no fim do século XIX. Pela extrema abundância de decoração barroca, a Ópera Garnier, em Paris, propõe uma arquitetura com ares de confeitaria.

A sobreposição de detalhes quase ofusca a fachada clássica.

Aspectos arquitetônicos surreais Um edifício pode remeter a outro artefato diverso: a Igreja de Grundtvig, em Copenhague, projetada por Jensen-Klint, foi construída para parecer um órgão de tubos gigante.

Castelos de contos de fadas Foi uma época de resgate dos contos de fadas. Novos castelos surgiram por toda a Europa, com pináculos, torreões e telhados em vários níveis. O mais teatral de todos foi o Neuschwanstein, uma fantasia alpina do rei Ludovico II da Baviera.

Torres típicas do imaginário de contos de fadas.

Monumentos públicos com exagerada elaboração O desmesurado Monumento a Vittorio Emanuele, em Roma, foi concluído em 1911 para celebrar a unificação da Itália e seu primeiro rei. Uma comparação com a praça de São Pedro de Bernini *(p. 238)* é reveladora.

Há estátuas de bronze em quase todas as praças italianas.

Quadriga com o Espírito Alado da Vitória.

Pórtico saturado de detalhes esculpidos.

Fusão de estilos
A estação combinava vários estilos e funções, numa era em que a locomotiva a vapor promoveu a abertura do Subcontinente Indiano.

Estação de Lahore

c. 1865 LAHORE, PAQUISTÃO
WILLIAM BRUNTON ESTAÇÃO FERROVIÁRIA

Um casamento, em tijolo vermelho, de castelo de contos de fadas, abadia medieval, mesquita mogol e tecnologia ferroviária de meados do século XIX, a Estação de Lahore foi erguida não só como terminal ferroviário, mas como fortaleza. Pediu-se a William Brunton que desse à estação um "caráter defensivo" e assegurasse que "uma pequena guarnição pudesse defendê-la de ataque inimigo". Assim, foram construídas seteiras para abrigar metralhadoras, e o grande galpão de trens – com arcadas gótico-mogóis – podia ser fechado com grades gigantes de aço. A estação foi local de horríveis violências na época da Partição da Índia; hoje, seu pátio frontal tem uma réplica em pedra de um míssil nuclear.

Prédio da Turbina, fábrica de chocolates Menier

1872 NOISIEL-SUR-MARNE, FRANÇA
JULES SAULNIER EDIFÍCIO INDUSTRIAL

Energia hidrelétrica
As potentes turbinas eram movidas pelas águas rápidas do rio Marne.

O Prédio da Turbina da fábrica de chocolates Menier fica sobre o rio Marne. É um dos mais antigos protótipos de edifício com estrutura totalmente de ferro. Sua estrutura exposta, um delgado arcabouço formado por braçadeiras cruzadas em diagonal, proporciona estabilidade lateral para o arcabouço interior, atrás de paredes de tijolos e cerâmica de várias cores.

As paredes são uma mera vedação e não sustentam nenhum peso a não ser o próprio – embora sejam ajudadas nisso por estruturas de ferro. As janelas poderiam ter sido maiores, mas o uso de janelas pequenas era até então uma maneira aceita de projetar entre os arquitetos, para os quais um edifício ainda deveria seguir certas formas de adequação, além de proporções clássicas. O belo trabalho com tijolos e cerâmica colorida da fachada é um modo muito interessante de expressar o própósito do prédio: produzir delícias. Saulnier (1828-1900) fez a edificação parecer uma caixa gigante de chocholates finos, em uma bonita embalagem.

Neuschwanstein

1886 · BAVIERA, ALEMANHA · EDWARD RIEDEL E GEORG VON DOLLMAN · PALÁCIO

Erigido em um cenário montanhoso com picos nevados, o Neuschwanstein ergue-se, como num sonho, sobre a garganta de um rio no coração da Baviera. O castelo foi projetado em grande escala e com imenso custo como um refúgio no qual o rei Ludovico II da Baviera pudesse retirar-se para um mundo de poesia, música e devaneios. Quando o soberano morreu, com apenas 41 anos e falido, apenas um terço do imenso edifício estava concluído.

A opulência das tapeçarias, murais e pinturas do palácio expressa a obsessão de Ludovico com a mitologia medieval, notadamente a história de Lohengrin, o cavaleiro que resgata sua donzela num barco puxado por cisnes. Hoje, quinze quartos estão abertos à visitação, cada qual com uma gloriosa ornamentação. A Sala dos Cantores, baseada na Galeria dos Menestréis do Castelo de Wartburg, em Eisenach, também na Alemanha, é dedicada a Parsifal, pai de Lohengrin e cavaleiro do Santo Graal. A Sala do Trono de Ludovico, em estilo bizantino, foi inspirada na Basílica de Santa Sofia, em Istambul *(pp. 80–1)*, com pilares que imitam pórfiro e lápis-lazúli e teto em abóbada sustentado por colunas de pedra com incrustações e decorado com estrelas. Para além da opulência e dos toques de sonho, o Neuschwanstein contou desde o início com água quente, banheiros com descarga e até um sistema de aquecimento central.

Castelo de fadas
Construído com tijolos revestidos de calcário, o Neuschwanstein inspirou o castelo do filme *A bela adormecida*, de Walt Disney.

Palácio da Pena

1885 SINTRA, PORTUGAL BARÃO LUDWIG VON ESCHWEGE PALÁCIO

Glorioso, colorido e excêntrico, o Palácio da Pena é a resposta de Portugal ao Neuschwanstein de Ludovico II. No alto da cidade de Sintra, foi erguido sobre as ruínas do mosteiro jeronimita de Nossa Senhora da Pena, para Fernando II de Saxe-Coburgo-Gota. Fantasioso ao extremo, a trama arquitetônica do palácio inspirou-se em motivos mouriscos, manuelinos e góticos, e no espírito dos castelos de contos de fadas da Baviera. O parque em volta é arborizado, com flores de todos os cantos do império português. A heroica estátua num rochedo próximo mostra o arquiteto, barão Von Eschwege, trajado como cavaleiro medieval. É possível visitar o interior, que está praticamente do jeito que a rainha Amélia o deixou na época da Primeira Guerra Mundial.

Maravilha na montanha
Vermelho e amarelo, o palácio, com domo e torreões, ergue-se num pico rochoso a 450 metros de altitude na serra de Sintra.

Museu Thorvaldsen

1848 COPENHAGUE, DINAMARCA MICHAEL GOTTLIEB BINDESBØLL MUSEU

Frederico IV da Dinamarca encomendou esse museu para abrigar a obra do fecundo escultor neoclássico dinamarquês Bertel Thorvaldsen (1770-1844). Infelizmente, o artista morreu quatro anos antes da inauguração, tendo sido enterrado num dos pátios. A arquitetura desse edifício retangular de tijolos oscila entre o Revival Grego do exterior amarelo-vivo e o estilo pompeiano das galerias com abóbada cilíndrica, iluminação misteriosa e pisos de vistosos mosaicos, passando pelos pátios em estilo egípcio antigo, com murais pintados com tamareiras em escala natural.

Refinada vitrine
O museu abriga um grande acervo de esculturas de Thorvaldsen em gesso e mármore.

Palais de Justice, Bruxelas

1883 BRUXELAS, BÉLGICA JOSEPH POELAERT EDIFÍCIO PÚBLICO

Esse amedrontador bloco de edifícios, erguendo-se de uma robusta base de 180 x 170 metros, foi por muitos anos o maior prédio da Europa. Seu desenho pomposo e pesado faz referências principalmente à arquitetura do Egito antigo e da Assíria, mas o edifício é sobrecarregado por muitos outros estilos – grego, romano, renascentista italiano e barroco –, que vão se empilhando em camadas como num bolo de casamento. O ápice é o domo sobre o grande saguão central, que se ergue 105 metros acima do piso. O interior tem o mesmo tom pesado, atravessado por grandes perspectivas e grandes escadarias até a vastidão do saguão central, mas reserva relativamente pouco espaço para os tribunais e os escritórios de apoio.

Cobrindo 24 mil m², o Palais de Justice levou vinte anos para ser concluído. A construção exigiu a demolição de Marolles, um bairro operário de Bruxelas. O arquiteto, Joseph Poelaert (1817-1879), morreu antes da finalização do edifício.

Visual renascentista Altivas torres e telhados inclinados dão a sensação de um *château* francês.

Rijksmuseum

1885 AMSTERDÃ, HOLANDA
PETRUS CUYPERS MUSEU

Simetricamente planejado em torno de dois pátios, esse museu, que une o Neogótico ao início do Renascimento, é obra do arquiteto holandês Petrus Cuypers (1827-1921), que ganhou fama construindo e restaurando igrejas católicas. O governo de Amsterdã, majoritariamente calvinista, fez objeções à sua contratação, e mais ainda à fachada com dourados e elaboradas molduras, achando que desmerecia a sobriedade da cidade. Cuypers conseguiu aprovar seu projeto mostrando desenhos que incluíam pouca ornamentação e acrescentou muito mais durante a construção. Apesar disso, o caráter arquitetônico do museu foi adotado por muitos arquitetos holandeses neorrenascentistas, e Cuypers seguiu adiante, projetando a estação central de trens da cidade. O museu tem mais de 150 salas, uma delas reservada exclusivamente para a célebre *Ronda noturna*, de Rembrandt.

Ópera Garnier, Paris

1874 PARIS, FRANÇA CHARLES GARNIER
CASA DE ÓPERA

Em 1861, Charles Garnier (1825-1898), arquiteto parisiense relativamente desconhecido, de origem humilde e professor da École des Beaux-Arts, venceu o concurso do barão Haussmann para projetar uma casa de ópera no centro de Paris. A Ópera Garnier pretendeu representar a diversidade cultural do Segundo Império, o que certamente conseguiu, e o arquiteto dedicou a vida a tornar seu projeto realidade. Garnier foi muito criticado pelo uso excessivo de ornamentação, como nos mármores multicoloridos e na intrincada estatuária. Na época da conclusão da obra, um crítico disse que ela parecia um "aparador atulhado de coisas". O auditório em si ocupa uma parte surpreendentemente pequena do edifício, com boa parte do espaço reservada ao imenso foyer, dotado de domo, e à monumental escadaria, que têm muito dourado, opulentos candelabros e revestimento de mármore polido. Mesmo assim, a planta é racional e bem concebida, criando o efeito de uma grande procissão pública que leva apenas gradualmente até o auditório. A fachada é igualmente elaborada e talvez seja a ideal para as óperas da época.

Vitrine imperialista O estilo neobarroco da Ópera Garnier de Paris é monumental, com base clássica e expressão suntuosa.

Antiga sede Rebatizado como Norman Shaw Buildings, esse foi o bastião da Polícia Metropolitana de Londres até 1967.

Nova Scotland Yard

1890 LONDRES, INGLATERRA RICHARD NORMAN SHAW EDIFÍCIO PÚBLICO

Baseado vagamente num castelo de barão escocês, com torreões de quina coroados por domos em forma de nabo, a original Nova Scotland Yard foi a primeira incursão na arquitetura pública de Richard Norman Shaw (1831-1912), um dos grandes arquitetos britânicos da era vitoriana. A bela superestrutura em tijolo vermelho, com refinado trabalho em pedra, ergue-se de uma sólida base de granito. O edifício todo é uma bem resolvida mescla de estilos que acabou definindo um estilo próprio.

Poupança dos Correios, Viena

c. 1912 VIENA, ÁUSTRIA OTTO WAGNER EDIFÍCIO PÚBLICO

O Banco Imperial de Poupança dos Correios, projetado pelo arquiteto austríaco Otto Wagner (1841-1918), une a arquitetura do Art Nouveau à do início do Modernismo. É também um ótimo exemplo da competência arquitetônica vienense. A fachada elegante, embora severa, é revestida de granito e mármore e faz também farto uso de um material novo na arquitetura – o alumínio –, empregado em corrimões, estatuetas do telhado, acessórios de portas, saídas de aquecimento na sala principal e parafusos aparentes que seguram os revestimentos de mármore nas paredes externas. O teto de vidro curvo deveria originalmente ser suspenso por cabos, uma solução muito avançada para a época. Acabou sendo apoiado em finos pilares e encaixes de aço nas paredes; fica protegido da chuva e da neve por um segundo teto plano de vidro. Imensamente influente, Wagner foi professor da Academia Imperial de Arte desde 1894, escreveu o famoso *Moderne Architektur* e também projetou, entre outras obras, uma nova estação de trem em Viena.

Prefeitura de Copenhague

1902 COPENHAGUE, DINAMARCA MARTIN NYROP EDIFÍCIO PÚBLICO

Claramente inspirada no medieval Palazzo Pubblico de Siena *(p. 197)*, a Prefeitura de Copenhague expressa também a redescoberta do nacionalismo e da força política na Dinamarca no início do século XX. Isso é bem perceptível no campanário de 106 metros de altura, nos muros em estilo de castelo e no grande porte da edificação. O uso de tijolos vermelhos feitos à mão constituiu uma alusão aos estilos vernaculares das tradicionais fazendas dinamarquesas – que eram o coração e a alma de um país ainda em grande medida agrícola.

Orgulho nacional Um dos edifícios mais altos de Copenhague, a Prefeitura abriga o Conselho Municipal e o escritório do prefeito da cidade.

Majolikahaus

1899 VIENA, ÁUSTRIA OTTO WAGNER RESIDÊNCIAS

A Casa Maiólica – um entre dois prédios de apartamentos de seis andares com lojas no térreo e no primeiro andar – tem esse nome graças aos azulejos coloridos de maiólica usados por Otto Wagner para revestir a fachada e torná-la menos austera. Flores fúcsia, brancas e verdes, sobre cerâmica vitrificada com óxidos metálicos brilhantes, sobem pelas sacadas de ferro forjado dos balcões enfeitados com motivos de girassóis. A decoração fica mais rica à medida que chega aos andares superiores e alcança uma cornija saliente com elaborados entalhes. O projeto foi considerado chocante demais por muitos vienenses e chegou a ser descrito como "horrível além da conta". Wagner só conseguiu escapar impune com esse seu gesto extravagante por ser o dono dos prédios.

A Casa Maiólica marcou uma transição na carreira de Wagner: de um arquiteto cuja principal influência era histórica, ele se tornou um protomodernista. O edifício mostra a influência que teve de seus alunos, alguns deles brilhantes e esteticamente mais ousados, e de seus colegas mais jovens, como Joseph Maria Olbrich e Josef Plecnik *(ver também a Poupança dos Correios, ao lado, e a Igreja de Steinhof, p. 329)*.

Azulejos resistentes Os azulejos de maiólica têm se mostrado tão resistentes e à prova de intempérie que, com limpeza periódica, o edifício ainda parece notavelmente novo.

Glasgow School of Art

1909 GLASGOW, ESCÓCIA CHARLES RENNIE MACKINTOSH EDIFÍCIO EDUCACIONAL

Edifício com duas metades excepcionais, a Escola de Arte de Glasgow (hoje Mackintosh) é a obra-prima do arquiteto nativo Charles Rennie Mackintosh (1868-1928). O prédio principal, com fachada longa de pedra pontuada por amplos janelões e janelas auxiliares de vários formatos e alturas, data de 1897-99; a imponente face oeste foi concluída em 1909. Ela é desprovida de adornos e dominada por três grandes sacadas envidraçadas, as quais iluminam a intrigante biblioteca de dois níveis – uma estrutura complexa de madeira escura, inspirada na tradição japonesa de arquitetura de palácios. Os magníficos muros externos da biblioteca erguem-se como uma face de rocha granítica do piso fortemente inclinado. A edificação, que exerceu grande influência sobre os jovens arquitetos alemães e austríacos, teve pouco ou nenhum impacto duradouro na Grã-Bretanha.

Beleza envelhecida Após anos exposto aos elementos, o exterior é agora um sutil mosaico de cores oxidadas, entrelaçadas com caules de ferro forjado e luminárias criativas.

Hôtel Tassel

1893 BRUXELAS, BÉLGICA VICTOR HORTA RESIDÊNCIA

O primeiro edifício art nouveau de que se tem notícia foi um projeto de Victor Horta (1861-1947) para seu amigo Émile Tassel, em Bruxelas, e causou sensação. O exterior da casa não tem nada de excepcional, exceto uma sacada envidraçada do tipo *bay-window*, de dupla altura. Na realidade, quase não se diferencia das mais modestas edificações ao lado dela, numa rua hoje dominada por um monótono bloco de escritórios da década de 1960. Dentro, porém, há toda uma contorção de cipós de metal e um hall sensacional – em tons de laranja, marrom e verde-claro –, que parece uma estufa superexótica, com colunas que se transformam em surreais fitas de ferro conforme sobem pelos seus capitéis, além de uma escada curvilínea que parece ter sido tramada no ambiente, marcada por um sinuoso suporte de ferro e por ornamentação floral e vegetal. Balaustradas, papel de parede e mosaicos impressionam, de tão vibrantes; as linhas retas parecem ter sido abolidas, e a luz, filtrada por vitrais de cores exóticas, é de fato bem estranha. O efeito geral é quase alucinógeno. A casa, é claro, foi projetada para produzir um efeito sensacional e sensual, pois se vivia o início do Esteticismo – com a arte pela arte, o absinto, *O livro amarelo*, os charutos, Oscar Wilde, Aubrey Beardsley e o Ballet Russe.

Palais Stoclet

1911 BRUXELAS, BÉLGICA JOSEF HOFFMANN RESIDÊNCIA

Nascido na Morávia (hoje parte da República Tcheca), Josef Hoffmann (1870-1956) mudou-se para Viena a fim de estudar na Academia Imperial de Arte, dirigida por Otto Wagner *(p. 326)*. Mais tarde, fundou a Dissidência Vienense, movimento artístico abrangente, junto com colegas arquitetos e designers, entre eles Koloman Moser e Joseph Maria Olbrich. A Wiener Werkstätte de Hoffmann, uma oficina que produzia mobília "artística" para as casas dos Dissidentes, foi outra de suas realizações importantes. A melhor obra de arquitetura foi o Palais Stoclet. Muito influenciada por Charles Rennie Mackintosh, a casa de três andares é revestida por vistoso mármore branco, emoldurado por cantoneiras geométricas de bronze, algumas realçadas com folhas de ouro. Hoffmann envolveu a equipe toda do Wiener Werkstätte no projeto e também encomendou ao famoso pintor vienense Gustav Klimt dois murais, *Expectativa* e *Satisfação*, para o salão de jantar. Este, decorado com mármore branco e preto, madeiras raras e móveis de couro com detalhes de ouro, enriquecido por decoração de mesa em prata e prataria desenhada por Hoffmann e embelezado pelas obras branco-douradas de Klimt, deu fama à casa de Stoclet: tratava-se de fato de uma completa e atualizada obra arquitetônica *Gesamtkunstwerk*, isto é, uma obra de arte unificada.

Torre escalonada
O Palais Stoclet – todo em cubos brancos, linhas retas e retângulos – culmina numa torre esguia escalonada, que antecipa o estilo de um cinema art déco.

Estação de Trem de Helsinque

1914 · HELSINQUE, FINLÂNDIA · ELIEL SAARINEN · ESTAÇÃO FERROVIÁRIA

O concurso para redesenhar a Estação Central de Helsinque foi vencido por Eliel Saarinen (1873-1950) em 1904. O resultado é uma das estações de trem mais civilizadas do mundo, com um interior tão calmo e bonito como o de uma catedral luterana. As imensas estátuas de Emil Wikström, que guardam a entrada, são a única forma de decoração vigorosa usada por Saarinen nesse edifício a um só tempo funcional e romântico, erigido com blocos de granito sobre estrutura de concreto. O clássico arco da entrada tem influência dos Dissidentes Vienenses, mas de resto o design é bem típico de Saarinen – expressão de uma estética de romantismo nacional que vinha crescendo na Finlândia conforme o país se encaminhava para sua independência da Rússia. O saguão da estação tem uma majestosa bilheteria de um lado e um restaurante igualmente impressionante do outro.

Saarinen mudou-se para os EUA em 1923, onde projetou a Academia de Arte Cranbrook de Michigan, da qual virou presidente em 1932; entre seus alunos estavam os brilhantes designers Charles e Ray Eames. Eero Saarinen *(p. 381)* é seu filho.

Acesso à estação
A fachada da estação é dominada pelo arco da entrada-torre de relógio, revestida de cobre, e por estátuas estilizadas segurando luminárias em forma de globos.

Igreja de Steinhof

1907 · VIENA, ÁUSTRIA · OTTO WAGNER · LOCAL DE CULTO

A Igreja de Steinhof projetada por Otto Wagner, em Viena, ergue-se solene e digna acima do hospital psiquiátrico que o arquiteto também desenhou. Apesar de sua severidade essencial, tem ornamentação vistosa, mas equilibrada. A nave de tijolos é revestida de mármore de Carrara branco, reticulada por decoração Jugendstil (Art Nouveau) estilizada. O domo semiesférico revestido de cobre era antes dourado, assim como as janelas de ferro; mesmo os parafusos que fixam os painéis de mármore tinham cobertura de cobre. Dentro, grandes extensões de paredes brancas expressam simplicidade formal, animada, porém, por ornamentos em mármore e dourados. O projeto combina detalhes funcionais, como as beiradas arredondadas dos bancos para evitar machucar os fiéis, com o altivo e arejado domo e a cintilante janela com mosaico de vidro para elevar os ânimos.

Monumento a Vittorio Emanuele

1911 · ROMA, ITÁLIA · GIUSEPPE SACCONI · EDIFÍCIO CÍVICO

Esse impactante edifício de mármore branco, que os romanos chamam de "Máquina de Escrever", fica na encosta do monte Capitolino e celebra a unificação da Itália. Concebido por Giuseppe Sacconi (1854-1905) como uma espécie de Acrópole em Roma, tem uma imensa estátua equestre de Vittorio Emanuele II no alto de uma escadaria que leva ao Altar da Nação. A arcada circundante, com 15 metros de altura e leve curvatura, tem duas carruagens de bronze, cada uma delas guiada pela Vitória Alada.

Parc Güell

1914 BARCELONA, ESPANHA ANTONI GAUDÍ PARQUE PÚBLICO

Em posição sobranceira, com vista para o centro de Barcelona, esse belo parque pretendia ser um núcleo residencial à moda das cidades-jardim inglesas. As obras foram interrompidas com o início da Primeira Guerra Mundial; o que restou é um fantasioso parque urbano, com apenas três casas, projeto do arquiteto catalão Antoni Gaudí. O destaque é um grande terraço serpentino no alto do qual deveria ficar um mercado parcialmente coberto, com teto inspirado em uma caverna e sustentado por cem colunas dóricas. O banco em volta do terraço tem um colorido mosaico de cacos de azulejo.

Casa Milá

1910 BARCELONA, ESPANHA ANTONI GAUDÍ RESIDÊNCIAS

Gaudí construiu dois prédios de apartamentos em Barcelona, a colorida Casa Batlló, em forma de dragão, e a Casa Milá. Esta última, apelidada de *La Pedrera* (a pedreira), é famosa por sua pedra cinza, ausência de linhas retas, telhado surrealista e apartamentos organicamente planejados, agrupados em torno de dois pátios circulares. A fachada é uma parede ondulada de pedra, na verdade apenas cosmética, sustentada por uma estrutura de aço e, em alguns pontos, por tijolo e pilares de concreto. O telhado tem centenas de arcos parabólicos de tijolo, chaminés bizarras, escadas muito esculpidas e colunas de ventilação revestidas de mosaicos, tudo num ambiente onírico. Gaudí esperava que os residentes adornassem a fachada a seu gosto, para que com o tempo o edifício parecesse uma espécie de afloramento geológico urbano, e não uma arquitetura convencional.

Salto de imaginação
A fachada robusta e levemente ondulada da Casa Milá esconde pátios bem iluminados e uma escadaria que parece flutuar e entra e sai pelos andares.

Sagrada Família

APÓS 1881 BARCELONA, ESPANHA
ANTONI GAUDÍ LOCAL DE CULTO

Erguendo-se das ruas de Barcelona como um florescimento natural e surreal, o Templo Expiatório da Sagrada Família ainda evoca o espírito arquitetônico das grandes catedrais europeias.

Encomendada em estilo neogótico pela Associação Espiritual dos Devotos de São José, apenas parte de sua cripta estava concluída quando Antoni Gaudí assumiu o projeto, em 1883. Depois de concluir a cripta, o arquiteto catalão deu curso a suas próprias ideias, que brotaram como uma centena de flores exóticas: a igreja deveria ser o mais próxima possível da natureza. A nave deveria ser rodeada por um deambulatório para se isolar do barulho da cidade. Três fachadas gigantes representam a Natividade de Cristo, sua Paixão e Morte, e sua Ressurreição. Cada fachada é caracterizada por quatro altas torres de 107 metros, decoradas com mosaicos e vidro e vibrando ao som de sinos tubulares pendentes de seu interior oco. Acima delas, ergue-se a grande nave, construída sem necessidade de arcobotantes, coroada por outras seis torres.

Na época da morte de Gaudí, em 1926, apenas a cripta, a abside e a fachada da Natividade haviam sido concluídas. Infelizmente, um incêndio destruiu a maior parte de seus desenhos em 1936, e, embora o trabalho continue hoje, os arquitetos têm tido que adivinhar quais eram as reais intenções do arquiteto.

Detalhe da fachada da Natividade

» ANTONI GAUDÍ

Antoni Gaudí i Cornet (1852-1926) nasceu em Reus, Catalunha. Em Barcelona, aliou-se ao magnata dos tecidos Eusebio Güell e a aristocratas católicos, que o ajudaram a criar um novo estilo para Barcelona, o *Modernisme*, expressão do espírito independente da Catalunha. Viveu um tempo numa das gnômicas casas do Parc Güell, depois na cripta da Sagrada Família. Atropelado por um bonde em 1926, morreu confundido com um mendigo, entre os pobres da cidade. Está em curso sua beatificação.

Obra inacabada Ainda em obras, a Sagrada Família é um dos edifícios mais extraordinários de todos os tempos.

Deanery Garden

1901 SONNING, BERKSHIRE, INGLATERRA
SIR EDWIN LUTYENS RESIDÊNCIA

Idílio romântico
Construída com materiais locais e muito bem realizada, essa residência de grandes beirais brinca com a ideia romântica de uma casa de fazenda inglesa.

Deanery Garden é uma mansão rural inglesa de tijolo e madeira, idílica, assimétrica e mesmo assim altamente disciplinada, inspirada no movimento Arts and Crafts. Seu projeto é de Edwin Lutyens *(p. 360)*, feito para Edward Hudson, fundador da revista *Country Life*, que defendia o trabalho do arquiteto. O jardim em volta da casa foi planejado por uma colaboradora de longa data, Gertrude Jekyll (1843-1932). Juntos, Lutyens e Jekyll criaram uma estética para as casas rurais dos novos ricos da alta classe média que ainda demonstra grande imaginação. As casas do arquiteto mostram-se muito convincentes, em parte pelo fato de ele ter trabalhado desde cedo com um construtor local, em parte por ter aprendido com arquitetos vitorianos rigorosos, mas inventivos, como Ernest George, Harold Peto, Norman Shaw e Philip Webb. O verdadeiro brilhantismo da Deanery Garden é que ela mostra de que maneira podemos combinar tradições antigas de construção, plantas modernas com formas livres e um sentido de atemporalidade, fundindo esses elementos numa arquitetura original e atraente.

Castelo Drogo

1930 DREWSTEIGNTON, DEVON, INGLATERRA
SIR EDWIN LUTYENS RESIDÊNCIA

Um dos últimos castelos ingleses construídos, o Drogo fica em localização privilegiada, acima da garganta do rio Teign, com vista panorâmica de Dartmoor, no sudoeste da Inglaterra. Projetada para o milionário Julius Drewe por Edwin Lutyens, a casa tem grande porte e a aparência rústica de um castelo medieval, embora seja por dentro muito confortável e acolhedora. As paredes inclinadas são pontuadas por janelas grandes e reticuladas, e a entrada se dá por um portão típico de castelo, com portas corrediças operantes. O interior é uma composição bem concebida de escadarias com abóbadas, imensas janelas, grandes arcos e vários níveis de piso. O saguão da entrada, iluminado por três lados, é um dos destaques; as cozinhas, dotadas de claraboias, são magníficas.

Casa de granito
As paredes de granito, sem calhas ou canos de drenagem, são inclinadas para aumentar a sensação de altura do que já é, na verdade, um edifício muito alto.

Igreja de Grundtvig

1940 · COPENHAGUE, DINAMARCA · P. V. JENSEN-KLINT · LOCAL DE CULTO

Essa igreja de tijolos amarelos, imensa e majestosa apesar de um pouco intimidante, foi projetada para parecer um órgão gigante, embora extraia suas alusões estritamente arquitetônicas das fachadas com frontões escalonados das igrejas medievais dinamarquesas. Envolvendo o trabalho de três gerações de arquitetos da mesma família, a igreja é um memorial ao popular teólogo e autor de hinos N. F. S. Grundtvig.

Com proporções de catedral e construída com cerca de 6 milhões de tijolos feitos à mão, a Igreja de Grundtvig levou muitos anos para ser concluída. O arquiteto P. V. Jensen-Klint morreu em 1930, antes do término da obra. Ele foi sucedido pelo filho, Kaare Klint, que também desenhou muitos dos móveis, como as cadeiras de madeira que se alinham na vertiginosa nave. O edifício abriga dois magníficos órgãos: o segundo, instalado sobre a entrada principal em 1965, foi projetado pelo filho de Kaare, Esben. O interior da igreja, com 76 metros de largura e 35 metros de altura, tem uma escala assombrosa. Os arcos góticos, sem nenhuma decoração, elevam-se com a música dos órgãos e as vozes do coro e da congregação. Os dois púlpitos são simplesmente extensões da estrutura de tijolos; a única parte do edifício que não é de alvenaria é a fachada, de calcário. A igreja, localizada no subúrbio de Bispebjerg, fica no centro de um complexo residencial que também foi projetado por Jensen-Klint.

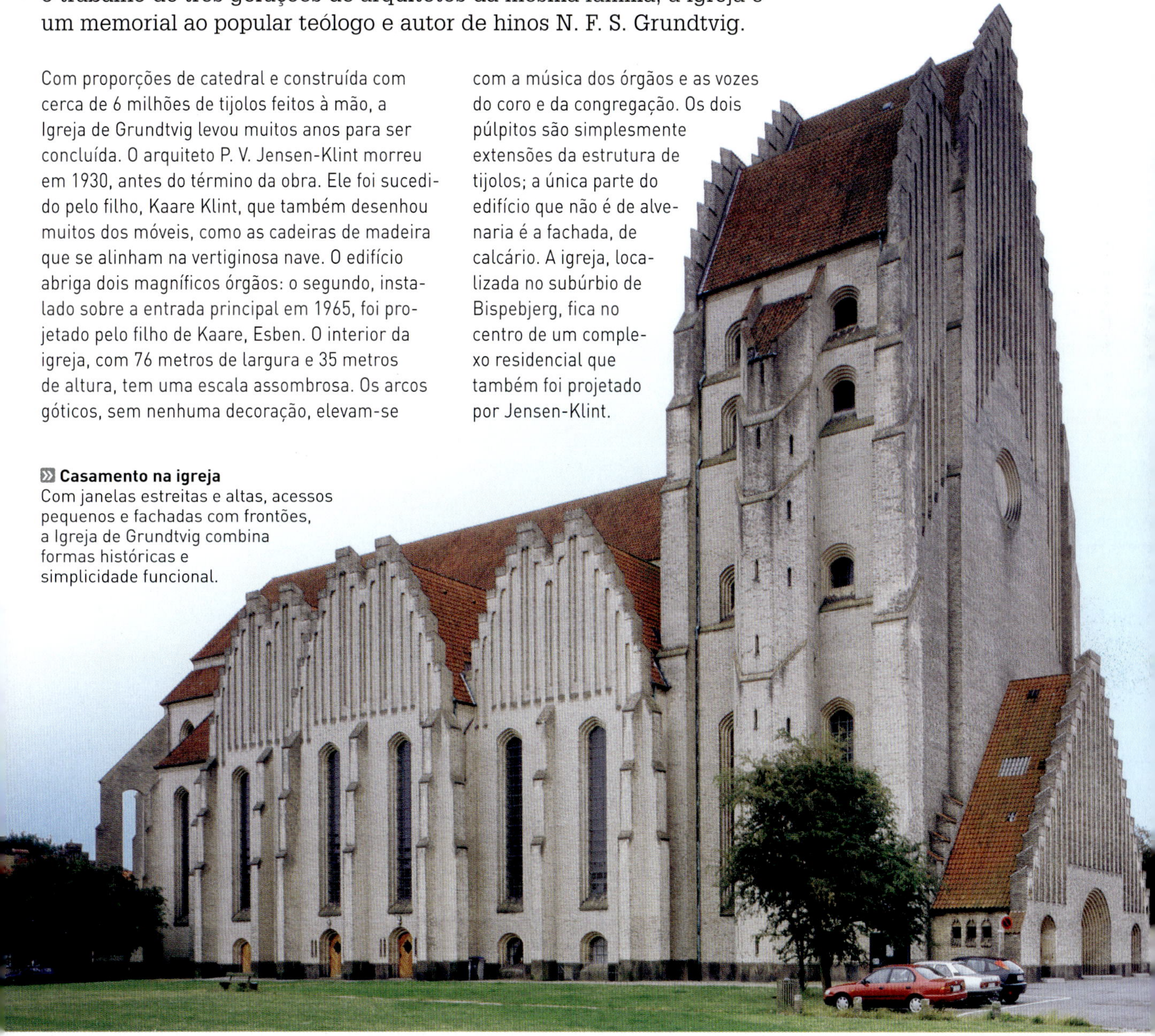

Casamento na igreja
Com janelas estreitas e altas, acessos pequenos e fachadas com frontões, a Igreja de Grundtvig combina formas históricas e simplicidade funcional.

Mundo moderno

No século XX, o desenvolvimento tecnológico teve grande impulso. O mundo de 1900, nas áreas mais avançadas, via máquinas a vapor, filmes mudos e os primeiros experimentos com voos. Apenas cem anos depois, a cena comportava satélites e exploração espacial, com amplo uso de automóveis, computadores e comunicações instantâneas.

Apesar das muitas invenções favoráveis à humanidade e dos novos recursos da medicina para salvar vidas, o século XX foi o mais sangrento da história. O mundo viveu dois conflitos de escala global, e ditadores como Adolf Hitler, Josef Stálin, Mao Tsé-tung e Pol Pot presidiram o assassinato de milhões de pessoas. No meio dessa mortandade e desse sofrimento, no entanto, surgiu uma arquitetura radicalmente nova, ao lado de novas concepções de música, filosofia, literatura, física e comportamento. A lama, a imundície, a carnificina e o desperdício de vidas da Primeira Guerra Mundial estimularam muitos arquitetos a rever seus conceitos. Como reação a essa "Idade das Trevas" do início do século XX,

Centrais telefônicas, Filadélfia, 1915
O telefone permitiu comunicação instantânea entre pessoas separadas por longas distâncias – antes, algo possível só por carta ou telégrafo.

DATAS PRINCIPAIS

1900

1917 A Revolução Russa leva à instalação do primeiro governo comunista, comandado por Lênin.

1919 Tratado de Versalhes: a Alemanha é humilhada pelos Aliados; são plantadas as sementes da Segunda Guerra Mundial.

1923 Le Corbusier publica *Por uma arquitetura*, manifesto do Modernismo de vanguarda.

1925

1925 Primeiro motel do mundo, o Motel Inn é inaugurado em San Luis Obispo, na Califórnia.

1928 O Edifício Milam, em San Antonio, Texas, é o primeiro do mundo com ar-condicionado.

1929 O colapso da Bolsa de Nova York desencadeia a Grande Depressão.

1933 Adolf Hitler assume como chanceler alemão após a vitória do Partido Nazista.

1939 A Alemanha invade a Polônia, dando início à Segunda Guerra Mundial.

eles propuseram uma arquitetura de sol e luz, arejada, saneadora. Nitidamente iluminada, a arquitetura modernista extraiu inspiração dos transatlânticos, sugerindo que a humanidade precisava navegar em algum cruzeiro coletivo para fugir dos regimes políticos e econômicos que haviam levado à sangrenta loucura da guerra de trincheiras.

Le Corbusier *(pp. 351 e 375)*, o mais famoso e visionário arquiteto modernista, incluiu várias imagens de navios em seu seminal tratado *Por uma arquitetura* (1923). O quarto encontro do Congrès Internationaux d'Architecture Moderne, grupo de especialistas dessa nova geração de arquitetos e urbanistas, ocorreu em 1933 a bordo de um

O *Flyer* dos irmãos Wright Apesar de toda a sua importância, o primeiro voo propelido dos irmãos Wright, em 1903, foi tão curto que poderia ter sido feito dentro de um jato Boeing 747 Jumbo.

SOM E IMAGEM

Comunicações e mídias de entretenimento evoluíram rapidamente no início do século XX. Em 1906, foi feita nos EUA a primeira transmissão pública por rádio, e em 1936, no Reino Unido, a primeira transmissão regular por TV. O cinema já se firmara na época e passou dos filmes mudos para os falados em 1927 e dos filmes preto e branco para os coloridos no início dos anos 1930. A indústria fonográfica também já decolara, levando música popular às massas. No fim do século XX, a internet dava acesso a filmes, notícias, música, TV e rádio a partir do teclado de um computador.

His Master's Voice (HMV) Esse selo tornou-se uma das marcas mais famosas do mundo e ainda está em uso atualmente.

1945 Fim da Segunda Guerra Mundial: bombardeio nuclear de Hiroshima e Nagasáki, no Japão, pelos EUA.

1948 Criação do Estado de Israel, um lar nacional para os judeus.

1949 Fundação da República Popular da China, de orientação comunista.

1957 A União Soviética lança o *Sputnik*, primeiro satélite orbital; é o início da corrida espacial.

1969 Neil Armstrong e Buzz Aldrin são os primeiros homens a pisar na Lua.

1989 Criação da internet e da world wide web pelo cientista britânico Tim Berners-Lee.

1989 Colapso do comunismo no Leste Europeu, após a queda do Muro de Berlim.

2014 O One World Trade Center, em Nova York, substitui as Torres Gêmeas destruídas por terroristas em 2001.

1950 — 1975 — 2000

Transportes
No pós-guerra, o planejamento urbano e a arquitetura tiveram que se adaptar ao crescimento praticamente ilimitado do tráfego motorizado. As cidades ficaram muito marcadas pelo uso do automóvel.

transatlântico branco, novo em folha. Desde então, é comum dar a prédios de apartamentos, hospitais e hotéis o aspecto estimulante de um grande navio de passageiros, com seus infindáveis balcões.

Destruição por ataque aéreo

Infelizmente, o acordo de paz da Primeira Guerra Mundial plantou as sementes de um futuro conflito. Mal o mundo saiu da Grande Depressão da década de 1930, mergulhou em outra grande guerra.

Um dos aspectos que tornaram a Segunda Guerra Mundial tão devastadora foi a tática do bombardeio aéreo, com o objetivo expresso de destruir áreas centrais das cidades, colocando a arquitetura como alvo específico, mais do que como vítima acidental. Em 1942, a Força Aérea Real britânica bombardeou Lübeck e Rostock, belas cidades hanseáticas no litoral norte da Alemanha, matando centenas de pessoas e deixando milhares desabrigadas. A Luftwaffe revidou com os "Ataques Baedeker", que visavam destruir a herança arquitetônica inglesa, para abater o moral da nação. Escolhendo alvos da lista de edifícios três estrelas dos famosos guias de viagem Baedeker, os bombardeiros alemães fizeram o possível para apagar o legado cultural de locais como Bath, Exeter e Canterbury. Tais ataques de revide na mesma moeda culminaram, já ao fim da guerra, em 1945, com a destruição pela RAF e pela força aérea dos EUA da bela cidade medieval e barroca de Dresden, na Saxônia. Logo depois, dois bombardeiros

B-29 americanos usaram um novo tipo de arma contra as cidades japonesas de Hiroshima e Nagasáki – a bomba atômica. Os resultados foram aterradores, e hoje a humanidade pode arrasar cidades inteiras em minutos.

Arquitetura pós-guerra

A noção de progresso humano foi ridicularizada e desafiada por Auschwitz, e o mundo do pós-guerra, com a sombria ameaça de hecatombe nuclear da Guerra Fria, tornou-se um lugar bem diferente. A arquitetura ajustou-se a ele. Para suprir as necessidades de reconstrução, os arquitetos projetaram edifícios que pudessem ser produzidos em massa. No entanto, essas casas, hospitais, escolas e universidades pré-fabricados geralmente fracassaram, em termos práticos e sociais.

Mais inspirador foi um novo estilo de arquitetura de formas livres, criado na Alemanha por arquitetos e engenheiros decididos a expressar os ideais da democracia. Esse projeto, mais tarde incentivado pelo surgimento de novos materiais e do computador, permitiu criar projetos desafiadores como o da Sydney Opera House *(p. 388)*.

A partir do século XXI, a guerra voltou com força maior. A invasão do Iraque liderada pelos EUA em 2003, conflitos posteriores no mundo árabe e a destruição proposital de locais históricos promovida por grupos terroristas colocaram em forte risco de desaparecimento os monumentos descritos nas primeiras páginas deste livro *(pp. 14-8)*.

» COMPUTADORES E A ARQUITETURA

A arquitetura atual foi revolucionada pelo CAD, *computer-aided design* (projeto auxiliado por computador). Esse software facilita a criação de projetos cuja matemática – escala, proporções, dimensões, curvaturas etc. – seria quase impossível desenhar manualmente. Além disso, o CAD é capaz de calcular a estrutura necessária para sustentar a proposta arquitetônica de um determinado edifício. Também é possível ligar computadores com CAD a fábricas, dando ao arquiteto maior controle sobre o processo de fabricação.

Maquetes e visualização O CAD permite que arquitetos e clientes visualizem maquetes virtuais do edifício no local de sua construção.

Buzz Aldrin na Lua Em 1969, astronautas da nave *Apolo 11* andaram na superfície da Lua pela primeira vez, numa demonstração do quanto a tecnologia havia avançado em menos de setenta anos, desde o primeiro voo dos irmãos Wright.

Modernismo

c. 1910-1940

Na Europa, o Modernismo foi fruto em grande medida daqueles que queriam mudar o mundo de modo radical. Movidos pela filosofia implícita na escola alemã de design Bauhaus *(p. 348)*, os projetos dos arquitetos modernistas pretendiam ser revolucionários, pressagiando um novo mundo socialista.

Muitas das primeiras casas modernas eram exercícios para ricos de veia artística, e o público resistia a levar a sério a abordagem radical do Modernismo. Ele foi satirizado já em 1928 pelo romancista inglês Evelyn Waugh. Em *Declínio e queda*, um jovem aristocrata decide demolir sua antiga casa ancestral inglesa em favor de uma *machine à habiter*, estilo Le Corbusier. O arquiteto é Otto Silenus, conhecido apenas pelo seu projeto para uma fábrica de chicletes não construída, publicado num obscuro jornal. A ambição de Silenus, diz o próprio, é retirar o elemento humano da arquitetura (ele questiona a necessidade de escadas). Isso dá ideia de como muitos contemporâneos devem ter visto o Modernismo. Quanto mais os modernistas diziam que seu trabalho não era um estilo, mas uma forma racional de projeto, mais as pessoas buscavam desacreditá-los.

Modernismo nos EUA

A inauguração da exposição "International Style" no Museu de Arte Moderna de Nova York (MoMA), em 1932, foi crucial para o Modernismo nos EUA. Já existia arquitetura moderna antes disso, especialmente na Califórnia, onde arquitetos como Rudolph Schindler (1887-1953) e Richard Neutra (1892-1970), de Viena, haviam se instalado, fugindo da Primeira Guerra Mundial. No entanto, a exposição de Nova York jogou luz sobre o gênero e abriu os olhos de um público mais amplo. Logo o Modernismo passou a ser adotado por grandes empresas e clientes mais sofisticados. Vendo em retrospecto, parece irônico que uma abordagem à arquitetura inicialmente envolvida com preocupações de moldar um mundo mais justo e mais humano para as massas acabasse virando um símbolo do poder empresarial da América e, em última instância, do capitalismo global.

Edifício da Bauhaus em Dessau, Alemanha O design da Bauhaus teve grande impacto nas tendências da arte e da arquitetura da Europa ocidental e dos EUA. O icônico prédio foi projetado por Walter Gropius e construído em 1925-26.

Elementos

O sonho modernista era de uma utopia de funcionamento fluido, guiada pela máquina. A fantasia não se concretizou, mas muito da melhor arquitetura modernista é uma realização parcial otimista desse sonho, com uso dos mais recentes materiais e às vezes aproveitando-os de modo radical. A luz do sol era bem-vinda, com espaços abertos.

Pilotis Le Corbusier reformulou a ideia renascentista do *piano nobile*, elevando o andar térreo, ou social, de suas primeiras casas modernas, com o uso de versões esguias e não ornamentadas das colunas clássicas. Chamou-as de "pilotis". Esse exemplo é da Villa Savoye, em Poissy, França, concluído em 1929.

Paredes de tijolos de vidro O arquiteto francês Pierre Chareau desenhou a Maison de Verre, em Paris, com paredes de tijolos de vidro, como um tributo à nova tecnologia de construção e à ideia de maximizar a todo custo a luz do sol.

Brises-soleil de concreto Ciente de que a nova arquitetura corria o risco de criar edifícios que ficassem quentes demais no verão, Le Corbusier concebeu esses *brises-soleil*, ou "quebra-sóis", de concreto.

Rampas de concreto armado A geometria ortogonal dos primeiros e zelosos arquitetos modernistas era, às vezes, subvertida magnificamente. Essa é a suave rampa em espiral da piscina de pinguins do Zoológico de Londres, design de Berthold Lubetkin e Ove Arup.

A simplicidade no uso de materiais nobres destaca sua qualidade.

O pavilhão foi influenciado pelos estilos clássico e japonês.

Janelas horizontais O Pavilhão Alemão em Barcelona, de Mies van der Rohe, demonstra uso idealizado de planos de concreto, vidro, aço e mármore.

Casa da Cascata, exterior

A sala
Boa parte da mobília, também projetada por Wright, integra-se à estrutura da casa. Pisos de lajota ligam o interior à rocha subjacente.

Casa da Cascata (Fallingwater)

1939 · BEAR RUN, PENSILVÂNIA, EUA · FRANK LLOYD WRIGHT · RESIDÊNCIA

Essa foi a melhor casa projetada por Frank Lloyd Wright (1867-1959), construída em cima de uma cachoeira, escondida num bosque da área rural, entre 1936 e 1939. A casa foi escavada diretamente nas rochas sobre as quais cai a água, e o afloramento pode ser visto do piso da sala. Os principais quartos e sacadas são em balanço, para dar a sensação de que desafiam a gravidade. A casa, de concreto armado, revelou-se cara de manter, e na realidade tem corrido sério risco de apresentar colapso estrutural. Mas sua beleza e localização bastaram para mantê-la em mãos seguras para a posteridade. Em Fallingwater interior e exterior fluem de modo intercambiável. Trata-se do aperfeiçoamento do design de uma casa. Apesar de todas as suas falhas, prova que uma edificação ultramoderna pode realçar, em vez de comprometer, uma paisagem natural.

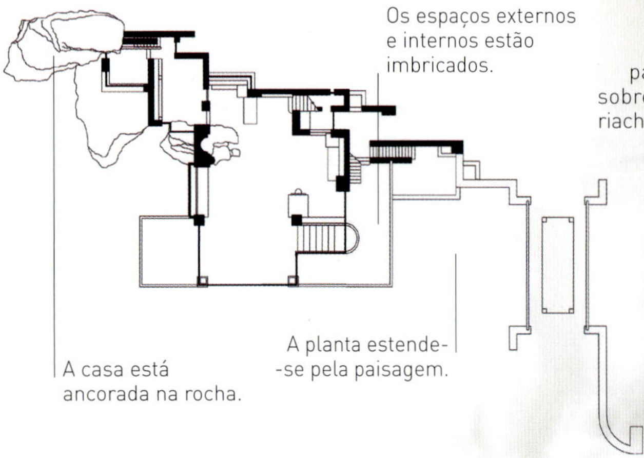

Planta do piso
As áreas de convivência não têm divisórias convencionais; cada piso leva ao seguinte e em última instância ao exterior. Uma única chaminé de lareira atravessa todos os níveis.

Sacada externa
Embora o projeto da Casa da Cascata seja ultramoderno, a planta e a estrutura têm raízes na localização da construção, em meio a bosques e riachos.

Robie House

1910 CHICAGO, ILLINOIS, EUA FRANK LLOYD WRIGHT RESIDÊNCIA

Essa casa baixa, construída para o fabricante de bicicletas e motos Frederick C. Robie, marcou uma revolução na arquitetura residencial. Os quartos são dispostos numa planta aberta. Grandes beirais evitam que o sol do meio-dia chegue às salas de estar e de jantar da face sul; eles parecem se estender, no espírito, para o jardim e além dele. Esse sentido de horizontalidade é realçado pelos longos e estreitos tijolos romanos que ajudam a conferir à casa sua aparência elegante.

Estilo pradaria
Inspirada nas vastas planícies do Meio-Oeste dos EUA, essa casa de tijolos e madeira tem linhas horizontais bem definidas no exterior e telhado de baixa inclinação.

Rockefeller Center

1940 NOVA YORK, EUA RAYMOND HOOD E OUTROS EDIFÍCIO COMERCIAL

O Rockefeller Center é um imenso complexo comercial no centro de Manhattan, famoso pela gigantesca RCA Tower, muito bem esculpida, pelo Radio City Music Hall e pelo mais famoso rinque de patinação no gelo ao ar livre do mundo.

Concluído com alto custo e muita imaginação, o empreendimento serve como local público e centro comercial. Os nova-iorquinos caminham pelo shopping amplamente iluminado no térreo, param nos cafés, veem filmes e patinam na famosa praça em desnível. Um grupo de torres, algumas concluídas somente na década de 1970, reúne-se em volta da RCA Tower.

A construção começou em 1929, com extraordinário otimismo. John D. Rockefeller pretendia construir também uma casa de ópera no local, mas a quebra da Bolsa mudou seus planos. O prédio da RCA – com design de Raymond Hood (1881-1934) e hoje conhecido como GE Building – tem 70 andares e 259 metros de altura; é revestido com uma característica mistura de granito, calcário de Indiana e alumínio.

Edifício Johnson Wax

1939 RACINE, WISCONSIN, EUA FRANK LLOYD WRIGHT EDIFÍCIO COMERCIAL

A Grande Sala de Trabalho no centro do Edifício Johnson Wax é como uma ilustração de ficção científica da década de 1930. Não há janelas para olhar para fora – em volta do imenso espaço, a luz é filtrada por claraboias bem altas, que não são de vidro, mas de tubos translúcidos de Pyrex.

Para realçar o efeito futurista, o pé-direito alto é sustentado por um complexo de esguias colunas, bem afiladas, em forma de lírios, que no rés do chão tem apenas 23 centímetros de diâmetro. De início, os fiscais do edifício acharam que as colunas não conseguiriam sustentar a carga regulamentar de 12 toneladas; mas, em um teste, Frank Lloyd Wright demonstrou que suas novas colunas suportavam até 60 toneladas antes de ruir. Wright reinventou em Racine não apenas o escritório moderno, mas a própria arquitetura moderna. Trata-se de uma obra realmente inovadora. Vistos de fora, os elegantes escritórios são revestidos de tijolos vermelho e eclipsados pela Research Tower, também de Wright, de catorze andares, acrescentada entre 1944 e 1951.

Modernidade duradoura
Wright desenhou novas cadeiras e elegantes mesas de aço vermelhas para esse escritório modernista; mobília do século XXI também funciona muito bem.

Edifício Empire State

1931 | NOVA YORK, EUA | SHREVE, LAMB & HARMON | EDIFÍCIO COMERCIAL

Elevando-se por quase meio quilômetro no céu de Manhattan, o Empire State Building, revestido de calcário, oferece aos turistas vistas fenomenais, que se estendem a até 130 quilômetros. Por mais de quarenta anos deteve a marca de edifício mais alto do mundo, mas seu início não foi nada auspicioso – enquanto era erguido, houve a quebra da Bolsa, que mergulhou os EUA na Grande Depressão.

Pelas leis de zoneamento de Nova York na época da construção desse famoso arranha-céu, edifícios altos tinham que ser escalonados para que a luz do sol pudesse chegar à rua e eles projetassem o mínimo de sombra em seu entorno. O resultado foi uma série de edifícios escalonados que lembram os zigurates da Mesopotâmia e as grandes catedrais da Europa. O Empire State era o maior desses templos do comércio, elevando-se 381 metros acima da Quinta Avenida. Pretendia-se que a agulha fosse um mastro de ancoragem de dirigíveis, mas as fortes correntes de ar ascendentes tornavam isso perigoso. Em 1951, acrescentou-se uma antena de transmissão, que elevou a altura a 443,5 metros. O edifício é sólido: em julho de 1945, um bombardeiro Mitchell B-25 espatifou-se contra o 79º e o 80º andares, matando catorze pessoas e fazendo a torre oscilar, mas o fogo foi contido em quarenta minutos e tudo voltou ao normal.

Apelidado de "Empty State Building" na década de 1930, porque era difícil alugar suas salas durante a Depressão, o arranha-céu ganhou força na Segunda Guerra Mundial, quando foi ocupado por escritórios do governo. Hoje segue adiante como prédio comercial e monumento histórico nacional.

Lobby central

SHREVE, LAMB & HARMON

Fundado em 1929, o escritório Shreve, Lamb & Harmon teve como primeira encomenda o desafio de erguer o Empire State. Richmond H. Shreve (1877-1946) era o principal projetista. Seu cliente, John Jacob Raskob, perguntou: "Com que altura você pode fazê-lo sem que caia?". O trio viu a construção concluída em um ano e 45 dias, por 9 milhões de dólares abaixo do orçamento. Construíram muitos outros arranha-céus, mas nenhum tão perfeito quanto esse.

Números do Empire State O edifício pesa 330 mil toneladas e tem 103 andares, 73 elevadores e 6.500 janelas. Segue sendo uma maravilha moderna, muito aclamada.

Construção do pináculo O pináculo de sete níveis foi montado dentro do edifício, depois içado até sua posição por uma abertura do teto, sendo fixado no lugar.

Edifício Chrysler

1930 NOVA YORK, EUA WILLIAM VAN ALEN EDIFÍCIO COMERCIAL

O Art Déco, movimento de design decorativo que surgiu na Exposição de Paris de 1925, foi expresso com maior vigor nos magníficos arranha-céus de Nova York construídos logo em seguida. O mais elegante deles era o Chrysler Building, projetado por William Van Alen (1883-1954). Desde a ponta da agulha, 319 metros acima da calçada de Manhattan, até o lobby de mármore e aço cromado, é típico da ostentação de estilo e da opulência do Art Déco. Walter P. Chrysler, o magnata dos automóveis, quis que fosse o prédio mais alto do mundo e conseguiu – ainda que por breve tempo, pois um ano mais tarde o Empire State Building tomou-lhe o título, mantendo-o até 1974. O edifício é revestido de pedra prateada, decorada com calotas e grades frontais estilizadas dos carros Chrysler. O vistoso topo de aço inoxidável parece abrir-se do alto da torre como se fosse um fole ou acordeão.

Hoover Dam

1935 PERTO DE LAS VEGAS, NEVADA, EUA GORDON KAUFMANN REPRESA

Logo após sua conclusão, em 1935, a Represa Hoover foi aclamada como a Oitava Maravilha do Mundo. Era a primeira construção com mais pedras do que a Grande Pirâmide de Gizé. Fornecia água a 25 milhões de americanos e tinha capacidade geradora de 2,8 milhões de kW. Além de assombrosa, constituía também uma marcante obra de arte e arquitetura. O projeto de engenharia original foi renovado, em estilo art déco contido, pelo arquiteto nascido na Grã-Bretanha Gordon Kaufmann, que ficara conhecido pelo design da pista de corridas de Santa Anita e de luxuosas casas de estilo colonial espanhol na Califórnia. Kaufmann deu elegância às linhas da represa e aos edifícios adicionais, criando um todo convincente e dinâmico. Empregou designers e artistas para conferir à poderosa edificação muitos dos detalhes que já haviam feito a fama do Rockefeller Center de Raymond Hood *(p. 344)*.

Maravilha moderna Com quase 222 metros de altura e 379 de largura, a represa exigiu 25 mil trabalhadores e mais de cinco anos para ser construída.

Fábrica Fagus

1911 ALFELD-AN-DER-LEINE, ALEMANHA
WALTER GROPIUS E ADOLF MEYER
EDIFÍCIO INDUSTRIAL

Os jovens arquitetos alemães Walter Gropius (1883--1969) e Adolf Meyer (1881-1929) deixaram sua marca em 1911 com a radical Fagus, fábrica de fôrmas para sapatos, de Karl Benscheidt, financiada pela americana United Shoe Machinery Corporation (USM). A intenção foi expressar a ruptura da companhia com séculos de tradição. Gropius e Meyer optaram por um projeto ágil, moderno, com fachada "cortina" de aço e vidro. A estrutura do edifício foi bem recuada em relação à fachada de aço e vidro, para que esta pendesse exatamente como uma cortina, um design que logo seria copiado no mundo todo. O desenho elegante e funcional da Fagus foi influenciado pela fábrica envidraçada da USM em Beverly, Massachusetts, projetada pelo engenheiro Ernest L. Ransome (1852-1917), nascido na Inglaterra. O livro *Reinforced Concrete Buildings* [Construções de concreto reforçado] (1912), de Ransome, exerceu imenso impacto sobre o Modernismo na Europa.

Estilo vazado O vidro seguia nos cantos do edifício, deixando-o com o máximo de transparência que a lógica, a praticidade e a tecnologia de construção permitiam.

Casa Steiner

1910 VIENA, ÁUSTRIA ADOLF LOOS
RESIDÊNCIA

Projetada pelo arquiteto tcheco Adolf Loos (1870--1933) para a pintora Lilly Steiner e seu marido, essa é uma casa com dupla personalidade. Por muitos anos, o aspecto dos fundos de três andares, em concreto branco e vidro, foi citado como modelo de residência moderna racional; no entanto, a frente é muito diferente. Nesse subúrbio, as autoridades urbanísticas só permitiram a Steiner erguer uma casa térrea dotada de telhado com mansarda. Para contornar essa limitação de espaço, Loos espertamente elevou bastante o telhado, até que alcançasse a altura de três andares dos fundos. Como essa parte posterior é a característica normalmente mostrada nos livros de arquitetura, muitos estudantes e historiadores que visitam a casa supõem que ela tenha sido demolida ou totalmente reconstruída. A casa é do mesmo ano em que Loos, um polemista, publicou seu influente livro *Architektur*. Dois anos depois, ele lançou o ensaio "Ornamento e crime", no qual associava a decoração à decadência e até mesmo ao comportamento criminoso.

Aspectos diversos Ao contrário dos fundos, de aspecto sóbrio, a fachada é bem atarracada, com alto telhado curvo com mansarda.

Bauhaus

1926 DESSAU, ALEMANHA WALTER GROPIUS EDIFÍCIO EDUCACIONAL

A escola alemã de design Bauhaus, fundada em 1919 por Walter Gropius em Weimar, buscava incentivar a produção de objetos funcionais, mas artísticos, para a sociedade de massa, em vez de peças únicas para os ricos. Em 1925, ela foi transferida para Dessau, onde Gropius projetou o famoso campus que é sinônimo das ideias da escola. O local é hoje Patrimônio da Humanidade.

Interior, casa dos mestres

Casa dos mestres O conjunto de casas para os professores e o diretor foi planejado e construído ao mesmo tempo que o edifício principal da Bauhaus.

Curiosamente, a instituição só passou a oferecer aulas de arquitetura em 1927, embora o prédio definitivo da Bauhaus *(ver também p. 340)*, a própria escola, já estivesse pronto. Construída em concreto armado com fechamento (ou alvenarias de tijolos) e características vidraças com esquadrias metálicas reticuladas, essa estrutura do tipo fábrica, no formato de propulsor, tinha salas de palestras, oficinas, escritórios, refeitórios, sala de reunião e alojamentos para alunos e equipe. O edifício foi abandonado em 1932, quando a Bauhaus se transferiu para Berlim, sob a direção de Ludwig Mies van der Rohe. Mal vista pelos nazistas, a escola fechou em 1933, e a maior parte dos professores e graduados foi difundir a teoria modernista pelo mundo. Gropius rumou para a Inglaterra no mesmo ano, emigrando para os EUA em 1937. O campus de Dessau sobreviveu à Segunda Guerra Mundial e a várias reformulações, e funciona hoje, novamente, como uma escola de design, sob os auspícios da Fundação Bauhaus Dessau.

Pavilhão Alemão, Barcelona

1929 BARCELONA, ESPANHA LUDWIG MIES VAN DER ROHE EDIFÍCIO PÚBLICO

Ludwig Mies van der Rohe (1886-1969), famoso por seu lema "menos é mais", buscou criar espaços neutros, contemplativos, de arquitetura baseada em honestidade material e integridade estrutural. O pavilhão que projetou *(ver também p. 341)* para a Exposição de Barcelona de 1929 – um dos mais belos edifícios do século XX – provou que a nova arquitetura da Bauhaus *(ao lado)* e de outras partes da Alemanha estava longe de ser puritana. Feito de mármore, ônix, travertino, aço e vidro, e lembrando a antiga tradição japonesa, o pavilhão fundia a arquitetura à paisagem e servia como um espaço tranquilo para reflexão naquele agitado ambiente da feira. Sentados nas elegantes cadeiras Barcelona de Mies, os visitantes podiam apreciar vistas da cidade enquanto captavam os padrões mutantes de luz do espelho d'água refletidos nas paredes reluzentes. Esse foi o modelo dos projetos em retícula, puristas, refinados, que mais tarde seriam a marca do arquiteto. Embora demolido em 1930, o pavilhão causou tal impacto que uma réplica foi erguida em seu lugar em 1981-86. Mies foi para os EUA em 1937, onde projetou obras seminais como o Edifício Seagram, em Nova York *(p. 378)*. Continuou como poderosa influência na arquitetura bem após sua morte, em 1969.

Pavilhão exposto
O pavilhão foi notável por não ter nada para exibir em seu interior de planta aberta durante a exposição; ele mesmo era a única peça exposta.

Casa Tugendhat

1930 BRNO, REPÚBLICA TCHECA LUDWIG MIES VAN DER ROHE RESIDÊNCIA

A Casa Tugendhat, de dois andares, numa encosta de montanha em Brno, na atual República Tcheca, era essencialmente uma nova versão do Pavilhão Alemão de Mies. A planta é similar, assim como os materiais. As áreas da sala de estar e de jantar, medindo 24 x 12 metros e estendendo-se pela largura toda do piso térreo, são encerradas por amplas vidraças. Duas delas vão do teto ao chão. Dentro, a paleta de materiais utilizados nos espaços de convivência é muito bem resolvida. Divisórias de ônix e ébano são conjugadas com um piso branco de linóleo, coberto por um tapete branco de lã. As cortinas pretas são de seda pura e veludo branco. A maioria das novas casas dessa época inspiradas no estilo Bauhaus tendia um pouco para o lado austero; Mies seguiu a linha das residências construídas por Adolf Loos *(p. 347)* em Viena, que fazia grande uso dos materiais mais caros e luxuosos. A partir de então, a marca de Mies, de um Modernismo rigoroso, mas opulento, exerceria apelo cada vez maior junto à alta burguesia.

Espaços abertos, vistas abertas
O vidro do teto ao chão e a planta aberta criam uma sensação de liberdade e amplidão, ao fundir os espaços interno e externo.

Pátio de telhado na Villa Savoye

Villa Savoye

1929 POISSY, FRANÇA LE CORBUSIER RESIDÊNCIA

O design radical da Villa Savoye, moradia no subúrbio de Paris, há muito tempo é citado como ótimo exemplo do que Le Corbusier queria dizer ao se referir a uma casa como "máquina de morar", máxima citada pela primeira vez no influente e polêmico *Por uma arquitetura*, publicado em 1923. A Villa Savoye foi um veículo para muitas das ideias de Le Corbusier, não só sobre arquitetura, mas também sobre como as pessoas deveriam viver no século XX.

Le Corbusier começou a trabalhar com seu primo Pierre Jeanneret (1896-1967) em 1922, na Rue de Sèvres, nº 35, em Paris. Em 1925, projetou Le Pavillon de L'Esprit Nouveau na Exposição de Paris – uma casa cubista pré-fabricada branca, ornada por pinturas de Braque e Picasso e com uma árvore que crescia do seu centro. A vanguarda parisiense adorou, e logo ele recebeu várias encomendas para as suas revolucionárias "máquinas de morar".

A Villa Savoye é o mais notável exemplo dessas casas. O piso térreo é na realidade pouco mais que uma elaborada garagem, enquanto o piso principal

Arquitetura básica
A Villa Savoye é uma caixa de concreto leve e oca, com piso principal elevado sobre esguias colunas, ou "pilotis", como Le Corbusier gostava de chamá-las.

com planta aberta, iluminado por uma faixa horizontal quase contínua de janelas, tem acesso por uma escada em espiral e uma rampa. Os quartos principais dão para o pátio-jardim de cobertura; com o infinito céu acima emoldurado pelas paredes brancas de concreto, cria-se uma estimulante sensação de liberdade, abertura e vida saudável. Embora em tese seja um projeto ultramoderno, a Villa Savoye é também uma engenhosa revisitação das *villas* ideais criadas por Palladio *(p. 216)* há quatrocentos anos, na Itália.

A Villa Savoye é a um só tempo racional, romântica e idealista – reação arquitetônica à devastação e ao desespero da Primeira Guerra Mundial e à depressão econômica que a ela se seguiu. A casa ficou degradada durante a Segunda Guerra Mundial, mas desde então foi meticulosamente restaurada.

Pavillon Suisse

1932 · PARIS, FRANÇA · LE CORBUSIER · UNIVERSIDADE

Monástico no espírito, esse alojamento de estudantes suíços na Cité Universitaire de Paris tem estrutura de aço revestida com painéis de concreto. O edifício apoia-se sobre robustos pilotis de concreto, o que deixa o piso térreo quase todo desimpedido. Os bem planejados quartos de estudantes empilham-se simetricamente em quatro andares, enquanto os quartos comunitários e o lobby ficam numa torre anexa de paredes côncavas. A obra mostra Le Corbusier afastando-se das linhas retas e passando a explorar uma arquitetura mais robusta, monumental, que contrasta muito com a de suas *villas* brancas.

Villa Stein

1927 · GARCHES, PARIS, FRANÇA · LE CORBUSIER · RESIDÊNCIA

Embora Le Corbusier fale com paixão sobre criar casas produzidas em massa, feitas por máquinas, para as classes trabalhadoras, na realidade projetou residências como objetos de arte para os ricos. A Villa Stein foi encomendada por Michael Stein (irmão da escritora americana Gertrude Stein), sua esposa, Sarah, e Gabrielle de Monzie, ministro da Cultura. Esse cubo oco, sustentado em parte por pilotis, tem dois pisos, cada qual com um jardim. Dispõe ainda de escadas esculpidas, coberturas atirantadas nas entradas e faixas ininterruptas de janelas. Fato revelador, também tinha dependências para criados. Sobrevive, mas foi dividido em apartamentos.

Entrada da luz
As fachadas principais da casa contêm longas faixas de janelas, que Le Corbusier considerava a fonte mais eficiente de luz do dia para qualquer espaço.

Sanatório Paimio

1933 · PAIMIO, PERTO DE TURKU, FINLÂNDIA
ALVAR AALTO · EDIFÍCIO PÚBLICO

O sanatório de tuberculosos de Paimio ergue-se como um transatlântico branco acima das florestas do entorno. É uma extraordinária realização do jovem Alvar Aalto (1898-1976), conciliando Modernismo e natureza num edifício amplo e complexo, projetado para atender a um grande público que precisava de cuidados médicos urgentes.

O prédio do sanatório compreende várias alas bem distintas, sendo cada bloco colocado em um ângulo para aproveitar melhor a luz do sol. O último andar do elegante bloco das enfermarias abre-se numa sacada longa e bem protegida, com vistas para os jardins e, mais adiante, para a floresta.

Villa Mairea

1939 · NOORMARKKU, FINLÂNDIA
ALVAR AALTO · RESIDÊNCIA

Projetado para o industrial Harry Gullichsen e sua esposa, Maire, a Villa Mairea marca um ponto de inflexão no Modernismo, por favorecer uma volta à natureza, à ideia de arquitetura orgânica, emocional e acolhedora. A casa faz grande uso de madeira, tijolo e azulejos; inclui sutis referências à arquitetura antiga de fazendas e a modos de vida imemoriais. Há claras conexões dentro da edificação com a floresta em volta, em especial nos pilares ao lado da escada principal e nas muitas colunas, algumas delas cobertas com junco, outras revestidas com ripas de madeira, que sustentam os quartos de proporções generosas.

Pavilhão De La Warr

1935 · BEXHILL, SUSSEX, INGLATERRA
ERICH MENDELSOHN E SERGE CHERMAYEFF
EDIFÍCIO PÚBLICO

Situado junto ao mar, diante de sóbrios blocos de apartamentos eduardianos, esse pavilhão foi encomendado, por meio de um concurso, ao arquiteto alemão emigrado Erich Mendelsohn (1887-1953) e ao russo Serge Chermayeff (1900-1996). Na inauguração, pelo duque e pela duquesa de York (que mais tarde se tornariam o rei Jorge VI e a rainha Elizabeth), o prefeito de Bexhill descreveu-o como "parte de um grande movimento nacional... oferecendo aquele relaxamento, prazer e cultura que, até aqui, nossos patrícios foram procurar em outras terras, graças à insipidez e à feiura dos balneários britânicos". A edificação era exótica. Tratava-se do primeiro grande edifício britânico com estrutura de aço soldada, e do primeiro edifício público do país construído no estilo modernista. Charles Reilly, ex-professor de arquitetura da Universidade de Liverpool, escreveu: "A amplidão do espaço dos interiores e a grande escadaria em espiral, que sobe graciosamente em seus cilindros de vidro, são elementos com os quais todos temos sonhado, mas que nenhum de nós fez nessa escala ou com essa assertividade".

Trazendo ideias frescas Dois arquitetos imigrantes, Chermayeff também decorador e dançarino de salão, foram escolhidos para dar vida a Bexhill como balneário britânico.

À frente de seu tempo A Igreja da Pampulha, uma edificação ousada e não convencional, é Patrimônio Histórico Nacional.

Igreja de S. Francisco de Assis

1943 BELO HORIZONTE, BRASIL
OSCAR NIEMEYER LOCAL DE CULTO

Gloriosa sequência de parabólicas de concreto, a Igreja de São Francisco de Assis, na Pampulha, em Belo Horizonte, é um feliz casamento dos talentos de Oscar Niemeyer *(p. 385)* e do engenheiro Joaquim Cardozo. Duas grandes abóbadas de concreto envolvem a nave e o coro, enquanto o campanário e o pórtico de entrada são autônomos. A luz penetra nas abóbadas por meio de aberturas verticais na entrada do altar e acima dele. Revestindo as paredes de concreto, há uma exuberante cobertura de mosaicos em branco, azul e marrom. O ousado projeto causou muita controvérsia entre os católicos conservadores.

Ministério da Educação e Saúde

1943 RIO DE JANEIRO, BRASIL
OSCAR NIEMEYER EDIFÍCIO DO GOVERNO

Uma série contínua de *brises-soleil* (quebra-sóis) de concreto dá a esse edifício de quinze andares uma expressão poderosa e escultural. Na base, e perpendicular a ele, há um bloco baixo com teto ajardinado, que abriga um anfiteatro e salas de exposição. A torre de concreto é revestida por granito rosa-acinzentado, e o bloco em sua base tem acabamento com azulejos azuis e brancos, feitos especialmente para a obra, e um mural de Candido Portinari.

Highpoint

1935 LONDRES, INGLATERRA
BERTHOLD LUBETKIN RESIDÊNCIA

Highpoint foi encomendada por Sigmund Gestetner, o magnata de equipamentos para escritório, como um bloco de apartamentos para funcionários da companhia. Hoje, abriga apartamentos caros e muito disputados, numa extensa área de Highgate, em Londres. O desenho ágil e inventivo foi de Berthold Lubetkin (1901-1990), arquiteto emigrado da Geórgia, mais conhecido até então pela sensacional piscina de pinguins do zoológico de Londres e por seu estúdio de vanguarda, Tecton. Com a ajuda de Ove Arup (1896-1988) – brilhante engenheiro dinamarquês que também se instalara havia pouco na capital –, Lubetkin encarou muito bem o desafio em Highpoint. Trata-se de um bloco branco de sete andares, em dupla cruz, que abriga 64 apartamentos com aquecimento central, acessados por elevadores que partem de um amplo e envolvente lobby de pé-direito alto. Antes havia um salão de chá no local. O arranjo permite que as salas recebam o sol de manhã, enquanto os quartos estão à sombra.

Ideário socialista Lubetkin viajara recentemente à Rússia para ver como eram construídas ali as casas dos trabalhadores.

⊼ **Interior da fábrica, rampa helicoidal**

Fábrica da Fiat, Lingotto

◒ **1923** ⚑ **LINGOTTO, TURIM, ITÁLIA** ✍ **GIACOMO MATTÈ-TRUCCO** 🏛 **EDIFÍCIO INDUSTRIAL**

Proclamado na época "primeira manifestação construída do Futurismo" (um movimento de arte iconoclasta obcecado pela velocidade), a Fábrica da Fiat em Lingotto nunca pretendeu ser uma obra de arte, ou mesmo uma grande obra de arquitetura. No entanto, com sua escala heroica, linhas contínuas e uma pista de corridas no teto, ela captou e definiu o espírito da época para muitos jovens artistas e arquitetos na Itália.

Importante e pioneiro exemplo de arquitetura industrial de concreto armado, a fábrica foi projetada não por um arquiteto, mas pelo engenheiro Giacomo Mattè-Trucco. Ele atendeu a um pedido do fundador da Fiat, Giovanni Agnelli, para erguer uma fábrica que rivalizasse com os centros de produção em massa da Ford nos EUA. Construída entre 1915 e 1923, consistia em dois blocos de produção paralelos de cinco andares. Estes eram ligados por torres contendo escadarias e banheiros. Ao ser concluída, a fábrica abrigava a mais extensa linha de produção da Europa. O projeto de Mattè-Trucco foi em todos os sentidos uma solução brilhante para organizar uma produção coesa numa estrutura autocontida. As matérias-primas entravam pelo piso térreo, e, depois de passarem por várias linhas de produção, os carros emergiam no último andar, e daí para o teto,

⊻ **Corrida no telhado** A pista de testes, 21,3 metros acima do chão, tem proteções para impedir a queda dos carros.

onde eram testados numa pista de 2,4 quilômetros de extensão. Essa pista capturou a imaginação do público, e deve ter sido um impacto visual e sonoro em sua época. Rampas helicoidais internas envolviam o edifício permitindo a subida e a descida dos carros, e também que os executivos circulassem confortavelmente de carro pela fábrica para acompanhar o progresso da produção.

A fábrica foi fechada em 1982. Não se produzem mais carros ali, mas sua vida foi estendida. Desde o fim da década de 1980, o edifício passou por uma grande reforma comandada pelo arquiteto genovês Renzo Piano. Hoje abriga escritórios, galerias de arte, cafés, restaurantes, espaços para espetáculos, hotel, escola de odontologia, residências de estudantes, centro de conferências e a Faculdade Politécnica de Engenharia Automobilística de Turim. No alto, na pista do teto, há uma galeria de arte da família Agnelli, da Fiat.

Hangares da Força Aérea, Orvieto

1942 · ORVIETO, ÚMBRIA, CENTRO DA ITÁLIA
PIER LUIGI NERVI · EDIFÍCIOS INDUSTRIAIS

Entre 1935 e 1942, o engenheiro Pier Luigi Nervi (1891-1979) projetou uma série de hangares em concreto para a Força Aérea italiana. O primeiro, que definiu a estrutura e a aparência dos demais, foi erguido em Orvieto em 1938. Consistia em uma longa abóboda de berço ogival formada por um gride de nervuras cruzadas partindo de treliças laterais de complexa triangulação. As nervuras eram de concreto armado, pré-fabricadas. Com um atraente padrão de losangos, exibiam também robustez. Quando os alemães em retirada tentaram destruir os hangares em 1944, a maioria das juntas das nervuras resistiu.

Casa del Fascio

1935 · COMO, NORTE DA ITÁLIA
GIUSEPPE TERRAGNI · EDIFÍCIO CÍVICO

Esse magnífico edifício situado diante da Catedral de Como é obra do arquiteto fascista italiano Giuseppe Terragni (1904-1943). Construído como sede do Partido Fascista local, foi renomeado Casa del Popolo depois da guerra e desde então cumpriu vários papéis municipais, como o de posto dos *caribinieri* e escritório de coleta de impostos. Com aspecto de um cubo de Rubik gigante, o edifício é um jogo sério de lógica arquitetônica. Planejado a partir de uma grade de concreto, suas fachadas de mármore já fazem antever o layout interno. O rigor da grade só é quebrado ocasionalmente, como no último andar, para sugerir que o edifício não é um bloco compacto. Dentro, escadarias em balanço e escritórios são dispostos em torno de um grande pátio.

Casa del Fascio

Tradicionalismo

c. 1900-1940

O Modernismo da Bauhaus não foi o único caminho da nova arquitetura no século XX. Ao redor do mundo, muitos arquitetos não só continuaram trabalhando dentro das tradições locais e históricas, como aprenderam a reinventá-las. Outros seguiram caminhos que desafiam a categorização, ou foram a extremos do exagero.

Um monumental Neoclassicismo revivido, ou Tradicionalismo, floresceu nas grandes democracias do século XX, assim como em suas mais brutais ditaduras. A pouco lembrada Estação Pennsylvania *(p. 358)*, em Nova York, foi uma reinvenção de alto impacto das Termas de Caracalla *(p. 115)*, enquanto o desenho de Albert Speer para o Grosse Halle, peça central do projeto de uma Berlim nazista pós-guerra, exibia uma escala tão impiedosa que teria de fato causado um choque caso construída. Alguns arquitetos conseguiram fundir preocupações e funções modernas às sensibilidades e formas de arquiteturas bem mais antigas. O Classicismo moderno dos projetos de Charles Holden *(pp. 362-3)* foi exemplar. Do mesmo modo, a junção do estilo tradicional indiano ao Classicismo inglês *(p. 360)* por Edwin Lutyens levou a edifícios românticos, embora práticos, que mudaram de dono sem sobressaltos quando o Império Britânico deu lugar à independência indiana. Também há edifícios, como os dos anos do Art Déco, que, apesar de modernos, são lúdicos e se afastam muito do rigor intelectual do Modernismo ao estilo Bauhaus. E há, ainda, os casos únicos, como a Catedral Ortodoxa, em Asmara *(p. 369)*, na Eritreia, e a Torre Einstein, em Potsdam *(p. 366)*.

Ilusão arquitetônica

Houve, a partir da década de 1920, uma tentativa de contar a história da arquitetura do século XX como se fosse uma progressão suave do movimento Arts and Crafts, passando pela Bauhaus, até um Modernismo funcional, abrangente, de estilo livre. Como as páginas a seguir irão deixar claro, essa foi uma presunção intelectual, uma ilusão. A história da arquitetura sempre foi rica, complexa e, com frequência, contraditória.

« **Estádio Olímpico de Berlim** Construído em 1935-36 com plantas do arquiteto Werner March, é uma obra típica da arquitetura monumentalista que caracterizou a Alemanha nazista.

Elementos

O Tradicionalismo no século XX assumiu várias formas. Houve muitos arquitetos que não foram exatamente antiprogressistas, e sim contrários ao que lhes parecia ser uma rejeição intencional dos modelos anteriores por jovens modernistas presunçosos. Como os modernistas, esses arquitetos tradicionalistas também preferiam usar os melhores materiais e as melhores técnicas.

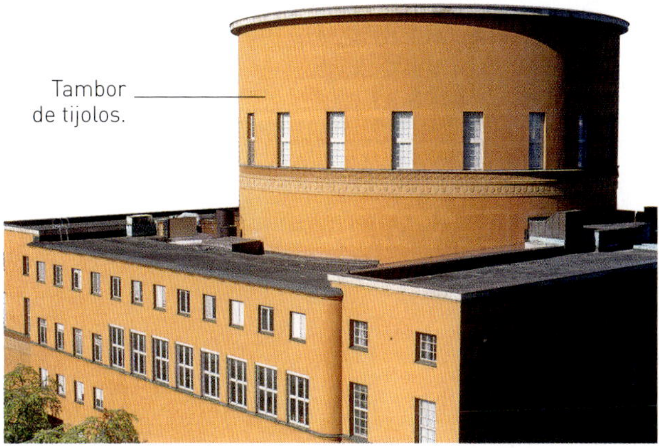

Arcadas romanas O "Coliseu Quadrado" de Roma é um exemplo de arquitetura romana antiga reinventada para um regime político voltado ao mesmo tempo para o futuro e para o passado.

Formas básicas Formas elementares são a base do projeto em grandes edifícios tradicionais. É o caso do tambor – tanto círculo dentro de quadrado quanto cilindro – que coroa a Biblioteca de Estocolmo, glória do Classicismo nórdico, de Erik Gunnar Asplund.

Torre medieval atualizada Os tradicionalistas provaram ser possível desenvolver velhos conceitos; a Prefeitura de Estocolmo evoca uma grande sede municipal medieval, embora com a escala e a ambição do século XX.

Complexo jogo com a história Uma das ambiciosas "Sete Irmãs" de Stálin, o Ministério das Relações Exteriores de Moscou reflete, em parte, o estilo do Municipal Building, de Nova York, e da torre mourisca da Catedral de Sevilha.

Estilo hindu-mogol A cobertura escalonada, baseada em precedente híbrido hindu-mogol, é usada aqui numa ala do Palácio do Vice-Rei, em Nova Déli, num projeto de Edwin Lutyens – uma fusão de Classicismo inglês eduardiano com estilo indiano.

Imponência ao estilo romano A colunata compunha um esplêndido marco de acesso e uma passagem coberta para os viajantes. As altas janelas traziam o máximo de luz para o interior da estação.

Estação Pennsylvania

1910 NOVA YORK, EUA MCKIM, MEADE & WHITE ESTAÇÃO FERROVIÁRIA

"Qualquer cidade obtém aquilo que admira, pelo qual irá pagar e, em última instância, aquilo que merece", anunciava um editorial do *New York Times* em 1963. Na época, a ideia de demolir a Pennsylvania Station, na Oitava Avenida, em Manhattan, foi considerada por muitos como um ato de vandalismo e fez surgir um lobby conservacionista eficaz na cidade, que passou a preservar diversos edifícios importantes. A Estação Pennsylvania era de fato espetacular – uma estação de trem com fachada longa, de templo dórico romano, e corredor central no modelo das Termas de Caracalla *(p.71)* –, produzindo um efeito notável. As plataformas exibiam a mesma grandiosidade.

A partir de 1966, o local foi ocupado por construções comerciais de mau gosto que agora, por sua vez, estão dando lugar a uma nova estação da Skidmore, Owings & Merrill *(p. 378)*.

San Simeon

1939 SAN SIMEON, CALIFÓRNIA, EUA JULIA MORGAN RESIDÊNCIA

San Simeon, conhecida como Castelo Hearst, era a casa de William Randolph Hearst (1863--1951), o lendário magnata da imprensa. Exibe a forma de um castelo mourisco, com 165 quartos, inspirado na Alhambra *(p. 146)* de Granada, nas torres de Ronda e nas cidades de montanha do sul da Espanha. Construído em concreto, tem ampla área de jardins, terraços, piscinas e passagens, numa encosta com vista para o Pacífico. Os interiores são muito bem cuidados, e os jardins abrigam colunatas, pérgolas e obras de arte bem posicionadas. Uma fachada de templo greco-romana, trazida da Europa, enfeita a piscina de Netuno, com piso de mármore.

Lincoln Memorial

1922 WASHINGTON D.C., EUA HENRY BACON MONUMENTO

Grandioso e nobre templo dórico em homenagem ao presidente Abraham Lincoln, esse memorial é sustentado por 36 colunas, uma para cada um dos 36 estados da União na época do assassinato do líder americano, em 1865. A estátua gigante dele sentado, em mármore branco da Geórgia, é de Daniel Chester French. Os primeiros planos para o memorial datam de 1867, mas passaram-se 44 anos até que fosse encomendado a Henry Bacon (1866-1924). Último projeto do arquiteto, combina pedras de vários estados: mármore branco do Colorado no exterior, calcário de Indiana nas paredes internas, mármore rosa do Tennessee no piso e mármore do Alabama na cobertura.

Santuário Meiji

1920 TÓQUIO, JAPÃO DESCONHECIDO LOCAL DE CULTO

Paraíso espiritual no meio do agito da vida urbana, esse santuário xintoísta no coração de Tóquio foi construído por 100 mil voluntários em homenagem ao imperador Meiji e sua esposa, Shoken. O Santuário Meiji – maior local de culto xintoísta de Tóquio – foi destruído na Segunda Guerra Mundial e reconstruído em 1958.

Torii (portal de entrada)

Localizado em um parque florestal com 120 mil árvores transplantadas de todo o Japão, o Santuário Meiji é inspirado num estilo de arquitetura religiosa que remonta ao século VIII. De linhas muito simples – ainda mais especiais por isso –, é construído com madeira sem qualquer tipo de pintura. A cor entra moderadamente na composição, com predomínio do branco e do verde (este, nos detalhes em cobre). A ornamentação limita-se às lanternas quadradas que pendem dos profundos beirais do edifício e aos brasões de crisântemo da família real japonesa.

Os fiéis e visitantes alcançam o santuário passando pelo bem cuidado parque, densamente arborizado, sob luminárias de rua especiais com a forma de pequenos templos colocadas sobre os postes e por caminhos de seixos com barris de madeira de saquê doados aos monges xintoístas por empresas locais. Transpõem então dois *torii* (portais tradicionais), o segundo dos quais é o maior *torii* de madeira no Japão. Ao chegarem a dois pavilhões similares a templos, tomam água de um e lavam as mãos no outro. Param então numa das árvores, para dependurar tabuletas de madeira com orações, e por fim chegam ao santuário, com portas ricamente decoradas e grandes telhados com as extremidades recurvadas. Ali, jogam moedas no altar e batem palmas para despertar os deuses.

» IMPERADOR MEIJI

Nascido em 1852, o imperador Meiji ("governante iluminado") comandou a transformação do Japão de sociedade feudal isolada em moderna nação industrializada. Trouxe a corte de Kyoto para Tóquio, introduziu a educação obrigatória, adotou roupas ocidentais e viu o país vencer guerras contra a China (1894-95) e a Rússia (1904-05), em parte por sua superioridade tecnológica. Na época de sua morte, em 1912, o Japão já era uma potência mundial.

Reconstrução tradicional Ao contrário de outros edifícios históricos reconstruídos em Tóquio e arredores na década de 1950, foram usados no Santuário Meiji os materiais tradicionais corretos – nesse caso, principalmente madeira de cipreste e cobre, como se pode ver nesta fotografia do Santuário Interior.

Casa do Vice-Rei

1930 · NOVA DÉLI, ÍNDIA · SIR EDWIN LUTYENS · RESIDÊNCIA

Quando a capital da Índia britânica foi transferida de Calcutá para Nova Déli, em 1912, teve início o trabalho na Casa do Vice-Rei. Edificação de grande porte, essa obra-prima do estilo anglo-indiano é assinada pelo arquiteto inglês Edwin Lutyens. O edifício, que ainda domina Nova Déli com absoluta confiança arquitetônica, desde a colina Raisina, é hoje a Rashtrapati Bawan – a Casa do Presidente.

O foco da Casa do Vice-Rei é o grande domo, revestido com magnífico arenito rosa e creme e certamente um dos mais refinados e originais do mundo. Baseado no desenho da Grande Estupa de Sanchi *(p. 97)*, exerce no calor seco de Nova Déli a mesma magia que o domo da Catedral de St. Paul *(p. 250)* exerce no frio úmido de Londres.

A genialidade de Lutyens foi planejar um majestoso palácio imperial no estilo beaux-arts que, apesar de se assentar em princípios neoclássicos, incorpora aspectos da rica tradição arquitetônica da Índia. Tal é o brilhantismo de seu projeto que os elementos indianos, como os *chattris* (pavilhões abertos na cobertura) e as *chujjas* (cornijas de ampla projeção), fundem-se sem descontinuidade aos de tradições europeia e clássica. O resultado é uma verdadeira fusão de tradições estilísticas muito diversas, em realce mútuo. A casa tem uma planta centralizada, com um grande lance de amplos degraus que levam até a entrada com colunas e, dali, até o Durbar Hall, sob o domo. Depois dele e de ambos os lados ficam impressionantes salões oficiais, além de uma galeria que dá no refinado Jardim Mogol. As quatro alas da casa abrigavam originalmente os escritórios e os aposentos residenciais do vice-rei, além de acomodações para hóspedes.

SIR EDWIN LUTYENS

Edwin Lutyens (1869-1944), aluno de Ernest George, arquiteto do Arts and Crafts, projetou muitas belas casas com apuro artesanal *(p. 333)* antes de se firmar como grande classicista, no espírito inventivo de Wren. Fundamental para a disposição e a construção de Nova Déli, Lutyens deixou um legado de edifícios solenes, heroicos e às vezes intimidantes.

Edwin Lutyens

Fusão de estilos
A Casa do Vice-Rei mescla os estilos clássico, europeu e indiano.

Igreja da Guarnição St. Martin

1930 NOVA DÉLI, ÍNDIA ARTHUR GORDON SHOOSMITH LOCAL DE CULTO

Hoje abrigando uma escola primária e uma congregação da Igreja da Índia, St. Martin foi construída originalmente como igreja para o exército indiano. Tem o nítido ar de uma fortaleza, com altos muros de tijolos, torre robusta e escassa ornamentação. No entanto, é também uma obra de arte da mais alta ordem, saída da mente de Arthur Gordon Shoosmith (1888-1974), assistente de Edwin Lutyens *(ao lado)*. Vista de fora como um bloco único de pedra, tem um interior generoso, alto, impressionante, com a luz do sol filtrando-se por algumas poucas janelas altas, para evitar a claridade intensa e o calor inclemente do verão de Nova Déli. As abóbadas da nave são sustentadas por uma grande estrutura de concreto armado. Negligenciada por mais de sessenta anos, essa estrutura erodiu-se, mas foi restaurada na década de 1990, assim como o teto.

Efeito monolítico Construída com 3,5 milhões de tijolos, essa estrutura torreada e singela é quase desprovida de janelas.

Represas do vale do Elan

1904 VALE DO ELAN, RHAYDER, PAÍS DE GALES DEPARTAMENTO DE ENGENHARIA DE BIRMINGHAM REPRESAS

Quem visita pela primeira vez as represas do vale do Elan, no País de Gales, sempre se surpreende. Inauguradas em 1904, essas grandes obras de arquitetura forneciam água à cidade de Birmingham, a 118 quilômetros. As torres no alto parecem obra de Nicholas Hawksmoor e John Vanbrugh *(pp. 252 e 253)*, mestres do Barroco inglês; e, de fato, as construções do vale do Elan são muitas vezes chamadas carinhosamente de "Barroco de Birmingham". Revestidas por grandes blocos rústicos de granito, as melhores obras são a Represa Pen y Garreg e o Viaduto Garreg Ddu, além da Torre Foel, com seu domo de cobre, que controla o fluxo d'água – até 300 milhões de litros por dia. As represas ficam particularmente maravilhosas depois que chove, quando a água escorre caudalosamente pelas laterais ou por cima do topo. Uma segunda fase da construção, no vizinho vale do Claerwen, foi concluída em 1956.

Represa Pen y Garreg A pedra local foi adequada apenas para uso no interior das represas. As pedras de granito cinzeladas à mão que revestem o exterior dos reservatórios foram trazidas do sul do País de Gales.

Torre da Casa do Senado A torre em pedra de Portland ergue-se a partir de uma base cinza-oceano de granito da Cornualha.

Casa do Senado, Universidade de Londres

1937 LONDRES, INGLATERRA CHARLES HOLDEN UNIVERSIDADE

Fundada em 1836, a universidade carecia de um foco arquitetônico até a construção, um século mais tarde, da Casa do Senado, com sua imponente torre de pedra de Portland. Originalmente, Charles Holden (1875-1960) pretendia algo bem mais ambicioso, em estilo Bloomsbury georgiano, com duas heroicas torres e dezessete pátios. Mas o que conseguiu realizar não deixou de ser magnífico: uma série de edifícios greco-romanos que, apesar dos poucos detalhes externos, têm grande presença devido aos robustos blocos de alvenaria. Não há estrutura de aço por trás da pedra; Holden acreditava estar construindo algo para durar mais de quinhentos anos, portanto só a alvenaria tradicional seria adequada. Dentro, salas refinadas, entre elas uma ótima biblioteca, são uma celebração dos trabalhos em carvalho, mármore, bronze e até vitrais.

Edifício RIBA, Londres

1934 LONDRES, INGLATERRA GREY WORNUM EDIFÍCIO INSTITUCIONAL

Em meio a casas georgianas e discretos prédios de apartamentos da década de 1920, a sede do Instituto Real de Arquitetos Britânicos (RIBA, na sigla em inglês) parece fora de lugar. Assemelhando-se a um túmulo gigante, esse solene e belo edifício é uma homenagem à competência da produção da manufatura dos anos 1930, com refinados relevos, tipografias e vidro jateado. Os materiais utilizados exibem robustez, enquanto detalhes como luminárias, maçanetas e corrimões são refinados.

Edifício RIBA

55 Broadway, Londres

1929 LONDRES, INGLATERRA CHARLES HOLDEN EDIFÍCIO COMERCIAL

Charles Holden, um *quaker* abstêmio, não fumante e vegetariano, achou o cliente ideal na figura carismática de Frank Pick (1878-1941), um congregacionista que também não fumava e não bebia. Em 1933, Pick tornou-se diretor do Conselho de Transporte de Passageiros de Londres, órgão público conhecido por defender a nova arte, engenharia e arquitetura. No fim da década de 1920, ele escolheu Holden para desenhar a nova sede do metrô de Londres defronte ao St. James's Park. Pick queria luz, e Holden a assegurou, em grande quantidade, projetando uma torre de escritórios do tipo zigurate, com estrutura de aço e revestida de pedra. Disposto em planta cruciforme, com uma torre de relógio de 53 metros de altura sobre o cruzeiro, o 55 Broadway era o mais alto edifício de escritórios de Londres quando foi concluído. Ligando as plataformas da estação St. James's Park, o prédio parte de uma base baixa para as alas de escritórios acima dela. Apesar da planta radical, o 55 Broadway chamou mais a atenção pelas controversas esculturas de sua base, de artistas como Henry Moore, Eric Gill e Jacob Epstein.

Estação Arnos Grove

1932 LONDRES, INGLATERRA CHARLES HOLDEN ESTAÇÃO DE METRÔ SUBTERRÂNEA

No início da década de 1920, Charles Holden começou a desenhar as novas estações do metrô de Londres para Frank Pick, como a 55 Broadway *(ao lado)*. Mas foi só nos anos 1930 que ele de fato se destacou com uma série de estações feitas de tijolos e concreto na Linha Piccadilly. Holden acompanhara Pick num passeio arquitetônico pela Alemanha, Escandinávia e Holanda e ficara especialmente impressionado com o trabalho de Willem Dudok em Hilversum e Gunnar Asplund em Estocolmo. A melhor das novas estações de Holden era Arnos Grove, no norte de Londres – um encontro particularmente feliz entre o estilo da Roma antiga e o holandês moderno, aliados ao artesanato inglês. Tem uma alta rotunda envidraçada, coroada por uma cornija de concreto, que se ergue acima do edifício da estação. Ali, Holden faz um brilhante jogo com uma paleta de materiais antigos e modernos, como concreto armado, tijolo e bronze. Foi uma realização notável conseguir criar um edifício absolutamente funcional que, não obstante, remete a tradições antigas, até atemporais, da arquitetura.

As marcas de Holden
As estações de Holden para o metrô londrino caracterizaram-se por curvas amplas, tijolo aparente, concreto e detalhes geométricos.

Prefeitura de Norwich

1938 NORWICH, NORFOLK, INGLATERRA C. H. JAMES E S. R. PIERCE EDIFÍCIO CÍVICO

Essa sede municipal com influência escandinava, com sua torre do relógio de 56 metros, fica num pódio acima da praça do mercado de Norwich e é alcançada por degraus guardados por leões de bronze. O edifício constitui um ótimo exemplo de resolução de projeto que teve amplo uso na Inglaterra na década de 1930, em reação ao Modernismo de cubos brancos da Bauhaus. Sua força, como fica evidente nas bem definidas linhas, na elaboração e nos detalhes, reside na conexão entre tradição e modernidade, em termos tanto formais quanto estruturais.

Prefeitura de Estocolmo

1923 ESTOCOLMO, SUÉCIA RAGNAR ÖSTBERG EDIFÍCIO CÍVICO

A Prefeitura de Estocolmo – a um só tempo medieval, moderna e romântica – tem um magnífico exterior que lembra um dragão. Dentro, é fascinante, com o Salão Azul (que não é azul) e seu órgão de 10 mil tubos; a Câmara do Conselho, com telhado em forma de navio viking; e o Salão Dourado, com paredes revestidas por mais de 18 milhões de peças de vidro e ouro em mosaicos. Essa e outras salas de conto de fadas ficam diante de uma imenso pátio com colunas, em torno do qual se articula o edifício. Fora ou dentro, o detalhamento é deslumbrante.

Notre-Dame du Raincy

1923 LE RAINCY, PERTO DE PARIS AUGUSTE PERRET LOCAL DE CULTO

Na cidade de Le Raincy, 13 quilômetros a nordeste de Paris, a Igreja de Notre-Dame du Raincy é um edifício muito estranho, imperfeito, mas mesmo assim especial. Projetado por Auguste Perret (1874-1954), foi construído como um memorial de guerra, todo em concreto armado aparente. Na realidade, foi a primeira vez que se usou concreto aparente nesse contexto; embora ele já fosse muito empregado por volta de 1923, um edifício como esse teria sido normalmente construído com pedra e mármore, por razões de adequação e civilidade, entre outras. A falta de um revestimento desse tipo fez com que, na década de 1980, a parte exposta da estrutura da igreja estivesse em estado precário. O programa de reformas em andamento envolveu uma gradual substituição do concreto deteriorado, preservando o design original, mas pouco do material original.

Dentro, as paredes são quase todas compostas por janelas, a estrutura da igreja assume a forma de altas abóbadas de concreto curvando-se para encontrar esguias colunas do mesmo material, que vão se afilando ao subir. O efeito de tanta luz e de uma estrutura tão leve provoca em muitos observadores a sensação de estarem diante da herdeira espiritual e arquitetônica da última das grandes catedrais medievais góticas, como a capela de St. George, em Windsor, ou a do King's College, em Cambridge *(p. 191)*. A torre da igreja é com certeza de inspiração medieval.

Karl Marx Hof

1930 VIENA, ÁUSTRIA KARL EHN RESIDÊNCIAS

O imenso Karl Marx Hof foi construído quando a "Viena Vermelha" estava sob controle socialista, no fim da década de 1920, e Karl Ehn (1884-1957) era o arquiteto da cidade. O plano era abrigar até 5 mil pessoas em 1.382 apartamentos planejados, com creche, biblioteca, lavanderia, posto médico e outros serviços sociais, além de um imenso jardim comunitário. Na realidade, as residências ocupam apenas um quinto do espaço disponibilizado para Ehn. Entre 1923 e 1934, a cidade de Viena construiu 64 mil novos apartamentos, alojando ou realojando um décimo da população. Em 1934, durante a Guerra Civil Austríaca, o Karl Marx Hof foi bombardeado pelo exército austríaco e por grupos paramilitares simpatizantes dos nazistas. Ele perdeu seu provocativo nome logo depois. Foi atacado de novo pelo Exército Vermelho ao fim da Segunda Guerra Mundial. Totalmente reformado entre 1989 e 1992, ostenta hoje orgulhosamente o nome original.

O bloco de apartamentos mais longo do mundo O bonde para quatro vezes entre os dois extremos do Karl Marx Hof: com 1.100 metros de comprimento, esse é o edifício residencial mais longo do planeta.

Estação Stuttgart

1928 · STUTTGART, ALEMANHA · PAUL BONATZ · ESTAÇÃO FERROVIÁRIA

Paul Bonatz (1877-1956) concluiu sua planta da Estação Stuttgart em 1913, mas a construção foi adiada para depois da Primeira Guerra Mundial. O projeto, disse Bonatz, foi "depurado pela gravidade da guerra"; ele abandonou o aspecto bombástico de um romantismo nacional e adotou o estilo sóbrio, soldadesco, que parece anunciar a obra de Albert Speer e Werner March *(p. 367)*, os arquitetos de Adolf Hitler. Bonatz não era nazista e fugiu da Alemanha para a Turquia em 1940. Está em curso uma grande remodelação, às vezes controversa, a cargo do escritório alemão Ingenhoven und Partner, que exigiu demolir suas alas.

Espartana e escarpada A estação neorromânica é a um só tempo nobre e refinada. As paredes e a torre de calcário rústico lembram um robusto castelo do século XI.

Chilehaus

1924 · HAMBURGO, ALEMANHA · FRITZ HÖGER · EDIFÍCIO COMERCIAL

Um impressionante edifício de dez andares em forma de navio, o Chilehaus foi projetado por Fritz Höger (1877-1949) para o armador hamburguês Henry Sloman, que fez fortuna no comércio de nitrato de potássio com o Chile. A vista favorita dos fotógrafos é a quina leste do edifício, que se ergue como a proa de um navio sobre o cruzamento das ruas Burchardstrasse e Pumpenstrasse, em Hamburgo. Apesar de outras referências náuticas – amuradas, escotilhas, sacadas e uma carranca como a estátua de um condor (emprestada do brasão de armas do Chile) –, os hamburgueses associam o edifício a um ferro de passar. Höger teve experiência como artesão antes de se voltar para a arquitetura, o que fica claro em todos os detalhes desse edifício, que se tornou uma das atrações mais populares da cidade hanseática.

Reinterpretando a tradição Cerca de 4,8 milhões de tijolos foram usados no Chilehaus, uma inspirada reinterpretação da tradicional construção em tijolos das velhas cidades hanseáticas do litoral báltico.

Torre Einstein

1921 POTSDAM, ALEMANHA ERICH MENDELSOHN LABORATÓRIO

Em seu tempo como oficial de artilharia do exército alemão na Primeira Guerra Mundial, Erich Mendelsohn fez vários esboços de edifícios futuristas; essas ideias mais tarde foram expressas no curioso desenho desse observatório e laboratório, construído para o físico Albert Einstein e sua equipe de pesquisadores. O edifício branco curvo, suave, parece ter sido feito de argila, embora na verdade seja de tijolo e concreto. Não tem precedentes, embora pareça um pouco com as ilustrações da cantiga de ninar que conta a história da velha senhora que vivia dentro de um sapato. O próprio Mendelsohn afirmou que o projeto desse *tour de force* expressionista baseou-se em teorias musicais e einsteinianas. É impossível prová-lo, mas o que sabemos é que o arquiteto criou um edifício radical para um dos mais inovadores cientistas da história. Esse monumento nacional ainda está em uso pelo Instituto de Astrofísica de Potsdam.

Uso constante O edifício tem dormitórios e salas de trabalho; a expectativa era que os pesquisadores trabalhassem 24 horas, acompanhando o sol.

Salão do Centenário

1913 BRESLÁVIA, BAIXA SILÉSIA, POLÔNIA MAX BERG EDIFÍCIO CÍVICO

Esse sensacional edifício público com cúpula foi construído na antiga Breslau (em polonês, Wroclaw) para celebrar o centenário da Batalha das Nações (1813), quando o exército de Napoleão foi derrotado por Prússia, Áustria, Rússia e Suécia. O projeto de concreto armado, um triunfo da engenharia estrutural da época, é de autoria de Willi Gehler (1876-1953), que trabalhou em colaboração com o arquiteto Max Berg (1870-1947), nascido na cidade. Ele assume a forma de um domo de 62 metros de diâmetro, que se eleva sobre 32 vigas de concreto acima de um imenso auditório quadrado para 10 mil pessoas. A cúpula apoia-se nos quatro cantos do quadrado e lembra um dos domos do arquiteto islâmico Sinan *(p. 149)*. As paredes circundantes, pontuadas por generosas janelas, são dispostas em níveis, de modo que o impressionante espaço da cúpula surge como uma surpresa. O prédio foi erguido em menos de dois anos, graças a maquinário automatizado. A cidade foi quase totalmente destruída na Segunda Guerra Mundial, mas a Sala do Centenário sobrevive – é hoje a Sala do Povo.

Ministério da Aviação, Berlim

1936 BERLIM, ALEMANHA ERNST SAGEBIEL EDIFÍCIO DO GOVERNO

Ernst Sagebiel (1892-1970) projetou o magnífico Aeroporto Tempelhof de Berlim, além desse clássico prédio de escritórios absolutamente austero, na esquina da Wilhelmstrasse com a Leipziger Strasse. Foi a sede de Hermann Goering, para o que durante alguns anos constituiu a mais destruidora força aérea do mundo, a Luftwaffe. O edifício tem espírito adequadamente marcial; por um tempo foi o maior prédio de escritórios da Europa. Escapando à destruição, tornou-se a primeira sede do governo comunista da República Democrática Alemã. Hoje, abriga o Ministério das Finanças.

Chancelaria do Reich

1938 BERLIM, ALEMANHA ALBERT SPEER EDIFÍCIO DO GOVERNO

Embora feito de pedra sólida, esse severo e despojado edifício clássico da Chancelaria, projetado por Albert Speer (1905-1981) para Adolf Hitler, era puro teatro. Com apenas uma sala de largura, a ideia da edificação era exigir uma exaustiva e pretensiosa caminhada desde a entrada principal, na Wilhelmstrasse, até o escritório de 400 m² do Führer. Projetada e construída às pressas, a Chancelaria foi feita de ricos materiais recolhidos ao longo de todo o Terceiro Reich, por uma força de trabalho de 4 mil pedreiros, artesãos e operários. O edifício sofreu graves danos durante o cerco a Berlim em 1945.

Estádio Olímpico, Berlim

1936 BERLIM, ALEMANHA WERNER MARCH ARENA ESPORTIVA

Ainda muito utilizado hoje e reformado a tempo para a Copa do Mundo da FIFA de 2006, o Estádio Olímpico de Berlim foi uma estrela da arquitetura setenta anos atrás, no famoso documentário nazista de Leni Riefenstahl *Olympiad* – uma idealização dos Jogos Olímpicos de Berlim de 1936. A estrutura de aço, projetada por Werner March (1894-1976), foi revestida de pedra por ordem de Hitler depois da construção pronta. Não que o ditador fosse contrário à arquitetura moderna com estrutura de aço – ele na verdade acreditava que, apesar de adequada a edifícios industriais e militares, ela era imprópria para monumentos cívicos. March, que recebera a encomenda do projeto antes da chegada dos nazistas ao poder, queria dar uma aparência muito mais moderna à construção. Mesmo assim, o estádio para 110 mil pessoas foi sem dúvida um local de impacto, e ainda é. A expectativa de Hitler de que fosse o estádio onde os atletas "arianos" *übermensch* (super-homens) provariam sua superioridade cairia por terra graças ao corredor negro norte-americano Jesse Owens, que ali ganhou quatro medalhas de ouro em 1936.

Clareza e simetria
A estrutura clara e a estrita simetria são típicas da arquitetura da era nazista.

Estação de Santa Maria Novella

1936 · FLORENÇA, ITÁLIA · GIOVANNI MICHELUCCI · ESTAÇÃO FERROVIÁRIA

Encomendada em 1932, a Estação de Santa Maria Novella foi projetada por uma equipe de arquitetos liderados por Giovanni Michelucci (1891-1990). Foi construída nos anos fascistas de Mussolini, que prometeu edifícios e cidades tão refinadas quanto os da Roma antiga. Ao contrário de Hitler, o ditador italiano não se prendeu à arquitetura neoclássica e acolheu bem o "racionalismo" de Michelucci. O interior revestido de pedra aproveita bem suas belas proporções, a relação entre luz e sombra, e sua praticidade para propor um estilo de arquitetura que não era nem moderno nem clássico. Um anexo subterrâneo, com um espetacular teto de vidro de Norman Foster e dos engenheiros da Arup, foi planejado em 2004, mas não saiu do papel.

Interior da estação Com teto baixo e revestido com pedra local, o edifício, de intenção horizontal, exibe um design de grande impacto, foco definido e bem-vinda praticidade.

Estação Central de Milão

1931 · MILÃO, ITÁLIA · ULISSE STACCHINI · ESTAÇÃO FERROVIÁRIA

Beleza de uma fera Enorme e um pouco canhestra no estilo, a Central de Milão é ainda assim uma ótima estação, na tradição da Grand Central de Nova York.

Imensa, a Central de Milão tem uma entrada ampla, com 200 metros de comprimento e 72 metros de altura. Suas 24 plataformas são abrigadas por gigantescas cobertas de aço que se estendem por 341 metros. O concurso de 1906 para reconstruir a estação original foi vencido por Arrigo Cantoni, mas seu projeto acabou descartado, por tímido demais. Um segundo concurso, em 1912, foi vencido por Ulisse Stacchini (1871-1947). A Primeira Guerra Mundial retardou a construção, só concluída nove anos após o início do regime de Mussolini. Stacchini fez uma revisão do seu projeto durante a Segunda Guerra Mundial, incluindo ideias do arquiteto futurista Antonio Sant'Elia junto com as que havia extraído das termas da Roma antiga. O resultado é um edifício heroico que, por trás da fachada escarpada, está livre de decoração gratuita, apesar da abundância de magníficos mosaicos, cerâmicas, vitrais e esculturas em baixo-relevo.

Catedral Ortodoxa de Santa Maria, Asmara

1938 ASMARA, ERITREIA ODOARDO CAVAGNARI LOCAL DE CULTO

Dedicada a Santa Maria, a Catedral Ortodoxa de Asmara fica no alto de uma colina num extenso complexo com acesso por imponentes portais. Oferece belas vistas da capital da Eritreia, uma cidade construída em sua maior parte na década de 1930 por imperialistas italianos em sua expansão pela África oriental. Exibe design de beleza inusual e grande impacto. A entrada em mosaico da igreja principal é flanqueada por torres de pedra vermelha que empregam uma construção característica em forma de "cabeça de macaco". Cada uma delas é coroada por um campanário de sóbria geometria, encimado por sua vez por um telhado em forma de *tukul*, a cabana tradicional das terras altas do Leste africano.

Em 1920, a igreja copta original do local foi substituída por uma igreja projetada por um arquiteto chamado Gallo; esta, por sua vez, foi reconstruída no fim dos anos 1930 segundo um projeto de Odoardo Cavagnari. Sua genialidade está em unir tradições absolutamente divergentes: o racionalismo italiano da década de 1930 e o vernáculo das terras altas do Leste africano. O resultado é mágico. A nave constitui uma versão moderna de uma antiga basílica com arcadas, cheia de santos pintados e fiéis devotos.

Mosaico na entrada
Acima das portas, com molduras em peças de cerâmica vermelha, há um mosaico impressionante, com sete painéis verticais, do pintor italiano Nenne Sanguineti Poggi, que datam da década de 1950.

Cinema Impero

1937 ASMARA, ERITREIA MARIO MESSINA CINEMA

Com sua nobre fachada vermelho-império, o exterior do Cinema Impero é um jogo brilhante entre linhas da Roma antiga e insígnias; trata-se, claramente, de um edifício em destaque – uma das mais bonitas construções da Avenida Harnet, a principal da capital eritreia. O lobby, totalmente reformado, é tambem impressionante. O Impero deveria ser parte de um complexo de entretenimento bem maior, com duas galerias de arte, pista de boliche e bar. Era um dos nove cinemas da cidade; dois outros, também especiais, são o Capitol, com telhado inclinado, e o Roma, que parece um centurião desfilando. O aspecto notável é o modo com que cada um desses edifícios da Asmara da década de 1930 participava de um plano urbano integrado e bem executado. Embora o cinema fosse para lazer, nada impediu que servisse também como edifício cívico e contribuísse para aumentar o brilho geral da cidade. Em Asmara, Art Déco e Racionalismo italiano atuam juntos para dar à cidade seu toque único.

Marco duradouro
Com linhas claras, geométricas, e janelas em forma de guichê, a fachada do cinema é um marco do centro de Asmara há setenta anos.

Raleigh Hotel

1940 · MIAMI BEACH, FLÓRIDA, EUA
LAWRENCE MURRAY DIXON · HOTEL

Em 1928, Lawrence Murray Dixon (1901-1949) mudou-se para Miami Beach vindo de Nova York, onde trabalhara para os arquitetos Schultze e Weaver. Montou o próprio escritório em 1931 e começou a desenhar em ritmo frenético. Nos anos 1930 e 1940, projetou 38 hotéis, 87 prédios de apartamentos, 220 casas, 2 núcleos residenciais e 33 lojas. Dixon desenhou alguns dos hotéis mais populares de Miami Beach. Entre eles estão o Victor Hotel (1937), o Raleigh Hotel (1940), o Marlin (1939), o Tides Hotel (1936), o Senator (1939) e o Ritz Plaza Hotel (1940).

O estilo de Dixon era sofisticado. Em vez de transferir as modernas fachadas art déco de cinema para altos prédios de hotéis, buscava moldar edifícios cuja forma e função fossem resolvidas de maneira clara por meio de jogos de curvas sinuosas. O Raleigh, de oito andares, na Collins Avenue, foi um dos primeiros hotéis estilo resort de Miami Beach. Esse bom hotel urbano tem uma ampla piscina rodeada de cabanas de praia com teto de palha.

Estilo com substância Restaurado na década de 1990, o Raleigh Hotel prova que nas mãos certas o Art Déco podia ser mais que um mero estilo ostentatório.

Edifício de Apartamentos El Dorado, Nova York

1931 · NOVA YORK, EUA · EMERY ROTH
RESIDÊNCIAS

Um cinematográfico prédio de apartamentos art déco de 28 andares em Manhattan, o El Dorado foi o quarto e maior de uma série projetada por Emery Roth (1871-1948) junto ao Central Park. O edifício fica em volta de um pátio em U, para aproveitar ao máximo a luz do sol nos 1.300 cômodos de seus 186 apartamentos. Tem na fachada um par de torres sensacionais, iluminadas de vermelho à noite e baseadas vagamente na torre da Giralda da Catedral de Sevilha *(p. 198)*, que iria inspirar os edifícios das Sete Irmãs de Stálin em Moscou. Roth, um órfão que emigrou do Império Austro-Húngaro para Chicago aos 13 anos, começou como desenhista na dinâmica firma Burnham and Root, na década de 1890, e depois mudou-se para Nova York. Os detalhes esculturais futuristas do El Dorado, assim como os ornamentos e padrões geométricos e contrastes de materiais e texturas, fazem dele uma das mais finas construções do Art Déco nova-iorquino. As torres são rematadas por ornamentos com pináculos geométricos, que foram descritos, em termos cinematográficos, como "ornamentos Flash Gordon".

Metrô de Moscou

◒ 1935 MOSCOU, RÚSSIA ✍ VÁRIOS
ESTAÇÕES DE METRÔ

Com boa profundidade sob o solo da cidade e decoração luxuosa em mármores, mosaicos, esculturas e lustres, esses "palácios do povo", construídos por ordem de Stálin a partir de meados dos anos 1930, foram uma suntuosa mostra da arquitetura soviética, do seu design e arte decorativa, unidos a uma engenharia heroica. Boa parte da construção foi realizada por homens em trabalhos forçados.

A primeira linha – a Sokolnitcheskaia, com treze estações – foi inaugurada em maio de 1935. O mármore das paredes da Estação Kropotinskaia, projetada para servir ao proposto, e monstruoso, Palácio dos Sovietes, foi tirado da Catedral do Cristo Salvador, que Stálin demoliu para poder construir o palácio em seu lugar. Bancos de mármore da mesma catedral em estilo bizantino do século XIX ocupam as plataformas da Estação Novokusnetskaia. A Estação Ploschad Revoliutsii tem 76 estátuas de heróis soviéticos – soldados, operários e trabalhadores de fazendas coletivas. A Mayakovskaia, talvez a mais interessante de todas, exibe brilhantes colunas cromadas e abóbadas com mosaicos retratando "Um dia na Terra dos Sovietes". Os passageiros desfrutam a visão de musculosos trabalhadores soviéticos levantando com a aurora, trabalhando pesado, felizes, nos campos e fábricas, e voltando às suas camas quando o sol se põe. A Estação Komsomolskaia, dedicada ao exército, como uma catedral bizantina, é extraordinária.

Estação de metrô Arbatskaia Interior decorado da cavernosa Estação Arbatskaia. O edifício da entrada, no nível da rua, tem design no formato da Estrela Vermelha soviética.

Universidade Estatal, Moscou

◒ 1953 MOSCOU, RÚSSIA ✍ LEV VLADIMIROVICH RUDNEV UNIVERSIDADE

A torre em forma de bolo de casamento da Universidade de Moscou era uma das "Sete Irmãs" de Stálin, projetadas para competir com os arranha-céus de Manhattan. Com 36 andares, ergue-se a 240 metros sobre um corpo robusto, até um delicado torreão, coroado por uma plataforma-mirante sob uma Estrela Vermelha que pesa 12 toneladas. O edifício, diante de um terraço com estátuas de estudantes olhando confiantes para o futuro soviético, é ladeado por quatro alas de alojamentos para alunos, bibliotecas, escritórios e cantinas. Com projeto de Lev Rudnev (1885-1956), o complexo tem 33 quilômetros de corredores e 5 mil quartos.

O edifício foi erguido em parte por detentos, muitos deles prisioneiros de guerra alemães, cativos até meados da década de 1950. De início fã do Românico, Rudnev passou ao Neoclassicismo e por fim a um estilo poderoso, eclético, para sempre associado a Stálin.

Torre eclética A universidade é uma mistura de grande impacto do Gótico russo e do Barroco.

Arquitetura contemporânea

c. 1945 EM DIANTE

Por um breve período, parecia que um em cada dois prédios no mundo seria uma versão menor de um edifício de Le Corbusier. Reações ao Modernismo, porém, já eram comuns no início da década de 1950. Ao fim do século XX, a arquitetura moderna havia virado um caleidoscópio de estilos.

As certezas do Modernismo pré-guerra perderam vigor. A partir da mágica igreja de Le Corbusier em Ronchamp *(p. 376)*, a arquitetura moderna abandonou a clareza geométrica, graças a novos modos de pensar a arte, a teologia, a história e o sentido de lugar. A história era um tesouro a ser explorado. Após o fim da década de 1960, porém, arquitetos espirituosos, primeiro nos EUA, mas não só ali, passaram a projetar num estilo "copiar e colar" rotulado de "Pós-Modernismo". Um de seus expoentes foi Robert Venturi, cujo *Complexidade e contradição em arquitetura* (1964) virou a bíblia do estilo. O "less is bore" ("menos é um tédio") de Venturi desafiou o lema de Mies van der Rohe, "less is more" ("menos é mais"). Venturi propunha uma arquitetura popular e divertida, que foi bem nas mãos de bons arquitetos, mas que virou um tédio na década de 1980, com a inundação pós-moderna de edifícios cansativos e banais.

A revolução do CAD

Bem mais interessante foi a junção de novas formas de arquitetura com o *computer-aided design*, CAD *(p. 339)*, ou design digital. Quando pediram ao jovem engenheiro Peter Rice que tornasse possíveis as ousadas coberturas curvas da Ópera de Sydney *(p. 388)*, ele teve de usar réguas de cálculo e tabelas para fazer a arquitetura navegar por novas águas. Mas em poucos anos o computador permitiu que os arquitetos criassem edifícios de alto impacto, ainda mais delirantes. No século XXI, com poucas exceções, o CAD substituiu a prancheta de desenho e a régua T no mundo inteiro.

Marco de Londres A torre de escritórios em forma de pepino de Norman Foster, na City de Londres, é baseada em uma grade de aço aparente e cintilante, modulada em diagonais.

Elementos

Após a Segunda Guerra Mundial, as certezas racionais do movimento modernista explodiram em uma miríade de novas abordagens para o projeto arquitetônico. Novas tecnologias e materiais estimularam a mudança, mas talvez tenha contribuído também para isso o surgimento de novos ideais sociais e políticos.

Janelas em zigue-zague Arquitetos contemporâneos levaram o design a novas direções radicais, como nessas janelas altamente estilizadas do Museu Judaico em Berlim, de Daniel Libeskind – ousadas incisões em forma de relâmpagos.

Coberturas do tipo tenda Os tetos leves de tecido, em estrutura tênsil, do estádio projetado para as Olimpíadas de 1972, em Munique, pelo pioneiro das estruturas leves, Frei Otto, foram depois copiados e reinterpretados ao redor do mundo.

Equipamento de comunicações Arranha-céus são úteis como torres de comunicação. Nesse exemplo, as antenas no alto da John Hancock Tower, em Chicago, foram estilizadas – e ficaram parecidas, talvez demais, com mísseis.

Janelas de vidro pintado embutidas em paredes curvas, como as de um navio.

Formas irregulares O projeto de Le Corbusier para capela de peregrinação de Ronchamp, na França, foi muito influente. Mostrou como a arte e a emoção, tanto quanto a função, podem gerar formas significativas e poderosas.

Elevadores externos A moda de revelar o funcionamento interno dos edifícios em sua arquitetura exterior foi estabelecida por Richard Rogers e Renzo Piano. Esse é o elevador externo do edifício do Lloyd's, em Londres, de Rogers.

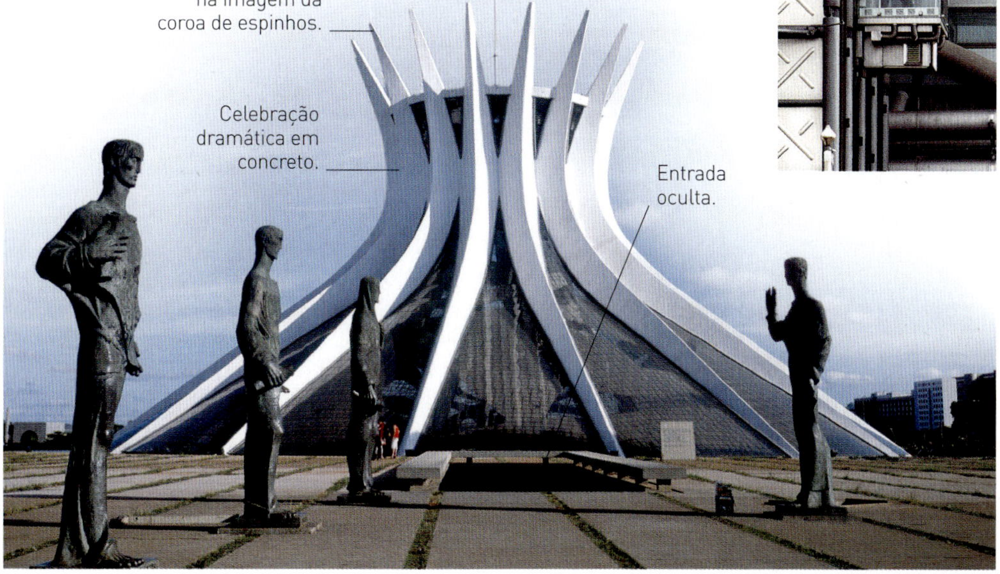

Design baseado na imagem da coroa de espinhos.

Celebração dramática em concreto.

Entrada oculta.

Arquitetura como escultura A Catedral de Brasília (1970), de Oscar Niemeyer, em concreto e vidro, mostra o quanto a arquitetura pode se aproximar da escultura. Exaltada no mundo, prova que o design de concreto pode ser popular.

Chandigarh

1962 LESTE DO PUNJAB, ÍNDIA LE CORBUSIER CIDADE

Quando Índia e Paquistão dividiram-se em agosto de 1947, o Punjab foi partido em dois. O Punjab do Oeste, no Paquistão, manteve a velha capital, Lahore, mas o do Leste, na Índia, precisava de uma nova. A cidade que surgiu numa planície de suave elevação, com 24 vilas, foi absolutamente surpreendente.

Por volta do fim de 1950, Le Corbusier foi nomeado para suceder o planejador original de Chandigarh, o arquiteto nova-iorquino Albert Mayer, e trabalhou com seu primo, o suíço Pierre Jeanneret, e o casal inglês Max Fry e Jane Drew. A nova arquitetura era impressionante. Le Corbusier assumiu a liderança do projeto com três monumentos poderosamente esculpidos para o complexo do Capitólio: a Alta Corte (1956), o Ministério (1962) e a Assembleia (1962). Neste último, vemos a arquitetura como escultura, com uma forma aparentemente livre, mas muito disciplinada. Por trás do pórtico curvo da Assembleia fica a grande sala circular, iluminada e arejada por uma concha hiperbólica de concreto estranhamente assombrosa, cortada no topo em ângulo oblíquo, criando forte impacto visual. Infelizmente, as casas de concreto para os habitantes de Chandigarh são desprovidas de arte e praticidade, contrastando com a imponência solene do centro da cidade de Le Corbusier.

» LE CORBUSIER

De origem suíça, Charles-Edouard Jeanneret (1887-1965) assumiu o nome profissional Le Corbusier antes de se dedicar à arquitetura. A partir de 1922, ficou famoso ao projetar uma série de casas modernistas, todas brancas. Após a Segunda Guerra Mundial, adotou uma arquitetura de romantismo sombrio, em geral de concreto aparente. Projetou alguns dos edifícios mais inspiradores e intelectualmente estimulantes dos anos 1950, como a capela em Ronchamp *(p. 376)*.

A Assembleia, Chandigarh
Mítico e moderno, o edifício da Assembleia em Chandigarh, com pórtico aberto, preserva seu impacto mais de cinquenta anos após ser concluído.

Casa Estudo de Caso nº 21

1958 LOS ANGELES, CALIFÓRNIA, EUA
PIERRE KOENIG RESIDÊNCIA

Pierre Koenig (1925-2004) construiu sua primeira casa de aço e vidro ainda como estudante da Universidade do Sul da Califórnia. Quando John Entenza, editor da revista *Arts and Architecture*, procurou arquitetos jovens e inovadores para projetar casas igualmente inovadoras para seu programa "Case Study Houses", Koenig foi um escolha natural.

A Casa Estudo de Caso nº 21 é muito bem resolvida, moderna, e combina um jardim japonês em estilo zen com a fluência do interior de uma casa térrea. A água corre pelo telhado e pelas paredes, mantendo o interior fresco nos longos verões de Los Angeles, e a brisa passa sob os pisos flutuantes. O efeito refrescante é tão eficiente que a casa nunca precisou de ar-condicionado. O interior transmite também muita calma: promete uma convivência relaxada, fácil, e tem sido aproveitado como cenário em vários filmes de Hollywood. Koenig concluiu a restauração da casa antes de falecer.

Harmonia Com a construção da Casa Farnsworth, o arquiteto Mies van der Rohe realizou o sonho de criar uma "unidade superior" entre natureza e residência.

Casa Farnsworth

1951 PLANO, ILLINOIS, EUA LUDWIG MIES VAN DER ROHE RESIDÊNCIA

Essa elegante casa em estilo internacional foi encomendada como retiro de fim de semana à beira-rio pela doutora Edith Farnsworth. Uma estrutura de aço sustenta dois planos de concreto – piso e teto – com lâminas de vidro entre eles. A parte de aço recebeu tratamento especial antes da pintura para que ficasse com acabamento impecável e aveludado – e, portanto, parece extremamente suave. Os vidros do teto ao chão criam a sensação de que a casa flutua em seu ambiente natural. Um núcleo central contém lareira, cozinha e banheiro com encanamento embutido.

Casa Estudo de Caso nº 22

1960 LOS ANGELES, CALIFÓRNIA, EUA
PIERRE KOENIG RESIDÊNCIA

Instalada num íngreme rochedo sobre Los Angeles, a Casa Estudo de Caso nº 22 tem aparecido em filmes, livros, revistas e anúncios, embora nunca tão bem capturada quanto na famosa foto de Julius Schulman, de pessoas refinadas na sensacional sala de estar enquanto anoitece na cidade. O arquiteto britânico Norman Foster (1935-) escreveu: "Ali, flutuando quase sem peso acima das luzes cintilantes de Los Angeles, estendido embaixo como um tapete, há um recinto elegante, leve, econômico e transparente, cuja aparente simplicidade esconde o rigoroso processo de pesquisa que o tornou possível. Se tivesse que escolher uma foto, um momento arquitetônico, do qual gostaria de ter sido o autor, certamente seria essa. Tanto como imagem quanto como artefato, a Casa Estudo de Caso nº 22 é há tempos uma pedra angular para os arquitetos contemporâneos".

Koenig continuou a experimentar com casas de estrutura de aço, e todas elas parecem se adaptar bem aos seus ambientes.

Casa Eames

1949 LOS ANGELES, CALIFÓRNIA, EUA
CHARLES EAMES RESIDÊNCIA

Charles Eames (1907-1978) dividiu um galpão industrial de dois andares em casa e estúdio – nº 8 das "Case Study Houses" *(ao lado)* –, para ele e a esposa, com dormitórios sobre um mezanino. O esqueleto de aço tem painéis industriais transparentes e translúcidos encaixados como divisórias, e o acabamento reúne vários materiais e cores. Uma sala de estar esplêndida, com pé-direito total do volume no extremo sul, abriga oito dos dezessete compartimentos da casa.

Casa Eames

Notre-Dame-du-Haut

1955 RONCHAMP, LESTE DA FRANÇA
LE CORBUSIER LOCAL DE CULTO

A capela de Le Corbusier numa colina em Ronchamp substituiu a igreja do século XIX destruída na Segunda Guerra Mundial. A casca de concreto leve no telhado projeta-se das paredes de alvenaria caiadas e acima da nave curva, iluminada por janelas de espaçamento irregular, com vidro pintado pelo arquiteto. O telhado eleva-se 10 centímetros acima das paredes, sustentado por colunas que sobem por elas, e o vão é preenchido por vidro transparente. O resultado é um halo de luz em volta da deslumbrante nave. Esta é coroada por três torres, cada qual pintada por dentro com uma cor diferente. A acústica é impressionante: a voz humana soa sobrenatural; fora, a parede leste é curvada para refletir a voz dos padres que rezam missa no altar externo. Com rico simbolismo, ecos de Picasso e um hino tanto à natureza quanto à Virgem Maria, a capela provou que os arquitetos contemporâneos da Europa podiam criar locais de culto à altura, embora bem diferentes, daqueles dos mestres góticos.

Elevação espiritual
A fascinante capela de Le Corbusier em Ronchamp levou seu trabalho pós-guerra a novo patamar.

Unité d'Habitation

1952 MARSELHA, FRANÇA
LE CORBUSIER RESIDÊNCIAS

A Unité d'Habitation de Le Corbusier foi um ousado experimento com moradias de baixo custo. O edifício de concreto de doze andares tem 337 apartamentos arranjados em 23 configurações diferentes e é mais complexo que seu exterior básico sugere. Empilhados como garrafas de vinho numa estante, os apartamentos distribuem-se ao longo dos corredores do edifício, estendendo-se por toda a largura do bloco. Na cobertura há um playground e uma piscina infantil. Um dos andares é para lojas, e há até um hotel. Localizado num parque, o edifício todo ergue-se acima do chão sobre heroicos "pilotis" *(p. 341)*.

O pioneiro O design desse edifício tornou-se o modelo de vários outros prédios que Le Corbusier iria construir por toda a Europa.

Maisons Jaoul

1956 NEUILLY-SUR-SEINE, PARIS, FRANÇA
LE CORBUSIER RESIDÊNCIAS

Essas duas residências no subúrbio parisiense de Neuilly-sur-Seine marcam um afastamento radical das casas brancas que Le Corbusier fazia trinta anos antes. Agora, o arquiteto ingressava numa fase poética sombria na vida e na arte, com uma arquitetura rude, feita de materiais rústicos e até brutais. Inevitavelmente, isso causou o mesmo tipo de controvérsia entre seus admiradores que Bob Dylan promoveu uma década depois das Maisons Jaoul, ao trocar o violão acústico por uma guitarra elétrica.

Como cavernas abrigadas, cuidadosamente iluminadas sob tetos em abóbada cilíndrica, as Maisons Jaoul são na verdade casas deliciosas, sob todos os aspectos. As paredes são de tijolos que suportam o peso de abóbadas de concreto revestidas também de tijolos. É o início da estética "brutalista", na qual materiais brutos eram contrastados vigorosamente – um estilo que podia ser desastroso nas mãos de um arquiteto menor, mas que aqui foi expresso por Le Corbusier com um sentido do sublime.

Escritório Jespersen

1955 · COPENHAGUE, DINAMARCA
ARNE JACOBSEN · EDIFÍCIO COMERCIAL

O Escritório Jespersen é disciplinado, focado e de design detalhado, artesanal. O resultado é muito especial: uma linguagem arquitetônica moderna fundida com habilidades artesanais antigas. Arne Jacobsen (1902-1971) teve instrução não só como arquiteto, mas como artesão, algo que os arquitetos dinamarqueses atuais mantêm. Em 1927, projetava residências, mobília e cutelaria. Montou escritório em 1930 e sempre se recusou a ficar só na arquitetura. Muitos de seus designs clássicos ainda vendem bem – são espontâneos e muito bem feitos. A cadeira modelo 3107, de 1955, vendeu mais de 5 milhões de cópias (é a cadeira da modelo inglesa Christine Keeler na foto de Lewis Morley de 1963), e a cutelaria está no filme *2001: Uma Odisseia no espaço*, de Stanley Kubrick. O interior do edifício de Jespersen, tipicamente leve, tem acabamento com a qualidade que se espera sempre de escritórios dos anos 1950, embora poucos o façam como o Edifício Seagram *(p. 378)*.

Edifício Pirelli

1956 · MILÃO, ITÁLIA · GIO PONTI
EDIFÍCIO COMERCIAL

Em 18 de abril de 2002, aos 68 anos, Luigi Gino Fasulo espatifou-se com seu pequeno avião no 26º andar do Edifício Pirelli, de 127 metros de altura. Por um horrível momento, pareceu uma repetição do 11 de Setembro de Nova York. Ninguém sabe o que houve – um erro do piloto, talvez –, mas atraiu a atenção mundial para o mais alto edifício de Milão, projeto do arquiteto Gio Ponti (1891-1979) e do engenheiro Pier Luigi Nervi (1891-1979). Ponti, que criou a revista *Domus* em 1928, era um famoso designer industrial, também decorador, e trabalhou com alguns dos maiores talentos da vanguarda da época. "Amo a arquitetura", ele declarou, "seja antiga ou moderna... por suas criações fantásticas, ousadas e solenes... pelas formas abstratas, alusivas e figurativas que encantam o espírito e extasiam os pensamentos". Fiel a suas palavras, o arquiteto amava todos os estilos e era bom em todos também. Nesse, expressou seu lado de maior impacto, com uma torre estreita de 32 andares, erguida no local original da fábrica de pneus Pirelli. Hoje, com cicatrizes, o edifício abriga os escritórios do governo regional da Lombardia.

Chanfrado peculiar
O Edifício Pirelli tem cantos chanfrados, o que o distingue dos muitos prédios de escritórios tipo paralelepípedo da atualidade.

Lever House

1952 NOVA YORK, EUA SKIDMORE, OWINGS & MERRILL EDIFÍCIO COMERCIAL

Representando a síntese do edifício de escritórios moderno em vários sentidos, o design fluente do Lever House, com fachadas-cortina de aço e vidro, foi amplamente copiado em todo o mundo. Encomendado pela Lever Brothers, fabricante americano de sabões e detergentes, foi obra da Skidmore, Owings & Merrill (SOM). Fundada em 1936, a SOM ajudou a popularizar o estilo Internacional nos EUA. O engenheiro-chefe, Gordon Bunshaft (1909-1990), concebeu o edifício a partir de trabalhos anteriores de Le Corbusier e Mies van der Rohe. Designado como edifício-marco em 1992, o Lever House foi reformado pela SOM em 1998.

Jardins na torre
Este estreito edifício de vinte andares ergue-se sobre uma laje horizontal sustentada por pilotis no estilo de Le Corbusier. Abriga um pátio ajardinado e é coroado com um jardim na cobertura.

O elogio das imitações
Imponente e de realização soberba, o Edifício Seagram foi muitas vezes imitado, mas nunca igualado.

Edifício Seagram

1958 NOVA YORK, EUA LUDWIG MIES VAN DER ROHE EDIFÍCIO COMERCIAL

Mies esperou 35 anos até conseguir finalmente construir seu edifício ideal de aço e vidro – o Seagram. Recuado 27 metros da Park Avenue numa praça escalonada, pavimentada de granito, com dois espelhos d'água retangulares, o elegante prédio lança seus 38 andares pelos céus de Nova York. Os primeiros desenhos de Mies, de 1919, eram bem mais livres do que esse design frio, refinado, estilo Schinkel – isto é, de templo prussiano inspirado em precedente grego, mas desprovido de qualquer ornamentação externa. Com lobby de travertino de pé-direito duplo, elevadores zunindo, corrimãos e remates de bronze, vidro âmbar-escuro e um grande restaurante desenhado por Philip Johnson *(p. 390)*, o Edifício Seagram é uma experiência a ser guardada com carinho. Com esse maravilhoso exemplo de design assertivo, sob medida, Mies criou um dos edifícios verdadeiramente grandes da América do século XX.

Academia da Força Aérea, Colorado Springs

1962 COLORADO, EUA SKIDMORE, OWINGS & MERRILL EDIFÍCIO MILITAR

A Academia da Força Aérea dos EUA orgulha-se de sua arquitetura. Como diz o próprio folheto da instituição, "a ágil arquitetura moderna, a colossal escala e a localização excepcional da Academia combinam-se num impressionante monumento nacional. O brilho de seus edifícios de alumínio, aço e vidro é... a expressão viva da modernidade do voo". Eles têm toda razão.

Criados na primeira década da Guerra Fria, os edifícios da Academia simbolizavam a importância do poder aéreo dos EUA na batalha ideológica contra a União Soviética. Essa orgulhosa expressão do que ficou conhecido como *Mid-Century Modern* [Modernismo de Meados do Século] é ao mesmo tempo de baixa altura, elegante, tranquila e sutilmente heroica. A construção começou em 1954 (a primeira turma formou-se em 1959), e o campus de 73 km^2 foi concluído quase todo em 1962, com a consagração da bela capela desenhada por Walter Netsch (1920-2008). O interior dessa capela de múltiplos credos, tão sensacional quanto seu exterior projetado para o céu, é iluminado por feixes de luz que penetram pelos vitrais coloridos que preenchem os espaços entre entre as seções da vertiginosa nave.

Marco nacional e escola dinâmica, a Academia da Força Aérea, apesar da remota localização, atrai 1 milhão de visitantes por ano. Os edifícios originais parecem tão modernos hoje quanto na inauguração da Academia, em 1958.

Capela, projeto de Walter Netsch

A capela da Academia O local foi descrito como "uma falange de caças", em pé sobre suas caudas, prontos para decolar.

Acesso ao terminal

Terminal da TWA, Aeroporto John F. Kennedy

1962 NOVA YORK, EUA EERO SAARINEN AEROPORTO

O estranho terminal aéreo da TWA, do arquiteto finlandês Eero Saarinen, no Aeroporto de Idlewild (hoje John F. Kennedy), em Nova York, foi esculpido como um símbolo abstrato do voo. Ao contrário da maior parte dos terminais, que parecem feitos para deprimir os passageiros, o de Saarinen não só é animado como mostra que as estruturas de concreto podem ser realmente encantadoras.

Segundo Saarinen, nessa sua intrigante edificação "a arquitetura expressa o drama, o aspecto especial e a excitação de uma viagem... com as formas deliberadamente escolhidas para enfatizar a qualidade ascendente das linhas". Muitos arquitetos, presos ao puro Modernismo, ficaram chocados com essa ousada caverna de concreto. Mas, ao contrário das construções "icônicas" pueris do início da década de 2000, ela denota real invenção, ímpeto e maestria. Tão vanguarda a ponto de fazer parecer antiquadas as aeronaves que serve, provou que um edifício pode ter pouca altura e ainda assim evocar o espírito do voo. A luz infiltra-se por janelas, aberturas e rampas, de modo que de qualquer lugar os passageiros te-

Interior do terminal
O projeto abrangeu os mínimos detalhes, desde escadas, bares, painéis informativos e balcões de passagens, até cadeiras, placas e cabines telefônicas, formando um todo realmente convincente.

nham um senso do exterior e do céu. O terminal, tão crucial na história do projeto de transportes dos EUA quanto a estação Grand Central de Nova York, ficou tempos fechado, em reformas. Cercado por receio de que a obra original de Saarinen pudesse ser estragada ou desfigurada, reabriu em 2005.

» EERO SAARINEN

Eero Saarinen (1910-1961) nasceu em Kirkkonummi, na Finlândia. Estudou escultura em Paris e arquitetura em Yale, após o que foi trabalhar no escritório do pai, Eliel. Seus edifícios são esculturas, tanto quanto arquitetura. Movia-se com liberdade seja no fluido Modernismo corporativo, como no Centro Técnico da General Motors *(à dir.)*, perto de Detroit, seja no Expressionismo fluente, como no Terminal da TWA e no Gateway Arch, em St. Louis, Missouri.

Crown Hall

1956 · CHICAGO, ILLINOIS, EUA
LUDWIG MIES VAN DER ROHE · UNIVERSIDADE

Pavilhão de planta aberta, o Crown Hall, no campus do Illinois Institute of Technology, é um ótimo exemplo do talento de Mies van der Rohe para abranger grandes espaços com um mínimo de estrutura e ainda assim conceber um edifício formal com associações clássicas. O teto elevado é sustentado apenas por oito vigas em "I". Dentro, o espaço é organizado por divisórias. Escadas levam até um subsolo com oficinas, banheiros, serviços mecânicos e escritórios. A respeito do Crown Hall, Mies escreveu: "Tem um caráter científico, mas não é científico... É conservador, já que se baseia em leis eternas da arquitetura: Ordem, Espaço, Proporção".

Centro Técnico da GM

1955 · WARREN, MICHIGAN, EUA
EERO SAARINEN · INDUSTRIAL

Descrito como uma "Versalhes industrial", o Centro Técnico da General Motors é um elegante núcleo de pesquisa, com edifícios de três andares reunidos em volta de um lago, do qual se ergue uma torre-reservatório de água digna de ficção científica. Os espaços entre os painéis que revestem as paredes são vedados com neoprene, como nas janelas de aviões. As janelas, que não são abertas, nivelam-se com as paredes e são pintadas de verde, para absorver calor e luz; o ar-condicionado é camuflado num forro falso. O Centro Técnico da GM exerceu imensa influência nos posteriores designs "high-tech" de arquitetos britânicos como Norman Foster e Richard Rogers.

» Design icônico
Em 1985, o Instituto Americano de Arquitetos premiou o Centro Técnico da GM com o Twenty-Five Year Award, por sua duradoura importância.

Domo sobre o poço central

Exibicionismo arquitetônico Poucas exposições estão à altura da arte de Wright, e talvez muitas pessoas visitem o Guggenheim mais para ver o próprio edifício – bem fora do padrão dos demais de Nova York – do que as obras expostas.

Museu Guggenheim, Nova York

1959 | **NOVA YORK, EUA** | **FRANK LLOYD WRIGHT** | **GALERIA DE ARTE**

"Ao entrar no espírito deste interior, você descobrirá a melhor atmosfera possível para exibir belas pinturas...". Assim se referiu Frank Lloyd Wright à sua famosa galeria na Quinta Avenida. Jamais saberemos se o arquiteto de fato achava uma boa ideia ficar inclinado numa rampa em espiral olhando as telas.

Sejam quais forem os problemas do Guggenheim, ele continua sendo um edifício glorioso, um pouco maluco, que ampliou os limites da tecnologia do concreto. Em suma, é uma rampa circular que sobe em volta de um poço de concreto, como por dentro de um caracol, coroado por um domo plano de vidro. Difícil enjoar da experiência de andar por esse espaço desafiador e lúdico. Wright, que gastou dezesseis anos no design, teve a intenção de fazer os visitantes subirem de elevador ao último andar e depois descerem a rampa andando. Mas a galeria começa as exposições no andar térreo, por isso os visitantes são obrigados a subir a rampa.

Em 1992, foi acrescentada ao Guggenheim uma torre de dez andares, revestida de calcário, projetada pelos arquitetos Gwathmey, Siegel, and Associates. Ela provê paredes planas para as pinturas e permite que os visitantes fiquem em pé eretos. Wright teria gostado? Provavelmente, não. Como ele disse, com sua extrema modéstia, a meta era "que o edifício e a pintura fossem uma bela sinfonia ininterrupta, como nunca existiu no Mundo da Arte antes". Ou depois.

FRANK LLOYD WRIGHT

Frank Lloyd Wright (1867-1959) nasceu em Richland, Wisconsin. Estudou engenharia, trabalhou para o arquiteto Louis Sullivan em Chicago, desenhou sua primeira casa em 1887, casou-se bem e criou Oak Park, um subúrbio residencial "estilo pradaria". A partir de 1900, começou a "enxugar" seus projetos, arrumou amantes e ficou exibido. Após uma série de escândalos e infortúnios na meia-idade, virou um grande astro, embora seus últimos edifícios tenham descambado para o kitsch.

Fábrica de Borracha Brynmawr

1951 BRYNMAWR, EBBW VALE, PAÍS DE GALES PARCERIA DE ARQUITETOS EDIFÍCIO INDUSTRIAL

Essa fábrica de borracha ofereceu muito emprego na área de Ebbw Vale, nos anos pós-guerra. Foi projetada por uma equipe de jovens arquitetos idealistas e pelo engenheiro dinamarquês-britânico Ove Arup (1895-1988). O edifício é surpreendente: pisos generosos, cantinas iluminadas e murais heroicos, cobertos por uma sensacional série de domos de concreto baixos e leves. Reyner Banham, um crítico inglês da época, disse que as instalações tinham "um dos interiores mais impressionantes da Grã-Bretanha desde St. Paul". Foi comparado às melhores obras de Le Corbusier e Alvar Aalto. Primeiro prédio do pós-guerra tombado na Grã-Bretanha, infelizmente acabou sendo demolido.

Igreja de St. Bride, East Kilbride

1964 LANARKSHIRE, ESCÓCIA GILLESPIE, KIDD & COIA LOCAL DE CULTO

Com sua torre em forma de chaminé e extensões de tijolos aparentemente sem janelas, a igreja católica de St. Bride parece de longe uma estação elétrica, mas, conforme chegamos perto, revela-se uma igreja com profunda atmosfera espiritual. O interior tem iluminação criativa, obtida por meio de um clerestório de seis janelas ocultas. Lembra o da igreja do mosteiro de La Tourette, de Le Corbusier, junto a Lyon, mas os tijolos criam um clima mais caloroso que o concreto no mosteiro.

Gillespie, Kidd & Coia produziram vários projetos vigorosos para igrejas católicas, como o do abandonado Seminário de São Pedro, em Cardross (1966), inspirado também em obras da última fase de Le Corbusier.

Prédio da Engenharia, Universidade de Leicester

1963 LEICESTER, INGLATERRA SIR JAMES STIRLING E JAMES GOWAN UNIVERSIDADE

Com sua torre laranja-vivo erguendo-se no relativamente sóbrio campus da Universidade de Leicester, o novo Prédio da Engenharia causou ondas de choque por toda a arquitetura britânica. Por meio desse edifício, James Stirling (1926-1992) e James Gowan (1923-2015) provaram ser possível romper com o Modernismo retilíneo sem deixar de ser fiel às raízes da arquitetura modernista. As associações que o edifício despertava eram intrigantes e, na época, controversas. Onde mais na Grã-Bretanha, exceto no Finsbury Health Centre de Londres, de Berthold Lubetkin, alguém poderia ver um edifício mais fortemente influenciado pelo Construtivismo soviético? Quando um prédio tão distante do mar pareceu tão mais adequado a um cais de navios do que à ciência? Nascido em Glaswegian e educado em Liverpool, Stirling era um designer basicamente intuitivo, para quem a arquitetura constituía sobretudo uma forma de arte, num tempo em que o termo beleza soava como palavrão entre seus pares britânicos. A arte de Stirling era questionadora, irrequieta, e ele lidou com vários estilos. Aqui, com Gowan, também de Glaswegian, produziu talvez sua melhor obra.

Fábrica de saber A esguia torre do Prédio da Engenharia, similar à de uma fábrica, na Universidade de Leicester, ergue-se de um bloco baixo, iluminado do alto por luzes do teto dispostas em ângulo.

Belas vistas
Os três auditórios têm à sua volta bares em terraços ao ar livre, que oferecem lindas vistas do centro de Londres.

Teatro Nacional, Londres

1976 · LONDRES, INGLATERRA
SIR DENYS LASDUN · TEATRO

Após anos de trâmites, a construção de um Teatro Nacional em Londres foi iniciada em 1967 e concluída uma década depois. O resultado foi uma montanha de concreto, escalonada como um zigurate raso, na margem sul do Tâmisa. O design desafiador, de Denys Lasdun (1914-2001), era um complexo de seções interligadas, contendo três auditórios: o Olivier, com palco aberto, inspirado nos antigos anfiteatros gregos em Epidauro; o Lyttelton, dotado de palco com procênio; e o Cottesloe, um teatro do tipo caixa preta, para produções experimentais. O edifício, embora um teatro bem-sucedido e um ponto de encontro popular, não agradou a todos. O príncipe de Gales o descreveu como "uma maneira inteligente de construir uma usina nuclear no meio de Londres sem ninguém se opor a nada". O único aspecto realmente falho é a parte dos fundos, que não tem ligação com a rua.

Mudanças pós-construção
O Centro Sainsbury ganhou novo revestimento parcial com painéis brancos. E foi expandido para o subsolo com a Crescent Wing, de 1991.

Centro de Artes Visuais de Sainsbury

1978 · NORWICH, NORFOLK, INGLATERRA
LORDE NORMAN FOSTER · UNIVERSIDADE

Projetado como um ultramoderno e sofisticado hangar aeronáutico, o Centro de Sainsbury foi um dos primeiros de uma série de designs "high-tech" de alto nível do dinâmico escritório de Norman Foster (1935-). Galeria de arte pública e departamento de ensino da Universidade de East Anglia, o reluzente edifício prateado fica perto de alojamentos estudantis, com projeto de Denys Lasdun, na forma de pirâmides de concreto escalonadas. Quase inteiramente de vidro, as paredes dos fundos do edifício revelam um esqueleto pré-fabricado. A grande planta interior aberta, com mezaninos, é iluminada por luz natural e artificial. É também desimpedida, pois as instalações elétricas e hidráulicas ficam em paredes duplas do tipo sanduíche.

Congresso Nacional

1960 · BRASÍLIA, BRASIL · OSCAR NIEMEYER · EDIFÍCIO DO GOVERNO

A construção de uma nova capital para o Brasil era pensada desde o início do século XIX, mas permaneceu um sonho por várias gerações. O sonho finalmente se realizou em 1956, quando o presidente Juscelino Kubitschek encomendou ao urbanista Lúcio Costa (1902-1998) e ao arquiteto Oscar Niemeyer (1907-2012) o projeto e a construção de Brasília numa área de cerrado, 1.005 metros acima do nível do mar, em apenas cinco anos... e eles conseguiram.

No centro dessa impressionante cidade está o Edifício do Congresso Nacional, de Niemeyer. Impactante e simples, ele é, ao lado da Catedral de "coroa de espinhos" projetada pelo arquiteto *(p. 373)*, o que fica na memória de quem visita Brasília. A estrutura baixa, horizontal, como uma laje, sobre a qual o edifício parece se apoiar, é encimada por uma grande cúpula (a cobertura do Senado) e uma cúpula invertida (a da Câmara dos Deputados). Um bloco administrativo de duas torres, ligadas por uma ponte envidraçada, ergue-se entre os dois domos. A maior parte da "laje" é ocupada por saguões, escritórios, restaurantes e dependências afins. O Congresso fica diante de um longo e estreito parque. Antes era possível subir as rampas vindo do parque, até o terraço do bloco horizontal, e ficar entre as torres gêmeas e os estranhos domos (a ideia era que, assim, o povo sentiria a instituição como sua). O golpe militar de 1964 acabou com essa ilusão. Nos anos seguintes, o terraço foi ocupado por um contingente armado do exército. Desde a restauração da democracia, razões de segurança mantiveram esse esplêndido edifício ainda fora do alcance do povo.

» OSCAR NIEMEYER

Nascido no Rio de Janeiro, Oscar Niemeyer (1907-2012) trouxe uma sensualidade inédita para a arquitetura modernista. Ele se dizia inspirado pelas vistas do mar a partir de seu estúdio, pelas montanhas ao fundo e pelas formas da mulher. Há quem descreva como barrocos seus mais famosos edifícios – como a ondulada Igreja da Pampulha (1943, *p. 353)*, a Catedral de Brasília (1970, *p. 373)* e o Museu de Arte Contemporânea, Niterói (1996).

Obra de arte Como obra de escultura em grande escala, o Congresso Nacional tem poucos rivais à altura.

Ginásio Nacional, Tóquio

1964 TÓQUIO, JAPÃO KENZO TANGE ARENA ESPORTIVA

O arquiteto japonês Kenzo Tange (1913-2005) projetou dois ginásios nacionais para as Olimpíadas de Tóquio de 1964. O maior é formado por dois semicírculos, levemente deslocados entre eles, com extremidades alongadas em pontas (ou proas). Em cima há uma radical cobertura curva sustentada por dois pilares de concreto armado e cabos de aço. O edifício menor, ligado ao maior por um imenso passeio, é também circular. De novo, a parte externa que cobre o edifício é suspensa por um mastro de concreto. Ágeis e estimulantes, os edifícios têm toda a energia represada dos velocistas em sua linha de largada. Tange começou sua carreira influenciado por Le Corbusier, com o design do Pavilhão da Paz de Hiroshima, em 1949. Ele contribuiu muito para uma nova imagem do Japão, encarando a tradição como um útil catalisador de um projeto inventivo, mas que não fosse detectável no resultado final.

Com estilo, mas forte Os telhados dos ginásios (aqui o menor dos dois) foram projetados para suportar ventos de furacão, assim como para causar forte impacto visual.

Estádio Olímpico, Munique

1972 MUNIQUE, ALEMANHA GÜNTHER BEHNISCH E FREI OTTO ARENA ESPORTIVA

Teto fluido Esse teto, similar ao de uma barraca, de PVC e poliéster, abriga o Salão Olímpico, as piscinas e o estádio principal de atletismo.

A cobertura dessa revolucionária construção, dos alemães Günther Behnisch (1922-2010) e Frei Otto (1925-2015), foi produzida com o auxílio de design computadorizado e matemática rigorosa, a fim de determinar a estrutura e a forma fluida. Resultado de anos de pesquisa de Otto, a cobertura foi feita com poliéster revestido de PVC e suspensa por ganchos, por sua vez sustentados por cabos mantidos em tensão a partir de mastros de aço. Embora os Jogos de 1972 tenham sido ofuscados pelo assassinato de atletas israelenses por terroristas árabes, o estádio mostrou uma Alemanha bem diferente daquela de 1936, quando as Olimpíadas foram realizadas no Estádio de Berlim, de Werner March *(p. 367)*, para demonstrar a superioridade racial dos "arianos" alemães. Behnisch, ex-comandante de submarino, e Otto, ex-piloto de combate da Luftwaffe, criaram uma arquitetura jovial e democrática, tão leve e livre quanto a nazista havia sido pesada e rígida. Com seus 80 mil assentos, o Estádio Olímpico foi sede da equipe de futebol do Bayern de Munique até 2005, quando o time se mudou para uma nova casa, própria para o futebol, projetada pelo escritório Herzog & De Meuron. Transformado em um cinema gigante e em local de eventos e shows, o Estádio Olímpico ainda é muito apreciado em Munique.

Centro Pompidou

1977 · PARIS, FRANÇA · RENZO PIANO, RICHARD ROGERS E PETER RICE · GALERIA DE ARTE

O projeto vencedor do concurso de 1971 para o complexo de artes do Centre Georges Pompidou, no local do mercado de Les Halles, no centro de Paris, foi o da equipe formada pelo arquiteto britânico Richard Rogers (1933-), pelo arquiteto italiano Renzo Piano (1937-) e pelo engenheiro estrutural irlandês Peter Rice (1935--1992). Como se soube depois, eles inscreveram seu projeto radical na última hora.

Tubulação do Pompidou

O presidente francês Georges Pompidou tomou posse em 1969 para conter a rebelião política que um ano antes quase produziu uma segunda Revolução Francesa, mas foi o extravagante design vencedor do novo complexo de arte que desencadeou uma revolução arquitetônica. Os pisos de planta aberta desse edifício de vários andares eram sustentados por um arcabouço de ferro e aço, com as instalações elétricas e hidráulicas expostas fora da edificação, inclusive as escadas rolantes, em tubos de vidro ziguezagueando pela fachada. Essa abordagem de dentro para fora do design e da construção originou o horrível termo "Bowellism" ("Intestinismo"), além de vários cartuns mostrando Richard Rogers – que manteve essa linha por vários anos – com os intestinos transbordando para fora das roupas. Sátiras à parte, o centro foi um projeto engenhoso que capturou a imaginação de uma geração de arquitetos, engenheiros e artistas, à procura de uma nova ruptura após anos restritos a linhas retas e caixas de concreto. Fato curioso, a música encomendada para a abertura do centro foi composta por Iannis Xenakis, mestre da "música concreta" e ex-assistente de Le Corbusier. O Centro Pompidou, apelidado de "Beaubourg", foi remodelado por Renzo Piano a tempo para as celebrações do milênio em 2000.

PETER RICE

Peter Rice (1935-1992) foi um brihante engenheiro e matemático irlandês que tornou possível construir vários edifícios importantes no fim do século XX, como o Centro Pompidou, a Ópera de Sydney e a Menil Gallery, em Houston, Texas. A partir de Rice, arquitetos radicais passaram a trabalhar com engenheiros dotados de imaginação para determinar o quanto as estruturas podiam ser levadas a extremos e permitir a criação de novas formas e abordagens.

Os interiores
O grande edifício vermelho, branco e azul abriga biblioteca, museu de arte moderna, centro de design industrial e laboratório para música e pesquisa acústica.

Ópera de Sydney, em vista aérea

Casa de Ópera de Sydney

1973 · SYDNEY, AUSTRÁLIA · JØRN UTZON · TEATRO

Famosa no mundo todo por sua sensacional cobertura, a Casa de Ópera de Sydney foi projetada, a partir de 1957, pelo arquiteto dinamarquês Jørn Utzon (1918-2008), assessorado pelo engenheiro irlandês Peter Rice *(p. 387)*. Com ousada localização no Bennelong Point, península que adentra o porto de Sydney, o edifício define-se por seus telhados em forma de velas, que partem de uma base convencional. Utzon deixou o projeto em 1966 por divergências políticas e por estourar muito o orçamento, e o prédio sob os telhados foi concluído sem seu toque mágico. O arquiteto voltou para remodelar partes da construção no início do século XXI, e a Sala Utzon, com design dele, foi inaugurada em 2004. A ousada cobertura é composta por 2.194 seções finíssimas de concreto pré-moldado, fixadas por 350 quilômetros de cabos de aço tensionados. O edifício tem mil salas e recebe 3 mil eventos por ano. A primeira récita, em 1973, foi da ópera *Guerra e paz,* de Prokofiev, que talvez tenha descrito a relação real e a ideal entre arquiteto e cliente.

Sala de concertos
A sala de concertos tem capacidade para 2.679 pessoas; o teatro de ópera adjacente abriga 1.507. Cerca de 2 milhões de pessoas por ano participam de eventos na Ópera.

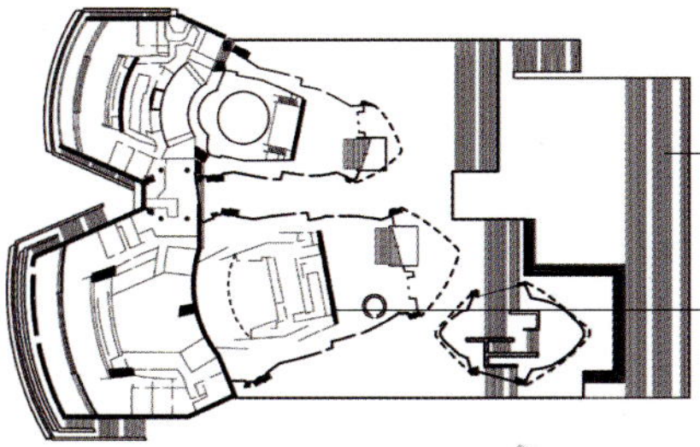

Planta do piso
A plataforma sólida forma a projeção do edifício e mede 185 x 120 metros.

Detalhe do exterior
6.225 m^2 de vidro complementam a construção em aço e concreto.

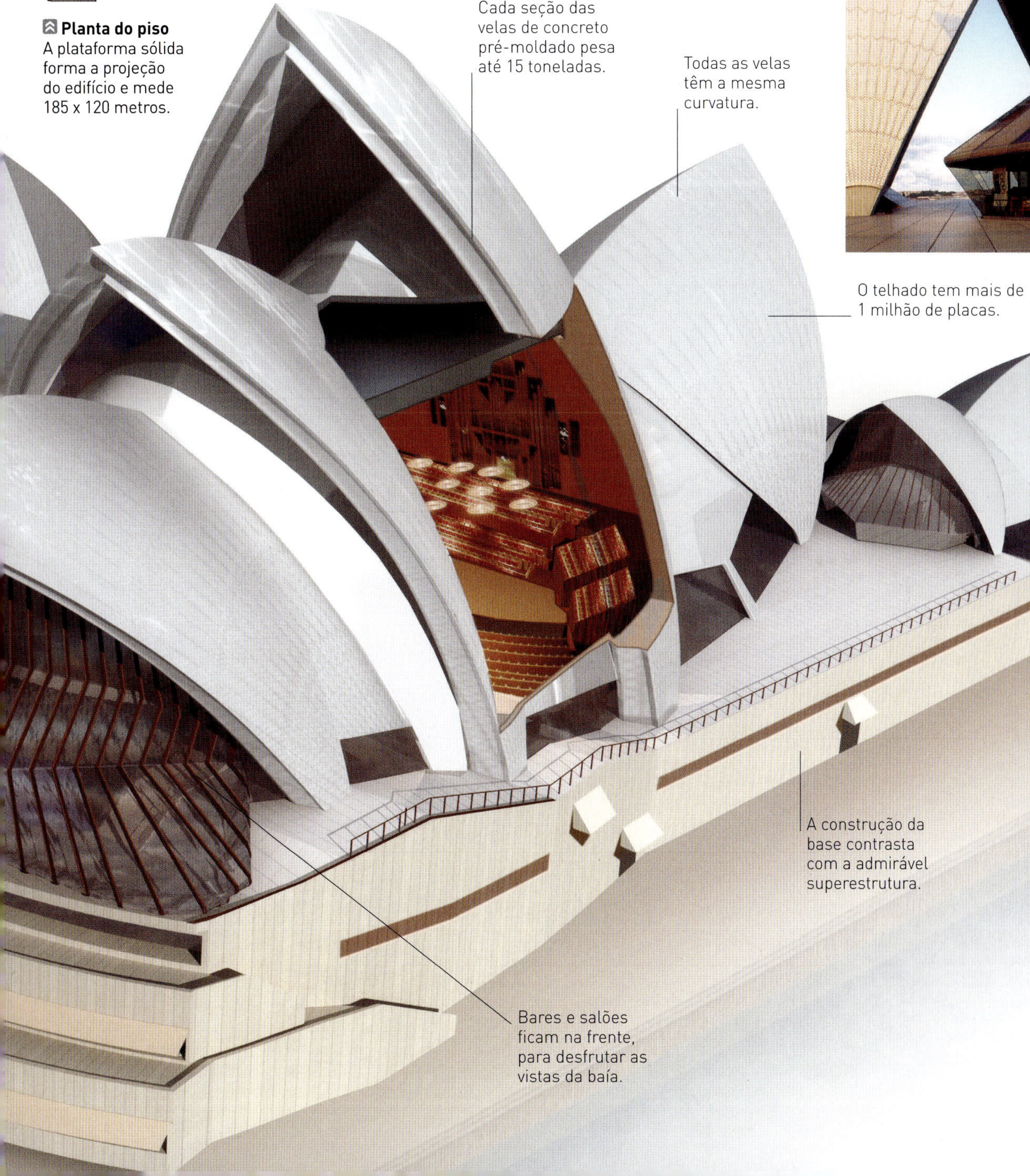

Edifício da AT&T

1984 NOVA YORK, EUA PHILIP JOHNSON EDIFÍCIO COMERCIAL

Gerando imensa controvérsia quando foi concluído, esse arranha-céu de 197 metros de altura em Manhattan foi projetado pelo arquiteto americano Philip Johnson (1906-2005) para a American Telephone and Telegraph Company. Apoteose da afetação da arquitetura pós-moderna, é simplesmente um prédio de escritórios convencional, revestido de granito rosa e com uma roupagem clássica pomposa. Parece um daqueles guarda-roupas imensos do início do século XVIII, com frontão fendido. O enorme saguão com domo é uma festa kitsch de mármore e dourado.

O AT&T (atual Sony) talvez tenha sido o edifício que Philip Johnson mais desejasse construir. O arquiteto começara a fértil carreira como fundador, financiador e primeiro diretor do Museu de Arte Moderna de Nova York. Em 1932, com o historiador Henry-Russell Hitchcock, foi cocurador do evento "O Estilo Internacional" e apresentou a Nova York o Modernismo. Para Philip Johnson, um homem inteligente e espirituoso, a arquitetura era um mero jogo. Ele voou de um estilo a outro em uma carreira longa e poderosa, como figura cultural influente em Nova York – foi modernista, historicista, pós-modernista, desconstrutivista e assim por diante.

Kitsch pós-moderno Com seu incomum frontão fendido e exterior em granito rosa, o AT&T é um dos mais memoráveis arranha-céus da cidade de Nova York.

Forma de coisas por vir Como um cenário do filme *Blade Runner*, de Ridley Scott, o futurista Lloyd's representa o design "high-tech" britânico em sua versão mais imaginativa.

Edifício Lloyd's

1986 LONDRES, INGLATERRA RICHARD ROGERS EDIFÍCIO COMERCIAL

Quando inaugurado em meados da década de 1980, no auge da cultura "greed is good" ("ambição é bom") da City de Londres e de Wall Street, o Lloyd's foi associado a uma refinaria de petróleo. Em uma década, porém, tornou-se uma das atrações arquitetônicas mais populares de Londres. Uma incrível massa de tubos, dutos, gruas, elevadores externos, módulos de banheiro e curvas de aço, iluminados de azul à noite, compõe um espetáculo.

A estrutura exposta, com janelas de vidro triplo, envolve um átrio gigante no meio do edifício, onde são feitos os negócios. Dali, escadas rolantes expostas levam aos escritórios nos andares superiores. Em tese, o formato por acréscimos do edifício significa que ele pode ser expandido, como um brinquedo educativo gigante, para cima e para fora, embora isso não tenha ocorrido até agora, e tampouco seja realista supor que isso acontecerá.

Estação Lyon Satolas

1994 LYON, FRANÇA SANTIAGO CALATRAVA ESTAÇÃO FERROVIÁRIA

Com a forma de uma ave gigante de asas abertas, essa estação de trem escultural faz o transporte de passageiros do Aeroporto Lyon-St. Exupéry. De alta dramaticidade, é como uma afirmação da ferrovia estatal francesa, orgulhosa de seu formidável trem de alta velocidade TGV – viajar num trem moderno seria bem mais glamoroso do que voar num jato lotado.

Vista do interior

A Estação Lyon Satolas ergue-se 40 metros acima dos estacionamentos de carros circundantes. A estrutura tem a forma de dois altos arcos de concreto de 120 metros, com arcos de aço abaixo deles, que se inclinam um em oposição ao outro, criando uma crista. Esta é usada como claraboia sobre uma passagem tipo túnel de 450 metros, que dá acesso às plataformas inferiores. Os arcos se juntam no chão, como um bico de ave. De cada lado deles, asas de aço se projetam, sustentadas por estacas do mesmo material que se destacam para funcionar como quebra-sóis, além de criarem o efeito escultural desejado pelo arquiteto. Na verdade, o espanhol Santiago Calatrava sempre afirmou que o edifício representa um olho, não uma ave.

Dentro, a altura dos arcos cria um saguão bem espaçoso. O salão principal tem 130 metros de extensão, 100 de largura e 39 de altura. A seu modo, a estação oferece espaços e estruturas tão dramáticos quanto os do Terminal da TWA de Eero Saarinen, no Aeroporto John F. Kennedy *(p. 380)*, em Nova York. Mas, como é servida por poucos trens, a sensação é de ser muito vazia – mais um museu de arquitetura e engenharia espetaculares do que uma estação de trem operante. A disponibilidade de espaço, por outro lado, é um verdadeiro luxo, bem o oposto da sensação de aperto de muitos aeroportos.

» SANTIAGO CALATRAVA

Santiago Calatrava nasceu em Valência, na Espanha, em 1951, onde trabalhou como arquiteto antes de estudar engenharia em Zurique, na Suíça. Montou seu escritório de design em 1981. Desde então, fez projetos de escultura, mobília, pontes, estações, aeroportos e museus. Sua obra mais ambiciosa é a Cidade da Ciência, em Valência, uma reunião de amplas galerias em forma de ossos, similares a esqueletos de dinossauros, nos arredores da cidade.

Estação alada
Dinâmico, o design de Calatrava para a estação do aeroporto de Lyon aproveitou os trilhos existentes do TGV e incorporou com perfeição a ideia de voo e a sensação de leveza.

Edifícios verdes

Em 1968, as imagens da Terra brilhando como uma joia no espaço enviadas pela Apollo 8 mostraram a fragilidade e a beleza do planeta e fortaleceram o movimento ambientalista. Na década de 1980, as questões "verdes" estavam na pauta do dia. Todos podiam fazer sua parte para "salvar o planeta". Para os arquitetos do século XXI, a meta é fazer edifícios o mais eficientes possível em termos de energia.

Casas BedZED
O Beddington Zero Energy Development usa apenas energia renovável gerada no local. Para reduzir o gasto de energia, a chuva é captada, e a água doméstica, reciclada.

As primeiras tentativas de uma arquitetura verde na década de 1960, influenciadas pela obra de Frank Lloyd Wright, eram descoordenadas e isoladas. Desde então, arquitetos como Renzo Piano, Norman Foster e Ralph Erskine provaram que edifícios civis e comerciais podem ser ao mesmo tempo verdes e ultramodernos, usando o mínimo de combustível, minimizando as emissões de carbono e otimizando o uso da água.

Não é só a grande arquitetura que precisa ser mais "verde". Com a compreensão atual de que o aquecimento global é uma realidade, e não uma ameaça distante, cresce a pressão para que os edifícios sejam mais favoráveis ao meio ambiente. Houve exemplos curiosos de casas verdes individuais, mas a real necessidade é de uma arquitetura sustentável atraente, viável economicamente e aplicável a grandes projetos habitacionais. Um esquema piloto é o BedZED, nos arredores de Londres, com design de Bill Dunster (1960-). Como uma *garden city* inglesa do século XXI, esse complexo de cem casas com espaços de trabalho foi a primeira tentativa, no Reino Unido, de chegar a um estilo de vida "neutro em carbono". Como os prédios geram grandes emissões de dióxido de carbono (até 30% do total nos EUA), o verde será a cor que irá ditar a aparência, as funções e o uso da arquitetura nas próximas décadas.

The Ark, Londres
Projetado por Ralph Erskine, esse é um dos edifícios de escritórios mais energeticamente eficientes da Europa.

Museu Guggenheim, Bilbao

1997 BILBAO, ESPANHA FRANK GEHRY GALERIA DE ARTE

O "Efeito Bilbao" foi um clichê que os políticos do mundo todo usaram para incentivar o design de edifícios sensacionais, a fim de atrair visitantes e rejuvenescer cidades degradadas. O altamente fotogênico Museu Guggenheim de Bilbao, desenhado por Frank Gehry (1929-), arquiteto canadense radicado na Califórnia, de fato atraiu grande influxo de turistas culturais para a capital basca. Se ele sozinho transformou a economia local ou não, é irrelevante; o fato é que essa filial do Guggenheim, localizada no centro da cidade portuária, é peculiar como arquitetura e escultura e promove o entretenimento. Alguns curadores queixam-se de que as galerias são mal dispostas, embora a maioria vá até Bilbao para ver o edifício e não as mostras. Divertido e provocador, o museu normalmente coloca um sorriso no rosto de qualquer pessoa.

Galerias no cais Revestidas com lâminas de titânio, as galerias envolvem o cais como uma revoada de gaivotas enlouquecidas.

Tate Modern

2000 LONDRES, INGLATERRA HERZOG & DE MEURON GALERIA DE ARTE

Situada em frente à Catedral de St. Paul e ligada a ela por uma ponte de pedestres sobre o Tâmisa projetada por Norman Foster, a Tate Modern é a popular remodelação da antiga Central Elétrica Bankside, transformada numa gigantesca e moderna galeria de arte. O edifício original foi projetado por Giles Gilbert Scott (1880-1960), arquiteto da Catedral Gótica Anglicana de Liverpool e também da Central Elétrica Battersea, a leste do Tâmisa.

Jacques Herzog (1950-) e Pierre de Meuron (1950-), dinâmicos arquitetos suíços, foram encarregados de transformar Bankside de templo da eletricidade em catedral da arte. Sua solução é simples, poderosa e eficaz: pisos de porte industrial, mezaninos com tábuas de madeira rústica, cafés gigantes – tudo em escala titânica. A localização no centro da cidade, a arte controversa e a arquitetura brilhante – tudo se une para tornar a Tate Modern um fenômeno de popularidade. Uma extensão de Herzog & de Meuron, na forma de um grande prisma de tijolos, foi inaugurada em 2016.

Museu Judaico, Berlim

1999 BERLIM, ALEMANHA DANIEL LIBESKIND MUSEU

Esse memorial aos judeus de Berlim mortos pelos nazistas ganhou fama por sua série de salas vazias, simbolizando a perda de um povo. O exterior revestido de zinco é cortado por janelas em ângulos inesperados. Não há uma entrada óbvia: o museu só tem acesso por escadas que o conectam ao edifício barroco ao lado. Os visitantes chegam a corredores em ângulos oblíquos que levam a uma fria torre de aço, depois a um jardim disposto em ângulos malucos, subindo em seguida por um labirinto de galerias, todas vazias. O edifício transmite sua mensagem de modo brilhante.

Memória O projeto de Daniel Libeskind, concebido um ano antes da queda do Muro de Berlim, nasceu da necessidade de integrar a memória do Holocausto na consciência de Berlim.

30 St. Mary Axe

2004 LONDRES, INGLATERRA NORMAN FOSTER EDIFÍCIO COMERCIAL

Erguendo-se em espiral de uma agitada praça da City de Londres, no antigo local da Baltic Exchange, arrasada por uma bomba em 1992, o 30 St. Mary Axe foi apelidado de "Gherkin" ("pepino em conserva", em inglês) por sua forma vegetal. É na realidade o design radical e evoluído de um prédio de escritórios. Com 41 andares e 180 metros de altura, as plantas circulares do edifício têm forma de flores cortadas, com seis átrios triangulares, "ou jardins celestes", de cinco andares. A planta de cada piso gira 5 graus em relação ao piso de baixo, e os "jardins celestes" giram junto, trazendo ar fresco e luz para o interior.

O edifício tem duas peles. A exterior é dotada de janelas que se abrem, para que em dias de sol o ar quente suba naturalmente entre as peles e para fora das janelas. Esse efeito de chaminé natural reduz a necessidade de ar-condicionado em cerca de 40% ao ano.

No alto da torre, um restaurante de alta dramaticidade, com pé-direito duplo, tem como teto um domo envidraçado cônico. Essa sala moderna, notável, lembra o quartel-general de algum vilão de filme de James Bond, como projetado por Ken Adam, o lendário designer de produção dos filmes *O satânico dr. No* e *007 contra Goldfinger*.

Subindo alto O edifício tem duas escadarias, cada qual com 1.037 degraus. Dispõe ainda de 23 elevadores de velocidades variadas.

Centro Cultural Jean-Marie Tjibaou

1998 NOUMÉA, NOVA CALEDÔNIA RENZO PIANO BUILDING WORKSHOP EDIFÍCIO CÍVICO

O Centro Cultural Tjibaou, dedicado às origens culturais e à busca de identidade do povo nativo kanak, da Nova Caledônia e do Pacífico Sul, fica diante de uma tranquila lagoa e tem ao lado o oceano Pacífico. Esses edifícios mágicos foram desenhados para evocar o espírito de uma vila kanak, mas em escala maior. Renzo Piano (1937-) dispôs dez cabanas kanak estilizadas ao longo de um passeio central, desenhando curvas suaves pelo meio de jardins. As cabanas abrigam espaços para exposições, biblioteca, sala de reuniões, salas de aula, sala de palestras e café. O complexo abre-se para os jardins circundantes.

Persianas externas e internas Centenas de persianas externas de madeira e persianas internas de vidro ajustam-se para liberar ar quente e receber brisas, ou se fecham totalmente como proteção contra furacões.

Aqua Tower

2009 CHICAGO, EUA JEANNE GANG EDIFÍCIO MULTIUSO

Como uma bailarina rodopiante transformada em edifício, a torre de 84 andares de Jeanne Gang ergue-se 261,8 metros no centro de Chicago, já repleto de edifícios modernos altos e sofisticados. A Aqua Tower impõe sua presença com uma fachada ondulada que, além do impacto visual, tem propósito funcional.

Ao criar sacadas que se projetam até 3,7 metros, Gang permite aos residentes vistas pela grade de arranha-céus vizinhos e até o lago Chicago. Durante a construção, a arquiteta afirmou que a forma do edifício tinha raízes no seu amor pela natureza e, em particular, pelas altas e estriadas formações de calcário que explorou desde criança na região dos Grandes Lagos, descrevendo o Aqua como uma "espécie de pico ou formação rochosa, assim como uma máquina plugada na infraestrutura da cidade". Ao ser concluído, o Aqua Tower era o mais alto edifício do mundo desenhado por uma empresa comandada por uma mulher. Apreciadora das aves e dos ninhos esculturais e altamente econômicos que constroem, Gang prestou particular atenção à maneira como elas veem, ou falham em ver, as cortinas de vidro de altos edifícios urbanos: o Aqua, com fachada irregular e complexa, permite que os pássaros o vejam e o evitem com maior facilidade.

Forma e função
A sinuosidade não é só recurso formal. Ela amplia as possibilidades de vista e permite aproveitar melhor a luz solar.

Criando ondas
Além de escritórios, apartamentos e um hotel, o Aqua Tower tem ainda um espetacular gramado na cobertura.

Casa de Ópera de Oslo

2008 OSLO, NORUEGA SNØHETTA TEATRO

Parecendo erguer-se do mar, e com exterior inclinado em mármore e granito brancos, em contraste com vidro espelhado, a Casa de Ópera de Oslo tem o aspecto de um iceberg. O efeito é intencional – esse edifício bem construído pode também ser lido como uma montanha nevada, que por fim chegou à cidade.

No verão, os habitantes de Oslo e os visitantes da capital norueguesa são incentivados a caminhar pela Casa de Ópera e tomar banho de sol nas suas encostas de mármore de Carrara. Essa sequência de planos compostos por nada menos que 36 fatias de mármore branco italiano cortadas à mão desce da torre branca de alumínio até o auditório de 1.364 lugares e mergulha sob as águas do Oslofjord. A entrada do edifício – uma abertura tipo fenda de geleira na fachada de mármore branco – conduz até um lobby informal e acolhedor, com degraus de carvalho do Báltico feitos por construtores de barcos noruegueses, levando até uma alegre surpresa: um auditório tradicional em forma de ferradura, em volta de um igualmente tradicional palco com proscênio.

Um encontro altamente plausível entre a ousada arquitetura moderna e o artesanato tradicional, a Casa de Ópera de Oslo é a maior edificação cultural ou religiosa construída na Noruega desde a Catedral de Nidaros, em Trondheim, concluída há mais de setecentos anos.

De volta à natureza
A Casa de Ópera, cujas formas capturam a essência das montanhas norueguesas, atrai as pessoas para a orla de Oslo.

MAXXI Museu Nacional das Artes do Século XXI

2010 ROMA, ITÁLIA ZAHA HADID MUSEU DE ARTE

Zaha Hadid *(p. 400)* quis que a estrutura desse ousado e belo museu de arte – que levou dez anos para ser construído – se "desenrolasse como uma fita no espaço". É o que ele faz, embora a planta complexa também lembre o cruzamento de uma rodovia surreal com passagens sobrepostas, partindo em várias direções, algumas voltando ao ponto inicial. O resultado é um edifício em várias camadas, concebido para mostras de arte experimental e acervos arquitetônicos. Abriga também galerias convencionais, bibliotecas, restaurante, livraria e salas de palestras. Apesar do interior ousado, o edifício mostra respeito por sua localização, no bairro romano de Flaminio. Ergue-se de uma nova *piazza*, também de Hadid, a pouca altura na paisagem urbana. Dentro, porém, há momentos em que as paredes se tornam pisos e até ameaçam virar tetos, mergulhando e curvando-se como pistas de trenó. Escadas cruzam o lobby, com seus pisos de metal, e desaparecem misteriosamente nos nichos do museu; o efeito é cinematográfico – até piranesiano – e muito dramático.

Salas com vista
Uma galeria-mirante projeta-se do alto do MAXXI; ela dá para uma nova praça, antes parte de um quartel militar, de onde as ousadas formas do novo edifício se erguem respeitosamente.

Velódromo Olímpico

2011 LONDRES, INGLATERRA MICHAEL HOPKINS GINÁSIO ESPORTIVO

Projetada para as Olimpíadas de 2012 em Londres, essa pista de ciclismo coberta, com piso de cedro, foi apelidada de "Pringle", pois sua cobertura característica, côncava, lembra a famosa batata frita americana. O telhado, tecnicamente um paraboloide de hiperbólico, na realidade tem a intenção de acompanhar a forma da pista de ciclismo. Esta foi construída usando-se 56 quilômetros de pinho siberiano e montada por 26 carpinteiros, com 350 mil pregos. O velódromo tem ventilação natural e é iluminado por uma janela que envolve toda a circunferência do edifício. Desde as Olimpíadas, tem sido usado para promover o ciclismo em Londres, com aluguel de bicicletas, oficinas e café.

Teto curvo
O telhado encurvado e côncavo do Velódromo Olímpico foi comparado, com bom humor, a uma batata Pringle; é bem fácil entender por quê.

Interior, Biblioteca Liyuan

Ecológica
O sistema de refrigeração puxa ar frio da superfície de um lago no verão e faz com que circule no interior do prédio.

Biblioteca Liyuan

2011 JIAPJIEHE, CHINA LI XIADONG BIBLIOTECA

Situada dentro de um cenário – de rio, floresta e montanhas – que poderia fazer parte de muitas das belíssimas pinturas clássicas chinesas, a Biblioteca Liyuan é um edifício pequeno e criativo, localizado perto da aldeia de Jiapjiehe, duas horas ao norte de Pequim.

Uma edificação refinada, embora simples, de madeira revestida com placas de vidro e ripas, tradicionalmente usada pelos aldeões para aquecer fornos de cozinha, a biblioteca fica junto à natureza, imbuída de um espírito que convida à leitura e à contemplação. De dentro, olhando para fora, a cortina de ripas parece as múltiplas pinceladas de um pintor, como se a estrutura toda fosse uma caligrafia e pudesse ser lida como um livro. O interior oferece mudanças de nível, e os largos degraus de madeira incentivam os leitores a sentar onde acham melhor, para ler de modo natural e confortável. Aqui e ali, a cortina de ripas dá lugar a molduras de vidro com vistas da floresta, do rio e das montanhas. Nos pequenos terraços, os leitores têm contato com o ar livre e apreciam a calma da paisagem, às vezes quebrada por visitantes que fogem do concreto da moderna Pequim e vão até o local para ver como a nova arquitetura chinesa pode se apoiar na tradição e na natureza e ao mesmo tempo fazer parte de seu tempo.

Centro de Aprendizagem Rolex

2010 LAUSANNE, SUÍÇA SANAA
UNIVERSIDADE

Como um imenso e delicado nenúfar flutuando num lago, o Centro de Aprendizagem Rolex estende-se por seus jardins em pleno Instituto Federal de Tecnologia da Suíça (EPFL). Esse notável edifício, formando um anel contínuo que mal toca o chão, é a improvável sede da biblioteca do centro: com 500 mil obras impressas, é um dos maiores acervos científicos da Europa. Ali os estudantes têm acesso também a mais de 10 mil publicações on-line e a inúmeros e-books, além de seminários, palestras e apresentações multimídia. Para incentivar os visitantes a explorar livremente tudo o que o centro oferece, o interior é essencialmente uma única sala de livre circulação, embora as pétalas desse nenúfar artificial também contenham salas reservadas. Não há escadas, há apenas rampas para acessar os diferentes níveis ondulados desse edifício leve. Como se fosse um mapa arquitetônico da mente estilizado, o centro foi desenhado para estimular a curiosidade intelectual e o pensamento livre. Foi o edifício que firmou a reputação global de seus arquitetos japoneses, Kazuyo Sejima e Ryue Nishizawa, sócios da SANAA, empresa de Tóquio fundada em 1995.

Conexão fluida
Os pátios, que são parte do edifício, proporcionam um vínculo visual entre o interior e o exterior.

Türkentor

2011 MUNIQUE, ALEMANHA SAUERBRUCH HUTTON GALERIA DE ARTE

O Türkentor é um remanescente do imponente quartel neoclássico Türkenkaserne, que foi concluído em 1826 para o Real Regimento de Salva-Vidas da Infantaria Bávara. O jovem Adolf Hitler alojou-se ali ao fim da Primeira Guerra Mundial; foi onde pronunciou seus primeiros discursos políticos aos companheiros soldados.

Danificada na Segunda Guerra Mundial e depois em grande parte demolida na década de 1970, a portaria sobrevivente foi reformada pelos arquitetos da Sauerbruch Hutton, resultando no colorido e moderno Brandhorst Museum (2009), de Munique. Transformado numa galeria de arte de rara beleza, o Türkentor abriga uma única obra, a *Grande esfera vermelha*. Essa esfera de mármore de 2,6 metros de diâmetro e 25 toneladas, do artista americano Walter de Maria (1935-2013), precisou ser baixada pelo teto na instalação.

Desde 2011, visitantes vão ao Türkentor seja para uma fugaz perplexidade, seja para contemplar em êxtase a esfera reluzente. Ela se apoia num pedestal negro que a ergue até a altura dos olhos dos espectadores, iluminada pela luz natural filtrada pelo telhado de vidro da galeria. Emoldurada por colunas dóricas e vigas de carvalho, a *Grande esfera vermelha* é uma presença marcante e tem feito o Türkentor parecer não só uma galeria de arte, mas também uma capela de beira de estrada.

Enfrentando bem as dificuldades Escolher um local com desníveis evitou escavações e aterros adicionais, transformando uma aparente desvantagem num aspecto-chave.

Centro Heydar Aliyev

2012 | BAKU, AZERBAIJÃO | ZAHA HADID | CENTRO CULTURAL

Esse centro cultural imponente, ousado e único é o ponto alto do arrojado trabalho da arquiteta iraquiana-britânica Zaha Hadid (1950-2016). Com o nome do controverso líder do Azerbaijão na era soviética, que se tornou presidente desse Estado independente da Ásia central, a sinuosa envoltória do edifício abrange auditório, museu, galeria, biblioteca, salas de conferência e espaços de convivência numa aura de inovação.

Auditório do Centro Heydar Aliyev

A envoltória do centro começa no rés do chão e se move para cima e para fora. O uso de materiais sofisticados e programas de computador permitiu aos arquitetos criar não só um exterior fluido, mas também espaços interiores desimpedidos, livres de colunas, que imprimem uma qualidade onírica. Segundo os arquitetos Patrik Schumacher e Saffet Kaya Bekiroglu, liderados por Zaha Hadid, "o centro foi projetado para se tornar o principal local do país para programações culturais, rompendo com a arquitetura rígida e com frequência monumental que predomina em Baku, buscando em vez disso expressar a sensibilidade da cultura azeri e o otimismo de uma nação que olha para o futuro". Localizado no bulevar Heydar Aliyev, que liga o aeroporto internacional de Baku ao centro, o Centro Aliyev funciona como um portal para a cidade, que ainda busca afastar-se de seu passado soviético e do autoritarismo.

» ZAHA HADID

Zaha Hadid (1950-2016) foi a primeira mulher a alcançar de fato fama mundial na arquitetura. Sua reputação apoia-se numa obra dinâmica, criativa e de alto impacto ao redor do mundo. Nascida em Bagdá e formada em Londres, em 2004 foi a primeira mulher e a primeira muçulmana agraciada com o prestigioso Pritzker Prize.

Casa para Árvores

2014 · HO CHI MINH, VIETNÃ
VO TRONG NGHIA · RESIDÊNCIA

No século XXI, a rápida urbanização reduziu a área verde da cidade de Ho Chi Minh a apenas 0,25%. A asma e outros problemas médicos entre as crianças locais chegaram a níveis alarmantes. Como parte de um esforço inteligente e inspirador de trazer o verde de volta a essa cidade populosa e úmida, Vo Trong Nghia projetou um protótipo de casa construída em terreno pequeno por baixo custo. Com cômodos alojados em cinco caixas de concreto, que funcionam como vasos para as árvores, o pátio que os interliga valorizou-se naturalmente e virou um espaço com muito verde e pássaros. As caixas de concreto também servem para coletar água da chuva em épocas muito úmidas, ajudando a reduzir as inundações nas ruas congestionadas da cidade. Agora, variações da Casa para Árvores têm sido construídas em larga escala em Ho Chi Minh e arredores. Vo nasceu ao final da Guerra do Vietnã, numa vila rural onde muitas árvores foram destruídas por fogo de napalm. Como arquiteto, sua missão tem sido reflorestar o campo e as cidades.

Ênfase local Essa casa é construída com materiais locais relativamente baratos e ecológicos, como bambu e tijolos.

Burj Khalifa

2010 · DUBAI, EMIRADOS ÁRABES UNIDOS
SKIDMORE, OWINGS & MERRILL
EDIFÍCIO COMERCIAL

Elevando-se 828 metros pelos céus do golfo Pérsico, o Burj Khalifa era o edifício mais alto do mundo ao ser concluído em 2010. Ninguém sabe por quanto tempo irá manter a coroa, já que os Emirados e os países em rápido desenvolvimento do Extremo Oriente competem para chegar cada vez mais perto da mesosfera com seus andares de aço e vidro. Do alto do Burj Khalifa pode-se apreciar de um lado o golfo e, do outro, a Região Vazia – uma espantosa extensão desértica. Por toda a volta dessa torre projetada por arquitetos e engenheiros americanos estão as extensas ruas de Dubai e seus núcleos de edifícios altos e extravagantes.

O arquiteto que liderou o projeto do Burj Khalifa é Adrian Smith, e o engenheiro de estruturas, Bill Baker, ambos da Skidmore, Owings & Merrill (SOM), escritório de Chicago experiente na execução de edifícios altíssimos. A forma característica da torre inspira-se na do minarete em espiral da Grande Mesquita de Samarra *(p. 142)*, do século IX. A estrutura ergue-se de uma base inspirada na forma de um lírio-aranha, uma planta que floresce no intenso calor de Dubai. A torre abriga escritórios, hotéis e apartamentos particulares.

Firme em pé Para estudar os efeitos que o vento poderia exercer sobre esse edifício de altura descomunal, foram realizados mais de 40 testes em túneis de vento simulando as condições da torre.

GLOSSÁRIO

ÁBACO Laje quadrada plana que forma a parte mais alta do capitel.

ABAIXAMENTO Face inclinada de uma parede.

ABÓBADA Estrutura em arco, em geral feita de pedra ou tijolos e que forma um teto acima de um espaço.

ABÓBADA CILÍNDRICA Tipo mais simples de abóbada, tem a forma de um arco de revolução extensa, como um túnel. Também conhecida como abóbada de berço e de canudo.

ABÓBADA EM LEQUE Abóbada com nervuras irradiando-se de um ponto único, como num leque.

ABÓBADA MOLDADA Estrutura moldada em concreto cuja resistência deriva da geometria, e não da robustez do material. Não exerce esforços laterais, por isso pode ser apoiada como se fosse uma viga.

ABÓBADA SEXPARTIDA Abóbada constituída por seis gomos, ou painéis.

ABSIDE Área semicircular na parte posterior da igreja, que originalmente abrigava um altar.

ACANTO Planta de folhas grossas e carnudas, usada como modelo para ornamentos esculpidos nos capitéis coríntios.

ACRÓPOLE Cidadela de uma antiga cidade grega, com templos e edifícios públicos.

ADOBE Tijolo de barro cozido ao sol, muito usado na África, América do Sul e Ásia central.

ADUELAS Blocos de pedra em forma de cunha usados para formar um arco ou abóbada.

ÁGORA Mercado a céu aberto, praça ou ponto de encontro em uma cidade grega.

AGULHA Torreão fino que se ergue da cumeeira de um telhado, em geral no cruzamento das águas.

ALTO-RELEVO *Ver* escultura em relevo

AMEIAS Sequência alternada de aberturas no parapeito dos castelos com espaço suficiente para o disparo de uma arma de maneira relativamente protegida.

ANFITEATRO Auditório circular ou elíptico, com degraus a sua volta para acomodar o público sentado – como o Coliseu de Roma.

APOIO Pequeno elemento que se projeta para suportar um peso.

ÁPTERO Termo que descreve construção em estilo clássico com colunas nas extremidades, mas não nas laterais.

AQUEDUTO Edificação romana em forma de canal ou ponte, usada para transportar água.

ARABESCO Decoração superficial, com linhas entrelaçadas contínuas e padrões geométricos.

ARCADA Grupo de arcos sobre colunas ou pilares, isolados ou vinculados a uma parede.

ARCO Estrutura curva, com elementos em cunha, usada para conformar aberturas.

ARCOBOTANTE (OU BOTARÉU) Semiarco erguido na parte exterior dos edifícios góticos que suporta o peso de abóbadas e telhados do edifício, no lugar tradicional das paredes.

ARESTA Linha curva formada pela interseção de duas abóbadas ou duas superfícies de uma abóbada.

ARQUITRAVE Parte mais baixa do entablamento, que, como uma viga, se estende de uma coluna à outra.

ARQUEADA Construção que emprega arcos.

ASTILAR Termo usado para descrever uma fachada sem colunas.

ÁTRIO Pátio interno a céu aberto circundado por telhados.

BAIXO-RELEVO *Ver* escultura em relevo

BALANÇO Projeção horizontal de uma parede (viga ou balcão), que se apoia numa só extremidade, parecendo flutuar.

BALDAQUINO Dossel apoiado em colunas, simbolicamente abrigando um altar, trono ou túmulo. Também chamado de cibório.

BALESTREIRA Parapeito saliente com abertura no piso, por onde se atiravam pedras ou óleo fervente no inimigo embaixo.

BASE A parte mais baixa de uma construção.

BASÍLICA Na arquitetura romana, edifício retangular usado pela administração pública, origem das primeiras igrejas cristãs.

BATISTÉRIO Edifício usado para cerimônias de batismo.

BEMA A plataforma elevada usada pelo clero nas primeiras igrejas cristãs.

BRISE-SOLEIL Anteparo fixo que cobre as janelas de um edifício, protegendo-o do sol. Quebra-sol.

BRUTALISMO Termo que descreve o uso pelo arquiteto Le Corbusier de concreto aparente e de elementos rústicos, para efeito de contraste.

CABECEIRA A parte posterior de uma igreja, que abriga a abside e o deambulatório.

CAIXOTÕES Módulos embutidos, quadrados ou octogonais, em um teto ou domo.

CAMBOTA Andaime temporário usado para sustentar um arco ou abóbada durante sua construção.

CAMPANÁRIO A torre do sino de uma igreja, geralmente separada do resto do edifício.

CANELURAS Depressões verticais caneladas no fuste de uma coluna.

CAPELAS Locais de culto separados nas igrejas, geralmente dedicados a santos determinados.

CAPITEL O elemento mais alto de uma coluna.

CARAVANÇARÁ Local público de descanso das caravanas e viajantes, na Ásia ocidental e no Norte da África.

CARIÁTIDE Figura feminina esculpida que serve como suporte ou coluna.

CASCA Estrutura de superfície delgada, não plana, geralmente de concreto armado, que serve de envoltória ou cobertura a edificações.

CASTELAMENTO O uso de formas típicas de castelos medievais, como ameias ou torres, de maneira apenas decorativa.

CELA A principal sala de um templo grego, que abrigava a estátua da divindade. Conhecida também como naos.

CHURRIGUERESCO Estilo arquitetônico dos séculos XVII e XVIII. O nome vem da família Churriguera, de escultores. Seus detalhes floreados e extravagantes são comuns principalmente na Espanha e no México.

CIBÓRIO *Ver* baldaquino

CLARABOIA Abertura protegida no teto de uma edificação que visa permitir a iluminação e/ou ventilação diretas no ambiente.

CLAUSTRO Galeria coberta que liga uma igreja a outras partes de um mosteiro.

CLERESTÓRIO Parte de um edifício que se ergue acima das adjacentes e abriga janelas.

COGULHO Peça decorativa de pedra representando folhas estilizadas em torres ou pináculos, especialmente os góticos.

COLUNA Suporte vertical cilíndrico que consiste de base, fuste e capitel.

COLUNA DE TRÊS QUARTOS Coluna afixada ou parcialmente embutida a uma parede ou pilastra.

COLUNATA Fileira de colunas sustentando um entablamento ou arcos.

COMPÓSITA *Ver* ordem

CONCRETO ARMADO Concreto com armação interna de barras de aço, a fim de que seja reforçado para a tração.

CONTRAFORTE Elemento de alvenaria

construído contra a parede como reforço estrutural.

CORÍNTIA *Ver* ordem

CORNIJA A seção superior do entablamento.

CORTILE Pátio rodeado por arcadas.

CRUCIFORME Planta em forma de cruz, como a das igrejas cristãs.

CRUZ GREGA Cruz com quatro braços de igual extensão.

CRUZEIRO Espaço formado pelo cruzamento do transepto com a nave e o santuário da igreja.

CÚPULA Domo e seu suporte, que coroam uma edificação.

DEAMBULATÓRIO Passagem coberta em volta da abside de uma igreja, para as procissões.

DENTÍCULOS Pequenos blocos quadrados usados nas cornijas jônicas e coríntias.

DÍPTERO Edifício com uma dupla colunata de cada lado.

DIVISÓRIA Parede não estrutural, geralmente leve - de madeira ou gesso -, que separa uma sala de outra.

DÓRICA *Ver* ordem

DOSSERET Bloco ou laje sobre um capitel para reforçar o apoio de um arco.

DUPLA CÚPULA Domo em camadas sobrepostas: a interna abobadada, a externa, com nervuras ou não. Aspecto destacado da arquitetura do Islã.

ECLETISMO Mistura de estilos e elementos arquitetônicos de diversos períodos históricos.

ENTABLAMENTO A parte superior de uma ordem grega ou romana, compreendendo arquitrave, friso e cornija.

ÊNTASE Abaulamento ou curva para fora no fuste da coluna, para compensar a ilusão óptica que se criaria à distância se a coluna fosse perfeitamente reta.

ENTRELAÇADO Ornamento em pedra que consiste em várias formas do tipo fita entrelaçadas.

EQUINO (OU COXIM) Moldagem curva que sustenta o ábaco nos capitéis dóricos.

ESCULTURA EM RELEVO Escultura que se projeta de um fundo plano. Um baixo-relevo destaca-se apenas levemente do fundo, enquanto um alto-relevo tem uma projeção consideravelmente maior.

ESTILOBATA Base de alvenaria sobre a qual se assenta uma colunata.

ESTOA Corredor de colunas ou pórtico coberto e aberto, destinado a uso público na Grécia antiga.

ESTRUTURA TÊNSIL Estrutura que trabalha apenas com forças de tensão, e não compressão ou flexão. Tem a aparência de uma membrana, podendo ser de tecido ou de materiais mais tecnológicos.

ESTUPA Antigo santuário budista no formato de um domo hemisférico.

ESTUQUE Fórmula de gesso antiga, durável e de secagem lenta, composta por gipsita, calcário e areia.

FACHADA Face externa de um edifício.

FESTÃO Decoração esculpida, em geral em frisos, lembrando uma grinalda de frutas e flores, atada nas extremidades com fitas.

FLAMBOYANT Flamejante. Termo do Gótico francês tardio para descrever rendilhado esculpido em janela no formato de chamas.

FRISO A parte do entablamento entre a arquitrave e a cornija.

FRONTÃO Porção triangular de uma parede nas extremidades de um telhado de duas águas.

FUSTE A parte de uma coluna entre a base e o capitel.

GRADE DO SANTUÁRIO Grade abaixo da cruz em uma igreja, na parte posterior da nave, vedando acesso ao santuário.

HAMMER-BEAM Suporte horizontal usado na construção de telhados, que se projeta para dentro a partir da parede para sustentar uma viga vertical chamada "hammer-post". Tipo de solução tipicamente inglesa.

HIPAETRAL Termo usado para descrever um edifício sem teto, a céu aberto.

HIPOSTILO Amplo espaço com um telhado sustentado por muitas fileiras de colunas. O termo é usado originalmente para os saguões de templos egípcios, que parecem florestas de colunas.

IMPLUVIUM Tanque para recolher água da chuva no centro do átrio das casas romanas.

JANELA CIRCULAR *Ver* rosácea

JANELA ORIEL Janela saliente e sextavada, tipo *bay-window*, projetada da fachada.

JANELA REDONDA Pequena janela ou abertura circular, na maioria das vezes usada com propósitos ornamentais.

JÔNICA *Ver* ordem

LANTERNA Estrutura cilíndrica com aberturas no teto ou cúpula de um edifício.

LINTEL Elemento disposto sobre uma abertura, sustentando a construção acima dele.

LOGGIA Uma galeria ou sala, às vezes com pilares, aberta apenas de um dos lados. Pode ser parte do edifício, ou isolada dele.

LOUVRE Superfície com aletas para controle de ventilação ou iluminação do ambiente.

LUNETTE Abertura semicircular numa parede ou teto côncavo.

MAINEL Barra vertical que divide aberturas, em geral uma janela, em várias seções.

MANEIRISMO Estilo arquitetônico predominante na Itália, França e Espanha nos séculos XVI e XVII. Caracteriza-se pelo uso de motivos que contrastem propositadamente com seu contexto e significado originais.

MANSARDA Janela vertical em telhado inclinado, com seu próprio telhado e frontão.

MASTABA Túmulo egípcio, acima do chão, com lados inclinados e cobertura plana.

MEGARON A grande sala principal na arquitetura micênica e grega.

MÉTOPA Espaço retangular entre dois tríglifos num friso da ordem dórica.

MINARETE Torre alta, junto a uma mesquita, de onde os fiéis são convocados à oração.

MÍSULA Ornato saliente de parede vertical que serve de apoio a peças estruturais ou de decoração.

MODULOR O sistema de proporções de Le Corbusier, baseado no corpo masculino.

MOLDURA Estreita faixa saliente de pedra usada em paredes ou colunas.

MONÓLITO Bloco único de pedra, em geral com a forma de uma coluna ou monumento.

MOSAICO Decoração de pisos ou paredes com pequenas peças de pedra, mármore ou vidro fixadas com cimento, argamassa ou mástique.

MÚTULO Bloco plano que se projeta acima dos tríglifos embaixo de uma cornija dórica.

NAOS *Ver* cela

NÁRTEX Pórtico aberto de uma igreja, ou vestíbulo ao fim da entrada de uma igreja.

NAVE A ala central de uma igreja, usada pela congregação.

NERVURA Elemento estrutural saliente que suporta o peso dos painéis de uma abóbada ou cúpula. O termo também é usado para designar um tipo de retícula estrutural em lajes planas.

NICHO Recesso criado numa parede para abrigar uma estátua ou objeto decorativo.

OBELISCO Coluna de pedra, alta e estreita, de seção quadrada e remate piramidal no topo.

ÓCULO Janela ou abertura no ápice de um domo.

OGIVAL Termo usado para descrever a arquitetura gótica na França.

ORDEM Arranjo clássico das colunas, que consiste de base, fuste e capitel, o qual sustenta o entablamento. As ordens são:

Ordem compósita Ordem romana com capitel combinando elementos das ordens jônica e coríntia.

Ordem coríntia Inventada pelos atenienses e desenvolvida pelos romanos, é reconhecível pelo elaborado capitel, com folhas de acanto esculpidas.

Ordem dórica Dividida em dórico grego e dórico romano, essa ordem caracteriza-se pelo fuste com caneluras e o capitel com moldagem simples.

Ordem jônica Originária da Ásia Menor, essa ordem se caracteriza por volutas no capitel em forma de rolos de pergaminho.

Ordem toscana A mais simples das ordens romanas, com um friso sem ornamentos.

ORGÂNICA Arquitetura com formas fluidas e economia de materiais, como é comum encontrar nos organismos naturais.

PAGODE Torre escalonada, chinesa ou japonesa, geralmente associada ao budismo.

PALLADIANISMO Movimento de estilo clássico influenciado pelos escritos e pela arquitetura de Andrea Palladio. Desfrutou popularidade na Inglaterra nos séculos XVII e XVIII.

PARABÓLICO Formato com dupla curvatura, uma convexa e a outra côncava, aplicado a uma fôrma ou arco.

PEDIMENTO A terminação triangular do telhado de um templo, acima do entablamento.

PEDRA ANGULAR A pedra central de um arco ou abóbada cilíndrica.

PENDENTES Seções triangulares de uma esfera, por meio das quais um domo circular se apoia sobre um volume quadrado ou poligonal.

PERIPTERAL Termo que descreve um edifício cercado por uma única fileira de colunas.

PERISTILO Espaço ou edifício aberto cercado por uma série de colunas e colunatas.

PIANO NOBILE O andar principal de um edifício, contendo os seus principais espaços de convivência, mas situado um andar acima do piso térreo.

PIER Suporte sólido de alvenaria, em geral mais largo e robusto que uma coluna.

PILAR Estrutura vertical de qualquer formato usada como suporte da construção.

PILASTRA Um pilar retangular embutido que se projeta levemente da parede.

PILONE Murada, levemente inclinada, de alvenaria com uma abertura central, que forma a entrada para um templo egípcio antigo.

PILOTI Termo francês para colunas esguias que erguem um edifício do chão, como costumava ser usado por Le Corbusier.

PINÁCULO Estrutura esférica vertical que coroa um torreão ou contraforte.

PLANO EM RETÍCULA Aspecto do planejamento urbano, datado do mundo clássico, com ruas perpendiculares entre si formando uma grade.

PLINTO Laje plana sob a base de uma coluna, ou base que se projeta de qualquer edifício.

PÓDIO Parede baixa contínua, que forma a base para a construção erguida em cima dela.

PÓRTICO Estrutura sustentada por colunas em pelo menos um de seus lados, geralmente anexa a um edifício como portal de entrada.

PRONAOS Vestíbulo aberto na entrada de um templo, encerrado por paredes laterais, com colunas na frente.

PROPILEU Portal de entrada na arquitetura clássica, em geral conduzindo a um templo.

PROSCÊNIO Num teatro do mundo clássico, refere-se ao palco. Num teatro moderno, indica o espaço entre a cortina e o fosso da orquestra.

QUADRIGA Escultura clássica de uma carruagem puxada por quatro cavalos.

QUINAS Pedras angulares usadas nos cantos de edifícios como indicadores visuais de força.

QUIOSQUE Pavilhão aberto ou abrigo temporário de verão, em geral apoiado em pilares. Comum na Turquia e no Irã.

RÉGUA T Instrumento técnico usado por desenhistas como guia para traçar linhas horizontais numa prancheta de desenho.

REMATE Pequeno ornamento no topo de um pináculo ou frontão. Termo também usado para designar finalizações.

RENDILHADO Delicado trabalho ornamental que forma a parte superior de uma janela gótica.

ROSÁCEA Janela circular das igrejas góticas, cujas estruturas convergem como os raios de uma roda, entre as quais são acomodados os vitrais.

ROSÃO Ornamento nas interseções das nervuras de uma abóbada ou teto.

RUSTICAÇÃO Forma de alvenaria na qual blocos rústicos são assentados com juntas rebaixadas, a fim de criar uma textura rica e contrastante nas paredes externas.

SANTUÁRIO A parte posterior de uma igreja, reservada ao coro e aos clérigos.

SOFITO A face interna de um elemento de construção.

STRAINER ARCH Arco entre duas paredes, normalmente sobre um corredor ou nave, para impedir que elas se inclinem.

SUPERESTRUTURA As partes de um edifício que ficam acima das fundações.

TABEIRA Tábua ou alvenaria usada para ocultar a extremidade de uma viga horizontal de telhado. Às vezes é decorada.

TAMBOR Volume cilíndrico que sustenta um domo ou cúpula.

TERMAS Banhos públicos romanos.

TESSELA Pequena peça de vidro, pedra ou mármore usada na criação de mosaicos.

THOLOS Edifício circular com domo.

TÍMPANO A superfície triangular limitada pelas cornijas inclinadas e pela peça horizontal superior de um pedimento. Também a área fechada entre o lintel de uma entrada e o arco acima dele.

TIRANTE Peça linear, cabo ou viga sujeito a esforços de tração.

TORREÃO Estrutura alta e afilada que se ergue a partir de uma torre ou telhado e termina em ponta.

TOSCANA *Ver* ordem

TRABECULAR Construção que emprega a lógica de postes e travessas.

TRANSEPTO Parte de igreja cruciforme em ângulo reto com a parte principal do edifício.

TRANSVERSO Arco que separa uma seção de uma abóbada da seção seguinte.

TRIFÓRIO Espaço de uma igreja que fica entre o teto inclinado sobre o corredor lateral e a nave central coberta pela abóbada.

TRÍGLIFOS Blocos com entalhes verticais, separados por métopas, que constituem um traço distintivo do friso dórico.

TROMPA Enchimento de alvenaria nos ângulos superiores de um cômodo quadrado. Destina-se a formar a base de sustentação de um domo esférico.

TUFO Rocha de cinza vulcânica, característica da costa ocidental da Itália.

VÃO Espaço desimpedido entre as peças de suporte de um edifício.

VESTÍBULO Passagem ou antessala entre a porta de entrada e as partes internas de um edifício.

VIADUTO Ponte para fazer uma estrada cruzar por cima um vale, geralmente constituída por vãos formados por arcos.

VIGA EM "I" Viga para suportar grande carga, cuja seção transversal parece a letra "I".

VOLUTA O rolo em espiral característico de um capitel jônico ou coríntio. *Ver também* ordem.

ZIGURATE Pirâmide escalonada de tijolo de barro, da arquitetura mesopotâmica sagrada.

ÍNDICE

Números em **negrito** referem-se às entradas principais; números em itálico, referem-se às ilustrações.

30 St. Mary Axe, Londres *372*, **394**
55 Broadway, Londres **362**

A

Aalto, Alvar 352, 383
Abadia de Westminster, Londres 137
Abbas I, xá 152, 155
Abbas II, xá 156
Abd al-Malik, califa 140
abóbada em leque 181
abóbada gótica *181*
abóbada nervurada *181*
Abu Simbel, Grande Templo **28**
Academia da Força Aérea, Colorado Springs **379**
Achari, Jakkama 100
aço *297*
Acrópole, Atenas *47*, *53*
Adriano, imperador *67*, 70, 73
Agra, Taj Mahal 90, 152, **160-1**
Agripa, Marco Vipsânio 64
Aibak, Qutb-ud-Din 154
Akbar, imperador 152, 157, 158
Albert Memorial, Londres *311*
Alberti, Leon Battista 203-4, 205
Albi, Catedral de 166, **186**
Alcántara, Ponte de Trajano **74**
Alessi, Galeazzo 215
Alexandre I, czar 282, 283
Alexandre, o Grande *46-7*, 61, 90, 159
Alfândega, Dublin **279**
Alhambra, Granada 136, *137*, **146-7**
Al-Mutawakkil, califa 142
Al-Qayrawan, Grande Mesquita **142**
Altes Museum, Berlim *269*, **274**
al-Walid, califa 141
Amalienburg, Munique *255*, **259**
América Central 32, **34-9**
América do Sul 32, **40-3**
Brasília 373, 385
Amsterdã, Rijksmuseum **325**
Ana da Dinamarca 228
Andrônico de Cirrus 60
Angkor Wat 102, **105**
anglo-saxões 47, 48
Antelami, Benedetto 170
Antêmio de Trales 78, 80
Antuérpia **223**
Anuradhapura, Ruwanveliseya Dageba **97**
Aqua Tower, Chicago **395**
aquedutos *63*
arcadas *169*, *357*
Archer, Thomas 252
Arciniega, Claudio de 225
Arco de Constantino, Roma **77**
Arco do Triunfo, Paris 268, *269*, **271**
arcobotante 180, *181*
arcos
bizantino *79*
gótico *181*
islâmico *139*
neoclássico *269*
romano *63*
arcos em ferradura *79*, *139*
arcos triunfais *63*, *269*
Aristófanes 59
Aristóteles 49, 53, 167
Arnos Grove, estação de metrô de Londres **363**
arquitetura contemporânea **372-401**
arquitetura extravagante 320
arquitetura islâmica **133-61**
mesquitas **138-51**
Pérsia e Índia Mogol **152-61**
arquitetura jorgeana 266
arranha-céus 4, *297*, *373*
Arras, Hôtel de Ville **187**
Arslan Khan 154
Art Déco 20, 346, 356, 370
Art Nouveau 304, 309, 326, 329
Ártemis de Éfeso 58
Arts and Crafts, movimento 320, 332, 356
Arup, Ove *341*, 353, 368, 383, 388
Asam, Cosmas Damian 257, 258
Asam, Egid Quirin 236, 257, 258
Ásia
Leste Asiático **109-31**
Sudeste Asiático **102-7**
Asmara
Catedral Ortodoxa de Santa Maria 356, **369**
Cinema Impero **369**
Asoka, imperador 97
Asplund, Gunnar Erik *357*, 363
Assurbanípal, rei 17
Assurbanípal II, rei 16
astecas 32, **33**, 34, 36
AT&T, Edifício da, Nova York **390**
Atenas 47, *48-9*, 50, 53
Acrópole *47*, *53*
Erecteion *51*, **57**
Estoa de Átalo **60**
Partenon 49, 50, *51*, 53, **54-5**, *267*
Teatro de Epidauro **59**
Teseion (Templo de Hefesto) **57**
Torre dos Ventos **60**
Augusto, imperador 62, 64, **65**
Augusto, o Forte, eleitor da Saxônia 256
Aurélio Antonino, Marco 71
Ávila, Igreja de Santo Tomás **198**
azulejos *113*, *139*

B

Babilônia *9*, 12, *13*, **16**, 214
Porta de Ishtar **15**
Bacon, Henry 358
Bagan 102
Templo de Ananda **107**
Bähr, George 247
Baker, Benjamin *297*
Baker, Bill 401
Baku, Centro Heydar Aliyev **400**
Baltard, Victor 302
Bam, Cidadela de **156**
Bamiyan, Budas Gigantes **101**
Bancoc 103
Banhos Públicos, Benares **101**
Banks, Thomas 279
Banqueting House, Whitehall, Londres **227**
Banteay Srei, Templo **106**
Barcelona
Casa Batlló *321*
Casa Milà **330**
Pavilhão Alemão *341*, **349**
Parque Güell **330**
Sagrada Família 320, **330-1**
Bari, San Nicola **172**
Barrière de la Villette, Paris **271**
Barroco 231-5, **236-53**, 254, 266
Barry, sir Charles *310*, *311*, **313**
Basílica de Constantino, Roma **77**
Basílica de Santa Sofia, Istambul 77, 78, **80-1**, 134, 211, 323
Basílica de Santo Antônio, Pádua **195**
Basílica de São Marcos, Veneza *78*
Basílica Palladiana, Vicenza **215**
Bath 266, 338
Royal Crescent e Royal Circus **277**
Termas Romanas, Aquae Sulis **71**
Batistério, Parma **170**
Bauhaus 349, 356, 363
Dessau 340, *340*, **348**
Baviera 254
Beauvais, Catedral de **186**
Beaux-Arts, estilo 360
Beckford, William 312
BedZED, casas 392, *392*
Behnisch, Gunther 386
Behrens, Peter 305
Bekiroglu, Saffet Kaya 400
Belur, Templo Chennakeshava **100**
Benares, Banhos Públicos **101**
Berg, Max 366
Berlim
Altes Museum *269*, **274**
Chancelaria do Reich **367**
Estádio Olímpico *356*, **367**
Fábrica de Turbinas AEG **305**
Fábrica Fagus **347**
Ministério da Aviação **367**
Museu Judaico *373*, **393**
Portão de Brandemburgo *269*, **274**
Schauspielhaus **275**
Bernini, Gian Lorenzo *207*, 233, 234, *234*, 239, 240, 242, 321
Berruguete, Pedro 198
Bexhill, Pavilhão De La Warr **352**
Bhubaneshawar, Templo Parasurameshvara **98**
Biblioteca Bodleiana, Oxford *219*, **228**
Biblioteca da Universidade, Helsinque **280**
Biblioteca de Celso, Éfeso **74**
Biblioteca de Sainte--Geneviève, Paris **302**
Biblioteca Liyuan, Jiapjiehe **398**
Biblioteca Nacional, Paris **302**

Biblioteca Wren, Trinity College, Cambridge **249**
Biet Giorgis, Lalibela **87**
Bilbao, Museu Guggenheim 4, 339, **393**
Bindesbøll, Michael Gottlieb 324
bizantina, arquitetura 48, 78-84, 134
Blondel, Jacques-François 235
Bolonha, Torres Garisenda e Asinelli **170**
Bolsa de Carvão, Londres **299**
Bolsa, Copenhague **229**
Bom Jesus do Monte, Braga *237*, **263**
Bonatz, Paul 365
Borobudur 102, **104**
Borromeo, San Carlo 247
Borromini, Francesco **239**, 240, 241
Bosch, Hieronymus 218
Boullée, Etienne-Louis 267, 271, 283
Bradbury, Edifício, Los Angeles **307**
Bradford-on-Avon, St. Laurence **177**
Braga, Bom Jesus do Monte *237*, **263**
bramanismo 94, 95
Bramante, Donato 206, 210, 218, 238
Brandemburgo, Portão de, Berlim *269*, **274**
Brasília
  Catedral *373*
  Congresso Nacional **385**
Breslávia/Wroclaw, Salão do Centenário **366**
Bristol, Ponte Suspensa Clifton **298**
British Museum, Londres 5, *269*, 299
Brno, Casa Tugendhat **349**
Brown, Capability 227
Bruges, Mercado Medieval **188**
Brunel, Isambard Kingdom 294, 298
Brunelleschi, Filippo 203, **208**, 209, 210, 211
Brunton, William 322
Bruxelas
  Guildas *218*, **222**
  Maison du Peuple **304**
  Palais de Justice **324**
  Palais Stoclet **328**
Bruyn, Willem de 222
Brynmawr, Fábrica de Borracha **383**
Buda **90**, 104
Budas Gigantes, Bamiyan **101**
budismo 90, *92*, 93, 94, 95, 102, 103, 111, 115
Buhen, Fortaleza de **29**
Bukhara, Minarete Kalyan **154**
Bulfinch, Charles 286
Bullant, Jean 220
Bunning, J. B. 299
Bunshaft, Gordon 378
Buon, Bartolomeo 197
Buon, Giovanni 197
Burckhardt, Johann Ludwig 75
Burges, William 315
Burghley House **227**
Burgos, Catedral de **199**
Burj Khalifa, Dubai **401**
Burlington, Richard Boyle, 3º conde de 266, 276
Burnham, Daniel 306, 307, **308**, 309
Burton, Decimus *297*, 299
Busheto, Rainaldo 172
Bute, 3º marquês de 315
Butterfield, William 314

C

Ca d'Oro, Veneza **197**
Caffè Pedrocchi, Pádua **280**
Cahokia, pirâmide escalonada **39**
Cairo 143
  Madraçal de Qaitbay **144**
  Mesquista Ibn Tulun *139*
  Mesquita Ibn Tulun **143**
Calatrava, Santiago **391**
Calícrates 54
caligrafia islâmica *139*
Câmara Radcliffe, Oxford **249**
Cambridge
  Biblioteca do Trinity College **249**
  Capela do King's College **191**, 218
Campen, Jacob von 223, 224
Cantão
  Templo Wu Xian Guan **123**
  Torre Zhenhai **117**
Cantoni, Arrigo 368
Capela Sistina, Vaticano, Roma *202*
capitéis
  bizantino *79*
  egípcio *21*
  grego *51*
  romano *63*
  românico *169*
Capitólio, Richmond 284, *285*
Capitólio, Washington D.C. 206, 284, **286-7**
Caprarola, Palazzo Farnese *207*, **212-3**
Caravaggio 233
Carcassonne **187**
Cardiff, Castelo de **315**
Cardozo 353
cariátides *51*
Carlini, Agostino 279
Carlos II, rei da Inglaterra 228
Carlos Magno 168
Carlos V, rei da França 221
Carlos X, rei da França 272
Carlton House Terrace, Londres *297*
Carter, Howard 20, 25
Casa Batlló, Barcelona *321*
Casa Branca, Washington D.C. 284, *285*, **289**
Casa Chatsworth **252**, 299, 300
Casa da Cascata, Bear Run **342-3**
Casa de Giulio Romano, Mantua **215**
Casa de Ópera de Oslo **396**
Casa del Fascio, Como **355**
Casa do Jardineiro da Corte, Charlottenhof, Potsdam **275**
Casa do Senado, Londres **362**
Casa do Vice-Rei, Nova Déli *357*, **360**
Casa Eames, Los Angeles **375**
Casa Farnsworth, Plano **375**
Casa Milà, Barcelona **330**
Casa para Árvores, Cidade de Ho Chi Minh **401**
Casa Steiner, Viena **347**
Casas de guildas, Bruxelas *218*, **222**
Casas Estudo de Caso, Los Angeles **375**
Casas y Novoa, Fernando de 263
Castell Coch *311*, **315**
Castelo Conwy **192**
Castelo de Coca, Segóvia **199**
Castelo Drogo, Drewsteignton 320, **332**
Castelo Fredericksborg, Hillerød **229**
Castelo Himeji **130**
Castelo Howard 236, **253**
Catarina de Médici 220
Catarina I, imperadora da Rússia 262
cátaros 165-6
catedrais góticas 4, 180
Catedral de Nidaros, Trondheim 396
Catedral de Santa Sofia, Novgorod **85**
Catedral Luterana, Helsinque **281**
Catedral Metropolitana, Cidade do México **225**
Catedral Ortodoxa de Santa Maria, Asmara 356, **369**
Cavagnari, Odoardo 369
Cavaleiros Hospitalários **175**
Cavaleiros Teutônicos 193
Centro de Aprendizagem Rolex, Lausanne **399**
Centro Heydar Aliyev, Baku **400**
Centro Pompidou, Paris **387**
Centro Sainsbury de Artes Visuais, Norwich **384**
Centro Técnico da GM, Warren **381**
César, Júlio 47, 64, 65, 68
Chalgrin, Jean-François 271, 283
Chambers, William 276
Chambord, Château de *219*, **220**
Chambre des Députés, Paris **271**
Chan Chan, antiga **42**
Chancelaria do Reich, Berlim **367**
Chandigarh **374**
Chareau, Pierre *341*
Charlottenhof, Potsdam **275**
Chartres, Catedral de 180, **184-5**
Chastillon, Claude 222
Cheadle, Igreja de St. Giles **312**
Cheers & Smith 326
Chenonceau, Château de **220**
Chermayeff, Serge 352
Chicago
  Aqua Tower **395**
  Crown Hall **381**
  Edifício Monadnock **306**
  Edifício Reliance *297*, **307**
  John Hancock Tower *373*
  Loja Schlesinger-Mayer **309**
  Marshall Field Merchandise Mart **306**
  Robie House **344**
Chichén Itzá, Templo dos Guerreiros 34, **38**
Chilehaus, Hamburgo **365**
Chimor 42
China 110-1, 112-23, 134
Chiswick House, Londres **276**
Christ Church, Spitalfields, Londres **252**
Chrysler, Edifício, Nova York **346**
Churriguera, família 248, 263
Cidade de Ho Chi Minh, Casa para Árvores **401**
Cidade do México, Catedral Metropolitana **225**

Cidade Proibida, Pequim 110, 112, **118-9**
Cidadela de Bam **156**
Cidadela de Van **18**
cidades
antigo Oriente Próximo 8-11
gregas 53
neoclássicas 268
Renascimento 205
Cinema Impero, Asmara **369**
Ciro, o Grande, rei da Pérsia 12
Cixi, imperatriz herdeira da China 120
clássica, arquitetura **45-77**
Clemente XI, papa 242
Clifton, Ponte Pênsil de, Bristol **298**
Cnossos, Palácio do Rei Minos **52**
Coalbrookdale, Iron Bridge 296, **298**
Coberger, Wenceslas 222
Cockerell, Charles Robert 278
Coliseu, Roma *62*, 63, 277
Colônia, Catedral de 193
Colorado Springs, Academia da Força Aérea **379**
colunas
egípcia *21*
grega *51*
renascentista *207*
românica *169*
Como, Casa del Fascio **355**
Complexo do Templo de Horyu-ji, Nara **126**
computer-aided design (CAD) **339**, 372
concreto *341*
Congrès Internationaux d'Architecture Moderne (CIAM) 337
Congresso Nacional, Brasília **385**
Constantino, imperador 77, 78
Constantinopla *ver* Istambul
Contarini, doge Domenico **84**
Contini, Antonio 217
Contrarreforma 232
Copenhague
Bolsa **229**
Escritório Jespersen **377**
Igreja de Grundtvig *321*, **333**
Museu Thorvaldsen **324**
Prefeitura **326**
Córdoba, Grande Mesquita **145**
Coreia 124, 131
Cortez, Hernando 33
Cosroé I 18
Costa, Lúcio 385
Cram, Ralph Adams 318
Crescente Fértil 90
cristianismo 138
arquitetura do cristianismo primitivo 78-87
Europa medieval 164-6
Revival Gótico 310, 311
Cristiano IV, rei da Dinamarca 229
Crown Hall, Chicago **381**
Cruz Amarante, Carlos Luis Ferreira da *237*, 263
Cruzadas 137, **167**, 175, 180, 199
Crystal Palace, Londres 295, 296, *297*, **300-1**
Ctesifonte, Palácio de **18**
Cúpula da Catedral de Florença 203, **208**, 210, 211
cúpulas *ver* domos
Cuvilliés, François 259
Cuypers, Petrus 325
Cuzco 40

D

d'Este, cardeal Ippolito 214
Damasco, Grande Mesquita **141**
Dante Alighieri 203
Darby, Abraham III 298
Dario I, rei da Pérsia 13, 18, 19
Darwin, Charles 294, **295**
Datong, Yungang Grutas **115**
De La Warr, Pavilhão, Bexhill **352**
Deanery Garden, Sonning **332**
Dearborn, Glass Plant, Ford Rouge **309**
Dédalo 52
Deir el-Bahari, Templo da Rainha Hatshepsut **27**
Déli 93
Casa do Vice-Rei *357*, **360**
Forte Vermelho 152, **161**
Igreja da Guarnição **361**
Mesquita Quwwat-ul-Islam **154**
Túmulo de Humayun *153*, **157**
Della Porta, Giacomo 238, *240*
Demétrio de Éfeso 58
Dereham, Elias de **190**
Dessau, Bauhaus 340, *340*, **348**
Diocleciano, imperador **76**
Divakarapandita 105
Dixon, Lawrence Murray 370
Djenné, Mesquita de Barro **151**
Djoser, faraó 24
Dollman, Georg von 323
Domenico da Cortona 220
Domenico di Agostino 196
Domo da Rocha, Jerusalém 134, *135*, **140**
domos
barroco *237*
bizantino *79*
islâmico 134, *153*
renascentista **211**
tradicionalismo *357*
Donatello 208
Donato 179
Dougga, Templo de Juno Caelestis *4*
Dresden 339
Frauenkirche **247**
Zwinger **256**
Drew, Jane 374
Dubai, Burj Khalifa **401**
Dublin 254, 266
Alfândega **279**
Four Courts *211*, **279**
Dudok, Willem Marius 363
Dunster, Bill 392
Durham, Catedral de 168, **176-7**, 317
Dutugemunu, rei 97

E

Eames, Charles 329, 375
Eames, Ray 329
East Kilbride, Igreja de St. Bride **383**
Echevarria, Pedro de 248
Edfu, Templo de Hórus **29**
Edifício da Engenharia, Universidade de Leicester **383**
Edifício Pirelli, Milão **377**
edifícios verdes **392**
Edimburgo 266, 268
Edirne, Mesquita de Selim **149**
Edo, período, Japão **111**
Eduardo I, rei da Inglaterra 192
Eduardo, "Príncipe Negro" *164*
Éfeso
Biblioteca de Celso **74**
Templo de Ártemis **58**
Egina, Templo de Afaia **56**
Egito 10-1, **20-9**
Église Sainte-Madeleine, Paris 266, *269*, **272**
Ehn, Karl 364
Eiffel, Gustave *296*, **303**
El Dorado, Edifício, Nova York **370**
elevadores *295*, *373*
Elgin, Mármores de *55*, 57
Elizabete I, rainha da Inglaterra 227
Elmes, Harvey Lonsdale 278
Ely, Catedral de **189**
Empire State, Edifício, Nova York **345**
Enchin 128
Engel, Carl Ludwig 280, 281
Enkhuizen, Prefeitura **224**
Entenza, John 375
Erecteion, Atenas *51*, **57**
Eridu 11
Erskine, Ralph 392, *392*
Escadaria da Piazza di Spagna, Roma **242**
Eschwege, barão Ludwig von 324
Escopas 58, 61
Escorial **225**, 249
Esfandiyar, Bahman 156
esfinges *21*
espaços públicos, arquitetura barroca **240**
Espanha 33, 34, 134, 218
Ésquilo 53, 59
Estábulo, Fazenda Garkau, Lübeck **305**
Estação Lyon Satolas **391**
Estação Pennsylvania, Nova York 356, **358**
Estádio Olímpico, Berlim *356*, **367**
Estádio Olímpico, Munique **386**
Estados Unidos
ferrovias 294
Modernismo 340
Neoclassicismo 266, **284-9**
Estoa de Átalo, Atenas **60**
Estocolmo
Biblioteca Municipal *357*
Prefeitura *357*, **363**
Estocolmo, Prefeitura de *357*, **363**
estupas *95*, 102, *103*
Europa medieval **163**-**99**
Europa
medieval **163-99**
renascentista **201-29**
Eusebius, general Albrecht Vaclav 224
Evans, sir Arthur 52
Expressionismo 366

F

Fábrica da Fiat, Lingotto, Turim **354-5**
Fábrica de Chocolates Menier **322**
Fábrica de Turbinas AEG, Berlim **305**
Fábrica Fagus, Berlim **347**
Fatehpur Sikri 152, **158**
Fernando II de Saxe--Coburgo-Gotha 324

Fernando II, rei de Aragão 198, 248
ferro *297*, *297*, 298
ferrovias *292-3*, 293-5, *297*
Ferstel, Heinrich von 318
Fídias *54*
Filadélfia, Independence Hall **288**
Filipe II, rei da Espanha 225
Filipe III, rei da França 187
Fischer von Erlach, Johann Bernhard 247
Flatiron, Edifício, Nova York **308**
Florença
Duomo 203, **208**, 210, 211
Ospedale degli Innocenti **209**
Palazzo Medici-Riccardi 206, *207*, **209**
Palazzo Pitti 206
Palazzo Strozzi 206
Santa Croce 206
Santa Maria Novella, Estação de **368**
Floris, Cornelius 223
Fonseca, Alonso de 199
Fontaine, Pierre 272
Fontainebleau, Palais de 218, **221**
Fontana, Carlo 238, 241
fontes *207*, 240
Fonthill, Abadia de **312**
Fortaleza de Buhen **29**
Forte Vermelho, Déli 152, **161**
Forth Railway, Ponte da *297*
Foshan, Templo dos Ancestrais **121**
Foster + Partners *5*
Foster, Norman 64, 368, *372*, 375, 381, 384, 392, 393, 394
Four Courts, Dublin *211*, **279**
Fowler, John *297*
Fragonard, Jean-Honoré 235, *235*
Francesca, Piero della 205
Francisco I, rei da França 220, 221
Frauenkirche, Dresden **247**
Frederico Guilherme, rei da Prússia 274
Frederico II, rei da Dinamarca 229
Frederico IV, rei da Dinamarca 324
French, Daniel Chester 358
Freyssinet, Eugène 304
frisos gregos *51*
frontões, Renascimento *219*
Fry, Max 374
Futurismo 368

G

Gabriel, Jacques-Ange 245, **271**
Galleria Vittorio Emanuele, Milão **304**
Galvani, Alberto 214
Gandon, James 279
Gang, Jeanne 395
Garcia, rei da Espanha 173
Garnier, Charles *321*, 325
Gaudí, Antoni 320, *321*, *330-1*, **331**
Gehler, Willi 366
Gehry, Frank 4, 393
George, Ernest 332, 360
Ghiyas, Mirak Miraza 157
Gibbs, James 249, 252
Gilbert, Cass **319**
Gilgamesh, A Epopeia de 10, 11
Gillespie, Kidd & Coia 383
Ginásio Nacional, Tóquio **386**
Giocondo, Fra 238
Giulio Romano 214, 215
Gizé, Grande Pirâmide de Quéfren *20*, **22-3**
Glasgow
Glasgow School of Art **327**
Igreja Livre da Rua Caledônia **278**
Glass Plant, Ford Rouge, Dearborn **309**
Gomizuno, imperador do Japão 131
Gonzaga, duque de 214
Gótico 137, **180-99**
Gótico Perpendicular 191
Gowan, James 383
Gozzoli, Benozzo 209
Gradenigo, Antonio 280
Graham, Anderson, Probst & White 306
Granada
Alhambra 136, *137*, **146-7**
Palácio de Carlos V **224**
Grande esfera vermelha 399
Grande Estupa, Sanchi **97**, 360
Grande Exposição, Londres 295, 300
Grande Lavra Katholikon, Monte Atos **83**
Grande Mesquita, Córdoba **145**
Grande Mesquita, Damasco **141**
Grande Mesquita, Al-Qayrawan **142**
Grande Mesquita, Samarra 138, **142**, 401
Grande Muralha da China 110, **114**
Grande Pirâmide de Quéfren, Gizé *20*, **22-3**
Grande Templo de Amon, Karnak **26**
Grande Templo, Abu Simbel **28**
Grécia 5, 46-9, **50-61**, 266, 284
Greenwich, Queen's House 218, **228**
Gropius, Walter *340*, 347, 348
Grundtvig, Igreja de, Copenhague *321*, **333**
Gruta Sokkuram, Bulguksa **131**
Guildford, Catedral de **317**
Guilherme II, rei da Inglaterra **176**
Guilherme II, rei da Prússia 274
Guilherme II, rei da Sicília **171**
Guilherme, o Conquistador 48, 168, 177
Gustavo III, rei da Suécia *266*
Gutenberg, Johannes 203
Gwathmey, Siegel and Associates 382

H

Hadid, Zaha 397, **400**
Hagia Sofia ver Basílica de Santa Sofia
Haia, Mauritshuis **223**
Hamburgo, Chilehaus **365**
Hamilton, Andrew 288
Hangares da Força Aérea, Orvieto **355**
Hangares Freyssinet, Orly, Paris **304**
Hangzhou, Templo Lingyin **121**
Harappa 90, **96**
Hardouin-Mansart, Jules *237*, 244-5, 245
Hardwick Hall **226**
Häring, Hugo 305
Hatshepsut, rainha 25, 27
Haussmann, barão Georges-Eugène 302, 325
Hawa Mahal, Jaipur *94*
Hawksmoor, Nicholas 235, 236, 251, 252, 253, 361
Heidriffer, Ludwig 229
Helsinque 268
Biblioteca da Universidade **280**
Catedral Luterana **281**
Estação Ferroviária **329**
Igreja Velha **281**
Henrique IV, rei da França 222
Henrique VI, rei da Inglaterra 191
Henrique VIII, rei da Inglaterra 227
Herculano 266
Herland, Hugh 191
Herrera, Juan de 225
Herzog & de Meuron 386, 393
Highpoint, Londres **353**
hinduísmo 90-3, 93, 94, 95, 102
Hipódamo de Mileto 53
Hitchcock, Henry-Russell 278, 390
Hitler, Adolf 267, 271, 272, 336, 365, 367, 399
Hoban, James 289
Hoffmann, Josef 328
Höger, Fritz 365
Holden, Charles 356, 362, 363
Hontanon, Juan Gil de 248
Hood, Raymond 344
Hoover Dam **346**
Horta, Victor 304, 328
Hôtel de Ville, Arras **187**
Hsiao Wen, imperador da China 116
Huaca del Sol, Moche **42**
Huili 121
Humayun, Túmulo de *153*, **157**
Hutton, Sauerbruch 399

I

Ibn Tulun, Ahmed 143
Ibn Tulun, Mesquita de, Cairo *139*
Ibrahim 161
Ictinos 54
Idade do Bronze 11
Igreja Católica 165-6, 203, 205, 232
Igreja da Abadia, Weltenburg **258**
Igreja da Guarnição, Nova Déli **361**
Igreja da Transfiguração, Kizhi **85**
Igreja de Madeira de Borgund, fiorde Sogne **178**
Igreja de Østerlars, ilha Bornholm **178**
Igreja de Santa Elisabete, Marburg **193**
Igreja de Santo Tomás, Ávila **198**
Igreja de São Francisco Xavier, Tepotzotlán **248**
Igreja de São Jorge, Tessalônica **82**
Igreja de St. Bride, East Kilbride **383**
Igreja Escalonada de Heddal, Telemark **179**
Igreja Livre da Rua Caledônia, Glasgow **278**
Igreja Velha, Helsinque **281**
igrejas 48-9, 166
de madeira 178-9
Revival Gótico 310, 311
românicas 168

igrejas de madeira 178-9
Il Redentore, Veneza *207*, **217**
Imhotep 20, **24**
Império Assírio *13*, 15, 16, 17
Império Chola 99
Império Cuchana 90
Império Khmer 105
Império Otomano 136
Império Romano 46-9, **62-77**, 266, 284
imprensa **203**
incas 32, 33, 40-1, 43
Independence Hall, Filadélfia **288**
Índia **89-101**, 134, **152-61**, 356
Índia Mogol 90, 93, 152-61
Ingenhoven und Partner 365
Instituto Federal de Tecnologia da Suíça (EPFL) 399
Insulae, Ostia **70**
Iraque 12, 138, 339
Irlanda 254
Iron Bridge, Coalbrookdale 296, **298**
Isabel, czarina 262
Isabel, rainha de Castela 198, 199
Ise, Santuário de, Uji-yamada **127**
Isfahan 152
  Masjid-i-Shah (Mesquita Real) *153*, **155**
  Palácio Ali Qapu *152*
  Pavilhão de Ali Qapu **156**
  Pavilhão de Chehel--Sotun, Isfahan **156**
Isidoro de Mileto 78, 80
Istambul (Constantinopla) 34, 48, 78
  Basílica de Santa Sofia 77, 78, **80-1**, 134, 211, 323
  Mesquita de Suleimã 136, *138*, *139*, **148**
  Mesquita do Sultão Ahmed **150**
  Palácio Topkapi **148**
Itália, Renascimento **206-17**
Ivã, o Terrível, czar **87**

J

Jacobsen, Arne 377
Jahangir, imperador 158, 159
Jaipur, Hawa Mahal *94*
janelas
  contemporâneas *373*
  Modernismo *341*
  Renascimento *219*
  vitrais *166*, *181*, *311*
Japão 110, 111, 124-31, 339
Jappelli, Giuseppe 280
Jardim do Administrador Humilde, Suzhou **117**
jardins *125*, 157
Jean-Marie Tjibaou, Centro Cultural, Nova Caledônia **394**
Jeanneret, Pierre 350, 374
Jefferson, Thomas 284, *284*, *285*, 288
Jekyll, Gertrude 332
Jensen-Klint, P. V. *321*, 333
Jerba 138
Jerusalém
  Qubbet es-Sakra (Domo da Rocha) 134, *135*, **140**
  Templo de Salomão **17**
Jespersen, Escritório, Copenhague **377**
jesuítas 233, 248
Jiapjiehe, Biblioteca Liyuan **398**
João V, rei de Portugal 249
Jocho 128
John Hancock Tower, Chicago *373*
Johnson Wax, Edifício, Racine **344**
Johnson, Philip 378, 390
Johnston, Edward 72
Jones, Inigo 218, 227, 228, 276
Jorge IV, rei da Inglaterra 293
Justiniano, imperador 78, 80, 211

K

Kahn, Albert 309
Karl Marx Hof, Viena **364**
Karli, Sala Chaitya **98**
Karlskirche, Viena *236*, *237*, **247**
Karnak
  Grande Templo de Amon **26**
  Templo de Khonsu **27**
Kaufmann, Gordon 346
Kazuyo Sejima 399
Keble College, Oxford **314**
Kent, William 276
Kew Gardens, Londres *297*, **299**
Khorsabad, Palácio de Sargão **15**
Kim Taesong 131
King's College, Capela do, Cambridge **191**, 218
Kino, Eusébio Francisco 263
Kiyomizu-dera Kondo, Kyoto *124*, **128**
Kizhi, Igreja da Transfiguração **85**
Klimt, Gustav 328
Klint, Kaare 333
Koenig, Pierre 375
Krak des Chevaliers, Homs **175**
Kyongdok, rei 131
Kyoto
  Kiyomizu-dera Kondo *124*, **128**
  Pavilhão Dourado Kinkaku-ji **129**
  Templo Byodoin **128**
  Vila Imperial Shugakuin **131**

L

L'Enfant, major Pierre Charles 284
l'Orme, Philibert 220
La Merced, Quito **225**
Labrouste, Henri 302
Lacer, Caio Júlio 74
Ladjin, sultão 143
Lafranchini, Paul 254
Lafranchini, Philip 254
Lahore
  Estação de Lahore **322**
  Túmulo de Jahangir **159**
Lalibela, Biet Giorgis **87**
Landshut, St. Martin **194**
Langhans, Karl Gotthard 274
Larra, José de 248
Lasdun, Denys 384
Latrobe, Benjamin Henry 286, 289
Laugier, Abbé 267
Lausanne, Centro de Aprendizagem Rolex **399**
Le Breton, Gilles 221
Le Corbusier 5, *5*, 337, 340, *341*, 350-1, 372, *373*, **374**, 376, 378, 383, 386
Le Mercier, Jacques *219*, 221
Le Nôtre, André 244, 284
Le Vau, Louis 244, 245
Ledoux, Claude-Nicolas 271, 279
León, San Miguel de Escalada **173**
Leonardo da Vinci *203*, 220
Les Halles Centrales, Paris **302**
Les Invalides, Paris *237*, **245**
Lescot, Pierre 221
Leste Asiático **109-31**
Lever House, Nova York **378**
Lhasa, Palácio Potala **101**
Li Xiadong 398
Libeskind, Daniel *373*, 393
Ligorio, Pirro 214
Lincoln Memorial, Washington D.C. **358**
Lisboa, Elevador de Santa Justa *297*
Liverpool
  Catedral de **317**
  Sala St. George**278**
Lloyds, Edifício, Londres *373*, **390**
Lohrmann, Ernst 281
Londres
  30 St. Mary Axe *372*, **394**
  55 Broadway **362**
  Abadia de Westminster 137
  Albert Memorial *311*
  Banqueting House, Whitehall **227**
  Bolsa de Carvão **299**
Londres (cont.)
  Carlton House Terrace *297*
  Casa Chiswick **276**
  Casa do Senado **362**
  Christ Church, Spitalfields **252**
  Crystal Palace 295, 296, *297*, **300-1**
  Edifício Lloyds *373*, **390**
  Edifício RIBA **362**
  estação de metrô Arnos Grove **363**
  Highpoint **353**
  London Ark *392*
  Metrô de Londres 362, **363**
  Midland Grand Hotel, St. Pancras **316**
  Museu Britânico *269*, 299
  New Scotland Yard **326**
  Palácio de Westminster 293, 310, *310*, **313**
  Palm House, Kew Gardens *297*, **299**
  Piscina dos Pinguins, Zoológico de Londres *341*
  Royal Courts of Justice **314**
  Somerset House **276**
  St. Martin-in-the-Fields **252**
  St. Mary-le-Bow **251**
  St. Mary Woolnoth **251**
  St. Paul, Catedral de 206, 211, 236, **250**, 279, 360
  St. Paul's Covent Garden **228**
  Tate Modern **393**
  Teatro Nacional **384**
  Torre de Londres **177**
  Westminster Hall **191**
Longhena, Baldassare *237*, 243
Loos, Adolf 347, 349
Los Angeles
  Casa Eames **375**
  Casas de Estudos de Caso **375**
  Edifício Bradbury **307**
Louvre, Pavillon de l'Horloge, Paris **221**
Loyang, Templo de Honan **116**

Loyola, Inácio de 233
Lübeck 338
Estábulo, Fazenda Garkau **305**
Lubetkin, Berthold *341*, 353
Ludlow, Laurence de 192
Ludovice, João Frederico 249
Ludovico I, rei da Baviera *268*
Ludovico II, rei da Baviera *320*, *321*, 323
Luís Filipe, rei da França 272
Luís IX, rei da França 182, 187
Luís XIII, rei da França 244
Luís XIV, rei da França 244, 245
Luís XV, rei da França 254, 270, 271
Lund, Catedral de **179**
Lutero, Martinho 205, *205*
Lutyens, sir Edwin 93, 320, 332, 356, *357*, **360**, 361

M

Machu Picchu 40, *40*, 41, **43**
Machuca, Pedro 224
Mackintosh, Charles Rennie 327, 328
Maderna, Carlo 238, 239
Madraçal de Qaitbay, Cairo **144**
Mafra, Palácio-Mosteiro de **249**
maias 32, 33, 34, 37-8
Maison Carrée, Nîmes **64**, 272
Maison de Verre, Paris *341*
Maison du Peuple, Bruxelas **304**
Maisons Jaoul, Neuilly **376**
Majolikahaus, Viena **327**
Malbork, Castelo de, Polônia **193**
Manchester, Prefeitura de *311*, **316**
Maneirismo 214, 218
mansarda, janelas de *219*
Mansart *ver* Hardouin--Mansart
Mantua
Casa de Giulio Romano **215**
Palazzo del Te **214**
Mao Tsé-tung 336
Maomé, profeta 134, **136**, 140
Marburg, Igreja de Santa Elisabete **193**
March, Werner *356*, 365, 367, 386
Maria Laach Abbey **174**
Maria, Walter de 399
Marino, Tommaso 215
Marselha, Unité d'Habitation **376**
Marshall Field Merchandise Mart, Chicago **306**
Martin de Solozano 198
Marx, Karl 222, 294
Masjid-i-Shah (Mesquita Real), Isfahan *153*, **155**
Mathey, Jean-Baptiste 246
Matte-Trucco, Giacomo 354
Maufe, Edward 317
Mauritshuis, Haia **223**
Mausoléu de Adriano, Roma **73**
Mausoléu de Halicarnasso, Mileto **61**
Mausolo, rei 61
Max Emanuel, eleitor da Baviera 259
Mayer, Albert 374
McKim, Mead & White 289, 358
Meca 134
Médici, Cosimo de 209
Mehmet, sultão 148
Meiji, imperador do Japão **359**
Melk, Abadia de **246**
Mendelsohn, Erich 352, 366
Mengoni, Giuseppe 304
Mercado Medieval, Bruges **188**
Mercado Medieval, Ypres **188**
Mesopotâmia 4, *4-5*, 8-11
Mesquita de Barro, Djenné **151**
Mesquita de Ibn Tulun, Cairo **143**
mesquitas 136, **138-51**
Messina, Mario 369
Meuron, Pierre de 393
México 32, 33, 34
Meyer, Adolf 347
Miami, Raleigh Hotel **370**
Mianmar 102, 103
Michelângelo *202*, *206*, 206, 210, 215, 224, 238, *240*
Michelozzo *207*, 209
Michelucci, Giovanni 368
Midland Grand Hotel, St. Pancras, Londres **316**
Mies van der Rohe, Ludwig 4-5, 305, *341*, 348, 349, 372, 375, 378, 381
Milão
Edifício Pirelli **377**
Estação Central **368**
Galleria Vittorio Emanuele **304**
Igreja de Sant'Ambrogio **170**
Palazzo Marino **215**
Mileto 53
Mausoléu de Halicarnasso **61**
Mills, Robert 289
Minarete Emin, Turpan **161**
Minarete Kalyan, Bukhara **154**
minaretes 136, 138, *139*
Ming, dinastia 123
Ministério da Aviação, Berlim **367**
Ministério da Educação e Saúde, Rio de Janeiro **353**
Ministério do Comércio, Moscou *357*
Minos, rei 52
Moche 32
Huaca del Sol **42**
Modernismo 305, 306, 307, 309, 337, **340-55**, 356, 372, 390
Mohenjodaro 90, **96**
Monadnock, Edifício, Chicago **306**
Monreale, Catedral de **171**
Monte Abu, templos jainistas **100**
Monte Atos, Grande Lavra Katholikon **83**
Montferrand, Auguste 282
Montfort, Simon de 187
Monticello **288**
Morgan, Julia 358
mosaico *63*, *79*, 136
Moscou
Catedral de São Basílio **86-7**
Metrô **371**
Ministério do Comércio *357*
Universidade Estatal **371**
Moser, Koloman 328
Mosteiro Suspenso, Xuankong Si, Hunyuan 112, **116**
Movimento Estético 328
Mujica, Juan de 248
Munique
Amalienburg *255*, **259**
Estádio Olímpico **386**
Museu Brandhorst 399
São João Nepomuceno (Asamkirche) **257**
Türkentor **399**
Museu Brandhorst, Munique 399
Museu da Universidade, Oxford *297*, **314**
Museu Guggenheim, Bilbao 4, 339, **393**
Museu Guggenheim, Nova York **382**
Museu Judaico, Berlim *373*, **393**
Museu Thorvaldsen, Copenhague **324**
Mussolini, Benito 368

N

Nabucodonosor II, rei 12, 15, 16
Napoleão Bonaparte 20, 87, 266, *267*, 269, 271, 272, 366
Napoleão III, imperador 272
Naqsh-i-Rustam, Túmulo de Dario I **18**
Nara, Complexo de Templos Horyu-ji **126**
Nash, John 275, *297*
navios a vapor 294
nazista, era 356, 364, 367, 386, 393
Nefertiti, rainha 25
Neoclassicismo 235, 266, **268-89**, 297, 356
Nervi, Pier Luigi 355, 377
Nestor 85
Netsch, Walter 379
Neuilly, Maisons Jaoul **376**
Neumann, Johann Balthasar 257
Neuschwanstein 320, *320*, *321*, **323**
Neutra, Richard 340
Nghia, Vo Trong 401
nichos de oração *135*
Nicolau V, papa 82, 242
Niemeyer, Oscar 353, *373*, **385**
Nîmes
Maison Carrée **64**, 272
Pont du Gard **74**
Nimrod **16**
Nínive **17**
Nizami *134*
normandos 177
Norwich
Centro Sainsbury de Artes Visuais **384**
Prefeitura **363**
Norwich, Prefeitura de **363**
Notre-Dame de la Grande, Poitiers **173**
Notre-Dame du Raincy, Paris **364**
Notre-Dame, Paris **182-3**
Notre-Dame-du-Haut, Ronchamp 5, **376**
Nova Catedral, Salamanca **248**
Nova Déli *ver* Déli
Nova Scotland Yard, Londres **326**
Nova York
Edifício da AT&T Building **390**
Edifício Chrysler **346**
Edifício El Dorado **370**
Edifício Empire State **345**
Edifício Flatiron **308**
Edifício Seagram 349, **378**
Edifício Woolworth **319**

Nova York (cont.)
Lever House **378**
Rockefeller Center **344**
St. John, the Divine **318**
Terminal da TWA, Aeroporto John F. Kennedy **380**, 391
Trinity Church **318**
Novgorod, Catedral de Santa Sofia **85**
Novo Almirantado, São Petersburgo 268, **283**
Nyrop, Martin 326

O

Olbrich, Joseph Maria 327, 328
olmecas 32
Onze Lieve Vrouwekerk, Scherpenheuvel **222**
Ópera, Paris *321*, **325**
Oratório de São Felipe Néri, Roma **241**
ordem compósita *63*
ordem coríntia *51*, 218
ordem dórica *51*, *207*, 218
ordem jônica *51*, *207*, 218
Oriente Próximo 12-9
Ortiz de Castro, José Damian 225
Orvieto, Hangares da Força Aérea **355**
Ospedale degli Innocenti, Florença **209**
Östberg, Ragnar 363
Ostia, Insulae **70**
Otis, Elisha *295*
Otto, Frei 365, *373*, 386
Oxford
Biblioteca Bodeleiana *219*, **228**
Câmara Radcliffe **249**
Keble College **314**
Museu da Universidade *297*, **314**

P

Pádua
Basílica de Santo Antônio **195**
Caffè Pedrocchi **280**
Paestum, Templo de Netuno **56**
pagodes *103*, 112, 126
Paimio, Sanatório **352**
Palácio Blenheim 236, **253**
Palácio da Pena, Sintra 320, **324**
Palácio de Ali Qapu, Isfahan *152*
Palácio de Carlos V, Granada **224**
Palácio de Catarina, Tsarskoe Selo 254, *254*, **262**
Palácio de Ctesifonte **18**
Palácio de Diocleciano, Split **76**
Palácio de Mateus, Vila Real *255*
Palácio de Persépolis 12, *12*, 13, **19**
Palácio de Sargão, Khorsabad **15**
Palácio de Verão (Yiheyuan), Pequim **120**
Palácio de Westminster, Londres 293, 310, *310*, **313**
Palácio do Doge, Veneza **197**
Palácio do Governador, Uxmal 34, **38**
Palácio do Rei Minos, Cnossos **52**
Palácio Potala, Lhasa **101**
Palácio-Mosteiro de Mafra **249**
Palais de Justice, Bruxelas **324**
Palais Stoclet, Bruxelas **328**
Palazzo del Te, Mantua **214**
Palazzo Ducale, Urbino 205
Palazzo Farnese, Caprarola *207*, **212-3**
Palazzo Marino, Milão **215**
Palazzo Medici-Riccardi, Florença 206, *207*, **209**
Palazzo Pitti, Florença 206
Palazzo Pubblico, Siena **196**, 326
Palazzo Strozzi, Florença 206
Palenque, Templo das Inscrições **37**
Palladianismo 266, 276
Palladio, Andrea 204, *207*, 210, 215, **216**, 217, 223, 227, 266, 276, 280, 285, 310, 351
Palm House, Kew Gardens, Londres *297*, **299**
Panteão, Roma 62, **66-7**, 82, 211, 247
Panthéon, Paris **270**
Parceria de Arquitetos 383
Paris
Arco do Triunfo 268, *269*, **271**
Barrière de la Villette **271**
Biblioteca de Sainte-Geneviève **302**
Biblioteca Nacional **302**
Centro Pompidou **387**
Chambre des Députés **271**
Église Sainte-Madeleine 266, *269*, **272**
Hangares Freyssinet, Orly **304**
Les Halles Centrales **302**
Les Invalides *237*, **245**
Louvre, Pavillon de l'Horloge **221**
Maison de Verre *341*
Notre-Dame **182-3**
Notre-Dame du Raincy **364**
Ópera *321*, **325**
Panthéon **270**
Pavillon Suisse **351**
Place de la Concorde **271**
Place des Vosges **222**
Place Vendôme **245**
Rue de Rivoli **272**
Sainte Chapelle *166*, **182**
Torre Eiffel *296*, **303**
Val-de-Grace *219*
Villa Stein **351**
Parma, Baptistério **170**
Parque Güell, Barcelona **330**
Partenon, Atenas 49, 50, *51*, 53, **54-5**, *267*
Pátio dos Leões, Alhambra, Granada **146-7**
Pavilhão Alemão, Barcelona *341*, **349**
Pavilhão de Ali Qapu, Isfahan **156**
Pavilhão de Chehel-Sotun, Isfahan **156**
Pavilhão Dourado Kinkaku-ji, Kyoto **129**
Pavillon Suisse, Paris **351**
Paxton, Joseph 296, *297*, 299, 300-1, *300*
pedimentos *207*, *219*
Pedro, o Grande, czar 85, 283
península Arábica 134, 138
Peônio de Éfeso 58
Pequim
Cidade Proibida 110, 112, **118-9**
Palácio de Verão (Yiheyuan) **120**
Templo Ancestral Taimiao **121**
Templo da Agricultura **123**
Templo do Buda Adormecido **117**
Templo do Céu *112*, **122-3**
Percier, Charles 272
Péricles 50, 54, *55*
Perret, Auguste 364
Perronet, Jean-Rodolphe 271
Persépolis, Palácio de 12, *12*, 13, **19**
Pérsia 12, *13*, 18-9, 134, 136, **152-6**
Peru 32, 33, 40-1, 43
Peruzzi 238
Peto, Harold 332
Petra, Tesouro de **75**
Petrarca, Francesco 202, 203
Philae, Templo de Ísis **29**
Phocide, Theotokos **83**
Piano, Renzo 355, *373*, 387, 392, 394
Piazza Navona, Roma 234, *240*
Pick, Frank 362, 363
Pierce, S. R. 363
pilones, egípcios *21*
pináculos, Gótico *181*
pináculos, Revival Gótico *311*
Pio VI, papa 242
Pirâmide de Degraus de Djoser, Sakkara 20, **24**
Pirâmide do Sol, Teotihuacán 34, **36**
Pirâmide Escalonada, Cahokia **39**
pirâmides
centro-americanas 11, *34*, 34, 35-7, 39
egípcias 20, 22-4
sumérias 10
Pisa, Catedral de *168*, *169*, **172**
Piscina de Pinguins, Zoológico de Londres *341*
Pítio *50*, 61
Place de la Concorde, Paris **271**
Place des Vosges, Paris **222**
Place Vendôme, Paris **245**
planejamento urbano 68, 205
Platão *48*, 49, 53, 167
Plecnik, Josef 327
Plínio, o Jovem **69**
Plínio, o Velho **69**
Plutarco 50
Poelaert, Joseph 324
Poggi, Nenne Sanguineti *369*
Poitiers, Notre-Dame de la Grande **173**
Policleto, o Jovem 59
Pompeia *46-7*, **69**, 266
Pont du Gard, Nîmes **74**
Ponte de Trajano, Alcántara **74**
Ponte dos Suspiros, Veneza **217**
pontes *63*, 297, *298*
Ponti, Gio 377
Pope, John Russell 289
Pöppelmann, Matthäus Daniel **256**
Porta de Ishtar, Babilônia **15**
Portugal 218
Pós-Modernismo 372
Post, Pieter 223
Potsdam
Casa do Jardineiro da Corte, Charlottenhof **275**
Torre Einstein 356, **366**

Poupança dos Correios, Viena **326**
Poussin, Nicholas 221
Poyet, Bernard 271
Praga, Palácio Troja **246**
Pram'Banam, Templo de Shiva **107**
Prandtauer, Jakob 246
Pre Rup, Templo **106**
Prédio da Turbina, fábrica de chocolate Menier **322**
Prefeitura de Antuérpia **223**
Prefeitura de Copenhague **326**
Prefeitura de Enkhuizen **224**
Priene 53, **61**
Templo de Atena *50*
Primaticcio, Francesco 221
Primeira Guerra Mundial 336, 338
Prior, E. S. 317
Pritchard, Thomas 298
Protágoras 203
protestantismo **205**, 232, 236
Ptolomeu III, faraó 29
Pueblo de Mesa Verde, Colorado **39**
Pugin, A. W. N. 292, 293, 310, *310*, *311*, 312, **313**

Q

Qaitbay, sultão 144
Qing, dinastia 123
Quartel do Estado-Maior, São Petersburgo **282**
Qubbet es-Sakra (Domo da Rocha), Jerusalém 134, *135*, **140**
Queen's House, Greenwich 218, **228**
Quéfren, faraó 22
Quetzalcóatl **36**
Quiosque Esmaltado, Palácio Topkapi, Istambul **148**
Quito, La Merced **225**
Quwwat-ul-Islam, Mesquita, Déli **154**

R

Rafael *48-9*, 214, 238
Rainaldi, Carlo 241
Rajaraja Chola 99
Rajendravarman II, rei 106
Raleigh Hotel, Miami **370**
Ramsés II, faraó 28
Ranakpur, templos jainistas **100**
Ransome, Ernest L. 347
Rastrelli, Bartolomeo 254, **262**
Ravena 48
Santo Apolinário em Classe **82**
Reliance, Edifício, Chicago *297*, **307**
remates *113*, *125*
Renascimento 48, 201-29
Renzo Piano Building Workshop 394
Represa de Assuã 28, 29
Represas do vale do Elan **361**
Residenz, Würzburg **257**
Revival Clássico **265-89**
Revival Gótico 293, 297, **310-9**, 320
Revival Grego **267**
Revolução Industrial **291-309**
RIBA, Edifício, Londres **362**
Ribero, Juan de 248
Rice, Peter 372, 388, **387**
Richmond, Capitólio 284, *285*
Riedel, Edward 323
Rijksmuseum, Amsterdã **325**
Rio de Janeiro, Ministério da Educação e Saúde **353**
Robie House, Chicago **344**
Rockefeller Center, Nova York **344**
Rococó 232, 235, **254-63**, 266
Rodriguez, Lorenzo 248
Rogers, Richard *373*, 381, 387, 390
Rohr Abbey 236, *237*
Roma 46, 62, 68
Arco de Constantino **77**
Basílica de Constantino **77**
Coliseu *62*, 63, 277
Coluna de Trajano **72**, 247
Roma (cont.)
Escadarias da Piazza di Spagna **242**
Fontana di Trevi **242**
Mausoléu de Adriano **73**
Monumento a Vittorio Emanuele *321*, **329**
Oratório de São Felipe Néri **241**
Panteão 62, **66-7**, 82, 211, 247
Piazza Navona 234, *240*
San Carlo alle Quattro Fontane **239**
Santa Maria dei Miracoli **241**
Santa Maria di Montesanto **241**
Santa Maria Maggiore 78
Santa Susanna *207*
Santo Stefano Rotondo **82**
São Pedro 206, *206*, *207*, **210**, 211, 234, **238**
Tempietto San Pietro in Montorio 206, **210**, 218
Templo de Hércules Victor **64**
Templo de Júpiter **64**
Templo de Marte Ultor **65**
Termas de Caracalla **71**, 278, 356
Termas de Diocleciano **71**
Românico **168-79**
Ronchamp, Notre-Dame-du-Haut 5, 372, *373*, **376**
Root, John 306, 307
rosáceas *181*
Rossi, Karl Ivanovich 282
Rosso 221
Rostock 338
Roth, Emery 370
Rottenbuch, Igreja de 235, 254, *255*, **259**
Royal Courts of Justice, Londres **314**
Royal Crescent e Royal Circus, Bath **277**
Rudnev, Lev Vladimirovich 371
Rue de Rivoli, Paris **272**
Rukn-i-Alam, Multan **159**
Ruskin, John 83, 314
Rússia 254, 268
Ruwanveliseya Dageba, Anuradhapura **97**
Ruz Lhuillier, Alberto 37
Ryue Nishizawa 399

S

Saarinen, Eero 380, **381**, 391
Saarinen, Eliel 329
Sacconi, Giuseppe 329
Saddam Hussein 15, 17
Sagebiel, Ernest 367
Sagrada Família, Barcelona 320, **330-1**
Sainte Chapelle, Paris *166*, **182**
Sakkara, Pirâmide de Degraus de Djoser 20, **24**
Sala Chaitya, Karli **98**
Salamanca, Nova Catedral **248**
Salão do Centenário, Breslávia/Wroclaw **366**
Salisbury, Catedral de 180, **190**, 310
Salmanaser I, rei 16
Salomão, rei de Israel 17
Salvi, Nicolò 242
Samarra, Grande Mesquita 138, **142**, 401
samurais **130**
San Carlo alle Quattro Fontane, Roma **239**
San Giorgio Maggiore, Veneza **216**
San Miguel de Escalada, León **173**
San Nicola, Bari **172**
San Pablo, Valladolid **199**
San Simeon **358**
San Xavier del Bac, Tucson **263**
SANAA 399
Sanchi, Grande Estupa **97**, 360
Sanctis, Francesco de 242
Sangallo, Antonio (o Jovem) 212, 238
Sansovino, Jacopo 215
Sant Elia, Antonio 368
Sant'Ambrogio, Igreja de, Milão **170**
Santa Croce, Florença 206
Santa Justa, Elevador de, Lisboa *297*
Santa Maggiore, Roma 78
Santa Maria dei Miracoli, Roma **241**
Santa Maria della Salute, Veneza *211*, 236, *237*, **243**
Santa Maria di Montesanto, Roma **241**
Santa Maria Novella, Estação de, Florença **368**
Santa Susanna, Roma *207*
Santi Giovanni e Paolo, Veneza **195**
Santiago de Compostela 168, **263**
Santo Apolinário em Classe, Ravena **82**
Santo Graal, lenda **165**, 167
Santo Isaac, Catedral de, São Petersburgo **282**
Santo Stefano Rotondo, Roma **82**
Santuário Meiji, Tóquio **359**
São Basílio, Catedral de, Moscou **86-7**
São Francisco, Igreja de, Brasil **353**
São João Nepomuceno (Asamkirche), Munique **257**
São Marcos, Biblioteca de, Veneza 215
São Marcos, Basílica de, Veneza **84**
São Pedro, Roma 206, *206*, *207*, **210**, 211, 234, **238**
São Petersburgo 268
Catedral de Santo Isaac **282**
Novo Almirantado 268, **283**
Palácio do Estado-Maior **282**
Sarduri I 18
Sargão II 15
Saulnier, Jules 322
Sauvestre, Stephen 303
Scamozzi, Vincenzo 217, 223
Schauspielhaus, Berlim **275**
Schindler, Rudolph 340
Schinkel, Karl Friedrich 274, 275, 278

Schlesinger-Mayer, Loja, Chicago **309**
Schloss Nymphenburg, Munique *255*, 259
Schmuzer, Franz 254, 259
Schmuzer, Josef 254, 259
Schumacher, Patrik 400
Scott, Giles Gilbert 317, 393
Scott, Sir George Gilbert 316, 317
Seagram, Edifício, Nova York 349, **378**
Secessão Vienense 328
Sedefkar Mehmet Ada 150
Segóvia
  Castelo de Coca **199**
  Catedral **199**
Segunda Guerra Mundial 338-9
Selim, Mesquita de, Edirne **149**
Senaqueribe, rei 17
Senmut 27
Senruset III, faraó 29
Serlio, Sebastiano 204, 223, 226
Severo, Lúcio Septímio 70
Sevilha, Catedral de **198**
Shah Jahan 152, 159, 160
Shaw, Richard Norman 326, 332
Shibam **151**
Shiva *93*
Shiva, Templo de Pram'Banam **107**
Shoosmith, Arthur Gordon 361
Shreve, Lamb & Harmon **345**
Shrewsbury, Elizabeth, condessa de 226
Shugakuin, Vila Imperial, Kyoto **131**
Shute, Sir John 204
Shwedagon, Pagode, Yangon **107**
Siena
  Catedral **194**
  Palazzo Pubblico **196**, 326
sikharas *95*
Simão de Colônia 199
Simpson, James 306
Sinan, Mimar Koca 78, 138, *139*, 148, **149**, 366
Sintra, Palácio da Pena 320, **324**
Sisto V, papa **233**
Skidmore, Owings & Merrill (SOM) 358, 378, 379, 401
Smith, Adrian 401
Smyth, Edward 279
Smythson, Robert 226
Snøhetta 396
Sófocles 53, 59
Somerset House, Londres **276**
Sonning, Deanery Gardens **332**
Soufflot, Jacques-Germain **270**
Speer, Albert 267, 274, 356, 365, 367
Spezza, Andrea 224
Split, Palácio de Diocleciano **76**
St. Andrew, Sunderland **317**
St. Carileph, William de **177**
St. George's Hall, Liverpool **278**
St. John the Divine, Nova York **318**
St. Laurence, Bradford-on-Avon **177**
St. Louis, Edifício Wainwright **307**
St. Martin, Landshut **194**
St. Martin-in-the-Fields, Londres **252**
St. Mary Woolnoth, Londres **251**
St. Mary-le-Bow, Londres **251**
St. Paul, Catedral de, Londres 206, 211, 236, **250**, 279, 360
St. Paul's Covent Garden, Londres **228**
St. Giles, Igreja de, Cheadle **312**
Stacchini, Ulisse 368
Stálin, Josef 87, 336, *357*, 371
Steenwinckel, Hans van (o Jovem) 229
Steenwinckel, Louvens van 229
Steinhof, Igreja de, Viena **329**
Stirling, James 383
Stokesay, Castelo de **192**
Strawberry Hill, Twickenham **312**
Street, George Edmund 314
Strickland, William 288
Stuttgart, Estação de **365**
Sudeste Asiático **102-7**
Suez, canal de *294-5*
Suleimã, Mesquita de, Istambul 136, *138*, *139*, **148**
Suleimã, o Magnífico 140, 148
Sullivan, Louis Henry 307, 309, 382
Sully, bispo Maurice de 182
Sultão Ahmed, mesquita, Istambul **150**
sumérios 8-11, *8*, 11, 14, 90
Sunderland, St. Andrew **317**
Suryavarman II, rei 105
Suzhou, Jardim do Administrador Humilde **117**
Sydney Opera House 339, 372, **388-9**

T

Taimiao, Templo Ancestral, Pequim **121**
Taj Mahal, Agra 90, 152, **160-1**
Talman, William 252
Tamerlão 157
Tange, Kenzo 386
Tanjore, Templo Brihadeshvara (Grande Templo) **99**
Tarquínio, o Soberbo, 64
Tate Modern, Londres **393**
Teatro de Epidauro, Atenas **59**
Teatro Nacional, Londres **384**
Teatro Olimpico, Vicenza **217**
Tebas, Túmulos dos Reis **25**
Tecton 353
Telemark, Igreja Escalonada de Heddal **179**
Telford, Thomas 298
telhados
  chinês *113*
  contemporâneo *373*
  Revival Gótico *311*
Tempietto San Pietro in Montorio, Roma 206, **210**, 218
Templo de Honan, Loyang **116**
Templo Brihadeshvara (Grande Templo), Tanjore **99**
Templo Byodoin, Kyoto **128**
Templo Chennakeshava, Belur **100**
Templo da Agricultura, Pequim **123**
Templo da Rainha Hatshepsut, Deir el-Bahari **27**
Templo das Inscrições, Palenque **37**
Templo de Afaia, Egina **56**
Templo de Ananda, Bagan **107**
Templo de Ártemis, Éfeso **58**
Templo de Atena, Priene *50*
Templo de Hórus, Edfu **29**
Templo de Ísis, Philae **29**
Templo de Juno Caelestis, Dougga *4*
Templo de Júpiter, Roma **64**
Templo de Khonsu, Karnak **27**
Templo de Marte Ultor, Roma **65**
Templo de Netuno, Paestum **56**
Templo de Salomão, Jerusalém **17**
Templo de Hércules Victor, Roma **64**
Templo do Buda Adormecido, Pequim **117**
Templo do Céu, Pequim *112*, **122-3**
Templo do Grande Jaguar, Tikal **37**
Templo do Rito Escocês, Washington D.C. **289**
Templo dos Ancestrais, Foshan **121**
Templo dos Guerreiros, Chichén Itzá 34, **38**
Templo Lingyin, Hangzhou **121**
Templo Parasurameshvara, Bhubaneshawar **98**
templos jainistas, Monte Abu **100**
templos jainistas, Ranakpur **100**
templos
  budista 93
  grego 4, 5
  hinduísta 90-3, 94, *95*
  japonês 124, 126
  Sudeste Asiático 102, 103
Tenochtitlán 33, 34
Teodorico, rei de Ravena 48
Teodósio, imperador 82
Teotihuacán 32, 34
  Pirâmide do Sol 34, **36**
Teótoco, Fócida **83**
Tepotzotlán, Igreja de San Francisco Xavier **248**
Termas de Adriano, Trípoli **70**
Termas de Caracalla, Roma **71**, 278, 356
Termas de Diocleciano, Roma **71**
Termas romanas, Aquae Sulis, Bath **71**
terraços, neoclássicos *285*
Terragni, Giuseppe 355
Terumasa, Ikeda 130
Teseion (Templo de Hefesto), Atenas **57**
Tesouro de Petra **75**
Tessalônica, Igreja de São Jorge **82**
Thomson, Alexander "Grego" 268, 278
Thornton, William 286
Thorvaldsen, Bertil 324
Tiepolo, Giovanni Battista 235, 257
tijolos multicoloridos *311*
Tikal *34*
  Templo do Grande Jaguar **37**

Tivoli
Villa de Adriano 29, **73**, 214
Villa d'Este *207*, **214**
Tokugawa Ieyasu 111
Toledo, Juan Bautista de 225
Toltecas 32, 34
Topkapi, Palácio, Istambul **148**
Tóquio
Ginásio Nacional **386**
Santuário Meiji **359**
Torcello, Catedral de **83**
Torquemada, Tomás 198
Torre Asinelli, Bolonha **170**
Torre de Londres **177**
Torre do Tambor, Xi'an **121**
Torre dos Ventos, Atenas **60**
Torre Eiffel, Paris *296*, **303**
Torre Einstein, Potsdam 356, **366**
Torre Garisenda, Bolonha **170**
torres *181*, *311*, *357*
torres de relógio *311*
Tradicionalismo **356-71**
Trajano, Coluna de, Roma **72**, 247
Trajano, imperador **72**, 74
Traore, Ismaila 151
Trevi, Fontana di, Roma **242**
Trinity Church, Nova York **318**
Trípoli, Termas de Adriano **70**
Troja, Palácio de, Praga **246**
Trondheim, Catedral de Nidaros 396
Tsarskoe Selo, Palácio de Catarina 254, *254*, **262**
Tucson, San Xavier del Bac **263**
Tugendhat, Casa, Brno **349**
Tughluq I 159
Túmulo de Dario I, Naqsh-i-Rustam **18**
Túmulo de Humayun, Déli *153*, **157**
Túmulo de Jahangir, Lahore **159**
Túmulo Gunbad-i-Qabus, Gurgan **154**
Túmulos dos Reis, Tebas **25**
Turim
Fábrica da Fiat, Lingotto **354-5**
Türkentor, Munique **399**
Turner, Richard *297*, 299
Turpan, Minarete Emin **161**
Tutancâmon, faraó 20, 25
Tutmés I, faraó 26
TWA, Terminal da, Aeroporto John F. Kennedy, Nova York **380**, 391
Twickenham, Strawberry Hill **312**

U

Ulm Münster 180
Unité d'Habitation, Marselha **376**
Universidade da Virginia 284, *284*
Universidade de Leicester, Prédio da Engenharia **383**
Upjohn, Richard 318
Ur, Zigurate de Urnammu 4, 42, **14**
Urbano II, papa 167
Urbano VIII, papa 242
Urbino, Palazzo Ducale 205
Urnammu 14
Utzon, Jørn 388
Uxmal, Palácio do Governador 34, **38**

V

Val-de-Grace, Paris *219*
Vale do Indo 90
Valladolid, San Pablo **199**
Van Alen, William 346
Van, Cidadela de **18**
Vanbrugh, sir John 235, 236, 251, 253, 361
Vasari, Giorgio 215
Vecchi, Giovanni dé *212*
Veneza
Basílica de São Marcos *78*, **84**
Biblioteca Marciana **215**
Ca d'Oro **197**
Veneza (cont.)
Catedral de Torcello **83**
Il Redentore *207*, **217**
Palácio do Doge **197**
Ponte dos Suspiros **217**
San Giorgio Maggiore **216**
Santa Maria della Salute *211*, 236, *237*, **243**
Santi Giovanni e Paolo **195**
Vennekool, Steven 224
Venturi, Robert 372
Versalhes, Palácio de *232-3*, **244-5**, 284
Vicenza
Basílica Palladiana **215**
Teatro Olimpico **217**
Villa Capra *207*, 276
vidro
paredes de tijolo de vidro *341*
vidro "curvo" *297*
vitrais *166*, *181*, *311*
Viena
Casa Steiner **347**
Igreja de Steinhof **329**
Karl Marx Hof **364**
Karlskirche *236*, *237*, **247**
Majolikahaus **327**
Poupança dos Correios **326**
Votivkirche **318**
Vignola, Giacomo Barozzi da 204, *207*, 212-3, 238
Vignon, Pierre-Alexandre 272
Vila de Colmeias, Aleppo **150**
Villa Capra, Vicenza *207*, 276
Villa d'Este, Tivoli *207*, **214**
Villa de Adriano, Tivoli 29, **73**, 214
Villa Mairea, Noormarkku **352**
Villa Savoye, Poissy *341*, **350-1**
Villa Stein, Paris **351**
Viollet-le-Duc, Eugène 187
Vishnuvardhana, rei 100
vitrais *166*, *181*, *311*
Vitrúvio 61, 64, 203, 204
Vittorio Emanuele, Monumento a, Roma *321*, **329**
Vladimir II, príncipe 85
Vladimir, o Grande 85
Votivkirche, Viena **318**

W

Wagner, Otto 326, 327, 328, 329
Wainwright, Edifício, St. Louis **307**
Walhalla, Regensburg *268*
Wallenstein, Palácio, Loggia **224**
Walpole, Horace 312
Walter, Thomas Ustick 286-7
Washington, D.C. 284
Capitólio 206, 284, **286-7**
Casa Branca 284, *285*, **289**
Lincoln Memorial **358**
Templo do Rito Escocês **289**
Washington, Monumento a *285*, **289**
Washington, George 284
Waterhouse, Alfred *311*, 316
Webb, John 228
Webb, Philip 332
Wells, Catedral de *180*, **189**
Weltenburg, Igreja da Abadia de **258**
Westminster Hall, Londres **191**
Wiener Werkstätte 328
Wieskirche, Baviera *255*, **260-1**
Willoughby, sir Francis 226
Winckelmann, Johann 267
Wollaton Hall **226**
Wood, John (o Jovem) **277**
Wood, John **277**
Woodward, Benjamin 314
Woolworth, Edifício, Nova York **319**
Wornum, Grey 362
Wren, sir Christopher 137, 177, 206, 211, 223, 234, 249, *250*, 250-1, 270, 279
Wright, Frank Lloyd 38, 344, 342-3, **382**, 392
Wright, irmãos *337*
Wu Xian Guan, Templo, Cantão **123**
Würzburg, Residenz **257**
Wyatt, James 312
Wyatville, sir Jeffry 226
Wyman, George H. 307

X

Xi'an, Torre do Tambor **121**
xintoísmo 124, **127**, 359

Y

Yajnyavaraha 106
Yangon, Pagode Shwedagon **107**
Yakovlev, Barma 87
Yakovlev, Posnik 87
Yiheyuan ver Palácio de Verão
Yomei, imperador do Japão 126
Yoshimitsu, Ashikaga 129
Ypres, Mercado medieval **188**
Yungang, Grutas de, Datong **115**

Z

Zakharov, Adrian Dmitrievitch **283**
Zhengde, imperador da China 117
Zhenhai, Torre, Cantão **117**
Zhu Liangzu 117
Zigurate de Urnammu, Ur 12, **14**
zigurates 12
Zimmerman, Dominikus 260
Zimmerman, Johann Baptist 260
Zuccaro, Federico *213*
Zwinger, Dresden **256**

AGRADECIMENTOS

Agradecimentos do autor

O autor agradece a Thomas Cussans e Beatrice Galilee por suas contribuições e pesquisa para este livro; à equipe de produção da cobalt id, eficiente, bem disposta e esforçada; a Debra Wolter, na DK, por encomendar o livro; e a todos os arquitetos, particularmente aqueles anteriores a Imhotep de quem nada conhecemos exceto, é claro, suas poderosas obras, e a seus clientes, por terem proporcionado um assunto tão rico e inesgotável. Agradecimentos especiais a Laura, Beatrice Grace e Pedro, o cão de guarda, por seu amor e paciência.

Agradecimentos da editora original

A Dorling Kindersley agradece a Ed Wilson e Sam Atkinson pela assistência editorial, e a Claudia Dutson pelas ilustrações de base. A cobalt id agradece às pessoas a seguir por sua ajuda para este livro: Gill Edden, Steve Setford e Klara e Eric King, por seu inestimável apoio editorial, e Hilary Bird, pela indexação. Agradecemos também a Adam Howard (invisiblecities.co.uk); e a Katy Harris, Kathryn Tollervey e a todos da Foster and Partners.

Créditos das ilustrações

Agradecemos às seguintes instituições pela permissão de reproduzir suas fotos:

Abreviaturas: a = alto; b = embaixo ; e = esquerda; d = direita; c = centro.

2-3 Alamy/Tim Ayers; **4ae** Alamy/AA World Travel Library; **4b** Corbis/Stapleton Collection; **5ad** Corbis/Paul Almasy; **5bd** Alamy/Colin Walton; **6** Getty/Ary Diesendruck; **8be** Corbis/Diego Lezama Orezzoli; **9** Alamy/Photo Network; **9ae** Mary Evans Picture Library; **10b** Alamy/Robert Harding Picture Library Ltd; **11bc** Alamy/Mary Evans Picture Library; **12e** Alamy/Robert Harding Picture Library Ltd; **13b** Getty/Robert Harding; **13c** Alamy/Jon Arnold Images; **13ce** Alamy/Robert Harding Picture Library Ltd; **13ad** Alamy/Peter Aprahamian; **13cd** Alamy/Sergio Pitamitz; **14b** Corbis/Dean Conger; **14c** Corbis/Charles & Josette Lenars; **15ae** Corbis/Gianni Dagli Orti; **15bd** Alamy/Robert Harding Picture Library Ltd; **16a** Corbis/Historical Picture Archive; **17b** akg-images/Erich Lessing; **18ac** Alamy/Globe Stock; **18be** CORBIS/Roger Wood; **19b** Alamy/bildagentur-online.com/th-foto; **19ad** Alamy/POPPERFOTO; **20e** Getty/Will & Deni McIntyre; **22ae** Alamy/Tor Eigeland; **22be** akg-images/Andrea Jemolo; **23ad** akg-images/Hervé Champollion; **23bd** Alamy/TNT Magazine; **26b** Getty/Ian McKinnell; **27ad** Corbis/Carmen Redondo; **29ad** Alamy/Nicholas Pitt; **30** Getty/Cosmo Condina; **32c** Alamy/Michael Dwyer; **33ad** Alamy/Mireille Vautier; **33bd** Corbis/Gianni Dagli Orti; **34e** Alamy/archivberlin Fotoagentur GmbH; **35bd** Alamy/Peter M. Wilson; **35ac** Alamy/Sarkis Images; **35ad** Alamy/Megapress; **35ae** Alamy/AM Corporation; **35ce** Alamy/Sarkis Images; **35be** Alamy/Danita Delimont; **36b** Alamy/PCL; **36ae** Alamy/Angel Terry; **37bd** Alamy/Sarkis Images; **37ad** Alamy/archivberlin Fotoagentur GmbH; **38b** Alamy/Nelly Boyd; **38ce** Alamy/Peter M. Wilson; **39ad** Alamy/Andre Jenny; **40e** Getty/Ryan Fox; **41b** Alamy/Glen Allison; **41ad** Alamy/J Marshall - Tribaleye Images; **41cda** Alamy/Beren Patterson; **41ce** Alamy/Shaun Higson; **41cd** Alamy/Mireille Vautier; **42b** Alamy/Beren Patterson; **42ae** Alamy/J Marshall - Tribaleye Images; **43b** Alamy/FrameZero; **43ad** Alamy/Danita Delimont; **44** Getty/Fergus O'Brien; **46c** akg-images; **47cd** Alamy/The Photolibrary Wales; **48t** akg-images/Erich Lessing; **49bd** Alamy/Rob Bartee; **50e** Alamy/dfwalls; **51be** Alamy/Jon Bower; **51cd** Alamy/Adam Eastland; **51bd** Alamy/Aliki Sapountzi/aliki image library; **51ad** Alamy/Eric Ghost; **51ac** Alamy/Danita Delimont; **51ae** Alamy/Andrew Carruth; **52b** Alamy/PCL; **53b** Alamy/Travel-Shots; **53ad** Getty/Bridgeman Art Library; **54be** Mary Evans Picture Library; **54ae** Alamy/nagelestock.com; **55bd** Corbis/Bettmann; **55ad** Alamy/Michael Booth; **57bd** Alamy/Peter Domotor; **57ad** Alamy/Andrew Morse; **58t** Mary Evans Picture Library; **61bd** Alamy/dfwalls; **61ad** Mary Evans Picture Library; **62e** Alamy/ImageState; **63c** Alamy/Adam Eastland; **63ceb** Corbis/Vanni Archive; **63ae** Corbis/Dave G. Houser; **63bd** Alamy/Carol Dixon; **64be** Alamy/Ian M Butterfield; **66ce** Corbis/Charles E. Rotkin; **67bd** akg-images/Joseph Martin; **68b** Alamy/Gary Cook; **70c** Alamy/Martin Jenkinson; **71bd** Alamy/nagelestock.com; **71c** Alamy/Adam Eastland; **72** Corbis/Alinari Archives; **73b** Alamy/Oliver Benn; **74ae** Alamy/DIOMEDIA; **75** Alamy/TNT Magazine; **76b** Corbis/Historical Picture Archive; **76ae** Alamy/Nick Gregory; **77bd** Alamy/Brian Hamilton; **78e** Alamy/Nicholas Pitt; **79be** Alamy/Aliki Sapountzi/aliki image library; **79cb** Alamy/Tom Spalding; **79cea** Alamy/Mark Harmel; **79ad** Alamy/Terry Smith Images; **80be** Alamy/Peter M. Wilson; **80ce** Alamy/Bora; **81ac** Alamy/Blueberg; **82b** Alamy/Chuck Pefley; **83bd** Alamy/Worldwide Picture Library; **85bd** Alamy/LifeFile Photos Ltd; **87bd** Getty/J P De Manne; **87ad** Getty/David Toase; **88** Getty/Todd Gipstein; **90cd** Alamy/Mary Evans Picture Library; **91c** Alamy/ImageState; **93ae** Alamy/ephotocorp; **94e** Getty/Jeremy Bright/Robert Harding; **95b** Alamy/Profimedia.CZ s.r.o.; **95ce** Alamy/J Marshall - Tribaleye Images; **95ad** Corbis/Bob Krist; **95cd** Alamy/Robert Preston; **95c** Alamy/Travel Ink; **96be** Corbis/Paul Almasy; **96c** Alamy/AM Corporation; **97b** Corbis/Dallas and John Heaton/Free Agents Limited; **97ad** Alamy/World Religions Photo Library; **98bd** Corbis/Charles & Josette Lenars; **98ae** Corbis/Historical Picture Archive; **99b** Alamy/f1 online; **100bc** Alamy/Steve Allen Travel Photography; **100c** Corbis/Lindsay Hebberd; **101b** Alamy/Cephas Picture Library; **101ad** Alamy/F. Jack Jackson; **102e** Getty/Jerry Alexander; **103bd** Corbis/Kevin R. Morris; **103be** Corbis/Jose Fuste Raga; **103ad** Alamy/Tibor Bognar; **103ce** Alamy/JG Photography; **104b** Getty/Jill Gocher; **104cd** Alamy/ImageState; **105b** Alamy/Robert Harding Picture Library Ltd; **105cd** Alamy/Gavin Hellier; **106bd** Alamy/Rolf Richardson; **106e** Alamy/Nic Cleave Photography; **107ac** Alamy/ImageState; **108** Alamy/Neil McAllister; **110be** DK/Laurence Pordes, Courtesy of The British Library; **110r** Alamy/Eddie Gerald; **111bd** Corbis/Asian Art & Archaeology, Inc.; **112e** Getty/Jean-Marc Truchet; **113b** Alamy/Robert Fried; **113cd** Alamy/Keren Su/China Span; **113c** Alamy/Jon Arnold Images; **113cda** Alamy/Sarkis Images; **113ae** Alamy/Alex Griffiths; **113ad** Corbis/Ric Ergenbright; **114a** Alamy/View Stock; **114be** Alamy/Robert Harding Picture Library Ltd; **115ad** Alamy/Sarkis Images; **115b** Alamy/AM Corporation; **116c** Corbis/Liu Liqun; **117ad** Alamy/Panorama Stock Photos Co Ltd; **117bd** Alamy/Panorama Stock Photos Co Ltd; **118ce** Alamy/Jon Arnold Images; **118ae** Alamy/ImageState; **119ad** Alamy/G P Bowater; **120b** Alamy/Tibor Bognar; **120cd** Alamy/David Sanger Photography; **121cd** Corbis/Keren Su; **122** Getty/Jean-Marc Truchet; **123ae** Getty/Paul Chesley; **123cd** www.world-heritage-tour.org; **124e** Getty/Orion Press; **125c** Alamy/Michel Friang; **125cd** Corbis/Michael S. Yamashita; **125cda** Corbis/Robert Essel NYC; **125cea** Alamy/Photo Japan; **126b** Corbis/Sakamoto Photo Research Laboratory; **126ae** Corbis/Archivo Iconografico, S.A.; **127t** Alamy/Danita Delimont; **127bd** Corbis/Michael Freeman; **128be** Corbis/Archivo Iconografico, S.A.; **128c** Corbis/Sakamoto Photo Research Laboratory; **130ae** Corbis/Bernard Annebicque SYGMA; **131ce** Alamy/Pat Behnke; **134ceb** Rex by Shutterstock: British Library / Robana; **134bd** Alamy/Israel images; **136be** The Art Archive/British Library; **137t** Alamy/Ace Stock Limited; **138e** Alamy/Jon Arnold Images; **139be** Alamy/Eddie Gerald; **139c** Alamy/Peter Adams Photography; **139bd** Corbis/Vittoriano Rastelli; **139bc** Alamy/Yvette McGreavy; **139bd** Alamy/Worldwide Picture Library; **139ad** Alamy/Jon Arnold Images; **139cd** Alamy/Robert Harding Picture Library Ltd; **141b** Alamy/Bill Lyons; **142be** Alamy/World Religions Photo Library; **142ca** Alamy/Sylvia Cordaiy Photo Library Ltd; **143** Alamy/Robert Harding Picture Library Ltd; **144** akg-images/Erich Lessing; **145b** Alamy/Ken Welsh; **146bc** Alamy/B&Y Photography; **146bd** Alamy/Peter M. Wilson; **146ae** Alamy/Hideo Kurihara; **146c** Alamy/Andrew Bargery; **147bd** Alamy/WiteLite; **147ad** Alamy/Stock Connection; **148b** Alamy/Sarkis Images; **148ae** Corbis/Michael Nicholson; **150be** Alamy/Expuesto - Nicolas Randall; **151be** Alamy/Sergio Pitamitz; **151ad** Alamy/World Religions Photo Library; **152e** Alamy/Robert Harding Picture Library Ltd; **153b** Alamy/f1 online; **153ce** Alamy/Geoffrey Morgan; **153c** Alamy/Tibor Bognar; **153cd** Alamy/Neil McAllister; **153ad** Alamy/Chris George; **154be** Alamy/Robert Harding Picture Library Ltd; **155b** Getty/James P Blair; **155cd** Alamy/Alan Copson City Pictures; **156be** Alamy/Sergio Pitamitz; **156ae** Corbis/Arthur Thévenart; **157b** Alamy/ImageState; **157ad** Alamy/Geoffrey Morgan; **158b** Corbis/Brian A. Vikander; **158ae** Alamy/Chris George; **159bd** Alamy/Neil McAllister; **159ad** Alamy/World Religions Photo Library; **161bd** Alamy/Tibor Bognar; **161ac** Alamy/Indiapicture; **162** Alamy/Robert Harding Picture Library Ltd; **164a** Alamy/Robert Estall photo agency; **165ce** Corbis/Bettmann; **165ad** DK/Laurence Pordes, Courtesy of The British Library; **167bd** Alamy/Bildarchiv Monheim GmbH; **167ad** Mary Evans Picture Library; **168e** Alamy/Hideo Kurihara; **169bc** Alamy/James Hughes; **169cd** Mary Evans Picture Library; **170c** Corbis/Ruggero Vanni; **171b** Corbis/Adam Woolfitt; **171ad** Alamy/David Noton Photography; **172be** Alamy/tim gartside; **172ae** Alamy/CuboImages srl; **173b** Alamy/Bildarchiv Monheim GmbH; **173ac** Alamy/Michael Juno; **174a** Alamy/Bildarchiv Monheim GmbH; **176b** Alamy/Leslie Garland Picture Library; **177bc** Corbis/Judyth Platt/Eye Ubiquitous; **177cd** Alamy/Ken Welsh;**178ce** Alamy/Bertrand Collet; **179bd** Alamy/Tor Eigeland; **179ad** Alamy/Bildarchiv Monheim GmbH; **180e** Alamy/Ian M Butterfield; **181b1** Corbis/Ric Ergenbright; **181b2** Alamy/Brian Harris; **181b4** Alamy/Pawel Libera; **181cd** Alamy/Visual&Written SL; **181ad** Alamy/Bildarchiv Monheim GmbH; **181c** Corbis/Ruggero Vanni; **182be** DK/Centre des Monuments Nationaux; **182ad** Alamy/J. Schwanke; **183** Alamy/Robert Harding Picture Library Ltd; **184ad** Alamy/Bildarchiv Monheim GmbH; **185c** Chartres Convention & Visitors Bureau; **186b** Alamy/David A. Barnes; **186ae** Corbis/Paul Almasy; **187cb** Alamy/images-of-france; **187ac** Alamy/Kristin Piljay; **188ae** Alamy/Chris Warren; **190b** Alamy/eye35.com;

191bd Alamy/Antony Nettle; **191ad** DK/King's College, Cambridge; **192ae** Alamy/Rob Rayworth; **193b** Alamy/lookGaleria; **193ad** Alamy/Bildarchiv Monheim GmbH; **194be** Corbis/José F. Poblete; **195bd** Alamy/Worldwide Picture Library; **195ae** Alamy/Sarkis Images; **196b** Alamy/Hideo Kurihara; **197bd** Alamy/Bildarchiv Monheim GmbH; **198ae** akg-images/Schütze/Rodemann; **200** Getty/Toyohiro Yamada; **202c** Alamy/Robert Harding Picture Library Ltd; **203cd** Alamy/Visual Arts Library (London); **203ac** DK/Laurence Pordes, Courtesy of The British Library; **204a** akg-images/Rabatti - Domingie; **206e** Alamy/Eyebyte; **207bd** Alamy/World Travel Images; **207ac1** Corbis/Araldo de Luca; **207ac2** Corbis/Francis G. Mayer; **207c** Corbis/Yann Arthus-Bertrand; **208be** Alamy/Kobi Israel; **208bd** Alamy/Gary Cook; **209bd** Corbis/Massimo Listri; **209t** Photo Scala, Florence/White Images; **211b** Corbis/Angelo Hornak; **211ad** Alamy/Robert Harding Picture Library Ltd; **212be** akg-images/Jürgen Sorges; **212ce** The Art Archive/Palazzo Farnese Caprarola/Dagli Orti (A); **213ad** Bridgeman Art Library; **214b** Alamy/AM Corporation; **215bd** Corbis/Adam Woolfitt; **215ac** Alamy/CuboImages srl; **216b** Corbis/Jim Zuckerman; **217be** Alamy/Stock Italia; **218e** Alamy/Joern Sackermann; **219be** Alamy/Andre Jenny; **219bc** Alamy/images-of-france; **219ad** Corbis/Richard T. Nowitz; **219bd** Corbis/Stefano Bianchetti; **221be** Corbis/Adam Woolfitt; **221a** Alamy/AM Corporation; **223bd** Alamy/Bildarchiv Monheim GmbH; **223c** Alamy/Joern Sackermann; **224be** Alamy/Bernie Epstein; **224ac** Alamy/Bildarchiv Monheim GmbH; **226b** Alamy/eye35.com; **226ae** Alamy/nagelestock.com; **227bd** Alamy/Justin Kase; **229b** Alamy/mediacolor's; **230** Getty/Toyohiro Yamada; **232c** Mary Evans Picture Library; **233bd** Alamy/Classic Image; **234** Corbis/Massimo Listri; **235cd** akg-images; **235ac** Alamy/POPPERFOTO; **236e** Alamy/allOver photography; **237be** Corbis/Stephanie Colasanti; **237c1** Alamy/guichaoua; **237c2** Corbis/Ruggero Vanni; **237ce** Alamy/G P Bowater; **237cdb** Alamy/Bildarchiv Monheim GmbH; **237ad** Alamy/rochaphoto;**238cb** Alamy/culliganphoto; **239bd** Alamy/Phil Robinson/PjrFoto; **240ae** Corbis/Arte & Immagini srl; **241a** Alamy/Bildarchiv Monheim GmbH; **241bd** Corbis/Vanni Archive; **243b** Alamy/Ken Welsh; **243ad** akg-images/Nimatallah; **244b** Alamy/Jon Arnold Images; **244ae** DK/Max Alexander, Courtesy of l'Establissement public du musée et du domaine national de Versailles; **245bd** Alamy/AM Corporation; **246ae** Alamy/G P Bowater; **247cb** Alamy/Bildarchiv Monheim GmbH; **247ad** Alamy/Peter M. Wilson; **248c** Getty/Michael Busselle; **249ae** Alamy/Anthony Eva; **249bd** Alamy/H.Souto; **250b** DK/Sean Hunter; **250ae** Alamy/Classic Image; **251bd** Corbis/Angelo Hornak; **251ad** Alamy/The Hoberman Collection; **253a** Alamy/BL Images Ltd; **254e** Getty/Keith Macgregor; **255cd** Alamy/bildagentur-online.com/th-foto; **255ce** Alamy/Bildarchiv Monheim GmbH; **255c** Alamy/Bildarchiv Monheim GmbH; **255ad** Alamy/Bildarchiv Monheim GmbH; **256b** Alamy/Hideo Kurihara; **257b** Alamy/Jon Arnold Images; **257ad** Alamy/Maximilian Weinzierl; **258** Alamy/Bildarchiv Monheim GmbH; **259cd** Alamy/nagelestock.com; **260be** Alamy/Bildarchiv Monheim GmbH; **260ad** Alamy/Bildarchiv Monheim GmbH; **261bd** Alamy/AM Corporation; **261ad** Alamy/Bildarchiv Monheim GmbH; **262b** Alamy/Rolf Richardson; **264** Getty/Peter Gridley; **266ce** Mary Evans Picture Library; **267ce** Corbis/Archivo Iconografico, S.A.; **267cd** akg-images; **268e** Corbis/Adam Woolfitt; **269ad** Alamy/archivberlin Fotoagentur GmbH; **269bd** Alamy/Robert Harding Picture Library Ltd; **269ae** Alamy/Bildarchiv Monheim GmbH; **269cd** Alamy/Lebrecht Music and Arts Photo Library; **270ae** DK/Courtesy of the Centre des Monuments Nationaux; **271bd** Alamy/images-of-france; **272b** Alamy/David A. Barnes; **272ae** Corbis/Stefano Bianchetti; **273b** Corbis/Yann Arthus-Bertrand; **274b** Alamy/Bildarchiv Monheim GmbH; **275ad** Alamy/John Stark; **276be** Alamy/Bildarchiv Monheim GmbH; **276ae** DK/Sean Hunter; **277b** Alamy/geogphotos; **277ad** Alamy/Trevor Smithers ARPS; **278c** Alamy/Bildarchiv Monheim GmbH; **279b** Alamy/Michael Diggin; **280be** University library, Helsinki; **282ce** Alamy/Jon Arnold Images; **283** Alamy/Steve Allen Travel Photography; **284e** Alamy/Stock Connection; **285b** Alamy/ImageState; **285ce** Alamy/Danita Delimont; **285cd** Corbis/Robert Holmes; **285ad** Alamy/Danita Delimont; **286be** Alamy/Mervyn Rees; **286ad** Alamy/Andre Jenny; **287bd** Alamy/Folio Inc; **287ad** Alamy/DCstockphoto.com; **288b** Alamy/David R. Frazier Photolibrary, Inc.; **290** Alamy/David Lyons; **292c** Corbis/Hulton-Deutsch Collection; **293ad** Corbis/Bettmann; **294b** Alamy/POPPERFOTO; **295bc** Corbis/Bettmann; **296l** Getty/John Lawrence; **297ad** Corbis/Hulton-Deutsch Collection; **297be** Alamy/Mark Dyball; **297c** Alamy/Elmtree Images; **297bd1** Corbis/Bob Krist; **297ce** Corbis/Angelo Hornak; **298ae** Alamy/Bryan Eveleigh; **299bd** Corbis/Hulton-Deutsch Collection; **299c** Alamy/Nigel Hicks; **300be** Corbis/Hulton-Deutsch Collection; **300ae** Mary Evans Picture Library; **301ce** Corbis/Hulton-Deutsch Collection; **301ad** Alamy/POPPERFOTO; **302be** Corbis/Bernard Annebicque SYGMA; **302ae** Alamy/Glenn Harper; **303** Getty/Todd Gipstein; **304be** Alamy/David Fisher; **304ae** Mary Evans Picture Library; **305b** Alamy/J. Schwanke; **305ad** Alamy/Bildarchiv Monheim GmbH; **306c** Corbis/Angelo Hornak; **307be** Corbis/Art on File; **308** Alamy/Henry Westheim Photography; **309be** Corbis/Bettmann; **309ad** Corbis/Bettmann; **310e** Getty/Colin Molyneux; **311be** Alamy/Bill Bachman; **311bc** Alamy/Maciej Wojtkowiak; **311bd** Alamy/Howard Harrison; **311ce** Alamy/Peter Schneiter; **311cd** DK/Linda Whitwam, Courtesy of Trinity Church, Boston; **311ad** Corbis/Gillian Darley; Edifice; **312b** Alamy/Bildarchiv Monheim GmbH; **314cd** Alamy/Robert Stainforth; **314be** Alamy/Dominic Burke; **315bd** Alamy/The Photolibrary Wales; **315ce** Alamy/Detail Heritage; **316ae** Alamy/Ian M Butterfield; **317bd** Alamy/John Goulter; **317ad** Alamy/Rolf Richardson; **318be** Corbis/Gail Mooney; **319** Corbis/James Leynse; **320e** Alamy/ImageState; **321b** Alamy/David Noton Photography; **321ae** Alamy/scenicireland.com/Christopher Hill Photographic; **321c** Alamy/Robert Harding Picture Library Ltd; **322be** Corbis/Pitchal Frederic SYGMA; **322ae** Corbis/Roger Wood; **324ae** Alamy/Cro Magnon; **326be** Alamy/Hideo Kurihara; **326ae** Mary Evans Picture Library; **327ae** Alamy/Peter M. Wilson; **328b** akg-images/Hilbich; **330r** Alamy/G P Bowater; **332b** Corbis/Gillian Darley; Edifice; **332ae** Alamy/Arcaid; **333b** Alamy/Bildarchiv Monheim GmbH; **334** Alamy/ImageState; **336b** Alamy/Thinkstock; **337ad** Alamy/Mary Evans Picture Library; **337bc** Alamy/Lebrecht Music and Arts Photo Library; **338t** Corbis/Reuters; **339bd** Adam Howard/invisiblecities.co.uk; **340e** Alamy/Bildarchiv Monheim GmbH; **341be** Alamy/Neil Setchfield; **341ae** Alamy/Arcaid; **341cd** Alamy/VIEW Pictures Ltd; **341ac** Corbis/G.E. Kidder Smith; **341ad** Corbis/ Thomas A. Heinz / © FLC / ADAGP, Paris and DACS, London 2016; **342ce** Alamy/VIEW Pictures Ltd; **342ae** Alamy/VIEW Pictures Ltd; **343ad** Alamy/VIEW Pictures Ltd; **344bd** Corbis/Farrell Grehan; **344ce** Alamy/Jon Arnold Images; **346bd** Alamy/LifeFile Photos Ltd; **347bc** akg-images/Erich Lessing; **347ad** Alamy/Bildarchiv Monheim GmbH; **348b** Alamy/Bildarchiv Monheim GmbH; **348ae** Alamy/Bildarchiv Monheim GmbH; **349be** akg-images/Erich Lessing; **349ad** Corbis/Francesco Venturi; **350-351b** Corbis/Edifice / © FLC / ADAGP, Paris and DACS, London 2016; **350ae** Corbis/Edifice / © FLC / ADAGP, Paris and DACS, London 2016; **351bd** Alamy/Directphoto.org / © FLC / ADAGP, Paris and DACS, London 2016; **352b** Alamy/VIEW Pictures Ltd; **353ae** Photographer's Direct/Marcos Issa /Argosfoto; **353bd** Corbis/Angelo Hornak; **354b** Corbis/Francesco Venturi; **354ae** Corbis/Francesco Venturi; **355bd** Photographer's Direct/Gin Angri fotografo; **356e** Alamy/Kevin Foy; **357bd** Alamy/Jayne Fincher.Photo Int; **357ce** Alamy/Jeff Greenberg; **357ac** Alamy/Nicholas Pitt; **357ad** DK/David Borland; **358t** Corbis/Underwood & Underwood; **359b** Alamy/Neil Setchfield; **359ad** Alamy/Neil Setchfield; **360b** Alamy/Indiapicture; **360cd** Corbis/Bettmann; **361be** Alamy/Alan King; **361ae** Photographer's Direct/EDIFICE/Adrian Mayer; **362be** Alamy/Adam Parker; **363ce** Alamy/Elmtree Images; **363ad** Alamy/Mike Chinery; **364b** Alamy/Art Kowalsky; **365b** Alamy/Stephen Roberts; **365ad** Corbis/Hulton-Deutsch Collection; **366c** Corbis/Arnd Wiegmann/Reuters; **367b** Alamy/Ianni Dimitrov; **368b** Alamy/CuboImages srl; **368ad** Corbis/Michael S. Yamashita; **369bc** Corbis/Chris Hellier; **369ad** Alamy/Jack Barker; **372e** Alamy/Tim Ayers; **373be** Alamy/Jon Arnold Images; **373cd** Alamy/Jiri Rezac; **373ad** Alamy/Wim Wiskerke / © FLC / ADAGP, Paris and DACS, London 2016; **373ae1** Alamy/archivberlin Fotoagentur GmbH; **373ae2** Corbis/Jonathan Blair; **374b** Corbis/Chris Hellier; **375bd** Corbis/Michael Freeman; **375ad** Alamy/VIEW Pictures Ltd; **376cda** Alamy/Bildarchiv Monheim GmbH / Schütze / Rodemann / © FLC / ADAGP, Paris and DACS, London 2016; **376be** Alamy/VIEW Pictures Ltd / © FLC / ADAGP, Paris and DACS, London 2016; **377b** Alamy/Stock Italia; **378be** Corbis/Bettmann; **378ad** Corbis/Angelo Hornak; **379b** Alamy/Andre Jenny; **379ad** Alamy/Jeff Greenberg; **380b** Corbis/Angelo Hornak; **380ae** Corbis/Angelo Hornak; **381bd** Corbis/David Sailors; **383bd** Alamy/Elmtree Images; **384be** Cobalt id/Marek Walisiewicz; **384a** Alamy/Dominic Burke; **385b** Alamy/Worldwide Picture Library; **386be** Corbis/Michaela Rehle/Reuters; **386ad** Alamy/Andrew Morse; **387b** Alamy/AA World Travel Library; **388be** Alamy/David Ball; **390be** Corbis/Grant Smith; **390ca** Corbis/Alan Schein Photography; **391b** Alamy/Bildarchiv Monheim GmbH / © DACS 2016; **391ad** Corbis/Bernard Annebicque / Sygma / © DACS 2016; **392b** Corbis/Humphrey Evans/Cordaiy Photo Library Ltd; **392ae** Alamy/VIEW Pictures Ltd; **393c** Alamy/WoodyStock; **394be** Corbis/Jacques Langevin Sygma; **394ad** Alamy/Greenshoots Communications; **395ad** Arcaid Images/Steve Hall / Studio Gang; **395be** Getty Images/UniversalImagesGroup; **396** Corbis/Marco Cristofori / robertharding; **397cd** Corbis: Richard Bryant/Arcaid; **397b** Getty Images; **398ae, b** Li Xiaodong Atelier (http://lixiaodong.net/); **399t** Dreamstime.com/Mihai-bogdan Lazar; **400t** Hufton + Crow; **400ceb** Helene Binet; **401bd** Getty Images/Frans Sellies; **401ad** Vo Trong Nghia Architects/photo by Hiroyuki Oki

Todos os esforços foram feitos para rastrear os detentores dos direitos. Pedimos desculpas por qualquer omissão não intencional e gostaríamos nesses casos de colocar os agradecimentos em futuras edições deste livro.

Imagens de capa e contracapa: Getty Images, EricFalco. Todas as outras imagens © Dorling Kindersley Mais informações em www.dkimages.com

Jonathan Glancey é crítico de arquitetura e escritor e atua também como comentarista em programas de rádio e televisão. Foi editor de arquitetura e design do *Independent* (1989-97) e do *Guardian* (1997--2012). Atualmente, escreve para a *BBC World* e para o *Daily Telegraph*. Entre seus livros estão *The Story of Architecture*, *Lost Buildings* e *How to Read Towns and Cities*. É membro honorário do Real Instituto de Arquitetos Britânicos.